Swen Steinberg, Winfried Müller (Hg.)
Wirtschaft und Gemeinschaft

Histoire | Band 43

Swen Steinberg, Winfried Müller (Hg.)
Wirtschaft und Gemeinschaft
Konfessionelle und neureligiöse Gemeinsinnsmodelle
im 19. und 20. Jahrhundert

[transcript]

Gefördert mit Mitteln der Deutschen Forschungsgemeinschaft im Rahmen des Sonderforschungsbereichs 804 »Transzendenz und Gemeinsinn« an der Technischen Universität Dresden.

SFB 804
TRANSZENDENZ
UND GEMEINSINN

Bibliografische Information der Deutschen Nationalbibliothek
Die Deutsche Nationalbibliothek verzeichnet diese Publikation in der Deutschen Nationalbibliografie; detaillierte bibliografische Daten sind im Internet über http://dnb.d-nb.de abrufbar.

© **2014 transcript Verlag, Bielefeld**

Die Verwertung der Texte und Bilder ist ohne Zustimmung des Verlages urheberrechtswidrig und strafbar. Das gilt auch für Vervielfältigungen, Übersetzungen, Mikroverfilmungen und für die Verarbeitung mit elektronischen Systemen.

Umschlagkonzept: Kordula Röckenhaus, Bielefeld
Umschlagabbildung: Werbepostkarte des Landesverbandes evangelischer
　Arbeitervereine im Königreich Sachsen, gelaufen 1913
　(Swen Steinberg, privat)
Lektorat: Susanne Müller, Emanuel Priebst
Satz: text plus form, Dresden
Druck: Majuskel Medienproduktion GmbH, Wetzlar
Print-ISBN 978-3-8376-2406-9
PDF-ISBN 978-3-8394-2406-3

Gedruckt auf alterungsbeständigem Papier mit chlorfrei gebleichtem Zellstoff.
Besuchen Sie uns im Internet: *http://www.transcript-verlag.de*
Bitte fordern Sie unser Gesamtverzeichnis und andere Broschüren an unter: *info@transcript-verlag.de*

Inhalt

Swen Steinberg/Winfried Müller
**Wirtschaft, Gemeinschaft und Konfession
im 19. und 20. Jahrhundert**
Eine Einführung 9

KATHOLISCHE NÄCHSTENLIEBE UND SOZIALER PROTESTANTISMUS

Jochen-Christoph Kaiser
Von der Armenpflege zur Diakonie
Wandlungen des Sozialprotestantismus von der Frühen Neuzeit
zum ›modernen‹ 19. Jahrhundert 25

Bernhard Schneider
**Armutsdiskurse, Armenfürsorge und Industrialisierung
im »deutschen« Katholizismus während
des langen 19. Jahrhunderts** 35

Arne Thomsen
**Der Beginn des katholischen Krankenhausfrühlings
im Ruhrrevier** 63

Peggy Renger-Berka
**Leben und arbeiten im gemeinschaftlichen Geist
der christlichen Liebe**
Das Diakonissenhaus als protestantisches
Genossenschaftsmodell 79

Sebastian Kranich
»... daß es unsere Hauptabsicht sey, gemeinnützig zu werden und zur Vervollkommnung der Landwirthschaft mitzuwirken«
Über das dritte Leben des protestantischen Predigers
Gotthilf Heinrich Schnee (1761-1830) in Großörner
bei Mansfeld und Schartau bei Burg 97

Stefan Dornheim
Gemeinwohl durch Bildung
Die Einführung gewerblicher Sonntagsschulen in Sachsen
und die Konkurrenz theologischer und kameralistischer
Bildungkonzepte um 1830 111

Norbert Köster
»Nur das Evangelium, nur die Kirche kann uns retten.«
Katholische Gemeinsinnsvorstellungen im Vormärz
am Beispiel Johann Baptist Hirschers (1788-1865) 131

GEMEINSINNSKONZEPTE JENSEITS DER AMTSKIRCHEN

Anne Sophie Overkamp
Stadtbürgerliche Fürsorge, christlicher Gemeinsinn und nützliches Erwerben: Die Armenfürsorge in Elberfeld und Barmen im ersten Viertel des 19. Jahrhunderts 149

Susanne Schötz
»Menschen werden wollen die Frauen und teilnehmen am Kranz der Arbeit und des Sieges.«
Visionen von Emanzipation, Gemeinsinn und Gesellschaftsreform
in der ersten deutschen Frauenbewegung 171

Dietlind Hüchtker
Sozialreformerische Frauenpolitik in Galizien um 1900: Mission als Praxis, Metapher und Metonym 217

Justus H. Ulbricht
»Heil mir, dass ich Ergriffene sehe ...«
Sinnsuche als Kernaufgabe der Moderne 233

Katharina Neef
Sozialenergetik und Menschenökonomie
Säkularistische Modelle gesellschaftlicher
(Neu-)Ordnung um 1900 249

CHRISTENTUM UND MARKTWIRTSCHAFT

Knut Martin Stünkel
Werkstattaussiedlung, Ökodynamik und des Christen Zukunft
Die religiöse Ökonomie der Wirtschaft
bei Eugen Rosenstock-Huessy 285

Michael Schäfer
**Kapitalismus und Kulturkrise: Walter Eucken
und die Philosophie Rudolf Euckens** 303

Thomas Großbölting
»Soziale Marktwirtschaft« als christliche Verpflichtung?
Konfessionelle Wirtschaftskonzepte und religiöse Akteure
in der frühen Bundesrepublik 319

Autorinnen und Autoren 337

Wirtschaft, Gemeinschaft und Konfession im 19. und 20. Jahrhundert
Eine Einführung*

Swen Steinberg/Winfried Müller

Die Frage, ob und wie sich Religion, Wirtschaft und Gesellschaft bedingen, findet in den gegenwärtigen Zeiten globaler Wirtschafts- und Finanzkrisen gesteigerte Aufmerksamkeit: Nicht nur Vertreter großer konfessioneller Gemeinschaften sehen in der »transzendentalen Rückversicherung« Ansätze für »richtiges«, also ethisch fundiertes Wirtschaftsagieren. Diese »Rückversicherung« stellt als ethisch-normative »Bindung« auch eine Verhältnisbestimmung zwischen Religion und Gemeinschaft in den »säkularisierten Gesellschaft[en]« dar, die vor allem in Zeiten von »Umbrüchen« so virulent wie unentschieden zu sein scheint:[1] Sehen Theologen wie Friedrich Wilhelm Graf in der »Wiederkehr der Götter« ein Signum unserer Zeit,[2] besteht für Religionsgemeinschaften wie die katholische Kirche in der »Neuevangelisation« der »alten Welt« eine der zentralen Aufgaben der Gegenwart.[3]

---

* | Die Herausgeber danken dem SFB 804 »Transzendenz und Gemeinsinn« und seinem Sprecher Hans Vorländer für die großzügige Unterstützung der Tagung und des vorliegenden Bandes. Gedankt sei zudem der Friedrich Ebert-Stiftung, Büro Dresden, und ihrem Leiter Christoph Wielepp für die unkomplizierte Zusammenarbeit.
1 | Löffler, Bernhard: Kapitalismus, Liberalismus und religiöses Ethos, in: Michael Hochgeschwender/Ders. (Hg.), Religion, Moral und liberaler Markt. Politische Ökonomie und Ethikdebatten vom 18. Jahrhundert bis zur Gegenwart, Bielefeld 2011, S. 9–23, hier S. 10.
2 | Vgl. Graf, Friedrich Wilhelm: Die Wiederkehr der Götter: Religion in der modernen Kultur, München 2004.
3 | Im Oktober 2012 stand die Weltbischofssynode in Rom unter dem Thema der »Neuevangelisierung«. Vgl. Benedikt XVI. eröffnet »Jahr des Glaubens«, in: Frankfurter Allgemeine Zeitung, 11.10.2012, Online unter http://www.faz.net/aktuell/politik/vatikan-benedikt-xvi-eroeffnet-jahr-des-glaubens-11922100.html [eingesehen am 27.11.2013].

Die Frage nach dem Verhältnis von Wirtschaft, Religion und Gemeinschaft ist dabei alles andere als neu. Jenseits vormoderner Vorstellungen, die etwa die Frömmigkeit des »ehrbaren Kaufmanns« mit dessen wirtschaftlichem Erfolg engführten,[4] waren es vor allem die Soziologen des späten 19. und frühen 20. Jahrhunderts, die diesen Zusammenhang thematisierten und aufzulösen suchten. Max Weber, der in seiner 1904/05 publizierten »Protestantischen Ethik« den treibenden »Geist des Kapitalismus« ausgemacht wissen wollte,[5] war ihr prominentester Vertreter, der zugleich die Auseinandersetzung mit der kulturellen Grundierung ökonomischen Handelns anregte[6] – ein Blickwinkel, der nicht zuletzt auf andere Konfessionen[7] hin- und ohnedies weit über den deutschsprachigen Raum hinauswies.[8] Dies waren auch die Ausgangsüberlegungen der Tagung »Religion und

---

4 | Vgl. hierzu exemplarisch die Quellenedition von Origio, Iris (Hg.): »Im Namen Gottes und des Geschäfts.« Lebensbild eines toskanischen Kaufmanns der Frührenaissance. Francesco di Marco Datini (1335–1410), Berlin 2009, sowie die historische Herleitung, die allerdings in eine allzu unkritische Behauptung der Übertragbarkeit des Konzeptes des ›ehrbaren Kaufmanns‹ in die Gegenwart mündet, bei Klink, Daniel: Der Ehrbare Kaufmann – Das ursprüngliche Leitbild der Betriebswirtschaftslehre und individuelle Grundlage für die CSR-Forschung, in: Corporate Social Responsibility. Zeitschrift für Betriebswirtschaft – Journal of Business Economics (2008), S. 57–79.

5 | So inspirierend Webers Thesen waren, so irreführend sind sie in ihrer meist nur verknappten Rezeption: Zwar konstatierte er, »sowohl als herrschende wie als beherrschte Schicht, sowohl als Majorität wie als Minorität« hätten die Protestanten »eine spezifische Neigung zum ökonomischen Rationalismus gezeigt […], welche bei den Katholiken weder in der einen noch in der anderen Lage zu beobachten war oder ist«. Er attestierte aber nicht per se »den« Protestanten eine besondere Befähigung zum erfolgreichen Kommerzium, sondern meinte vielmehr in den protestantischen Amtskirchen des 18. und 19. Jahrhunderts als »Sektierer« und »Abweichler« verfolgte reformierte Bekenntnisse wie die Calvinisten. Weber, Max: Die protestantische Ethik I. Eine Aufsatzsammlung, Hamburg 1973, S. 33.

6 | Vgl. für den daran anknüpfenden jüngeren Trend der kulturalistischen Wirtschaftsgeschichte die Beiträge in Berghoff, Hartmut/Vogel, Jakob (Hg.): Wirtschaftsgeschichte als Kulturgeschichte. Dimensionen eines Perspektivenwechsels, Frankfurt a. M. 2004. Vgl. hierzu auch Lehmann, Hartmut: Max Webers »Protestantische Ethik«. Beiträge aus der Sicht eines Historikers, Göttingen 1996.

7 | Vgl. hierzu Ders.: Die Entstehung des modernen Kapitalismus: Weber contra Sombart, in: ebd., S. 94–108, hier S. 107 f.

8 | Karl Löwith ›exportierte‹ Webers Ansätze in den 1930er Jahren nach Japan, später publizierte er selbst über den »japanischen Geist«. Soziologen wie Robert Bellah nahmen diesen Gedanken in den 1950er Jahren auf und suchten darin Erklärungen für den wirtschaftlichen Erfolg Japans; in den 1980er Jahren, ›im Angesicht‹ des erneut zum Sprung ansetzenden ›asiatischen Tigers‹, wiederholte sich diese Rezeption. Vgl. Schwentker, Wolfgang: Max Weber in Japan. Eine Untersuchung zur Wirkungsgeschichte, Tübingen 1998,

Wirtschaftsethik«, die das Teilprojekt G »Gemeinsinnsdiskurse und religiöse Prägung zwischen Spätaufklärung und Vormärz (ca. 1770–ca. 1848)« des Dresdner Sonderforschungsbereichs 804 »Transzendenz und Gemeinsinn« im Oktober 2012 durchführte.[9]

Ziel des vorliegenden, die Referate dokumentierenden Bandes ist es, den Grundlagen von wirtschaftlichem Handeln sowie dem Zusammenhang dieses Handelns mit religiös fundierten gemeinsinnigen Vorstellungen im 19. und 20. Jahrhundert nachzugehen. In Anlehnung an den konzeptionellen Zuschnitt des Teilprojekts bildeten dabei nicht die »klassischen« Zäsuren der Geschichtsschreibung oder die institutionellen Denominationen historischer Professuren den zeitlichen Rahmen. Vielmehr wurde das 19. Jahrhundert unter dem Blickwinkel der Einflüsse der Spätaufklärung betrachtet, wodurch die zweite Hälfte des 18. und die erste Hälfte des 19. Jahrhunderts enger gefasst sowie auf Kontinuitäten und Brüche hin befragt werden konnten.[10] Dieser Ansatz der »Sattelzeit« (Reinhart Koselleck) begleitet auch die im späten 19. und frühen 20. Jahrhundert angesiedelten Beiträge des Bandes – etwa wenn nach 1918 oder nach 1945 Kontinuitäts- und Bruchlinien offengelegt werden.[11]

Wie der zeitliche Zuschnitt wurde auch der thematische Fokus bewusst breit gewählt: Wirtschaftliche Prozesse werden nicht auf originär ökonomisches, also kaufmännisches oder unternehmerisches Handeln[12] oder die christliche Konno-

---

S. 111–118; Sebastian, Conrad: Arbeit, Max Weber, Konfuzianismus. Die Geburt des Kapitalismus aus dem Geiste der japanischen Kultur?, in: Hartmut Berghoff/Jakob Vogel (Hg.), Wirtschaftsgeschichte als Kulturgeschichte. Dimensionen eines Perspektivenwechsels, Frankfurt a. M. 2004, S. 219–239; Löwith, Karl: Der japanische Geist, Berlin 2013.
9 | Vgl. zur Tagung und den Kooperationspartnern den Tagungsbericht »Religion und Wirtschaftsethik – Konfessionelle Gemeinsinnsmodelle im 19. und 20. Jahrhundert«, 04.10.2012–05.10.2012, Dresden, in: H-Soz-u-Kult, 17.04.2013, http://hsozkult.geschichte.hu-berlin.de/tagungsberichte/id=4762 [eingesehen am 10.06.2013].
10 | Zum konzeptionellen Ansatz des Teilprojektes G vgl. Müller, Winfried: Gemeinsinnsdiskurse und religiöse Prägung zwischen Spätaufklärung und Vormärz (ca. 1770–ca. 1848), in: Hans Vorländer (Hg.), Transzendenz und Gemeinsinn. Themen und Perspektiven des Dresdner Sonderforschungsbereichs 804, Dresden 2010, S. 64–69.
11 | Vgl. hierzu den programmatischen Ansatz in diachroner Perspektive von Damm, Veit/Schulz, Ulrike/Steinberg, Swen/Wölfel, Sylvia: Ostdeutsche Unternehmen im Transformationsprozess 1935 bis 1995. Ein neues Forschungsfeld der modernen Unternehmensgeschichte, in: Zeitschrift für Unternehmensgeschichte (2011), Heft 2, S. 187–205.
12 | Vgl. hierzu Steinberg, Swen: Christliche Unternehmen in der ländlichen Industrie Sachsens. Überlegungen zu einem Analysekonzept, in: Veronique Töpel/Eva Pietsch (Hg.), Mehrwert, Märkte und Moral – Interessenkollision, Handlungsmaximen und Handlungsoptionen in Unternehmen und Unternehmertum der modernen Welt, Leipzig 2012, S. 249–274; Ders.: Zwischen Konflikt und Konsens. Christliche Gemeinsinnsvorstellungen in sächsischen Unternehmenskonzepten des 19. Jahrhunderts, in: Ulrich Rosseaux/Ger-

tation von Arbeit verengt.[13] Durch den in diesem Band gewählten Zugriff auf Wirtschaft geraten vielmehr auch Phänomene wie Armut oder Bildung in den Blick, ebenso mäzenatisches Handeln und damit in Verbindung stehende theoretische oder theologische Konzepte. Überdies bleibt die Bearbeitung des Themas nicht an den »Grenzen« der christlichen Amtskirchen stehen, sondern berücksichtigt ebenso alternative Bezugsgrößen wie die in der zweiten Hälfte des 19. Jahrhunderts verstärkt aufkommenden neureligiösen und nichtchristlichen Bewegungen. Die Verhältnisbestimmung von »Wirtschaft und Gemeinschaft« wird demnach mehr in einem gesamtgesellschaftlichen bzw. kulturgeschichtlichen Kontext gefasst und nicht auf Bilanzen oder das Steueraufkommen reduziert.

Die neuen religiösen Bewegungen verweisen bereits auf einen in den vergangenen Jahren intensiv diskutierten Forschungskontext, der sich mit Blick auf die sozialen, aber auch politischen und wirtschaftlichen Prozesse des 19. Jahrhunderts zwischen dem auf die Enttheologisierung von Weltdeutungskonzepten und auf Transzendenzverluste abhebenden Paradigma der Säkularisierung[14] und dem gegenläufigen Ansatz vom »zweiten konfessionellen Zeitalter« bewegte.[15] Letzte-

---

hard Poppe (Hg.), Konfession und Konflikt. Religiöse Pluralisierung in Sachsen im 18. und 19. Jahrhundert, Münster 2012, S. 327–342.

13 | Diese Konnotation war in einzelnen Berufen/Berufsfeldern besonders stark ausgeprägt, insbesondere im Bergbau hielt sie sich langfristig und schlug sich vor allem in der ikonografischen Darstellung nieder. Gerhardt Heilfurth konstatierte für den engen Zusammenhang von Arbeitswelt und Religiosität in den zumeist von erzgebirgischen Bergmännern gedichteten Liedern und Chorälen bereits 1981: »So erscheint Gott oder Christus als [...] ›höchster Bergverwalter‹, ›Himmlischer Schichtmeister‹ oder ›Aller Menschen Obersteiger‹, das Jenseits als ›Ewige Teufe‹, das große Gericht als ›Jüngster Lohntag‹, die Bibel als ›Reiche Zeche‹«. Heilfurth, Gerhardt: Der Bergbau und seine Kultur. Eine Welt zwischen Dunkel und Licht, Zürich 1981, S. 193. Vgl. hierzu die jüngst erschienene Detailstudie von Dornheim, Stefan/Steinberg, Swen: Die lange Schicht von Ehrenfriedersdorf. Konkurrierende Transzendenzbezüge in der Lebens- und Arbeitswelt des erzgebirgischen Bergbaus zwischen Reformation und Moderne, in: Christoph Lundgreen/Daniel Schulz/Stefan Dreischer/Silka Scholz (Hg.), Jenseits der Geltung. Konkurrierende Transzendenzbehauptungen von der Antike bis zur Gegenwart, Berlin 2013, S. 233–248.

14 | Vgl. hierzu stellvertretend für eine Vielzahl möglicher Titel Pollack, Detlef: Still alive – das Säkularisierungsparadigma, in: Antonius Liedhegener/Andreas Tunger-Zanetti/Stephan Wirz (Hg.), Religion – Wirtschaft – Politik. Forschungszugänge zu einem aktuellen transdisziplinären Feld (= Religion – Wirtschaft – Politik, Band 1), Zürich/Baden-Baden 2011, S. 41–60, hier S. 41 f.

15 | Vgl. hierzu Blaschke, Olaf: Der »Dämon des Konfessionalismus«. Einführende Überlegungen, in: Ders. (Hg.), Konfession im Konflikt. Deutschland zwischen 1800 und 1970: ein zweites konfessionelles Zeitalter, Göttingen 2002, S. 13–69; Ders.: Abschied von der Säkularisierungslegende. Daten zur Karrierekurve der Religion (1800–1970) im zweiten konfessionellen Zeitalter: eine Parabel, in: zeitenblicke 5 (2006), 1, Online unter http://

rer geht von der Prämisse aus, dass sich Religion auch im 19. Jahrhundert nicht einfach »verflüchtigte«, sondern entweder in Form von religiös hergeleiteten Handlungsorientierungen selbst wirkungsmächtig blieb oder sich zumindest in wirkmächtige, quasireligiös-transzendente Sinnangebote transformierte.[16] Zwar bieten auch die Beiträge des vorliegenden Bandes keine endgültige Positionsbestimmung in der erwähnten Debatte zwischen Konfessionalität und Säkularisierung. Sie verdeutlichen aber die Intensität der noch im 20. Jahrhundert virulenten Diskurse um Sinn- und Gemeinschaftsstiftung, die einerseits für Zeiten des »Umbruchs« und der »Verunsicherung« nicht untypisch waren – und augenscheinlich bis in die Gegenwart sind.[17] Andererseits war dieser Zusammenhang bereits Thema der eingangs erwähnten »frühen Soziologen«: Ferdinand Tönnies etwa publizierte »Gemeinschaft und Gesellschaft« schon 1887, die eigentliche Rezeption setzte allerdings erst nach der Jahrhundertwende ein. Und Max Webers 1921/22 posthum gesammelt herausgegebene Schriften trugen den Titel »Wirtschaft und Gesellschaft«. Dem folgend verbindet alle Beiträge dieses Bandes der Fokus auf die religiös grundierte gemeinsinnige Dimension des Handelns in wirtschaftlichen Kontexten – auf Konzepte der Integration und Abgrenzung ebenso wie auf Praktiken der Identifikation, Exklusion und Emanzipation. Thematisch wurden dabei drei Abschnitte gebildet, die im Folgenden kurz vorgestellt werden.

KATHOLISCHE NÄCHSTENLIEBE UND SOZIALER PROTESTANTISMUS

Die Fürsorge für Arme und Kranke hatte in der europäischen Vormoderne eine christliche Konnotation und findet sich beispielsweise im karitativen Wirken von katholischen Orden oder evangelischen Stiftungen. In den Städten verband sich mit diesen Institutionen der christlichen Nächstenliebe ein stadtbürgerliches Verständnis von Fürsorge, das durch die Aufklärung einen neuen, philanthropischen Impuls erhalten hatte[18] und dessen Wirkung sich in der ersten Hälfte des 19. Jahrhunderts im deutschsprachigen Raum beobachten lässt: Hier ist von einer Amalgamierung religiöser und aufgeklärter Vorstellungen – von einer »Koinzi-

---

www.zeitenblicke.de/2006/1/Blaschke/index_html/fedoradocument_view [eingesehen am 27. 11. 2013].

16 | Vgl. die Zusammenfassung der erwähnten Debatte und die Einordnung ihrer Potentiale bei Müller, Winfried: Nach der Aufklärung – die These vom 19. Jahrhundert als zweitem konfessionellen Zeitalter, in: Ulrich Rosseaux/Gerhard Poppe (Hg.), Konfession und Konflikt. Religiöse Pluralisierung in Sachsen im 18. und 19. Jahrhundert, Münster 2012, S. 221–232, hier S. 223–232.
17 | Vgl. B. Löffler, Kapitalismus, S. 10 f.
18 | Vgl. Müller, Winfried: Die Aufklärung (= Enzyklopädie deutscher Geschichte, Band 61), München 2002, S. 12–15, 60.

denz von Aufklärung und religiöser Reform« – wie auch von einem »Überhang der Spätaufklärung ins 19. Jahrhundert« auszugehen.¹⁹ Auf der Ebene städtischer Fürsorge wird diese Mischung vor allem anhand der Zuschreibung als »Christenpflicht« deutlich, die auch im 19. Jahrhundert erhalten blieb. Dagegen änderte sich der öffentliche Diskurs über die Gesundheit und die mit ihr verbundene Arbeitskraft, indem die religiösen Heilungsvorstellungen auf der praktischen Ebene naturwissenschaftlichen – medizinischen wie hygienischen – Argumentationen wichen.²⁰

Wie nah sich die dabei entworfenen Konzepte von religiös fundierten Gemeinsinnsvorstellungen und Wirtschaft bzw. Wirtschaftsorganisation kamen, darauf verweisen die im Vormärz propagierten Ansätze zur Gründung von Genossenschaften, die im Falle Friedrich Wilhelm Raiffeisens oder Hermann Schulze-Delitzschs auch christliche und bürgerlich-liberale Grundierungen aufwiesen.²¹ Der evangelische Theologe Johann Hinrich Wichern argumentierte dagegen im Jahr 1849 in seiner Denkschrift über die Innere Mission »rein religiös«, als er in der Gründung von Genossenschaften eine Möglichkeit erblickte, »die Arbeitergruppen und Innungen wieder Glieder am Körper der Christenheit werden« zu lassen.²² Die Metapher zeigt die enge Verbindung von Wirtschaft, Gemeinschaft und Religion im Genossenschaftsgedanken, die sich bei Wichern in der Tradition des christlichen Organismusbegriffes präsentierte und dessen Wurzeln auf die Römerbriefe des Apostels Paulus zurückgehen (Corpus Christi).²³ Diese lebenspraktische Ableitung als christliches Genossenschaftsmodell fand sich vorrangig im Bereich der evangelischen Sozialfürsorge, wie Peggy Renger-Berka am Beispiel der Diakonissenhäuser in diesem Band deutlich macht.

---

19 | Ebd., S. 11, 48.
20 | Vgl. ebd., S. 36 f., 59.
21 | Vgl. Klein, Michael: Das Genossenschaftswerk Friedrich Wilhelm Raiffeisens und seine christlichen Wurzeln, in: Klaus Tanner (Hg.), Gotteshilfe – Selbsthilfe – Staatshilfe – Bruderhilfe. Beiträge zum sozialen Protestantismus im 19. Jahrhundert (= Herbergen der Christenheit, Sonderband 4), Leipzig 2000, S. 41–52. Vgl. hierzu auch Rosenhagen, Ulrich: Von der sich selbst genügenden kleinen Welt zum opferfähigen Gemeinsinn des Wirtschaftsbürgers. Genossenschaftsvorstellungen im liberalen Protestantismus des 19. Jahrhunderts bei Victor Aimé Huber und Otto von Gierke, in: ebd., S. 135–153.
22 | Wichern, Johann Hinrich: Die innere Mission der deutschen evangelischen Kirche: eine Denkschrift an die deutsche Nation, Hamburg 1849, S. 142.
23 | »Es ist wie bei unserem Körper: Er besteht aus vielen Körperteilen, die einen einzigen Leib bilden und von denen doch jeder seine besondere Aufgabe hat. Genauso sind wir alle – wie viele und wie unterschiedlich wir auch sein mögen – durch unsere Verbindung mit Christus ein Leib, und wie die Glieder unseres Körpers sind wir einer auf den anderen angewiesen.« Römer 12, 4–5.

Jenseits des konfessionellen Vereinswesens zur Bekämpfung der Folgen der sogenannten sozialen Frage im Gewand des Pauperismus entstand allerdings auch eine politische Bewegung, die in der zweiten Hälfte des 19. Jahrhunderts den sozialistischen Ansätzen der Krisenbewältigung und -bekämpfung entgegenwirken wollte: Zu nennen sind hier vor allem die christlichen Arbeitervereine und Gewerkschaften;[24] der gemeinsinnige wie transzendente Anspruch der evangelischen Arbeitervereine im Königreich Sachsen – »Gottesfurcht, Königstreue, Nächstenliebe!« – ist auf der Umschlagillustration des vorliegenden Bandes nachzulesen. Christliche Gemeinsinnskonzepte gingen demnach im 19. Jahrhundert und gesteigert nach der Reichseinheit 1871 eine politische Liaison ein und korrelierten mit den Sakralisierungen eines evangelischen Deutschen Reiches preußischer Prägung: Nicht das Glaubensbekenntnis allein, auch das Bekenntnis zu Obrigkeit und Nation wurde zum Bestandteil vergemeinschaftender Konzepte.[25] Dabei entzündeten sich um 1900 gerade an gewerkschaftlich-sozialistisch eingefärbten Fragen wie der Liberalisierung, der Mitbestimmung oder der Gewinnbeteiligung heftige, zumeist wenig einende Debatten, die etwa im Umfeld der Inneren Mission bis hin zum Ausschluss von sozialreformerischen Pfarrern wie Friedrich Naumann oder Paul Göhre ausgefochten wurden.[26] Spätestens bei der Beantwortung solcher wirtschaftspolitischer Fragen stand man also an der Grenze der Gemeinschaft, deren Überschreitung zwangsläufig zur Exklusion – und mithin zu anderweitiger Gruppenbildung und Vergemeinschaftung – führte.

Dass sich die frühen Konzepte zur Steigerung allgemeiner Wohlfahrt ausgerechnet im konfessionellen Bereich entwickelten, nimmt mit Blick auf die Akteure wenig Wunder: Sebastian Kranich und Stefan Dornheim stellen zwei durch die Spätaufklärung geprägte protestantische Pfarrer vor, bei Norbert Kösters katholischem Beispiel – dem Moral- und Pastoraltheologen Johann Baptist Hirscher – ist dies nicht minder der Fall. Vergleichbar lange, das 18. und das 19. Jahrhundert verklammernde Linien werden auch in den Beiträgen von Jochen-Christoph Kaiser und Bernhard Schneider aufgezeigt, die sich dezidiert mit den evangelischen und katholischen Ansätzen zur Bekämpfung von Armut befassen. Bemerkenswert erscheint dabei vor allem die Dichte des Diskurses um die »richtigen« Konzepte gesellschaftlicher und wirtschaftlicher Organisation, der vor allem im Vormärz

---

24 | Vgl. hierzu Thomas, Ralf: Evangelische Arbeitervereine in Sachsen bis etwa 1900. Spuren einer christlichen Arbeiterbewegung, in: Michael Beyer/Martin Teubner/Alexander Wieckowski (Hg.), Zur Kirche gehört mehr als ein Kruzifix. Studien zur mitteldeutschen Kirchen- und Frömmigkeitsgeschichte (= Herbergen der Christenheit, Sonderband 13), Leipzig 2008, S. 419-428.
25 | Vgl. hierzu die Beiträge in Haupt, Heinz-Gerhard/Langewiesche, Dieter (Hg.): Nation und Religion in der deutschen Geschichte, Frankfurt a. M. 2001.
26 | Vgl. hierzu neben anderen Na, Inho: Sozialreform oder Revolution. Gesellschaftspolitische Zukunftsvorstellungen im Naumann-Kreis 1890-1903/04, Marburg 2003.

intensiv geführt wurde. Allerdings führte dieser Diskurs mit der Inneren Mission nur im evangelischen Bereich zu einer überregionalen Institutionalisierung. Dennoch, auch die erst in den 1890er Jahren an Kontur gewinnende katholische Soziallehre – die katholische Caritas wurde als »Dachverband« 1897 gegründet – war deutlich beeinflusst von den in der ersten Hälfte des 19. Jahrhunderts geführten Debatten um »Nützlichkeit« in einem wirtschaftlichen und »Hebung« in einem christlich-bürgerlichen Sinne.[27] Diese Diskurse spielen deswegen in zahlreichen Beiträgen des Abschnitts »Katholische Nächstenliebe und Sozialer Protestantismus« eine Rolle, insbesondere in der christlichen und bürgerlichen Sozialreform wurden Modelle der Selbstorganisation, Bildung oder wirtschaftlichen Optimierung etwa im Bereich der Landwirtschaft ebenso diskutiert wie die Erhaltung der Arbeitskraft. Für letzteres Thema liefert vor allem Arne Thomsens Beitrag zu den katholischen Krankenhäusern im Ruhrgebiet einen wesentlichen Baustein, da diese Einrichtungen die Krankenversorgung und die damit verbundene Wiederherstellung der Arbeitskraft mit religiösen Momenten von Gemeinsinn und Fürsorge zusammenführten. Insofern vermittelt die hier aufgezeigte Institutionendichte und -vielfalt – Vereine, Zeitschriften, Genossenschaften, Diakonissen-, Rettungs- und Krankenhäuser – in der Gesamtschau auch einen Eindruck, in welchen Kontexten Wirtschaft, Gemeinschaft und Konfession im 19. Jahrhundert miteinander in Verbindung standen oder sich bedingten.

GEMEINSINNSKONZEPTE JENSEITS DER AMTSKIRCHEN

Der oben bereits angeführten Debatte um Konfessionalisierung oder Säkularisierung folgend, widmet sich der zweite Abschnitt des vorliegenden Bandes den nicht- oder quasireligiösen Bezugsgrößen bzw. neureligiösen Strömungen jenseits der Amtskirchen, die das 19. und frühe 20. Jahrhundert mit Blick auf das Verhältnis von Wirtschaft und Gemeinschaft hervorgebracht haben. Dabei ist nicht nur an die Folgeerscheinungen der »tranzendentalen Obdachlosigkeit« um 1900 zu denken,[28] sondern auch an dezidiert bürgerliche Gemeinsinnskonzepte, wie sie sich etwa in der städtischen Armenfürsorge oder in der Frauenbewegung ausmachen lassen. Ausgangspunkt waren auch hier Spätaufklärung und Vormärz, die politisierend auf die Gesellschaft wirkten und zudem in den 1830er und 1840er Jahren die Emanzipation zunehmend selbstbewusster werdender sozialer Gruppen beförderten. Diese Prozesse der Emanzipation waren ebenso mit wirtschaftlichen Konzepten und Handlungsmustern verbunden, da

---

27 | Vgl. W. Müller: Aufklärung, S. 61.
28 | Vgl. Ulbricht, Justus H.: »Transzendentale Obdachlosigkeit«. Ästhetik, Religion und »neue soziale Bewegungen« um 1900, in: Wolfgang Braungart/Gotthart Fuchs/Manfred Koch (Hg.), Ästhetische und religiöse Erfahrungen der Jahrhundertwenden, Band II: Um 1900, Paderborn 1998, S. 47-67.

das Wirtschaftshandeln für die bürgerlichen »Aufsteiger« auch eine Ressource darstellte, um gegenüber etablierten Sozialformationen wie dem Adel Selbstbewusstsein und Eigeninitiative zu demonstrieren: Bürgerliches Mäzenatentum und Sozialengagement waren – jenseits der damit verbundenen sozialen Kapitalkonvertierungen[29] – mit einem neuen Verantwortungsbewusstsein für die Gemeinschaft und der daraus abgeleiteten Reklamation gesellschaftlichen und politischen Einflusses verbunden. Wie stark dabei der »Überhang« der Aufklärung wirkte, zeigt der Beitrag von Anna Sophie Overkamp, die sich mit dem karitativen Vereinswesen in Elberfeld und Barmen befasst: In beiden Orten entstanden infolge wirtschaftlicher Notlagen lokale Vereine zur Lebensmittelversorgung, die von der städtischen, mithin wirtschaftbürgerlichen Oberschicht getragen wurden und zumindest partiell auch religiös grundiert waren. Susanne Schötz und Dietlind Hüchtker widmen sich in ihren Beiträgen ganz ähnlichen Prozessen der Selbstvergewisserung durch Engagement für die Gemeinschaft, die nicht minder an wirtschaftliche Themen und Überlegungen rückgebunden waren: Schließlich verhandelte die frühe Frauenbewegung – thematisiert werden Leipzig und Galizien – die Frauenerwerbsarbeit als eine Kernfrage, die mit dem bürgerlichen und mithin christlichen Familienbild vereinbar gemacht werden sollte. Dabei zeigen sich nicht nur Verknüpfungen zu den konfessionellen Modellen weiblicher Erwerbstätigkeit – die Diakonissen wurden bereits genannt –, vielmehr verdeutlichen alle drei Beiträge Modelle der Sozialfürsorge, die in der zweiten Hälfte des 19. und dann auch im 20. Jahrhundert erhebliche Wirkmächtigkeit erzielen sollten: die Grundlagen des später als Elberfelder System bezeichneten Modells städtischer Fürsorge ebenso wie die Einrichtung von Kindergärten und Bildungseinrichtungen. Wesentlich ist dabei, Susanne Schötz stellt dies in ihrem Beitrag besonders stark heraus, die religiöse Imprägnierung der Diskurse und Akteure, die bislang etwa für die frühe Frauenbewegung nicht untersucht wurde.

Zeigen sich in den bürgerlich orientierten Beispielen immer auch die bereits angesprochenen Amalgamierungen zwischen spätaufklärerischem Denken und christlichen Motivationen,[30] so weisen die Beiträge von Justus H. Ulbricht und Katharina Neef in den neureligiösen Bereich der Konfessionssubstitute, die

---

29 | Vgl. hierzu Bourdieu, Pierre: Ökonomisches Kapital, kulturelles Kapital, soziales Kapital, in: Reinhard Kreckel (Hg.), Soziale Ungleichheiten (= Soziale Welt, Sonderband 2), Göttingen 1983, S. 183-198; Mauss, Marcel: Die Gabe. Form und Funktion des Austauschs in archaischen Gesellschaften, Frankfurt a. M. 1968.
30 | Vgl. zum Zusammenhang von Religion und Bürgertum im 19. Jahrhundert exemplarisch Mergel, Thomas: Zwischen Klasse und Konfession. Katholisches Bürgertum im Rheinland 1794-1914 (= Bürgertum. Beiträge zur europäischen Gesellschaftsgeschichte, Band 9), Göttingen 1994; Kuhlemann, Frank-Michael: Bürgertum und Religion, in: Peter Lundgreen (Hg.), Sozial- und Kulturgeschichte des Bürgertums: Eine Bilanz des Bielefelder Sonderforschungsbereiches (1986-1997) (= Bürgertum. Beiträge zur europäischen Gesellschaftsgeschichte, Band 18), Göttingen 2000, S. 293-318.

im späten 19. Jahrhundert in Mitteldeutschland – hier vor allem in Leipzig und Jena – mit Monismus und Buddhismus eigene Schwerpunkte bildeten: Aus der Ablehnung der Deutungsangebote der wilhelminischen Gesellschaft (evangelischer Nationalismus, Militarismus), die am Ende des 19. Jahrhunderts auch bürgerliche Protagonisten als »beengend« wahrnahmen, entstanden jene gemeinhin als Reformbewegung subsumierten Strömungen, die von bildender Kunst und Literatur flankiert wurden.[31] Diese Neuorientierungen, Justus H. Ulbricht macht dies in seinem Beitrag deutlich, schufen allerdings oftmals lediglich einen religionsartigen Ersatz – Gemeinsinn brauchte auch hier eine Quelle bzw. einen Referenzrahmen, der in der Rezeption quasireligiöse Züge aufwies. Diese Diskurse fanden allerdings nicht nur auf dem »intellektuellen Höhenkamm« statt, wie der Beitrag von Katharina Neef zum monistisch-sozialreformerischen Milieu zeigt: Zwar waren in Vereinigungen wie dem Deutschen Monistenbund vorrangig bürgerliche Mittel- und Oberschichten aktiv, das monistische Weltbild, dessen naturwissenschaftliche Grundierung sich durchaus auf das konkrete Wirtschaftshandeln einzelner Arbeitgeber und Arbeitnehmer auswirken konnte, erzielte als eine neue soziale Bewegung allerdings eine zumindest in Großstädten wie Leipzig wahrnehmbare gesellschaftliche Breitenwirkung.

CHRISTENTUM UND MARKTWIRTSCHAFT

Wird der Zusammenhang von Christentum und Wirtschaftshandeln thematisiert, so wird am ehesten auf den eingangs bereits erwähnten Max Weber und seine »Protestantische Ethik« verwiesen. Dabei verstellte Weber nicht nur den Blick auf eine spezifisch katholische oder jüdische Ausprägung des Verhältnisses von Religion und Wirtschaft, es wurde anfangs auch verengt als »deutsches Phänomen« behandelt;[32] jüngere Arbeiten etwa zur Schweiz oder Belgien weisen hier allerdings in eine andere Richtung.[33] Die Verbindungen, die vor allem in der Zeit des Deutschen Kaiserreiches zwischen Religion und Wirtschaftsethik

---

31 | Vgl. Kerbs, Diethart/Reulecke, Jürgen (Hg.): Handbuch der deutschen Reformbewegungen 1880-1933, Wuppertal 1998.
32 | Vgl. hierzu Schinzinger, Francesca (Hg.): Christliche Unternehmer (= Deutsche Führungsschichten in der Neuzeit, Band 19), Boppard 1994.
33 | Marcel Köppli widmete sich in seiner Dissertation einer Gruppe Schweizer Unternehmer, die zwar nicht auf ihr ökonomisches Handeln hin befragt werden. Er zeigt aber deutlich das Engagement dieser Gruppe in der Sozialreform, das ihren Erfahrungen als christlich geprägte Unternehmer entsprang. Peter Heyrman hat unlängst für Belgien eine ähnliche Debatte nachgezeichnet, allerdings mit Blick auf katholische Unternehmer. Beiden Arbeiten ähnlich ist das von den Protagonisten vertretene Modell unternehmerischer und gesellschaftlicher Ordnung, das dem Ansatz des protestantischen Patriarchalismus bzw.

hergestellt wurden,[34] waren entgegen der vorrangig auf protestantische Kaufleute oder Unternehmer zentrierten Einschätzung Webers vielfältiger und lassen sich anhand zahlreicher, auf einen vorhandenen oder zu organisierenden Gemeinsinn ausgerichteter Organisationen auch nachweisen: Zu denken ist etwa an den 1877 gegründeten Verband katholischer kaufmännischer Vereinigungen[35] oder die 1910 in Flöha bei Chemnitz ins Leben gerufene Konferenz gläubiger Landwirte.[36] Beispiele wie diese ließen sich noch beliebig viele anführen – auch solcher Vereinigungen und Institutionen, die bis in die Gegenwart Glauben und Weltdeutung wie auch Wirtschaftshandeln und Gemeinsinn in Verbindung bringen.[37] Hier liegen gewissermaßen die historischen Wurzeln für das im letzten Teilkapitel des Bandes behandelte Thema »Christentum und Marktwirtschaft«, das jüngst vermehrt die Aufmerksamkeit der Geistes- und Kulturwissenschaften gefunden hat: Zu nennen sind soziologische, politikwissenschaftliche oder

---

der katholischen Patronage folgte. Vgl. Köppli, Marcel: Protestantische Unternehmer in der Schweiz des 19. Jahrhunderts. Christlicher Patriarchalismus im Zeitalter der Industrialisierung, Zürich 2012; Heyrman, Peter: Belgian Catholic entrepreneurs' organizations, 1880 to 1940. A dialogue on social responsibility, in: Zeitschrift für Unternehmensgeschichte (2011), Heft 2, S. 163–186.
34 | Vgl. hierzu die Herleitung bei Jähnichen, Traugott: Wirtschaftsethik. Konstellationen – Verantwortungsebenen – Handlungsfelder (= Ethik – Grundlagen und Handlungsfelder, Band 3), Stuttgart 2008.
35 | Vgl. Laufen, Veronika: Der Verband katholischer kaufmännischer Vereinigungen 1877–1933 (= Beiträge zur Kirchen- und Kulturgeschichte, Band 22), Bruxelles 2011.
36 | Vgl. hierzu die »Festschrift« zum 100. Gründungstag der heute als Arbeitskreis christlicher Landwirte Sachsens und Thüringens bestehenden Organisation unter http://www.lkgsachsen.de/images/stories/Bauernbibeltag_2010.pdf [eingesehen am 27. 11. 2013].
37 | Nur für den Bankensektor kann hier beispielsweise die 1917 gegründete katholische Pax-Bank genannt werden, die seit 1969 mit der Evangelischen Kreditgenossenschaft eG ein konfessionelles Pendant hat; hinzu kam die 1974 etablierte anthroposophische GLS Bank und die 1989 nach den Prinzipien des Islamic Banking ins Leben gerufene Kuveyt Türk. Anzuführen wären ebenso christlich oder anthroposophisch geführte Unternehmen sowie lokale und überregionale Vereinigungen, die das Selbstverständnis etwa »christlicher Unternehmer« bündeln. Vgl. in der Reihenfolge der Bankenbeispiele http://www.pax-bank.de/homepage.html; http://www.ekk.de/Ihre_EKK/identitaet-und-leitbild/christliche_werte.html; https://www.gls.de/privatkunden/ueber-die-gls-bank/geschichte/; http://www.kuveytturk.com.tr/pages/history.aspx. Vgl. zudem die Internetauftritte des Christliche Unternehmer e. V., das als »christliches Branchenverzeichnis« bezeichnete Internetangebot Christliche Unternehmen sowie die Vereinigung Christen im Beruf e. V. unter http://www.christlicheunternehmer.de/; http://www.christliche-unternehmen.de/; http://www.fgbmfi.de/ [alle eingesehen am 27. 11. 2013].

religionsphilosophische Zugänge;[38] auch stand beispielweise die Religiosität von deutschen Managern nach 1945 im Zentrum des Interesses.[39]

Der Zusammenhang von Religion und Wirtschaftshandeln kann einerseits durch die Analyse zeitgenössischer Diskurse – beispielsweise über die Ausgestaltung der Wirtschaftsordnung nach innen und außen – aufgezeigt werden. Andererseits wird er durch den quellenmäßig teils schwer zu führenden empirischen Nachweis der Motivationen von Wirtschaftsakteuren deutlich.[40] Zu dieser Gruppe können auch die Wirtschaftstheoretiker gerechnet werden, die Knut Martin Stünkel und Michael Schäfer vorstellen: Mit Eugen Rosenstock-Huessy sowie Walter und Rudolf Eucken werden hier Personen behandelt, die ihre Religiosität in einen Zusammenhang mit wirtschaftlichen Konzeptionen von Gemeinsinn brachten – sei es auf der Ebene des Betriebes (Daimler-Benz) oder auf der Makroebene von Volkswirtschaften. Insbesondere das Beispiel Walter Eucken verbindet dabei die »Vorgeschichte« der politikhistorischen Zäsur 1945 mit ihren »Nachwirkungen«: Eucken war aufgrund seiner Distanz zum nationalsozialistischen System ein weiterhin gefragter Fachmann, anhand seiner Person lassen sich die Kontinuitäten marktwirtschaftlicher Konzepte von der Weimarer Republik zur jungen Bundesrepublik Deutschland nachvollziehen. Im abschließenden Beitrag von Thomas Großbölting wird dagegen ein breiterer Fokus gewählt: Im Zentrum steht der Einfluss moralisch-ethischer und vor allem auch christlicher Vorstellungen auf die Entwicklung der »sozialen Marktwirtschaft« in der Bundesrepublik. Seine Analyse der Nachkriegsdiskurse zeigt allerdings die untergeordnete Bedeutung christlicher Soziallehren auf die Etablierung der »sozialen Marktwirtschaft«:[41] So waren christliche Grundsätze zwar Teil der zeitgenössi-

---

38 | Vgl. exemplarisch die jüngst erschienenen Bände von Hochgeschwender, Michael/Löffler, Bernhard (Hg.): Religion, Moral und liberaler Markt. Politische Ökonomie und Ethikdebatten vom 18. Jahrhundert bis zur Gegenwart, Bielefeld 2011; Liedhegener, Antonius/Tunger-Zanetti, Andreas/Wirz, Stephan (Hg.): Religion – Wirtschaft – Politik. Forschungszugänge zu einem aktuellen transdisziplinären Feld (= Religion – Wirtschaft – Politik, Band 1), Zürich/Baden-Baden 2011.

39 | Vgl. Hartmann, Klaus: Manager und Religion. Zum Wandel beruflicher und religiöser Lebensführung, Konstanz 2007.

40 | Vgl. hierzu S. Steinberg: Unternehmen; Jähnichen, Traugott: Sozialer Protestantismus und moderne Wirtschaftskultur. Sozialethische Studien zu grundlegenden anthropologischen und institutionellen Bedingungen ökonomischen Handelns (= Entwürfe zur christlichen Gesellschaftswissenschaft, Band 7), Münster 1998.

41 | Vgl. hierzu auch die Darstellung Werner Abelshausers aus wirtschaftsgeschichtlicher Perspektive, die den eigentlichen Kern der Debatte um die »soziale Marktwirtschaft« – namentlich den Grad an staatlicher Ordnungspolitik und Liberalismus – deutlich macht. Abelshauser, Werner: Deutsche Wirtschaftsgeschichte nach 1945, München 2004, S. 94–100, 184–194.

schen Debatten um die Ausgestaltung einer neuen Wirtschaftsordnung,[42] innerhalb der jeweiligen konfessionellen Gruppen zeichneten sie sich allerdings durch eine große Heterogenität und Uneindeutigkeit aus.

Insgesamt schlägt der Band einen Bogen von der Spätaufklärung bis in die 1950er Jahre und verdeutlicht das heuristische Potential des diachronen Längsschnitts über politikhistorische Zäsuren: Diskurse und konkrete Modelle gesellschaftlicher Organisation und Selbstorganisation werden so langfristiger herleitbar und damit eindeutiger kontextualisierbar. Dies zeigt sich vor allem dort, wo bislang Organisationen oder Institutionen – beispielsweise karitative Vereine oder Krankenhäuser – auf Aspekte der christlichen Nächstenliebe verengt und nicht auf wirtschaftliche Kontexte, Motivationen oder Argumentationen wie auch auf übergeordnete Vorstellungen von Gemeinsinn und Gemeinschaft hin befragt wurden.

---

42 | Vgl. hierzu auch Goldschmidt, Niels: Wirtschaft und Gesellschaft miteinander versöhnen. Protestantische Wurzeln und katholische Zweige der Sozialen Marktwirtschaft, in: Michael Hochgeschwender/Bernhard Löffler (Hg.), Religion, Moral und liberaler Markt. Politische Ökonomie und Ethikdebatten vom 18. Jahrhundert bis zur Gegenwart, Bielefeld 2011, S. 205-220; Granieri, Ronald J.: Wohlstand oder Solidarität? Katholiken und Christdemokraten auf der Suche nach einer sozialen Marktwirtschaft, in: ebd., S. 221-235.

Katholische Nächstenliebe
und sozialer Protestantismus

Von der Armenpflege zur Diakonie
Wandlungen des Sozialprotestantismus
von der Frühen Neuzeit zum ›modernen‹ 19. Jahrhundert

Jochen-Christoph Kaiser

1. VON DER REFORMATION BIS INS 19. JAHRHUNDERT

Armut und das Risiko, arm zu werden, galten am Ausgang des Mittelalters als gottgegebenes Schicksal, das besonders bestimmte Berufsgruppen (Textil-, Bau- und Agrarsektor, Spielleute und sonstiges fahrendes Volk) sowie generell Witwen und Waisen, alte und kranke Menschen betraf. Bettelei auf der einen und die Almosengabe auf der anderen Seite zählten zu den sozialen Regulierungsmechanismen, wobei die Überprüfung der jeweiligen Bedürftigkeit und der Leistungsgedanke nur insofern eine Rolle spielten, als die Empfänger gehalten waren, für das Seelenheil der Spender zu beten, während Letztere primär im Bewusstsein handelten, dieses befördert und weniger einen Beitrag zur Bekämpfung von Armut geleistet zu haben. Das wurde am Ende des 15. Jahrhunderts anders, als humanistisches Gedankengut und der sich ausbildende Territorialstaat das durch den Bettel erzielte arbeitslose Einkommen als unethisch kritisierten und als Störfaktor für die administrative Gestaltung des Landes betrachteten.[1] Sachße/Tennstedt sprechen von ›Kommunalisierung, Rationalisierung, Bürokratisierung und Pädagogisierung‹ als den neuzeitlicher Armenfürsorge zugrunde liegenden vier Prinzipien.[2] Danach wurde Armut zunehmend als von frühbürgerlichen Standards abweichendes, vielfach auch selbst zu verantwortendes Verhalten (Devianz) verstanden und mit staatlich-kommunalen Mitteln bekämpft. Fortan un-

---

1 | Vgl. allgemein zum 16. Jahrhundert Kaiser, Jochen-Christoph: Soziale Formen und Strukturen der Reformationszeit, in: Glaube und Lernen 22 (2007), S. 131–143.
2 | Vgl. Sachße, Christoph/Tennstedt, Florian: Geschichte der Armenfürsorge in Deutschland. Vom Spätmittelalter bis zum Ersten Weltkrieg, Stuttgart 1980, S. 31.

terschied man zwischen ›würdigen‹ und ›nichtwürdigen‹ Armen, – nur Erstere durften auf Unterstützung hoffen; Vorbedingung war Anpassung an die bürgerlichen Tugenden wie Fleiß, Ordnung und Mäßigung. Diese Definition bedingte die Schaffung eines Systems sozialer Kontrolle und Disziplinierung, zu dem auf kirchlicher Seite noch die Verpflichtung auf einen ›frommen Lebenswandel‹ mit regelmäßigem Kirchgang und Teilnahme an den Sakramenten trat, bevor Hilfen gewährt wurden.

Entgegen früheren Auffassungen bewirkten nicht die von der Reformation ausgehenden Impulse den grundsätzlichen Wandel der Wohlfahrtsgesinnung und der Einstellung gegenüber der Armenpflege-Klientel, wie die Armenordnungen von Straßburg, Nürnberg und Wien aus dieser Zeit demonstrieren.[3] Jedoch setzte die Reformation neue theologische Akzente, indem sie mit der Rechtfertigungslehre das Almosengeben von der Gewinnung des Seelenheils abkoppelte. Stiftungen und Schenkungen sowie Einzelspenden galten fortan als ›Frucht der Liebe aus dem Glauben‹ – Melanchthon sprach von der ›amor fidei fructus‹ – und verwarfen damit den Verdienst- und Leistungsgedanken. Das erwies sich in der Praxis als nicht unproblematisch, da die Spendenbereitschaft nun zurückging, was schon Luther kritisch anmerkte und nach seinem Tod zu heftigen theologischen Debatten über Nützlichkeit oder Schaden der ›guten Werke‹ für den Glauben führte.

Denn dass die reformatorische Rechtfertigungslehre mit der Ablehnung der Heilsfunktion des Almosens die Spendenbereitschaft der evangelischen Bevölkerung deutlich schwächte und dadurch die zur Verfügung stehenden Mittel verringerte, war nicht nur Vorwurf der Altgläubigen, sondern unbezweifelbare Tatsache; sie fiel auch Luther selbst auf, wenn er beklagte, dass anstelle der alten Überzeugung, man könne sich mit guten Werken den Himmel erkaufen, nun gemeinhin die Auffassung getreten sei, das Almosengeben sei überflüssig geworden.[4] Nach seinem Tod entbrannte darüber zwischen den eher Melanchthon zuneigenden Theologen, den von ihren Gegnern sogenannten Philippisten, und den Genesiolutheranern noch einmal eine heftige Auseinandersetzung, in die vor allem Georg Major und Nikolaus von Amsdorf verwickelt waren (Majoristischer Streit). Ersterer hatte in der Sorge um die Geringschätzung der milden Gaben oder guten Werke als Frucht des Glaubens in einer unvorsichtigen Wendung in Anlehnung an Confessio Augustana XX[5] gegen die allzu exklusive Betonung des lutherischen »sola fide« behauptet, gute Werke seien nach Gottes Willen zur Seligkeit nötig. Daraufhin reagierte von Amsdorf mit der nicht minder überspitzten

---

3 | So noch Stupperich, Robert: Armenfürsorge, in: Theologische Realenzyklopädie, Band 4, 1979, S. 10–40.

4 | Vgl. die Wochenpredigten über Johannes 16–20, in Weimarer Ausgabe 28, 415.

5 | »Necesse sit bona opera facere, non ut confidamus per ea gratiam mereri, sed propter voluntatem Dei.«

Formulierung, dass gute Werke im Gegenteil zur Erlangung des Heils schädlich seien.[6]

In seiner Schrift »An den christlichen Adel« wies Luther 1520 die Armenfürsorge den Städten zu und beteiligte sich auch – beispielsweise in Wittenberg und Leisnig – an der Ausarbeitung besonderer Armen- bzw. Kastenordnungen, in denen geregelt wurde, wer zu den Unterstützungsempfängern zählen sollte. Dies waren in erster Linie die ortsansässigen Armen, während das vagierende Bettlertum von Hilfsleistungen ausgeschlossen blieb. Aus dem ›gemeinen Kasten‹ sollten ferner die Bezahlung von Pfarrer und Lehrer sowie der Erhalt und Neubau von kirchlichen Gebäuden erfolgen. Später wurde die Pfarrerbesoldung davon jedoch abgetrennt mit der Begründung, die Pfarrer könnten überzeugender um Spenden bitten, wenn es nicht den Anschein habe, sie täten das um des eigenen Vorteils willen.[7] Unter dem Gesichtspunkt der Einheit von christlicher und politischer Gemeinde schien die Schaffung eines eigenständigen Diakonenamts in den lutherischen Landeskirchen nicht notwendig, während Calvin es auf der Ebene der Einzelgemeinde wieder einführte.

Diese Ordnungen waren auf die Städte beschränkt und funktionierten nur so lange, wie die allgemeine ökonomische Lage es erlaubte. Not- und Kriegszeiten überforderten die Armenfürsorge jedoch, was an dem fehlenden Finanzausgleich zwischen den Gemeinden und einer diese übergreifenden Organisationsstruktur lag. So konnten die reformatorischen Armenordnungen letztlich nur Impulse theologischer und sozialer Art vermitteln; die Armut gänzlich zu überwinden und die Unterstützungsklientel fest in die christlichen Gemeinden zu integrieren, vermochten sie entgegen den ursprünglichen Intentionen Luthers jedoch nicht.

Seit der Mitte des 17. Jahrhunderts löste sich die behauptete Einheit von Christen- und Bürgergemeinde allmählich auf und machte auf Drängen der Geistlichen einer Arbeitsteilung Platz, in der die Kirchengemeinde sich ganz auf die geistliche Betreuung ihrer Glieder konzentrierte. Das wurde deutlich, als es der Senior der Frankfurter Kirche und ›Vater des Pietismus‹, Philipp Jakob Spener (1635–1705), für sein Konsistorium ablehnte, sich an der Trägerschaft des 1679 neu gegründeten und von ihm mit angeregten Frankfurter Waisenhauses zu beteiligen mit der Begründung, dies sei Aufgabe der politischen Gemeinde, in der ja Christen als Bürger mitwirkten. Die Frankfurter Pfarrer sollten sich auf die ›Weckung der Gewissen‹ konzentrieren und auf geistlichen Rat, damit »alles

---

6 | »Dass die Propositio (Gute werck sind zur Seligkeit schedlich) ein rechte ware Christliche Propositio sey durch die heiligen Paulum vnd Lutherum gelert vnd geprediget« (1559). Die Konkordienformel verwarf diese These. Vgl. zum Gesamtkomplex Dingel, Irene/Wartenberg, Günther (Hg.): Georg Major (1502-1574). Ein Theologe der Wittenberger Reformation, Leipzig 2005.

7 | Vgl. Kreiker, Sebastian: Armut, Schule, Obrigkeit. Armenversorgung und Schulwesen in den evangelischen Kirchenordnungen des 16. Jahrhunderts, Bielefeld 1997, S. 56.

nach Gottes Willen geschehe«.[8] Das Frankfurter Waisenhaus wurde bald zum Modell für ähnliche Gründungen, etwa in Kassel und Stuttgart, weil es den Charakter eines Zucht- und Arbeitshauses für seine Insassen mit dem Ausbau von Manufakturbetrieben verband, die für seinen Unterhalt sorgen sollten. Der kirchliche Einfluss trat demgegenüber zurück. Die Armenfürsorge wandelte sich damit allmählich von einem Teilbereich traditioneller Kirchenordnungen zu einem Segment absolutistischer Polizeiordnungen.[9]

Diese Tendenz konnten und wollten auch die Franckeschen Stiftungen in Halle nicht aufhalten, obschon sie als – weitgehend singuläres – Beispiel dafür stehen, dass die Obrigkeit Einzelpersonen durchaus Freiräume für sozialkaritatives Handeln aus christlicher Verantwortung beließ. August Hermann Francke (1663–1727) konzentrierte sich indessen ganz auf sein Waisenhaus, an das er im Stile eines religiösen Unternehmertums erfolgreiche Manufakturen (Apotheke, Verlag) angliederte, welche durch ihren ökonomischen Erfolg die Existenz dieser Einrichtung sicherten. Anders als das Frankfurter Haus beutete er seine Kinder und Jugendlichen jedoch nicht wirtschaftlich aus, sondern verfolgte primär religiös-pädagogische und nicht sozialfürsorgerische Ziele.

Vor dem Hintergrund des Pauperismus in der ersten Hälfte des 19. Jahrhunderts gewann eine eigenständige Armenfürsorge innerhalb des Protestantismus wieder an Bedeutung. Den Hintergrund bildeten einmal die Erweckungsbewegung und dann die Verantwortung der frühbürgerlichen Gesellschaft für das bonum commune. Jetzt entstanden überall Einzelinitiativen, die sich zunächst sozial verwahrlosten Jugendlichen widmeten (Rettungshäuser). Es blieb Johann Hinrich Wichern (1808–1881) vorbehalten, diese Gründungen zur Inneren Mission zusammenzufassen, die als freier Verein ›neben‹ den verfassten Landeskirchen wirkte. Für den Hamburger Theologen war soziale Arbeit eine Voraussetzung für die Verkündigung des Evangeliums (Volksmission), um die Religion und christlichem Glauben Entfremdeten allmählich wieder an das Christentum zu binden. Diese doppelte Zielrichtung nannte er Diakonie.

Auf dem Wittenberger Kirchentag von 1848 gelang es ihm, die Teilnehmer für sein Konzept eines freien, verbandlich organisierten diakonischen Netzwerks zu gewinnen, das sich unter Koordination durch den 1849 gegründeten Central-Ausschuss für Innere Mission (CAfIM) im Laufe des Jahrhunderts über den gesamten deutschsprachigen Raum und darüber hinaus ausbreiten sollte. Sozialreform stand nicht auf Wicherns Programm, sondern primär die soziale und religiöse ›Besserung‹ des Individuums, was er in seiner Einrichtung, dem Rauhen Haus in Hamburg-Horn, beispielhaft verwirklichte. Er war es auch, der zusammen mit

---

8 | Vgl. Sträter, Udo: Pietismus und Sozialtätigkeit. Zur Frage nach der Wirkungsgeschichte des ›Waisenhauses‹ in Halle und des Frankfurter Armen-, Waisen- und Arbeitshauses, in: Pietismus und Neuzeit. Ein Jahrbuch zur Geschichte des neueren Protestantismus 8 (1983), S. 201–230, hier S. 219.

9 | Vgl. Uhlhorn, Gerd: Die christliche Liebesthätigkeit, Stuttgart 1895, S. 633.

Theodor Fliedner (1800–1864) und anderen eine Erneuerung des altkirchlichen diakonischen Amts der Kirche anstrebte (Monbijou-Konferenz 1856),[10] was jedoch an der Sorge der Konsistorien und Geistlichen scheiterte, die Diakonie strebe danach, Kernaufgaben der verfassten Kirche zu übernehmen.

2. HINTERGRÜNDE EINES NEUBEGINNS KONFESSIONELL ORIENTIERTER WOHLFAHRTSPFLEGE

2.1 Globale Motive für die Entstehung von Innerer Mission und Diakonie

Für die Renaissance der alten Armenpflege in neuer Form – ihrer Modernisierung und Herauslösung aus exklusiv kommunalen und ortskirchlichen Bezügen – sind eine Reihe von Faktoren ursächlich, die man einmal der Veränderung globaler gesellschaftlicher Rahmenbedingungen und – davon in vielen Fällen abhängig – dem Wandel traditioneller Kirchlichkeit seit dem frühen 19. Jahrhundert zuschreiben kann. Kommen wir zunächst zu den gravierenden soziopolitischen Veränderungen seit Beginn des 19. Jahrhunderts.

An der Schwelle zum 19. Jahrhundert entfaltete sich eine ›neue‹ Welt, die das Leben der Menschen und ihr Bewusstsein in tiefgreifender Weise veränderte. In der Zeitspanne zwischen 1770 und 1870 begann das Zeitalter der Industrialisierung und erreichte seine ersten Höhepunkte. Die Moderne verursachte einen Umbruch der Gesellschaft der Industriestaaten in ökonomischer, sozialer und kultureller Hinsicht, was neben vielen positiven Aspekten zuvor nicht gekannte Probleme mit sich brachte. Auch das Christentum und mit ihm die kirchliche Armenpflege wurden davon tiefgreifend berührt: Die alten Regeln der Gestaltung bürgerlicher und christlicher Existenz galten nicht mehr unhinterfragt, und auch Fürsorge für die ›schwachen‹ Glieder der Gesellschaft als selbstverständliche Konsequenz organisierter Frömmigkeit und stadtbürgerlicher Verantwortung wurde in diesen Wandel einbezogen. Hier liegen die Ursprünge der Inneren Mission als neuartige soziale Initiative des Protestantismus; allerdings nicht seiner Landeskirchen, sondern in erster Linie seiner ebenfalls neu entstehenden Vorfeldorganisationen.

Man bezeichnet diese neue Massenarmut, die nach den sogenannten Befreiungskriegen einsetzte, bekanntlich als ›Pauperismus‹. Dieser entstand als Folge der Reformen in den deutschen Ländern, vor allem in Preußen, die einen grundlegenden Umbau der Wirtschaftsverfassung einleiteten und neben anderem zur Abschaffung der alten ständischen Zunftordnung führten. Das Ergebnis war

---

[10] | Vgl. Kaiser, Jochen-Christoph: Der Diakonat als geordnetes Amt der Kirche. Ein EKD-Gutachten, eine alte Frage und ihre Aktualität, in: Diakonie. Jubiläumsjahrbuch 1998, Stuttgart 1998, S. 212–219.

zunächst nicht der erhoffte wirtschaftliche Aufschwung, sondern eine sich bis zur Märzrevolution hinziehende große Wirtschafts- oder ›Emanzipationskrise‹.[11] Viele Handwerker machten sich nun, ohne über das notwendige Kapital zu verfügen, selbständig und mussten ihre Kleinbetriebe nach kurzer Zeit wieder schließen. Mit dem schnellen Wachstum der Bevölkerung, die auf dem Land kein Auskommen mehr fand und deshalb in die großen Städte strömte, bildeten diese Menschen eine neue Unterschicht, die von den Risiken der beginnenden Industrialisierung besonders betroffen wurden: Arbeitslosigkeit, Invalidität und Krankheit.

Das gängige Instrumentarium der klassischen urbanen Armenpflege konnte die neuen Probleme nicht schultern. Sie hatte im Verlauf des 17. und 18. Jahrhunderts keine grundlegende Weiterentwicklung durchgemacht und blieb ein städtisches Phänomen, das gerade den Status quo sozialer Sicherung für die urbane Wohlfahrtsklientel mehr schlecht als recht garantierte, die Bedürfnisse ländlicher Armenpflege aber ausklammerte und vor allem periodisch neu auftretenden Notständen durch Kriegsfolgen, Seuchen oder Missernten wenig entgegenzusetzen hatte.

Ohnehin nur in größeren Städten einigermaßen organisiert, fand sie keinen Rückhalt bei den Regierungen der Territorien im Deutschen Bund, da diese den Bereich sozialer Sicherung nicht als staatliche Aufgabe betrachteten. Politik bestand in zeitgenössischer Sicht aus Wahrung der Rechtssicherheit nach innen durch Polizei, Justiz und Verwaltung sowie der Sicherung der territorialen Integrität durch Außenpolitik und Militär. Kultur und Soziales überließ man den Kommunen und darüber hinaus der entstehenden und bald immer selbstbewusster auftretenden neuen bürgerlichen Gesellschaft. Das hatte sowohl für die spätabsolutistische bzw. frühkonstitutionelle Herrschaftsstruktur als auch für das erstarkende Bürgertum Vorteile: Der Staat konnte jene Aufgaben weiterhin ignorieren, die er ohnehin nicht zu seinen politischen Pflichten zählte, und das Bürgertum war in der Lage, auf kulturellem und sozialem Feld einigermaßen unabhängig zu agieren und dort semidemokratische Verfahren einzuüben, wenngleich ihm die unmittelbare politische Partizipation noch lange verwehrt blieb. Vor allem aber verband sich mit der Formierung der bürgerlichen Gesellschaft ein zunächst noch diffus bleibendes ›Gefühl der Mitverantwortung für das bonum commune‹ über die eigenen wirtschaftlichen und kulturellen Gestaltungsinteressen hinaus. Zu dieser Verantwortung zählte zwar nicht die Beseitigung sozialer Ungleichheit, wohl aber die Forderung nach erträglichen Lebensbedingungen auch für die unterbürgerlichen Schichten, deren Kämpfe um das Existenzminimum nicht länger durch den Einsatz staatlicher Machtmittel zu beenden waren. Das belegt die allgemeine Empörung über die gewaltsame Niederschlagung der schlesischen Weber-

---

11 | Vgl. Jantke, Carl/Hilger, Dietrich (Hg.): Die Eigentumslosen. Der deutsche Pauperismus und die Emanzipationskrise in Darstellungen und Deutungen der zeitgenössischen Literatur, Freiburg i. Br. 1965.

unruhen von 1844 durch das preußische Militär. Hinter dieser Auffassung stand allerdings auch die Furcht vor einer Ausweitung der zumeist lokalen, unkoordinierten Hungeraufstände zu einem Flächenbrand, der bürgerliche Besitzstände gefährdete, wenn nicht rechtzeitig befriedend interveniert würde.

Es ist nicht so, wie von der älteren, konfessionell gebundenen Historiographie häufig behauptet, dass soziale Zuwendung und Wohlfahrtsgesinnung primär Resultat eines religiös motivierten Einstellungsverhaltens gewesen seien – im Gegenteil: Es waren die patriotischen Gesellschaften des ausgehenden 18. Jahrhunderts, in denen das neue bürgerliche soziale Bewusstsein zuerst zum Ausdruck kam und wo soziale Devianz und ihre notwendige Bekämpfung zum Thema gemacht wurden. Allerdings blieben die Mitglieder dieser Vereinigungen in der Regel ihren religiösen Gemeinschaften mehr oder weniger verbunden – sie agierten also als Bürger *und* Christen –, wenn auch nicht mehr in jener Selbstverständlichkeit wie vor Beginn der Aufklärung. Gleichwohl sollte sich das Interesse an der ›Wohlfahrt für alle‹ als verbindendes Element für bürgerliche wie primär religiös orientierte Reformkreise erweisen. Dahinter steht die Auffassung, dass erst in dieser Verbindung – man könnte auch ›Bündnis‹ sagen – von bürgerlicher wie religiöser Reformgesinnung die Grundlagen des Sozialstaats in Deutschland geschaffen werden konnten. Daran hatten die evangelische Diakonie wie später der katholische Caritasverband und seine weit in das 19. Jahrhundert zurückreichenden regionalen Vorgängerinstitutionen ganz wesentlichen Anteil.

2.2 Innere (kirchliche) Motive

Das, was wir seit den 1830er Jahren des 19. Jahrhunderts Innere Mission und nach 1945 gemeinhin Diakonie nennen, hat mit der traditionellen christlichen und späteren kommunalen Armenpflege der Frühen Neuzeit wenig zu tun, sondern stellt einen Neuansatz dar. Dies gilt unbeschadet früherer Einzelinitiativen, wie sie etwa August Hermann Francke mit seinen Halleschen Stiftungen ergriff oder später, an der Wende vom 18. zum 19. Jahrhundert, der schlesische Baron Hans Ernst Freiherr von Kottwitz (1757–1843). Neu an der Inneren Mission waren dabei folgende Aspekte, die ich abschließend in acht Punkten zusammenfassen möchte:

1. Zunächst entwickelte sich die Idee einer von Staat und Kommunen unabhängigen protestantischen Organisation zur Bekämpfung der Massenarmut im Vormärz, das heißt des Pauperismus; denn es war dieser und noch nicht die soziale Frage, der – bedingt durch die erst nach der Revolution einsetzende Industrialisierung – an den Anfängen eines konfessionellen Sozial- und Hilfsbewusstseins stand.

2. Innere Mission sollte nach dem Willen ihrer Protagonisten unabhängig agieren: einmal von den bestehenden Landeskirchen und dann von den Kirchengemeinden und deren festen Grenzen. Sie sollte flächendeckend arbeiten, da-

bei aber nicht von den Weisungen einer übergeordneten Leitung abhängig sein. Der 1849 gegründete CAfIM war eher eine Art Thinktank und Koordinierungsgremium, das bestehende Einrichtungen locker miteinander verbinden und neue Aktivitäten sozialer Arbeit initiieren sowie beratend begleiten sollte. Der CAfIM war also kein ›Generalstab der Liebesarmee‹, wie er von Friedrich von Bodelschwingh (1831–1910) bezeichnet wurde.

3. Die von Anfang an von der Gründergeneration ausdrücklich eingeforderte Freiheit der Inneren Mission von der verfassten Kirche entstammte einmal dem zeitgenössischen Bedürfnis nach bürgerlicher Selbstbestimmung, dann aber auch dem Misstrauen gegenüber der Schwerfälligkeit kirchlicher Verwaltungsstrukturen und deren staatskirchenrechtlicher Abhängigkeit von politischer Herrschaft.

4. Zugleich beanspruchte Wichern für seine Innere Mission, nicht lediglich Sozialarbeit zu treiben, sondern darüber hinaus den der Kirche entfremdeten Armen das Evangelium zu verkündigen. Das war der genuin missionarische Aspekt der Arbeit. Dieser hatte eindeutig Priorität vor dem sozialen Handeln, das nicht als Selbstzweck im Sinne von Sozialreform gedacht war, sondern eher funktional-subsidiäre Bedeutung für den geistlichen Auftrag besaß. Erst wenn ihre soziale Grundsicherung garantiert sei, seien die entkirchlichten Unterschichten für Religion und Kirche wiederzugewinnen, so die verbreitete Auffassung. Mit letzterer Aufgabe geriet die Innere Mission in den Augen der meisten Pastoren in eine gewisse Konkurrenzsituation zur Kirche und bildete damit eine in der Forschung heute so bezeichnete semikirchliche Zweitstruktur aus.[12] Im Zeitalter des erstarkenden Konfessionalismus führte dies zu teils heftigen Kontroversen zwischen einzelnen kirchlichen Amtsträgern und der Inneren Mission, die erst im letzten Drittel des 19. Jahrhunderts – durch das Wirken des hannoverschen Abtes Gerhard Uhlhorn (1826–1901) – überwunden werden konnten.[13]

Noch einmal: Der Inneren Mission ging es in ihrer Gründungsphase nicht um soziale Strukturreformen, sondern um auf das arme Individuum bezogene soziale Hilfen als unerlässliche Voraussetzung für die Rückführung dieser Klientel in kirchlich-parochiale Bindungen.

5. Doch die Grundannahme, erst die soziale Mindestsicherung mache Menschen am Rand der Gesellschaft für die Aufnahme der christlichen Botschaft

---

12 | Kaiser, Jochen-Christoph: Sozialer Protestantismus und ›Zweitkirche‹: Entstehungskontext und Entwicklungslinien der Inneren Mission, in: Karl Gabriel (Hg.), Herausforderungen kirchlicher Wohlfahrtsverbände. Perspektiven im Spannungsfeld von Wertbindung, Ökonomie und Politik, Berlin 2001, S. 27–47.

13 | Ders.: ›Die Menschen stärken – die Zukunft gestalten‹. Gerhard Uhlhorn und die evangelische Kirche, in: Norbert Friedrich/Traugott Jähnichen (Hg.), Sozialer Protestantismus im Kaiserreich: Problemkonstellationen – Lösungsperspektiven – Handlungsprofile, Münster 2005, S. 117–128.

bereit, könnte sozial- wie mentalitätsgeschichtlich ein Irrtum gewesen sein: Soziale Sekurität und Wohlstand sind nach allen historischen Erfahrungen keineswegs Voraussetzung für christliche Wertorientierung und Glauben; oft ist das Gegenteil der Fall. Die Bestrebungen der Inneren Mission und verwandte Bemühungen katholischer Gruppierungen hatten also auch ein handfestes religions- bzw. kirchenpolitisches Motiv: Es ging um eine aus der Defensive heraus operierende soziale und praktisch-theologische Neuorientierung der Gesamtkirche, die erst durch die Aufklärung und dann durch die Folgen des gesellschaftlichen Wandels seit Beginn des Jahrhunderts schwere Einbrüche im Hinblick auf die Kirchenbindung der Bevölkerung erlebt hatte. Das betraf freilich nicht allein die durch die Wanderungsbewegungen im Vormärz mit verursachte religiöse Entwurzelung und Heimatlosigkeit zahlreicher Menschen, sondern neben den unterbürgerlichen Schichten auch viele Angehörige des elaborierten Wirtschafts- und Bildungsbürgertums. Insofern zielten die kirchlich inspirierten neuen sozialen Bewegungen – mindestens in der Theorie, weniger in der Praxis – auch auf die allmählich aus der Kirche auswandernde Mittelschicht.

6. Noch ein anderes Moment war ursächlich für eine gewisse, nicht zu unterschätzende Distanz zwischen Innerer Mission und verfasster Kirche: Wie andere Gruppen des protestantischen Verbandsspektrums auch (Gustav-Adolf-Vereine, Gesellschaften zur Förderung der ›Heidenmission‹ in Afrika und Übersee, die evangelikalen Zusammenschlüsse oder 1886 der Evangelische Bund) verweigerte sich die Innere Mission den heftigen innerkirchlich-theologischen Debatten um die Festlegung auf ein bestimmtes evangelisches Bekenntnis. Das bedeutete keine Präferenz für die seit 1817 einsetzende Unionsbildung in Preußen und im deutschen Südwesten, sondern eher eine Art innerprotestantischer Ökumene in gleichberechtigter Achtung aller Bekenntnisse und unter Zurückstellung der konfessionellen Problematik zugunsten der jeweiligen Vereinsinhalte und ihres Sachbezugs.

7. Eng damit verbunden waren die Bestrebungen des neuen Vereinsspektrums und hier besonders der Inneren Mission, die kirchliche ›Einheit des deutschen Protestantismus‹ auf den Weg zu bringen, mithin die Überwindung seiner Aufspaltung in zahlreiche, voneinander unabhängige Landeskirchen. Doch die Vision der kirchlichen Einheit, etwa in einer ›Reichskirche‹, wurde nicht allgemein geteilt, da sie das Staatskirchenrecht tangierte und damit die politische Autonomie der die Landeskirchen tragenden Territorien zu beeinträchtigen drohte. Bekanntlich gibt es nach dem Fehlversuch von 1933 bis heute keine evangelische Einheits- oder Bundeskirche – trotz aktueller Bemühungen auf EKD-Ebene.

8. Dass der Rückblick auf mehr als 150 Jahre Innere Mission mindestens von einer sozialen Erfolgsbilanz sprechen kann, erscheint unstrittig. Ob das auch von jener anderen Seite diakonischen Handelns, nämlich der Volksmission, zu konstatieren ist, muss offenbleiben: Einmal sprechen die statistischen Zah-

len eine deutliche Sprache; außerdem lassen sich wohl religiöses Einstellungsverhalten, nicht jedoch innere Glaubensbindung mit dem Instrumentarium von Allgemein- und Kirchengeschichte wirksam untersuchen und messen. Gleichwohl erscheint es unabdingbar, sowohl in geschichtlicher wie auch aus heutiger Sicht immer wieder hervorzuheben, dass diakonisch-soziales Hilfehandeln ohne das primär religiöse Antriebsmotiv nur unvollständig gedeutet werden kann. In der schwierigen Verhältnisbestimmung von sozialem und religiösem Auftrag liegt sicherlich eine der großen Herausforderungen für die Diakonie und ihre Zukunft im 21. Jahrhundert.

Armutsdiskurse, Armenfürsorge und Industrialisierung im »deutschen« Katholizismus während des langen 19. Jahrhunderts

Bernhard Schneider

»Und in der Tat ist in dem Schoße des Katholizismus ein unerschöpfliches, unermessliches Prinzip der Liebe; und die Liebe, der Hauptinhalt des Gesetzes, ist das ganze Leben des Christen, sein Leben in der Zeit und sein Leben in der Ewigkeit. Die Macht, welche der Katholizismus in dieser Beziehung über den Menschen hat, eine Macht, welche selbst seine eifrigsten Feinde ihm nie zu bestreiten gewagt, und welche den Stifter des Islams mit Erstaunen erfüllte,[1] ist selbst in dieser Zeit des gesunkenen Glaubens noch sichtbar. Es wäre ein schönes Werk, die Geschichte der Liebe – Charitas – d. h. der allgemeinsten, der reinsten, der heiligsten Liebe, bei den christlichen Völkern [zu schreiben]. Da würde man sehen, wie sie von Jahrhundert zu Jahrhundert die angeborene Wildheit, welche die Völker aus den Wäldern des Nordens mitgebracht, bekämpft; ihre Sitten und Gesetze mildert; das Gefühl, welches wir Menschlichkeit, Humanität, nennen, erzeugt; dem Reichen Mitleid, Zärtlichkeit für den Armen, dem Mächtigen Achtung für den Schwachen einflößt; alles einander nähert, was durch Interessen, Vorurteile, Stolz geteilt ist; den Tränen eine göttliche Macht verleihet; die Lumpen des Bettlers über den kaiserlichen Purpur erhebt; Leiden und Elend zu einer erhabenen Würde macht, vor welcher den Königen die Knie zu beugen geboten war.«[2]

---

1 | Im Koran steht: Gott hat den Schülern Jesu die Barmherzigkeit gegeben [Fußnote so im Originaltext].
2 | De Lamennais, Felicité: Über die Zukunft der Gesellschaft, in: Katholische Kirchen-Zeitung [Aschaffenburg] 3 (1831), Nr. 79 vom 02. 10. 1831, Sp. 625–629, hier Sp. 627.

1. Einleitung

Der hier im Auszug gebotene Text stammt aus der Feder des prominenten französischen Theologen und Sozialphilosophen Felicité de Lamennais. Er war der führende Kopf des liberal-katholischen Modells, das einen Ausgleich zwischen Katholizismus und den Leitgedanken der Menschen- und Bürgerrechtserklärung anstrebte. Im weiteren Verlauf des Textes skizziert Lamennais die Vision einer aus den Quellen des Katholizismus stammenden universalen Bruderliebe, die auf Erden den Vorgeschmack des Himmels im größtmöglichen Umfang realisieren werde. Lamennais fand weit über Frankreich hinaus Beachtung: Der zitierte Text wurde 1831 in einer deutschen katholischen Zeitschrift strengkirchlich-ultramontanen Zuschnitts abgedruckt und war Teil einer damals breiten Rezeption der Gedanken Lamennais' in der katholischen Presse.[3] 1832 und 1834 wurde Lamennais' Konzept bekanntlich von Papst Gregor XVI. förmlich verurteilt, 1836 erfolgte dann sein Bruch mit Rom, was die weitere Rezeption in den strengkirchlich-ultramontanen Kreisen blockierte. Nicht um Lamennais als Theologe, Philosoph und Publizist geht es aber im Folgenden, sondern um Konstruktionen katholischer Identität, die um Armut, Armenfürsorge und die gesellschaftliche Ordnung kreisen. Für solche Konstruktionen bildet der auszugsweise zitierte Text unzweifelhaft ein besonders prägnantes Beispiel.

2. Armutsdiskurse und Armenfürsorge im deutschsprachigen Katholizismus

Diese Themen stehen im Zentrum des von mir geleiteten Teilprojekts B 7 im Trierer SFB 600 »Fremdheit und Armut«, der Ende 2012 planmäßig auslief. Es galt angesichts eines unbefriedigenden Forschungsstands zu klären, ob sich im Katholizismus des deutschsprachigen Raumes nach der Säkularisation eine diskursive Auseinandersetzung mit der zeitgenössischen Massenarmut belegen lässt, welche Formen sie annahm und ob diese sich in den innerkatholischen »Lagern« unterschiedlich vollzog.[4] Hinzu kam ein Blick auf die Praxis, um zu überprüfen,

---

3 | Zur Lamennais-Rezeption in der deutschsprachigen katholischen Publizistik vgl. Valerius, Gerhard: Deutscher Katholizismus und Lamennais. Die Auseinandersetzung in der katholischen Publizistik 1817–1854, Mainz 1983. Zur katholischen Presse im Vormärz vgl. Schneider, Bernhard: Katholiken auf die Barrikaden? Europäische Revolutionen und deutsche katholische Presse 1815–1848, Paderborn 1998, S. 35–94.

4 | Einen Überblick zum Forschungsstand und zum Forschungskonzept des Teilprojekts bietet: Schneider, Bernhard: Armut und Konfession. Ergebnisse und Perspektiven (kirchen-)historischer Forschungen zum Armutsproblem unter besonderer Berücksichtigung des 19. Jahrhunderts und des deutschen Katholizismus, in: Ders. (Hg.), Konfessionelle Armutsdiskurse und Armenfürsorgepraktiken im langen 19. Jahrhundert, Frankfurt a. M.

wie präsent hier Aktivitäten von Katholiken allgemein und von amtlichen Repräsentanten der Kirche insbesondere waren und welchen Konzepten dabei gefolgt wurde. Alle Studien des Projekts achten auf Modi von Inklusion und Exklusion wie auch darauf, wie der katholische Armutsdiskurs und die karitativen Praktiken dazu beitrugen, katholische Identität in dieser Phase des Umbruchs zu (re-)konstruieren.

Unser Teilprojekt bestand aus zwei Schwerpunkten. Schwerpunkt 1 rekonstruierte mittels Diskursanalyse die Thematisierung von Armut und Armenfürsorge in a) Verkündigungstexten (Predigten, Hirtenbriefe) sowie b) in katholischen Zeitschriften jeweils im Zeitraum zwischen ca. 1800 und 1850. Schwerpunkt 2 beschäftigte sich in Form einer vergleichenden Regionalstudie mit der Praxis der Armenfürsorge im Katholizismus an der Saar und in Südbaden zwischen 1800 und 1870. Insgesamt wurden über 6 000 Dokumente inventarisiert, bei rund 1 800 Einträgen sind Texte ganz oder in Auszügen in unserem Forschungs- und Datenbanksystem hinterlegt.

2.1 Armutsdiskurse

Die beiden Untersuchungen zu diesem Schwerpunkt haben den Nachweis erbracht, dass es eine beachtliche Beschäftigung mit dem Thema Armut und Armenfürsorge gab.[5] 25 % der 2 987 untersuchten Predigten gingen in irgendeiner Form darauf ein, bei 2,5 % war es das Hauptthema.[6] Bezogen auf die 675 Predigten mit einer Thematisierung ergibt sich folgendes Bild (Abb. 1).[7]

2009, S. 9-57. Zu ergänzen ist, dass in der neuen glänzenden Gesamtdarstellung von Michael Burleigh, die auch ein sehr lesbares Kapitel über »Die Kirchen und die Industriegesellschaft« enthält, die Ausführungen zum sozialen Katholizismus in Deutschland die Entwicklungen vor 1850 völlig ausblenden. Vgl. Burleigh, Michael: Irdische Mächte, göttliches Heil. Die Geschichte des Kampfes zwischen Politik und Religion von der Französischen Revolution bis in die Gegenwart, München 2008, S. 503-508.
5 | Vgl. Maurer, Michaela: »Daß ich der Noth der Armen mich willig mög' erbarmen«. Armut und Armenfürsorge in der katholischen Verkündigung des späten 18. bis zur Mitte des 19. Jahrhunderts, Diss. masch., Trier 2011. Die Dissertation von Ingmar Franz zum kirchenpolitischen Armutsdiskurs im deutschen Katholizismus der ersten Hälfte des 19. Jahrhunderts lag bei Abschluss dieses Beitrags noch nicht in zitierfähiger Form vor. Vgl. dazu einstweilen Franz, Ingmar: Katholische Publizistik und die Diskurse um Armut und Soziale Frage bis zum Kulturkampf, in: Michaela Maurer/Bernhard Schneider (Hg.), Die Konfessionen in den Sozialsystemen Mittel- und Westeuropas im langen 19. Jahrhundert. Ein »edler Wettkampf der Barmherzigkeit«?, Münster 2013, S. 59-93.
6 | Vgl. M. Maurer: Armut, S. 75 f.
7 | Grafik ebd., S. 76.

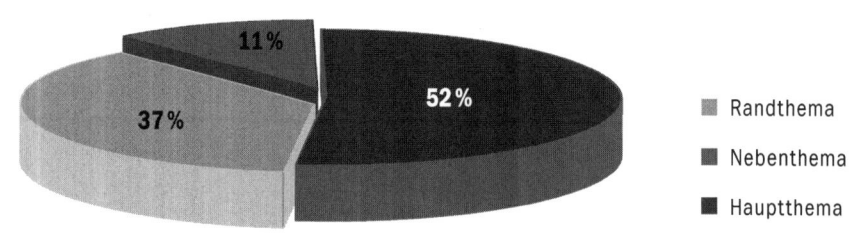

Abb. 1: »Armutspredigten«: Intensität der Thematisierung

- Randthema 11%
- Nebenthema 37%
- Hauptthema 52%

Beim neuen Kommunikationsinstrument der Hirtenbriefe (151) wurden Armut und Armenfürsorge in 7% zum Hauptgegenstand.[8] In den 40 ausgewerteten katholischen Zeitschriften war das Thema durchgängig präsent, wie die rund 4000 dazu erfassten Dokumente in unserer Datenbank belegen. Es wurde in unterschiedlichen journalistischen Formen bearbeitet (kurze Nachrichten, Miszellen und Korrespondentenberichte, ausführliche Rezensionen und Artikel bzw. Artikelserien). Eine durchgängige Quantifizierung ist hier wegen der Datenmenge nicht zu realisieren, doch liegen für einzelne Aspekte bzw. Zeitschriften solche statistischen Auswertungen vor. In sieben exemplarisch untersuchten katholischen Zeitschriften, die strengkirchlich-ultramontan ausgerichtet waren, erschienen zwischen 1828 und 1850 allein zu den karitativ tätigen Barmherzigen Schwestern an die 200 Texte, hinzu kam ein ganze Serie von Broschüren und Büchern zu diesem Thema.[9] In einer spätaufklärerischen Zeitschrift Südwestdeutschlands, dem »Archiv für die Pastoralkonferenzen im Bistum Konstanz« (APK), fanden sich zwischen 1805 und 1827 insgesamt 54 Beiträge, mit einem Höhepunkt 1817/1818, 1820 und 1826.[10]

---

8 | Vgl. ebd., S. 82-85.
9 | Vgl. dazu I. Franz: Publizistik, S. 60 f., 69-76, sowie folgende im Rahmen meines Projektes erstellte und ungedruckte wissenschaftliche Qualifikationsschriften: Morbach, Annika: Der katholische Diskurs über die Barmherzigen Schwestern in der ersten Hälfte des 19. Jahrhunderts. Studien zum Bild von Armut und Armen sowie zur Konstruktion einer katholischen Identität, Diplomarbeit masch., Trier 2008; Weyand, Tobias: Die Barmherzigen Schwestern und die Armen- und Krankenpflege im 19. Jahrhundert, wiss. Abschlussarbeit masch., Trier 2012.
10 | Vgl. Schneider, Bernhard/Bircher, Patrick: Catholic poverty discourses in the early nineteenth century, in: Andreas Gestrich/Lutz Raphael/Herbert Uerlings (Hg.), Strangers and Poor People. Changing Patterns of Inclusion and Exclusion in Europe and the Mediterranean World from Classical Antiquity to the Present Day, Frankfurt a. M. 2009, S. 343-369, hier S. 346-350, Grafik S. 347 (aktualisiert und verbessert durch I. Franz).

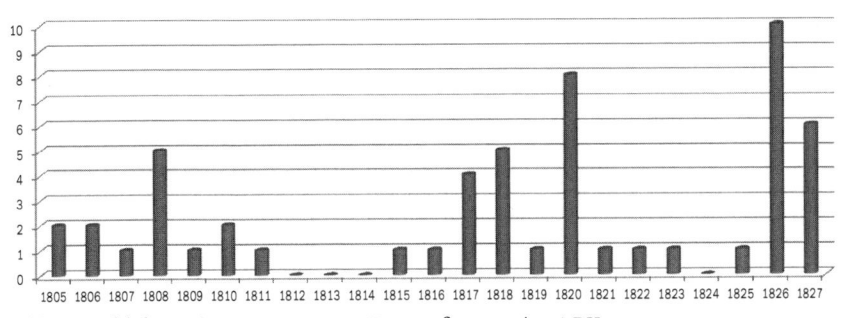

Abb. 2: Zahl der Beiträge zur Armut/Armenfürsorge im APK

Betrachtet man das Gesamt der erhobenen Texte, dann zeigt sich sehr klar, dass Arme selbst nur eingeschränkt Teil dieser Kommunikation waren: als Hörer der Predigten und Hirtenbriefe, nicht aber als Käufer der gedruckten Predigtwerke.[11] Durch die sozialen Barrieren der Lesefähigkeit und des Geldes waren sie auch von der Kommunikation über Armut in den Zeitschriften ausgeschlossen.[12] Auch bei Predigten und Hirtenbriefen zur Armutsfrage waren Arme fast nie Adressaten dieser appellativ strukturierten Verkündigungstexte, vielmehr waren diese regelmäßig an die Besitzenden adressiert. Das kann als eine wichtige Diskursregel gelten.[13] Wenn doch Arme angesprochen wurden, dann gewöhnlich in konsolatorischer Absicht und selten, um auch ihnen verbliebene Handlungsoptionen der Wohltätigkeit aufzuzeigen.

Es hat sich eine Ausdifferenzierung in zwei Teildiskurse je eigenen Charakters nachweisen lassen.[14] So kann man von einem liturgisch-paränetischen Armutsdiskurs sprechen, der uns in Gebetbüchern, Hirtenbriefen und Predigten begegnet. Armut bleibt hier ein sehr allgemeines Phänomen von Not und Leid und eine zeitunspezifisch präsentierte gesellschaftliche Konstante.[15] Sie wird theologisch (Sünde und Strafe) und heilsgeschichtlich (Weg zur Umkehr, Erziehung durch Gott) ausgedeutet und als Schicksal einzelner Menschen präsentiert. Dementsprechend blieben gesellschaftliche Hintergründe und strukturelle Ursachen

---

11 | Zur Frage der Rezeption vgl. M. Maurer: Armut, S. 72-75.
12 | Zu diesen Aspekten und den Preisen von Zeitschriften vgl. B. Schneider: Katholiken, S. 73-85.
13 | Vgl. M. Maurer: Armut, S. 266.
14 | Vgl. dazu B. Schneider: Armut, S. 40 f.
15 | Zur Darstellung von Armut in den Hirtenbriefen und Predigten vgl. M. Maurer: Armut, S. 86-170, und knapp Dies.: Armenfürsorge in der katholischen Verkündigung vom späten 18. bis zur Mitte des 19. Jahrhunderts, in: Dies./Bernhard Schneider (Hg.), Die Konfessionen in den Sozialsystemen Mittel- und Westeuropas im langen 19. Jahrhundert. Ein »edler Wettkampf der Barmherzigkeit«?, Münster 2013, S. 41-57, hier S. 41 f. Zu den Gebetbüchern vgl. B. Schneider/P. Bircher: Discourses, S. 359-363.

außerhalb des Blickfeldes. Erst gegen Ende der Untersuchungszeit wurde Armut als Massenarmut benannt, gleichwohl überwiegend moralisch-religiös gedeutet. Entsprechend wurde Armenfürsorge weitestgehend rein individuell als Akt der Nächstenliebe beschrieben. Diese Charakteristik gilt für die verschiedenen innerkatholischen Lager und findet sich auch in den vergleichend herangezogenen protestantischen Predigten. Dazu trug das große Reservoir an traditionellen biblischen Referenztexten wesentlich bei. Es entfaltete sich eine traditionale Armutstheologie in einer nicht minder traditionalen religiösen Semantik (Almosen, gute Werke, himmlischer Lohn, Werke der Barmherzigkeit), deren Persistenz über den Umbruch zur Moderne hinweg eindrücklich belegt ist. In diesem Teildiskurs erscheint Armut verschiedentlich zugleich als (religiöser) Wert, weshalb auch von geistlicher Armut oder von freiwilliger Armut die Rede ist.

Der in den Zeitschriften anzutreffende, politisch-kirchenpolitische Armutsdiskurs war wesentlich konkreter, betrachtete vielfältige Ursachen von Armut, ohne dabei aber religiös-sittliche Mängel als wesentliche Momente aus dem Blick zu verlieren.[16] Zugleich wurden detailliert Konzepte der Armenfürsorge entwickelt oder passende Realisierungsversuche beschrieben: Armenanstalten, Bildungs- und Erziehungseinrichtungen für Kinder, der Aufbau neuer Hospitäler oder deren Reorganisation durch karitative Orden und die Pfarrkaritas durch karitative Vereine (Elisabeth- und Vinzenzvereine). Damit ist die Ebene rein privater Wohltätigkeit verlassen und die institutionelle Ebene des Helfens erreicht. Dieser Teildiskurs registriert aktuelle soziale und ökonomische Entwicklungen und verarbeitet sie diskursiv, was sich deutlich an der Beschäftigung mit Hungerkrisen (1816/17, 1846/47) und der beginnenden Industrialisierung erkennen lässt. Die Akteure des Diskurses griffen einerseits neue, nicht spezifisch kirchliche Organisationsformen (Vereine, »Industrieschulen«) auf, rekurrierten aber andererseits auch auf traditionelle Organisationen wie Bruderschaften und Orden. Die katholischen Lager präferieren dabei zum Teil unterschiedliche Formen der Armenfürsorge – beispielsweise die starke Betonung der Armutsprävention durch Kindererziehungseinrichtungen in der katholischen Aufklärung –, gingen aber vor allem mit Blick darauf auseinander, inwiefern diese spezifisch konfessionellen Charakter tragen sollten. Dieser Armutsdiskurs war mit der Praxis der Armenfürsorge eng verwoben: Praktiker konnten ihre Erfahrungen veröffentlichen, die Zeitschriften reflektierten ebenso Probleme wie Erfolge katholischer Armenfürsorge und warben so etwa für die Barmherzigen Schwestern.

Arme wurden in beiden Teildiskursen semantisch vielfältig inkludiert.[17] Inklusion erfolgte über eine schöpfungstheologische (Kinder Gottes, Gottes Ebenbild), eine soteriologische (Jesus der Armenfreund und Heilsbringer für alle Menschen) sowie eine ekklesiologische (Arme als Glieder am Leib der Kirche, Kirche

---

16 | Vgl. dazu und zum Folgenden I. Franz: Publizistik, S. 61–66; B. Schneider/P. Bircher: Discourses, S. 349–359, 364–367.
17 | Dazu und zum Folgenden vgl. M. Maurer: Armut, S. 120–129.

als Mutter der Armen, Bischof als Vater der Armen) Argumentationslinie. Für den Einzelnen erfolgte die Inklusion durch religiöses Verhalten: bei Armen durch Reue, Buße und demütiges Tragen der Not, bei Reichen durch Buße in Form von Spenden und praktizierte Nächstenliebe durch Werke der Barmherzigkeit. »Die Exklusionssemantik in Gestalt der binären Formel von ›würdigen‹ bzw. ›unwürdigen‹ Armen ist konfessions- und innerkatholisch lagerübergreifend vorhanden, wobei über die Tugend Fleiß (Arbeitsamkeit) inkludiert, über das Laster ›Müßiggang‹«[18] und teilweise Devianz (im politisch-kirchenpolitischen Teildiskurs) exkludiert wurde. »Dies konvergiert mit der religiösen Exklusionssemantik des Armen bzw. des Reichen als Sünder«.[19] Ihre Sündhaftigkeit war jeweils unterschiedlich: Laster wie Luxus oder Hartherzigkeit sowie fehlende Nächstenliebe sind bei Reichen zentral. Selten und fast nur im politischen Teildiskurs wurden Arme exkludiert, indem man diese Personengruppe als solche kriminalisierte.[20] Bettler wurden allerdings meistens semantisch negativ gezeichnet, ebenso wie Personen mit einer vaganten Lebensform (etwa Wandergewerbetreibende). Verschiedentlich liegt dabei die Annahme nahe, die Inklusionssemantik beziehe sich unausgesprochen auf die Gruppen der »würdigen« frommen Armen, was einer impliziten Exklusion der übrigen gleichkäme.[21]

Arme erscheinen in beiden Teildiskursen vorwiegend als »Objekte«, nicht als Akteure.[22] Selbst an den wenigen Stellen, wo sie als Sprechende auftreten – in den wenigen Gebeten eines Armen in manchen Gebetbüchern –, sind sie bei näherer Betrachtung lediglich »Sprachrohr«. Akteursqualität gewannen Arme nur vereinzelt in Predigten, wo auch ihre Möglichkeiten angesprochen wurden, trotz der eigenen materiellen Bedürftigkeit selbst helfend tätig sein zu können. Für die Autoren bestand die aktive Rolle der Armen darin, ein sittlich und religiös angemessenes Leben zu führen, sich für die Gaben dankbar zu erweisen und die angebotenen Hilfen aufzugreifen.

2.2 Katholische Armenfürsorge in Südbaden und dem Saarland

In seiner Dissertation hat Christian Schröder in je sieben Fallstudien die katholische Armenfürsorge für Südbaden und die Saarregion zwischen 1800 und 1870 in regional vergleichender Perspektive untersucht.[23] Es zeigt sich eine deut-

---

18 | B. Schneider: Armut, S. 40.
19 | Ebd.
20 | Vgl. ebd., S. 41.
21 | Vgl. M. Maurer: Armut, S. 104–108, 128 f.
22 | Vgl. ebd., S. 80.
23 | Vgl. Schröder, Christian: Armenfürsorge und katholische Identität. Südbaden und die Saarregion im historischen Vergleich (1803–1870), Diss. masch., Trier 2012. Einige Ergebnisse aus der Dissertation bietet Ders.: Kooperation – Konfrontation – Koexistenz. Katholische Armenfürsorge in Deutschland zwischen Spätaufklärung und Ultramontanismus,

liche Veränderung in der Praxis katholischer Armenfürsorge im Verlauf der Untersuchungszeit. Mit Blick auf die Akteure lässt sich erkennen, dass im von der katholischen Spätaufklärung beeinflussten Südbaden im ersten Drittel des 19. Jahrhunderts eine hohe Aktivität kirchlicher Akteure in der Armenfürsorge zu beobachten ist.[24] Sie galt unabhängig vom rechtlichen Status der Fürsorgeeinrichtung als eine Kernaufgabe kirchlicher Seelsorge. Ab 1820 waren die Pfarrer auch nach staatlichem Recht die Leiter der Armenstiftungen eines Ortes. An der Saar begegnen kirchliche Akteure in der Armenfürsorge erst verstärkt um die Mitte des 19. Jahrhunderts.[25] Unterschiede lassen sich auch im Verhältnis zwischen Kirche und Staat bzw. Kirche und Zivilgesellschaft ausmachen. Die spätaufklärerische Pfarrerschaft Südbadens verstand ihr intensives Wirken in der Armenfürsorge gleichermaßen als Dienst für Kirche, Staat und allgemein die Gesellschaft und ließ kein Interesse an konfessioneller Abgrenzung durch spezifisch katholische Einrichtungen erkennen. Demgegenüber zielte das soziale Engagement kirchlicher Kreise an der Saar dezidiert darauf ab, eine eigenständige katholische Armenfürsorge mit entsprechenden Einrichtungen allein unter kirchlicher Kontrolle aufzubauen. Als weiterer wichtiger Unterschied konnte herausgearbeitet werden, dass in Südbaden vorrangig die Pfarrer sozial engagiert waren, und zwar im Rahmen ihrer Amtspflichten wie auch als vorbildliche Repräsentanten christlicher Nächstenliebe. An der Saar traten auch katholische Laien als profilierte Vertreter einer katholischen Armenfürsorge auf und repräsentierten den karitativen Aufbruch in ultramontanen Kreisen.

Bei den konkreten Hilfseinrichtungen gab es dagegen erhebliche Übereinstimmungen: Hospitäler waren hier wie dort zentrale Einrichtungen und hatten in beiden Regionen überwiegend eine multifunktionale Ausrichtung, wobei sich auch Prozesse der Spezialisierung und Differenzierung beobachten ließen, die in der Mitte des Jahrhunderts intensiver wurden. Überraschenderweise ging in beiden Regionen das Bestreben dahin, Barmherzigen Schwestern bestehende oder neu zu schaffende Armenfürsorgeeinrichtungen zu übertragen, was meist nach 1850 üblich wurde. Das korrespondiert mit einem wachsenden Konfessionalisierungsdruck im Bereich der Armenfürsorge in beiden Regionen. Den Zugang zu Ressourcen der Hilfe regelten dann vermehrt religiöse Modi von Inklusion und Exklusion, während zuvor stärker allgemeine sittliche Normen der Würdigkeit regulierend wirkten.

Arme selbst begegnen kaum als Akteure und damit als Agenten ihrer eigenen Interessen; lediglich Unterstützungsgesuche wurden eventuell von ihnen selbst verfasst, doch ist die Eigenständigkeit der sehr stark standardisierten Schreiben

---

in: Michaela Maurer/Bernhard Schneider (Hg.), Die Konfessionen in den Sozialsystemen Mittel- und Westeuropas im langen 19. Jahrhundert. Ein »edler Wettkampf der Barmherzigkeit«?, Münster 2013, S. 143–162.

24 | Vgl. zu Baden die Bilanz bei C. Schröder: Armenfürsorge, S. 249–260.

25 | Zur Saarregion vgl. die Bilanz in ebd., S. 449–459.

nicht generell gesichert. Solche Gesuche richteten sich in Südbaden stets an die Pfarrer – und zwar auch schon bevor diese Leiter der Armenstiftungen waren.[26]

In Südbaden machte es eine Zeitschrift als offizielles Kommunikationsorgan des Klerus (APK) für einige Jahrzehnte möglich, Diskurse und Praktiken miteinander zu verschränken.[27] Praktische Erfahrungen in der Armenfürsorge gingen in die Zeitschrift ein; teilweise mit der ausdrücklichen Aufforderung, das Beispiel aufzugreifen. Ein brieflicher Austausch von Verantwortungsträgern kam hinzu. In den saarländischen Fallstudien ließ sich ein privates informelles Netzwerk von karitativ besonders engagierten Priestern, Ordensleuten und Laien nachweisen. Akteure in der Armenfürsorge sind aber auch als Leser katholischer Zeitschriften und damit als Rezipienten dieses Armutsdiskurses belegt.[28]

3. ARMUT, INDUSTRIALISIERUNG UND GESELLSCHAFTSORDNUNG: SYSTEMATISIERENDE BEOBACHTUNGEN

Die Welt der katholischen Autoren im Armutsdiskurs wie die Welt der katholischen Akteure in der Armenfürsorge war bis zur Jahrhundertmitte weitgehend eine vor-industrielle. Landwirtschaft, Handwerk und Kleingewerbe standen ihnen überwiegend vor Augen. Das entsprach den Realitäten im deutschsprachigen Raum, dessen Industrialisierung sich überwiegend in der zweiten Hälfte des Jahrhunderts vollzog.[29] Die sogenannte soziale Frage als Arbeiterfrage zu betrachten, verkürzt demnach die Perspektive unzulässig auf die zweite Hälfte des 19. Jahrhunderts.

3.1 Armut und Arbeit – Modi von Inklusion und Exklusion

Sehr ausgeprägt war im katholischen Armutsdiskurs die Vorstellung, dass Armut individuelle Ursachen habe, die allerdings als gängig und verbreitet galten.[30] Das waren etwa Unglücksfälle, Krankheit und Alter sowie speziell bei Frauen der Verlust des Ernährers und das gleichzeitige Vorhandensein vieler Kleinkinder. Solche Ursachen, die Armut als unverschuldet erscheinen ließen, qualifizierten zur Unterstützung. Generelle Grundannahme war ferner die Überzeugung, es sei

---

26 | Vgl. ebd., S. 139 f., 204.
27 | Vgl. dazu und zum Folgenden ebd., S. 251 f.
28 | Vgl. ebd., S. 451.
29 | Zur Datierung der »Industriellen Revolution« in Deutschland um 1840/50 vgl. Wehler, Hans-Ulrich: Deutsche Gesellschaftsgeschichte, Band 2: 1815–1845/49, München ³1996, S. 613 f.
30 | Vgl. dazu und zum Folgenden M. Maurer: Armut, S. 130–159. Zu den Kategorien von Armen, die auf bestimmte Ursachen verweisen, in der katholischen Presse vgl. I. Franz: Publizistik, S. 61–66.

grundsätzlich möglich, durch Fleiß und Arbeitsamkeit einen wenn auch bescheidenen Lebensunterhalt zu erwerben. Armut geriet so leicht in den Verdacht, individuell verschuldet zu sein, nämlich durch unterstellten Müßiggang oder durch Verschwendung. In diesen Fällen wurde eine Unterstützungsleistung abgelehnt und die Bereitschaft eingefordert, sich mit Arbeit selbst zu ernähren. Dahinter stand die Überzeugung: »Wer nicht arbeitet, soll auch nicht essen« (2. Brief an die Thessalonicher 3,10).[31] Fleiß und Arbeitsamkeit spielten daher als Modi von Inklusion bzw. Exklusion im katholischen Armutsdiskurs und in der Praxis der Armenfürsorge eine große Rolle.[32] Arbeitsmangel als Armutsursache einerseits und andererseits zum Lebensunterhalt nicht ausreichende Löhne (»labouring poor«) wurden in den Verkündigungstexten weniger deutlich wahrgenommen.[33] In der katholischen Presse ist das – soweit sich das bisher sagen lässt – tendenziell anders. Im spätaufklärerischen Leitorgan in Südwestdeutschland, dem APK, wurde beispielsweise wiederholt der Mangel an Arbeit als Ursache von Armut beklagt und die Vermittlung von Arbeit an einen Armen galt als ein gottgefälliges Almosen.[34] Die Pflicht zur Arbeit legitimierte in den Augen auch der katholischen Akteure weithin Arbeitszwang für alle grundsätzlich Arbeitsfähigen.[35] Diese Ausrichtung auf die genannten Tugenden löste allerdings auch Initiativen zur Armutsprävention durch Erziehung zur Arbeit und zu »bürgerlichen« Werten wie Fleiß oder Sparsamkeit aus, die in den der katholischen Aufklärung nahestehenden Kreisen auffällig häufig vorkamen.[36] So wurden sogenannte »Industrieschulen« ausdrücklich als Instrumente genannt,[37] wobei hier allerdings ein älterer Wortgebrauch von »Industrie« zu beachten ist, der allgemein eine Art handwerkliche Betätigung meinte.[38]

---

31 | Vgl. M. Maurer: Armut, S. 103-108. Laut I. Franz: Publizistik, S. 63, war diese Stelle in der katholischen Presse wenig präsent, um die Arbeitspflicht zu begründen. Siehe aber APK 1808, Band 1, S. 273-287, hier S. 280, wo sie (ohne ausdrücklichen Hinweis) zitiert wird, sowie Communismus oder die Kirche, in: Katholisches Magazin für Wissenschaft und Leben (KMW) 1847, S. 567-589, hier S. 569.
32 | Das zeigt die Charakterisierung der »würdigen« Armen als durchweg »arbeitsunfähig«. Vgl. M. Maurer: Armut, S. 108-116. Zur Arbeitsamkeit als Ziel in der praktischen Armenfürsorge vgl. C. Schröder: Armenfürsorge, S. 75, 110 f., 117.
33 | Vgl. M. Maurer: Armut, S. 116-120.
34 | Vgl. APK 1807, Band 2, S. 90-93, hier S. 92; ebd., S. 301-322; ebd. 1808, Band 1, S. 273-287, hier S. 280 f.
35 | Vgl. beispielsweise APK 1808, Band 1, S. 273-287, hier S. 280; ebd. 1817, Band 2, S. 371-386, hier S. 380 f.
36 | Vgl. B. Schneider/P. Bircher: Discourses, S. 351 ff.; C. Schröder: Armenfürsorge, S. 75, 110 f., 117, 255 f.
37 | Vgl. APK 1815, Band 4, S. 239; ebd. 1817, Band 2, S. 139.
38 | Zum Begriffsgebrauch vgl. Henning, Friedrich Wilhelm: Die Industrialisierung in Deutschland 1800 bis 1914, Paderborn 1979, S. 111.

Grundsätzlich ordnen sich die von uns untersuchten Texte auf diese Weise in eine lange Tradition christlicher Reflexion über Armut und Armenfürsorge und über deren Begrenzungen ein,[39] wobei sich seit dem Spätmittelalter die Kritik an Bettelei und Müßiggang zunehmend verstärkte und parallel die Wertschätzung der Arbeit immer mehr in den Vordergrund trat.[40] Auch in katholisch-aufklärerischen Gebet- und Gesangsbüchern waren Aussagen zu lesen, die die »Werkstatt zum Altar« erhoben.[41] Hirtenbriefe katholischer Fürstbischöfe der 1780er Jahre erklärten es zur amtlichen Aufgabe der Seelsorger, ihren Gläubigen die alltägliche Pflichterfüllung als Teil der »anständigen Gottesverehrung« und des »wahren Gottesdienstes« nahezubringen. Es hieß auch, durch eine Wallfahrt könne der Christ nicht mehr für sein Heil wirken als durch treue Erfüllung der Berufspflichten.[42] Eindeutig wird hier ökonomisierenden Tendenzen Rechnung getragen und ein deutlich anderes Konzept von frommer Lebensführung vertreten als im Barockkatholizismus.[43] Der Schritt zu einer Divinisierung der Arbeit wurde jedoch nicht vollzogen: Arbeit ersetzte den Gottesdienst nicht und war auch kein letzter Wert.

Eine »Theologie der Arbeit« kam auf katholischer Seite bis ins beginnende 20. Jahrhundert kaum über das hinaus, was Thomas von Aquin formuliert hatte, wurde aber mit Blick auf die neuen Verhältnisse und die neuen Gegner in der

---

39 | Zu dieser Tradition als knapper Überblick Schneider, Bernhard: Armut und Armenfürsorge in der Geschichte des Christentums, in: Herbert Uerlings/Nina Trauth/Lukas Clemens (Hg.), Armut – Perspektiven in Kunst und Gesellschaft. Begleitband zur Ausstellung, Darmstadt 2011, S. 92–101, hier S. 94 ff.
40 | Vgl. dazu zusammenfassend Schmidt, Sebastian: Armut und Arme in Stadt und Territorium der Frühen Neuzeit, in: ebd., S. 120–129, hier S. 125–128. Als ausführlicher Überblick vgl. Rheinheimer, Martin: Arme, Bettler und Vaganten. Überleben in der Not 1450–1850, Frankfurt a. M. 2000.
41 | Vgl. das »Lied in der Werkstatt« (»So wie der Weinstock«): Der heilige Gesang zum Gottesdienste in der römisch-katholischen Kirche, Teil 1, Landshut 1777, Anhang »Lieder zur Hausandacht in der Werkstatt, und im Felde«, sowie ferner: Der heilige Gesang zum Gottesdienste in der römisch-katholischen Kirche, Teil 2, Salzburg 1783, Lied zum sonntäglichen Gesang in der Kirche (am Sonntag Septuagesima).
42 | Vgl. etwa das Zirkular Fürstbischofs Colloredos von 1788 bei Reb, Sylvaine: L'Aufklärung catholique à Salzbourg. L'œuvre reformatrice (1772–1803) de Hieronymus von Colloredo, Bern 1995, S. 768. Zum katholisch-aufklärerischen Diskurs um die Wallfahrten vgl. Schneider, Bernhard: Wallfahrtskritik im Spätmittelalter und in der »Katholischen Aufklärung«. Beobachtungen zu Wandel und Kontinuität, in: Ders. (Hg.), Wallfahrt und Kommunikation – Kommunikation über Wallfahrt, Mainz 2004, S. 281–316, hier S. 300–313.
43 | Zu diesem und seinen wirtschaftsethischen Implikationen vgl. die monumentale Studie von Hersche, Peter: Muße und Verschwendung. Europäische Gesellschaft und Kultur im Barockzeitalter, 2 Bände, Freiburg 2006.

sozialistischen Arbeiterbewegung neu justiert.[44] Dazu entstand in der zweiten Hälfte des 19. Jahrhunderts in Gestalt eigener Arbeitergebetbücher sogar ein neues Medium und in den katholischen Arbeitervereinen eine neue Institution. Hier sei nur kurz auf das »Lehr- und Erbauungsbuch für katholische Männer und Arbeiter« eingegangen, das der Mainzer Arbeiterseelsorger Carl Forschner 1908 vorlegte.[45] Arbeit sei ein notwendiges Erwerbsmittel, ein Erwerbsmittel, das allerdings durch das Gebet zu heiligen versucht werden sollte, um Gottes Segen zu erlangen. Die Arbeit mit Blick auf Gottes Segen zu verrichten, bewahrt den Arbeiter laut Forschner auch davor, in rastloses Arbeiten zu verfallen, was den Menschen völlig dem Irdischen verfallen lasse und maßlose Konkurrenz und verderblichen Egoismus begünstige. Forschner beschreibt die Arbeit ferner auch als ein Schutzmittel gegen die Sünde (»Müßiggang ist aller Laster Anfang«) und darüber hinaus vor allem als ein Tugendmittel. Das macht für Forschner den Unterschied zur antiken Sicht der Arbeit aus, die in ihr nur den Sklavendienst zu erkennen vermocht habe, wie zur modernen Auffassung der Arbeit, »welche dieselbe vielfach nur als ein notwendiges Mittel zum Erwerb und Genuß betrachtet«.[46] Als Tugendmittel bringe die christliche Arbeit »himmlisches Verdienst«, weil sie »in der Gesellschaft die Verwirklichung des göttlichen Gebotes von der Gottes- und Nächstenliebe« bedeute und durch die »gute Meinung« die Arbeit auf Gott bezogen, sie ihm geweiht und gewidmet werde.[47] Von dieser »erhabenen Bestimmung« ist für Forschner keinerlei Art von Arbeit ausgenommen.[48] In einer Musterpredigt ging Forschner über dieses Konzept hinaus. Für den Christen war die Arbeit kein äußerer Zwang – wohl aber Gottes Gebot – und stammte direkt von ihm. Sie eröffnete dem Arbeiter gleich welchen Standes die Möglichkeit, an Gottes Arbeit, dem Schöpfungswerk, mitzuwirken. Indem Gott den Menschen zum König in der Schöpfung bestellte, machte ihn Gott zum Arbeiter.[49]

---

44 | Das Folgende nach Schneider, Bernhard: »Ora et labora«. Der Umbruch der Arbeitswelt und die Liturgie im langen 19. Jahrhundert, in: Jürgen Bärsch/Ders. (Hg.), Liturgie und Lebenswelt. Studien zur Gottesdienst- und Frömmigkeitsgeschichte zwischen Tridentinum und Vatikanum II., Münster 2006, S. 141–183, hier S. 163 f., 173–179. Einen sehr weitgesteckten Überblick zum Verhältnis von Arbeit und Christentum bietet Vallin, Pierre: Le travail et les travailleurs dans le monde chrétien, Paris 1983, hier S. 135–164.
45 | Vgl. Forschner, C[arl].: Gott segne die Arbeit. Lehr- und Erbauungsbuch für katholische Männer und Arbeiter, Kevelaer o. J. [1908].
46 | Ebd., S. 209. Vgl. zur Antike ebd., S. 202.
47 | Ebd., S. 207 f. Ein Gebet, um die »gute Meinung« zu formulieren, findet sich ebd., S. 272.
48 | Vgl. ebd., S. 203. Forschner nennt Landwirtschaft, Fabrik, Atelier, Werkstatt, Haushalt und Gelehrtenstube.
49 | Vgl. B. Schneider: Ora, S. 163.

3.2 Arme und Reiche und die (Un-)Ordnung des Besitzes

Eine gesellschaftliche Ordnung der materiellen Ungleichheit erscheint im untersuchten Armutsdiskurs als ebenso selbstverständlich wie gottgewollt. Das Wort Jesu von den Armen, die es immer geben werde (Markusevangelium 4,7; Johannesevangelium 12,8), schien dies ein für alle Mal zu legitimieren. Armen wurde dabei im Rahmen dieser Gesellschaftsordnung – wie schon im Eingangszitat von Lamennais anklang – Würde zugesprochen.[50] Sie galten – so paradox uns das heute auch erscheinen mag – als von Gott bevorzugt: »Armuth darf nicht mehr verzagen, Er, der Herr der Herrlichkeit, Hat der Armuth Kleid getragen«, heißt es in einem Gedicht des protestantischen Predigers Friedrich Adolf Krummacher, das 1820 Eingang in eine katholische Zeitschrift fand.[51] Ihnen blieben die zahlreichen Versuchungen erspart, denen der Reiche ausgesetzt war, und das Himmelreich stand ihnen, anders als den Reichen, offen. Sie mussten sich allerdings bewähren, indem sie ihren Zustand bereitwillig annahmen. Der Armutsdiskurs – insbesondere der liturgisch-parönetische – war insoweit gesellschaftlich konservativ und statisch. Die theologische Sinn-Ordnung und deren Stabilisierung standen im Vordergrund.[52]

In dieser gegebenen gesellschaftlichen Ordnung nach dem Sündenfall waren Arme und Reiche aufeinander bezogen und hingen voneinander ab. Arme musste es auch deshalb geben – und das war völlig ohne Zynismus gemeint –, um den Reichen einen Heilsweg zu eröffnen, den Weg praktizierter Nächstenliebe. Nach der den liturgisch-parönetischen Armutsdiskurs dominierenden Reichenparönese konnten sie nur so zeigen, dass sie verantwortungsvoll mit dem ihnen von Gott anvertrauten Besitz umgingen.[53] All das war seit den Zeiten des Neuen Testaments, insbesondere bei Lukas, und der Kirchenväter klassische Armuts- bzw. Reichtumstheologie.[54] Sie bot trotz ihres traditionellen Charakters vielfältige Möglichkeiten, um die in der jeweiligen Gesellschaft vorhandenen Zustände durchaus kritisch zu beleuchten und anzuprangern, ohne diese dabei grundsätzlich in Frage zu stellen. In den Erfahrungen der Hungerkrise von 1816/17 konnte man im APK in einem Aufruf zur Einführung von Wohltätigkeitsvereinen lesen: Der Krieg sei zwar verschwunden, dagegen »durchziehen unser Vaterland andere Seuchen: Wucher, Geiz, Hartherzigkeit, Theuerung, Mangel, Luxus bey den

---

50 | Vgl. M. Maurer: Armut, S. 103–120.
51 | Archiv für die Pastoralkonferenzen in den Landkapiteln des Bistums Konstanz (1820), S. 285 f. Der Text findet sich auch bei Harder, Adolf: Gesänge und Lieder aus dem Sonntage und Christfeste von Krummacher, Essen 1828, S. 132. Ein Erstnachweis im Werk Krummachers konnte bislang trotz ausgedehnter Recherchen nicht erbracht werden.
52 | So auch M. Maurer: Armut, S. 269 f.
53 | Vgl. ebd., S. 96–100.
54 | Vgl. B. Schneider: Armut, S. 92 f., sowie Müller, Oliver: Vom Almosen zum Spendenmarkt. Sozialethische Aspekte christlicher Spendenkultur, Freiburg 2005.

Reichen und Leichtsinnigen, Hunger und bittere Noth bey den Armen«.[55] Die Kritik betraf besonders die Besitzenden und ihren Umgang mit dem Besitz. Mit dem traditionsreichen Wucherbegriff[56] konnte eine von manchen Autoren sehr drastisch herausgestellte Tendenz zur absoluten Gewinnsteigerung ohne jegliche Rücksichtnahme kritisiert werden. Der Wucherbegriff ließ sich im Übrigen, lange bevor Max Weber über den Zusammenhang von Konfession und Kapitalismus nachgedacht hat,[57] in einem Klima wachsender Re-Konfessionalisierung mit konfessioneller Kritik verbinden, ganz zu schweigen von dessen Instrumentalisierung gegen Juden auch in katholischen Kreisen.[58]

In der Aufklärung und darüber hinaus hatte der Katholizismus besonders intensiv im Verdacht gestanden, mit seinen Feiertagen und Wallfahrten, dem Aufwand für Kult und Musik – dem also, was Peter Hersche die Mußepräferenz im Barockkatholizismus nennt –,[59] zum Müßiggang zu verführen.[60] 1831 dreht Lamennais in der »Armen-Frage«, die für ihn nicht nur eine politische und ökonomische war, »sondern eine Frage um Leben oder Tod für die Gesellschaft«,[61] den Spieß gewissermaßen um. Das Christentum hatte nach Meinung Lamennais' die antike Sklaverei überwunden – aus einem Geist der Liebe und Barmherzigkeit, aber auch und besonders mit seiner Auffassung der Arbeit und den damit verbundenen Bestrebungen, den »Werth der Arbeit nicht unter eine gewisse Höhe« hinabsinken zu lassen.[62] Dies traf für ihn aber nicht auf den Protestantismus zu:

---

55 | APK 1817, Band 2, S. 69–79, hier S. 77.
56 | Die lange theologische Tradition der Verurteilung des Wuchers im Kontext der Zinsfrage beschreibt Akplogan, Pamphile: L'enseignement de l'Eglise catholique sur l'usure et le prêt à intérêt, Paris 2010.
57 | Vgl. zu Webers These und seinem Verhältnis zum Katholizismus P. Hersche: Muße, Band 1, S. 94–111.
58 | Die Frage eines – je nach Definition – katholischen Antisemitismus oder Antijudaismus – war nicht Thema unseres Projekts. Als ein Beispiel für das Stereotyp des jüdischen Wucherers, der Christen in Armut treibt, vgl. APK 1807, Band 2, S. 312: »die jüdischen Wucherzinse, und heimlichen Viehhändel auf Fürwachs. Der Unterthan, der mit einem kleinen von Schulden noch beschwerten Vermögen hauszuhalten anfängt, wird in wenigen Jahren genöthigt, sich diesen Blutigeln in die verzehrenden Arme zu werfen.« Zum katholischen Antisemitismus vgl. die allerdings nicht unumstrittene Studie von Blaschke, Olaf: Katholizismus und Antisemitismus im Deutschen Kaiserreich, Göttingen 1997.
59 | Vgl. P. Hersche: Muße, Band 1, S. 601–666.
60 | Mit Blick auf die südwestdeutsche katholische Spätaufklärung dazu Gründig, Maria: »Zur sittlichen Besserung und Veredelung des Volkes«. Zur Modernisierung katholischer Mentalitäts- und Frömmigkeitsstile im frühen 19. Jahrhundert am Beispiel des Bistums Konstanz unter Ignaz H. von Wessenberg, Diss. masch., Stuttgart 1997, S. 265–281.
61 | F. de Lamennais: Zukunft, S. 634.
62 | Ebd. Zur historischen Entwicklung des Verständnisses von Arbeit und ihrem (Un-)Wert vgl. Conze, Werner: Art. Arbeit, in: Otto Brunner/Ders./Reinhart Koselleck (Hg.), Ge-

»Der protestantische Geist, der später der philosophische Geist geworden, trachtet im Gegentheil, den Werth der Arbeit in's Unendliche zu vermindern, um im Verhältnisse sowohl die Quantität der Erzeugnisse als den Gewinn an denselben zu vermehren; und dadurch eben trachtet er, die Noth des Armen immer zu steigern, und die Reichtümer in den Händen Weniger zu concentriren, die mit dem Schweiße des Armen wuchern und auf seinen Hunger spekuliren. Daraus folgt, daß, wenn nicht das *industrielle* System eine totale Umänderung erhielte, ein allgemeiner Aufstand der Armen gegen die Reichen unvermeidbar werden, und die ganze Gesellschaft in den schrecklichen Zuckungen eines das Oberste zu unterst kehrenden Umsturzes zu Grunde gehen würde.«[63]

Die Reform des Armenwesens und der Industrie stehen hier eindrucksvoll im Horizont der Revolutionserfahrungen und der Revolutionsfurcht, die der Katholizismus publizistisch intensiv bearbeitete.[64] Am überbordenden Kapitalismus wie an den Revolutionen war – hier liegt das tertium comparationis – gleichermaßen der Protestantismus schuld.

3.3 Kapitalismuskritik und das angespannte Verhältnis zur Industrialisierung

Kapitalismuskritik als Kritik an einem auf Gewinnmaximierung und Ausbeutung beruhenden Wirtschaftssystem begleitete die Entwicklung des sozialen Katholizismus in Deutschland bis ins ausgehende 19. Jahrhundert.[65] Als frühe und besonders prominente Repräsentanten sind Adam Müller oder Franz von Baader

---

schichtliche Grundbegriffe, Band 1, Stuttgart 1972, S. 154-214, sowie in mehr ideengeschichtlicher Perspektive Aßländer, Michael S.: Von der vita activa zur industriellen Wertschöpfung. Eine Sozial- und Wirtschaftsgeschichte menschlicher Arbeit, Marburg 2005.
63 | F. de Lamennais: Zukunft, S. 634 f. [Hervorhebung im Original].
64 | Das ist das Thema meiner Habilitationsschrift, veröffentlicht als B. Schneider: Katholiken.
65 | Vgl. dazu Langner, Albrecht (Hg.): Katholizismus, konservative Kapitalismuskritik und Frühsozialismus bis 1850, München 1975; Ders.: Katholische und evangelische Sozialethik im 19. und 20. Jahrhundert, Paderborn 1998, hier S. 21-153; Grenner, Karl Heinz: Wirtschaftsliberalismus und katholisches Denken. Ihre Begegnung und Auseinandersetzung im Deutschland des 19. Jahrhunderts, Köln 1967. Zur allgemeinen Orientierung über das katholische sozialethische Denken dieser Zeit vgl. einführend Stegmann, Franz Josef/Langhorst, Peter: Geschichte der sozialen Ideen im deutschen Katholizismus, in: Helga Grebing (Hg.), Geschichte der sozialen Ideen in Deutschland, Essen 2000, S. 599-862, hier S. 616-619, 631-635. Wichtige Quellen sind zu greifen in Grenner, Karl Heinz (Hg.): Katholizismus und wirtschaftlicher Liberalismus in Deutschland im 19. und 20. Jahrhundert, Paderborn 1998.

zu nennen.[66] Die Metaphorik, in der sich diese Kritik in der katholischen Publizistik artikulieren konnte, unterstreicht das Bedrohliche des Vorgangs, zeigt aber zugleich auch das Gefühl von Angst:

»Die Kapitalien häufen sich auf der einen Seite, auf der anderen Seite wächst die Armuth, und so ist zu gleicher Zeit das Geld rar und in Ueberfluß vorhanden. Der Fabrikarbeiter, der Handwerker, der Landmann sind in zu großer Abhängigkeit von der Geldherrschaft, die Vermögenden und Kapitalisten machen gewissermaßen den Preis und zehren an den für das Wohl des Ganzen unentbehrlichen Kräften. Es ist eine Art Wucher, der das Geld in Händen hat, welches circuliren sollte und die Massen aussauget gleich Vampyren.«[67]

Dieser Kapitalismus stand im Gegensatz zum »Wohl des Ganzen« bzw. zum Gemeinwohl. Die kritische Haltung zum Kapital beeinflusste auch direkt die Wertung der Industrialisierung, wie das oben zitierte Zitat Lamennais' belegt.

Die Industrialisierung selbst wurde bis zur Jahrhundertmitte im untersuchten Material zu keinem größeren Thema.[68] Mit dem Durchbruch zu einer Industriegesellschaft ab der Mitte des 19. Jahrhunderts wuchs das Interesse aber spürbar. Man kann etwa auf ein wachsendes Interesse im katholischen Leitorgan verweisen[69] oder auf die Tatsache, dass im ersten Jahrgang der an die breite Masse der Katholiken gerichteten Broschüren-Reihe des Katholischen Broschüren-Vereins 1865 der Titel »Industrie und Christenthum« erschien. Im Kapitel »Die Industrie« heißt es dort markant und kritisch: »Das irdische Wohlergehen steht höher als die sittliche Idee. Ungerechte Bereicherung und Beraubung wird als Klugheit anerkannt.«[70] Das Herabdrücken des Lohnes, die Verschlechterung der Waren, Frauen- und Kinderarbeit, all das wurde als unmittelbare Folge beklagt und die biblische Kritik am Reichtum wurde auf die aktuellen kapitalistischen Exzesse bezogen.[71]

---

66 | Vgl. neben der in Anm. 65 genannten Literatur noch Stegmann, Franz Josef: Franz von Baader (1765-1841), in: Jürgen Aretz (Hg.), Zeitgeschichte in Lebensbildern, Band 3, Mainz 1979, S. 11-25; Langner, Albrecht (Hg.): Adam Müller 1779-1829, Paderborn 1988.
67 | Katholik 26 (1846), Nr. 57, S. 261-263, hier S. 262.
68 | So auch Brandl, Manfred: Deutsche katholische Stimmen zu Sozialismus und Kommunismus, zur sozialen Lage und Industrialisierung bis 1850, in: Albrecht Langner (Hg.), Katholizismus, konservative Kapitalismuskritik und Frühsozialismus bis 1850, München 1975, S. 165-193, hier S. 189: »wenig Stellen über die Industrie - ein unergiebiges Thema«.
69 | Vgl. F. J. Stegmann/P. Langhorst: Geschichte, S. 628.
70 | Vgl. Roßbach, Johann Jos[ef].: Industrie und Christentum, Frankfurt a. M. 1865, S. 5.
71 | Vgl. ebd., S. 12 f.

Dass Fabrik und Maschine keineswegs einfach positiv konnotierte Vokabeln waren, ist im untersuchten Armutsdiskurs und darüber hinaus gut zu belegen.[72] 1820 rief ein Priester im spätaufklärerischen APK nach staatlichen Maßnahmen gegen den »überhandnehmenden Handlungsgeiste«, der »alles durch Maschinen zu betreiben« suche und Tausende an den Bettelstab bringe. »Wozu«, fragt er rhetorisch, »gab Gott dem Menschen Hände und Füße, wenn er gleich einer Maschine bloß schauen soll, wie die Maschine arbeite?«[73] Die Konkurrenz zwischen Mensch und Maschine und das daraus erwachsende Problem, genügend Arbeitsmöglichkeiten zu schaffen, war auch später im Blick.[74] England und sein trauriger Zustand dienten im zitierten Artikel des APK wie auch sonst durchgängig als Beleg für eine Kritik an der voranschreitenden Industrialisierung. Das galt unter anderem für den bekannten Sozialphilosophen Adam Müller. Er monierte die Sklaverei der vielen Menschen in der »großen Arbeitsmaschine«.[75] Mit verwandter Semantik klagte auf dem 1. Katholikentag 1848 der Trierer Maler Gustav August Lasinsky, Repräsentant des demokratisch ausgerichteten Trierer Katholikenvereins, über die »Sclaverei des Kapitals«, »hartherzige Fabrikherrn« und die »Kerker der Fabriken«.[76] Nach Lasinsky sollten die Maschinen zu bestimmten Zeiten still stehen, »damit der arme Mensch nicht zuletzt selbst zur Maschine«

---

72 | Vgl. neben den nachfolgenden Beispielen einige weitere gleichartige Belege bei M. Brandl, Stimmen, S. 188–191. Von einer »weit verbreiteten Industriefeindschaft« in konservativen katholischen Kreisen sprechen F. J. Stegmann/P. Langhorst: Geschichte, S. 629.
73 | Vgl. Wehinger, [Peter]: Die Armuth, ihre Folgen, Vorschläge, in: Archiv für die Pastoral-Konferenzen 1820, Band 2, S. 238–248, hier S. 244 f. Wehinger war seit 1807 Pfarrer in Reuthe. Vgl. das Kurzbiogramm bei M. Gründig: Besserung, S. 439.
74 | Vgl. Zeitfragen. Betrachtungen über den Pauperismus (Schluß), in: Katholik 26 (1846), Nr. 58, S. 266 ff., hier S. 267.
75 | Vgl. Ueber Armuth, Armenwesen und Armengesetze, in: Historisch-Politische Blätter (HPB) (1838), S. 150–163, hier S. 154 f.; A. Langner: Sozialethik, S. 40. Eine Gleichsetzung der Lage von Sklaven, hier konkret »Negersklaven«, und Fabrikarbeitern findet sich auch in: Die Grundübel unserer Zeit und ihre Heilung, in: HPB (1848), S. 681–697, 770–793, hier S. 691 ff..
76 | Verhandlungen der Ersten Versammlung des katholischen Vereines Deutschlands: amtl. Bericht, Mainz 1848, S. 117. Den Hinweis auf diese Stelle verdanke ich Gasteiger, Franz: Weltlose Seelsorge? Das Verhältnis der Seelsorge zur Industriewelt Ostbayerns von der Gründung des ersten Arbeitervereins (1849) bis zum Ende des Gewerkschaftsstreits (1912), Bornheim 1993, S. 121. Zum Trierer katholisch-demokratischen Kreis vgl. Heinen, Ernst: Das Bistum Trier im Jahr 1848/49, in: Martin Persch/Bernhard Schneider (Hg.), Auf dem Weg in die Moderne 1802–1880 (= Geschichte des Bistums Trier, Band 4), Trier 2000, S. 531–549.

und »entwürdigt« werde.⁷⁷ Bei Lasinsky ging es damit förmlich und wörtlich um die Verteidigung der Menschenwürde der Armen, wobei sich dieser Trierer der inhaltlichen und semantischen Bezüge zum wenig zuvor erschienenen »Kommunistischen Manifest« des weit berühmteren Trierers Karl Marx vielleicht sogar bewusst war. Soziales Engagement für die Unterdrückten sollte damit nicht den von Lasinksy kritisch gesehenen »falschen« Demokraten überlassen, sondern gerade als Kern katholischer Gesinnung ausgewiesen werden.⁷⁸

In Frage gestellt und semantisch destruiert wird in etlichen Zeugnissen eine Überhöhung der Fabriken und der Industrialisierung, welche bei Zeitgenossen wahrgenommen wird: Als »Füllhorn des Segens« und als »Talisman«, mit dem darniederliegenden Gemeinden auf die Beine geholfen werden könne, sähe man sie an, doch zeigten sie sich bei näherer Betrachtung als »Pandorabüchse« und »gemeine Quacksalbe«, die Verarmung statt Wohlstand und ein Heer kranker, religiös und moralisch entwurzelter Menschen hervorbrächte. Angesichts solcher als übertrieben empfundener Hoffnungen sprachen einzelne katholische Kritiker dann gar von der »Religion des Industrialismus« oder der Industrie als »Abgott« der eigenen Zeit.⁷⁹

Zum katholischen Diskurs gehörten freilich auch andere Stimmen zur Industrialisierung. So wurde im APK 1808 in einem Artikel aus der Schweiz als Beitrag zur Lösung des Armutsproblems empfohlen, mehr Fabriken zu errichten, um Verdienstmöglichkeiten zu schaffen.⁸⁰ Der verantwortliche Redakteur und Herausgeber des APK, kein Geringerer als der Generalvikar und Bistumsverweser des Bistums Konstanz und führende Repräsentant der südwestdeutschen katholi-

---

77 | Verhandlungen, S. 116 f. Fabrikherren sähen die Fabrikarbeiter als Maschinen – »eine Maschine, die man braucht und ausbraucht«, hieß es in den HPB 1848, S. 692.
78 | Der Begriff »Menschenwürde« und daran direkt anknüpfende Begriffe begegnen uns im untersuchten katholischen Armutsdiskurs der ersten Hälfte des 19. Jahrhunderts insgesamt selten. Vgl. zu den Verkündigungstexten M. Maurer: Armut, S. 126 f., sowie Schneider, Bernhard: ›Poverty need no longer despair‹: Observations on the Dignity of the Poor in (Late) Enlightenment Catholic Prayer Books, in: Andreas Gestrich/Steve King (Hg.), The Dignity of the Poor. Concepts, Practices, Representations, Oxford 2013 (im Druck). Zum Vergleich: Kuczynski, Thomas: Das Kommunistische Manifest (Manifest der Kommunistischen Partei) von Karl Marx und Friedrich Engels. Von der Erstausgabe zur Leseausgabe. Mit einem Editionsbericht, Trier 1995. Zur Präsenz sozialistischen Denkens im Trier der 1840er Jahre vgl. Dowe, Dieter: Die erste sozialistische Tageszeitung in Deutschland, in: Archiv für Sozialgeschichte 12 (1972), S. 55-67.
79 | Vgl. Athanasia (1838), H. 2, S. 332-342: »Auch Etwas, was man zeitgemäß nennen könnte. Oder: Ein Blick in die Fabriken.« Ebd., S. 332 f. Vgl. auch KMW (1848), S. 576. Ein Beleg für den Begriff »Religion des Industrialismus« im Jahr 1847 findet sich in M. Brandl: Stimmen, S. 190.
80 | Vgl. APK (1808), Band 1, S. 288-301, hier S. 291.

schen Spätaufklärung, Ignaz Heinrich von Wessenberg,[81] versah die oben zitierte Klage von Pfarrer Wehinger über die Maschinen mit kritischen Fußnoten. Dort warf Wessenberg ein, es sei doch sicher besser, dass Menschen Maschinen nur beaufsichtigen als selbst zu Maschinen zu werden, was in Fabriken ohne Maschinen gewöhnlich geschehe. England ließ Wessenberg außerdem nicht als Beweis gelten und konterte in einer weiteren kritischen Anmerkung: »Allein nur durch die treffliche Maschinerie in England wird die Wohlfeilheit der Preise seiner Fabrikwaren möglich, und nur diese Wohlfeilheit sichert ihren Absatz.«[82]

Als Mitte des Jahrhunderts die Industrialisierung auch in Deutschland allmählich immer mehr um sich griff,[83] dauerte die Diskussion in katholischen Kreisen an. In den nun dominierenden ultramontanen Zeitschriften fanden sich durchaus abwägende Positionen, etwa wenn ein namentlich nicht bekannter katholischer Priester 1846 zugestand, Handel und Industrie könnten »unter Umständen in geistiger und materieller Hinsicht die Menschen« heben und die das Jahrhundert auszeichnenden Fortschritte in Gewerbe und Industrie seien »im Allgemeinen wohltätig.«[84] Er versah diese Position jedoch mit der Einschränkung, beide seien krisenanfällig und würden in der Konkurrenz von menschlicher Arbeitskraft und Maschine (»leblose Maschine«, »gewaltige Ungeheuer«) auch wieder eine Quelle der Armut. Eine zu abrupte und expansive Entwicklung sei daher abzulehnen und auf ein angemessenes Verhältnis zur Landwirtschaft zu achten.[85] Die Industrie einfach zu beseitigen, das hielt man indes nun – und je länger desto weniger – nicht mehr für opportun:

»Der Zeitgeist hält gegenwärtig die *Industrie* für das Mittel zur materiellen Wohlfahrt und für die höchste Blüthe der menschlichen Thatkraft [...]. Diese nach Außen gehende Strömung aufhalten, die Fabriken verbieten? Dazu hat die Kirche keinen Grund und keine Macht.«[86]

Wohl aber kam es ihr nach Meinung des unbekannten Autors zu, ihre Seelsorge auch auf die Fabrik auszuweiten.

---

81 | Zur Person Wessenbergs und zu der von ihm verantworteten Zeitschrift APK vgl. M. Gründig: Besserung, S. 4-36, sowie Braun, Karl Heinz (Hg.): Kirche und Aufklärung. Ignaz Heinrich von Wessenberg, München 1989.
82 | P. Wehinger: Armuth, S. 245.
83 | Zur Entwicklung in der zweiten Hälfte des 19. Jahrhunderts vgl. Wehler, Hans-Ulrich: Deutsche Gesellschaftsgeschichte, Band 3: 1849-1914, München 1995, S. 66-105, 552-610.
84 | Der Katholik 26 (1846), Nr. 57, S. 261 ff., Zitate: S. 262.
85 | Beschränkungen des Fabrikwesens sah man 1848 in den HPB als einen Weg der Heilung an, die insbesondere vom Landvolk auszugehen habe. Vgl. Die Grundübel unserer Zeit und ihre Heilung, in: HPB (1848), S. 782-793.
86 | Die Industrie und die Seelsorge in Fabriken, in: Der Katholik 34 (1854), N. F. Band 10, S. 368-376, hier S. 368, 370 [Hervorhebung im Original].

4. SEELSORGE UND INDUSTRIE

Eine neuere pastoraltheologische Untersuchung zum Verhältnis von Seelsorge und industrieller Welt zwischen 1850 und 1914 spricht allerdings pointiert von »weltloser Seelsorge«, weil dieser kein adäquater Zugang zur Arbeitswelt gelungen sei.[87] Meine eigenen Forschungen zum Verhältnis von Liturgie und industrieller Arbeitswelt zwingen zwar dazu, diese Feststellung etwas zu differenzieren.[88] Dennoch ist der aus vielen unterschiedlichen Quellen erarbeitete Befund eindeutig: Es ist überdeutlich,

»wie wenige direkte Bezüge bestanden, wie wenig Industrie und auch die neue Dienstleistungssphäre Eingang in die Liturgie fanden. Der einst dominierende landwirtschaftliche Sektor begegnete dagegen unverändert prägnant in der liturgischen Sprache und behauptete auch durch die beibehaltenen Formen und Formulare (Andachten um eine gute Ernte, Bittprozessionen, Kräuter- und Weinsegnung etc.) den angestammten Raum. Während die Natur als Gottes Schöpfung greifbar war und der menschlichen Verfügbarkeit weithin entzogen blieb, so dass sie über sich selbst hinaus auf Gott zu verweisen schien, fiel es sichtbar schwer, auch in den von Menschen in den Fabriken geschaffenen Produkten ›vestigia dei‹ zu erkennen und die technischen Errungenschaften und Erfindungen ebenfalls als Teil der Schöpfung und des göttlichen Schöpfungsauftrags zu werten. Das dualistisch angehauchte ultramontane Welt- und Menschenbild auf der einen Seite und die kirchen- und religionskritisch instrumentalisierten Fortschritte in Wissenschaft und Technik auf der anderen Seite trugen wechselseitig zu einer solchen Blockade bei. Insoweit Liturgie die Welt des Industriebetriebs mehr oder weniger ignorierte, verstärkte sie dessen Freisetzung aus dem ›heiligen Kosmos‹ und förderte sicher unfreiwillig eine funktionale Differenzierung der Gesellschaft, in der Wirtschaft und Religion eben nichts mehr miteinander zu tun haben.«[89]

Diese Ausblendung der Industrie und diese fehlende religiöse Würdigung der Technik im Katholizismus könnten auch mit erklären – neben dem bekannten katholischen Bildungsdefizit –, warum Katholiken so wenig in den Bereichen vertreten waren, die für den technischen Fortschritt im Verlauf des 19. Jahrhunderts standen: Ingenieure, Fabrikanten, Naturwissenschaftler waren unterdurchschnittlich selten Katholiken und selbst in der Arbeiterschaft waren sie eher unter den »niederen Chargen« zu finden.[90]

---

87 | F. Gasteiger: Seelsorge, S. 370–376.
88 | Vgl. B. Schneider: Ora. Für Frankreich ist auf die prägnanten und umfassenden Studien von Michel Lagrée zu verweisen: Lagrée, Michel: La bénédiction de Prométhée. Religion et technologie XIXe–XXe siècle, Paris 1999.
89 | B. Schneider: Ora, S. 180.
90 | Vgl. H.-U. Wehler: Gesellschaftsgeschichte, Band 3, S. 395; Ritter, Gerhard A./Tenfelde, Klaus: Arbeiter im Deutschen Kaiserreich 1871 bis 1914, Bonn 1992, S. 747–749;

Nun fehlte es allerdings nicht völlig an Versuchen, die Seelsorge und die Fabrik miteinander in Verbindung zu bringen. Der vielleicht prägnanteste, sicher aber auch der für uns heute befremdlichste derartige Versuch war der Ruf, christliche Fabriken aufzubauen.[91] Im mehrfach angeführten Artikel über Industrie und Seelsorge wurde 1854 das Ideal einer Fabrik entworfen, in der die Arbeiter und Arbeiterinnen morgens die Messe besuchen, unter dem Gebet des Rosenkranzes nach Geschlechtern getrennt den Weg zur Fabrik zurücklegen und in dieser dann vor der Arbeitsaufnahme und nach dem Essen beten.[92]

»Nach diesem Gebet vor der Arbeit kann jedes Mal eine kurze Lesung folgen, und zwar a. Morgens eine ganz kurze Betrachtung über das Leben und Leiden Jesu Christi, etwa nach dem Kirchenjahr. b. Nach dem Zehnuhrbrode das kurze Leben des Heiligen des Tages [...]. c. Nach dem Mittagessen, vor Beginn der Arbeit ein kurzes Gebet und ein Kapitel aus der Philothea oder einem ähnlichen Tugendbuche [...]. d. Nach dem Vieruhrbrod ein Kapitel aus der Nachfolge Christi oder ein Kapitel aus der größeren Biographie eines Heiligen, oder aus einer interessanten, detaillierten Kirchengeschichte oder dergleichen. e. Vor dem Heimgehen. Die Punkte zur Betrachtung vom Pfarrer alle Sonntage für die ganze Woche kurz aufgeschrieben und auf dem Heimwege der Rosenkranz wie am Morgen.«[93]

Während dieser Übungen sollte im Übrigen gearbeitet werden. Die Nähe dieses Konzepts zum klösterlichen Leben[94] springt unweigerlich in die Augen, so sehr, dass selbst die Redaktion des »Katholik« sich zu einer Anmerkung veranlasst sah, die vor einem zu ambitionierten und dadurch abschreckenden geistlichen Programm warnte. Diese Anmerkung lässt auch insoweit größeren Realitätssinn als der Artikel selbst erkennen, als sie eine ruhige und gleichmäßige Arbeit in

---

Boehm, Laetitia: Katholizismus, Bildungs- und Hochschulwesen nach der Säkularisation, in: Anton Rauscher (Hg.), Katholizismus, Bildung und Wissenschaft im 19. und 20. Jahrhundert. Paderborn 1987, S. 9–59. Vgl. zu den Diskussionen um ein katholisches Bildungsdefizit um 1900 vor allem ebd., S. 19–27.
91 | Vgl. dazu die Hinweise bei F. J. Stegmann/P. Langhorst: Geschichte, S. 642 ff., sowie B. Schneider: Ora, S. 165 f. Als sicher nicht verallgemeinerbares Beispiel eines bewusst katholischen Unternehmertums vgl. Gorges, Karl Heinz: Der christlich geführte Industriebetrieb im 19. Jahrhundert und das Modell Villeroy & Boch, Stuttgart 1989. Außerhalb Deutschlands ist der Betrieb der Familie Harmel in Val de Bois ein bekanntes Beispiel. Vgl. M. Burleigh: Mächte, S. 498 f.
92 | Diesen Text behandeln auch F. J. Stegmann/P. Langhorst: Geschichte, S. 643, sowie F. Gasteiger: Seelsorge, S. 267 ff.
93 | Industrie und Seelsorge, S. 374 f.
94 | Auf Übereinstimmungen zwischen Klosterleben und Arbeitsleben in der neuen Industrie stößt man auch jenseits der Frage des religiösen Programms. Vgl. dazu die Hinweise bei F. Gasteiger: Seelsorge, S. 80 f.

einem gemeinsamen Arbeitsraum indirekt als Voraussetzung für ein geistliches Angebot in der Fabrik benennt.[95]

Praktisch umgesetzt wurde der Ruf, »Fabriken müssen zu Klöstern werden«, in einigen Projekten des Kapuzinerpaters und Churer Generalvikars Theodosius Florentini.[96] Er propagierte seine Idee beispielsweise auf dem Frankfurter Katholikentag 1863 und legte dar, dass anstelle der Fabrikdirektoren Barmherzige Schwestern eingesetzt würden, die auch die Aufsicht in den Fabriksälen führten. Die Arbeit begann in seinen Unternehmungen mit dem Morgengebet und dem Angelus, die Arbeiter – nur Katholiken – unterbrachen die Arbeit für das Mittagessen nach einem kurzen Gebet und beendeten auch am Abend die Arbeit mit einem gemeinsamen Gebet. Auf den Besuch der sonntäglichen Gottesdienste am Vor- und Nachmittag wurde außerdem geachtet. Behaupten konnten sich diese Unternehmen aber nur kurzzeitig, sie fanden auch nur vereinzelt eine gewisse Nachahmung.[97] Auch die bedeutend bescheidenere Variante – eine eigenständige Betriebsseelsorge – wurde selten Wirklichkeit: Unter 4 850 Industriebetrieben befanden sich im ganzen Königreich Preußen 1876 nur 43 mit spezifischen Seelsorgeeinrichtungen.[98]

Als eine weitere Utopie lässt sich nochmals auf Lamennais' schon mehrfach genannten Artikel verweisen. Hier stellte er sowohl »Bauern-Colonien« als auch das Prinzip der Assoziationen sowie die Kombination von »industriellen Arbeiten mit denen des Ackerbaus« als mögliche Lösungen in den Raum, ohne sie näher zu erörtern. Sein Denken wies klare Bezüge zum Frühsozialismus auf, so dass man ihn auch als Vertreter eines christlichen Frühsozialismus bezeichnet hat.[99]

---

95 | Vgl. Industrie und Seelsorge, S. 374.
96 | Vgl. zum Folgenden F. Gasteiger: Seelsorge, S. 81 f.; F. J. Stegmann/P. Langhorst: Geschichte, S. 643; K. H. Gorges: Industriebetrieb, S. 243-256; Schweizer, Christian/Ries, Markus (Hg.): Theodosius Florentini (1808-1865). Vir famosus. Festschrift zum 200. Geburtstag, Luzern 2009.
97 | Franz Brandts, einer der führenden Repräsentanten des sozialen Katholizismus der 1880er Jahre, führte seine Fabrik mit einem solchen christlichen Konzept. Vgl. Mooser, Josef: Arbeiter, Bürger und Priester in den konfessionellen Arbeitervereinen im deutschen Kaiserreich, 1880-1914, in: Jürgen Kocka (Hg.), Arbeiter und Bürger im 19. Jahrhundert, München 1986, S. 79-105, hier S. 99; K. H. Gorges: Industriebetrieb, S. 225-242, sowie Löhr, Wolfgang: Die Fabrikordnung der Firma Franz Brandts in Mönchen-Gladbach, in: Annalen des Historischen Vereins für den Niederrhein 178 (1976), S. 145-157.
98 | B. Schneider: Ora, S. 160.
99 | F. de Lamennais: Zukunft, S. 635. Vgl. allgemein Ramm, Thilo: Der Frühsozialismus – Begriffs- und Wirkungsgeschichte, in: Albrecht Langner (Hg.), Katholizismus, konservative Kapitalismuskritik und Frühsozialismus bis 1850, München 1975, S. 123-144, sowie Euchner, Walter: Ideengeschichte des Sozialismus in Deutschland Teil I, in: Helga Grebing (Hg.), Geschichte der sozialen Ideen in Deutschland, Essen 2000, S. 12-350, hier S. 21-98. Vgl. zur katholischen Rezeption: Stegmann, Franz Josef: Der Frühsozialismus in

Konkrete Reformperspektiven boten hingegen viele andere Texte.[100] Ich will hier nur auf einen Aspekt aufmerksam machen: den Schutz der Sonn- und Feiertage. Ihn verlangte man immer wieder, und in der wachsenden Sonntagsarbeit erkannten einige Autoren auch eine weitere Form der durch die Entwicklung des Wirtschaftslebens bedingten Ausbeutung von Menschen.[101] Der Schutz von Handwerkern und Arbeitern und die Verteidigung kirchlicher Interessen gingen hier Hand in Hand.[102] Besonders eindrücklich zeigt dies die erwähnte Rede von Gustav August Lasinsky aus dem Jahr 1848:

»Es ist die Religion, welche die Freude ist und der Trost des Volkes, die ihm seine schönsten Feste bereitet, durch ihre Sonn- und Feiertage den Arbeiter für Tage wenigstens emancipiert und den hartherzigen Fabrikherrn zwingt, an denselben die Kerker der Fabriken zu öffnen und die Maschinen still zu stellen«.[103]

5. »Des Pudels Kern« – Entchristlichung der Gesellschaft als Diagnose und Aufgabe

Im Kern handelte es sich bei den sozialen Fragen einschließlich des Wirtschaftslebens um eine religiös-moralische Problematik – so lautete die entscheidende Überzeugung im Armutsdiskurs wenigstens bis zur Mitte des 19. Jahrhunderts. Sünde und Irreligiosität beim Einzelnen und als Folge davon eine »Entchristlichung« der Gesellschaft waren des »Pudels Kern«.[104] Einer der bedeutendsten

---

katholischen Periodica, in: Albrecht Langner (Hg.), Katholizismus, konservative Kapitalismuskritik und Frühsozialismus bis 1850, München 1975, S. 145-164. Siehe zu Lamennais auch Leroy, Maxime: Histoire des Idées sociales en France. De Babeuf à Tocqueville, Band 2, Paris 1946, S. 421-446.
100 | Dies im Detail darzustellen ist ein zentrales Anliegen der in Anmerkung 5 genannten Dissertation von Ingmar Franz.
101 | Vgl. etwa Der Katholik 27 (1847), Nr. 81, S. 329 f.
102 | Zum Kampf um den Sonntag vgl. F. Gasteiger: Seelsorge, S. 173-183, 213-228; Nuß, Berthold Simeon: Der Streit um den Sonntag. Der Kampf der katholischen Kirche in Deutschland von 1869 bis 1929 für den Sonntag als kollektive Zeitstruktur, Idstein 1996, S. 27-42. Die Diskurse über Feiertage, Rationalisierung der Arbeit und die Forderung nach Erholung beschreibt sehr schön Laube, Stefan: Religiosität, Arbeit und Erholung. Bayerische Heiligentage im 19. Jahrhundert, in: Zeitschrift für bayerische Landesgeschichte 61 (1998), S. 347-382.
103 | Verhandlungen, S. 116 f.
104 | So formulierten die HPB 1865: »Der wahre Sitz des sozialen Leidens liegt in der Entchristlichung der Gesellschaft, in der Oberherrschaft der maßlosesten Selbstsucht, im Mangel an christlicher Nächstenliebe.« Hier zitiert nach F. J. Stegmann/P. Langhorst: Geschichte, S. 629.

Liturgiewissenschaftler, Valentin Thalhofer, meinte noch direkter einen Zusammenhang zwischen Gottesdienstbesuch und der sozialen Not erkennen zu können: »Die brennende sociale Frage der Gegenwart wäre leicht zu lösen, oder sie existierte vielmehr gar nicht, wenn alle Gläubigen nach Vorschrift und im Geist der Kirche dem öffentlichen Gottesdienste, zumal der Feier des heiligsten Opfers anwohnen würden.«[105]

Von diesem Axiom ausgehend formulierten die ultramontanen Autoren zum einen eine beißende Kritik an den diversen staatlichen Systemen in der Armenpolitik:[106] »Während man aber also mit großer Gemüthsruhe ein System nach dem anderen aufbaut und niederreißt, steht der Hunger, in Lumpen gehüllt, ungeduldig draußen vor der Thüre, klopft mit drohendem Finger an, und verlangt Brod und Kleid.«[107] Zum anderen forderten sie eine umfassende Gesellschaftsreform durch eine Re-Christianisierung der Gesellschaft, was aber Freiheit für die Kirche voraussetze, nicht zuletzt im Bereich des Armenwesens. Dann würde, so meinte Wilhelm Emmanuel Ketteler in einem Redeentwurf für die Nationalversammlung in der Frankfurter Paulskirche, ein »edler Wettkampf der Liebe und Barmherzigkeit« ausbrechen und die Überlegenheit des Katholizismus erweisen.[108] Der Armutsdiskurs war an dieser Stelle eng mit dem kirchenpolitischen Diskurs verwoben – mit dem Kampf dieser Kreise für die Freiheit der katholischen Kirche vom herrschenden Staatskirchentum.[109]

Ob der Staat im Bereich des Armenwesens tätig werden sollte und in welchem Maße, war bis über die Mitte des 19. Jahrhunderts hinaus im deutschen Katholizismus eine umstrittene Frage.[110] Eine Reserve gegenüber staatlichen Interven-

---

105 | Zitiert nach Malcherek, Reinhold: Liturgiewissenschaft im 19. Jahrhundert. Valentin Thalhofer (1825–1891) und sein »Handbuch der katholischen Liturgik«, Münster 2001, S. 136.
106 | Vgl. zum Folgenden Schneider, Bernhard: Katholische Armutsdiskurse und Praktiken der Armenfürsorge im gesellschaftlichen Wandel des 19. Jahrhunderts und das Paradigma der Zivilgesellschaft, in: Arnd Bauerkämper/Jürgen Nautz (Hg.), Zwischen Fürsorge und Seelsorge. Christliche Kirchen in den europäischen Zivilgesellschaften seit dem 18. Jahrhundert, Frankfurt a. M. 2009, S. 79–111, hier S. 84–89.
107 | Ueber Armuth, Armenwesen und Armengesetze, in: HPB (1838), S. 150–163.
108 | Zitiert nach Petersen, Karsten: »Ich höre den Ruf nach Freiheit«. Wilhelm Emmanuel von Ketteler und die Freiheitsforderungen seiner Zeit. Eine Studie zum Verhältnis von konservativem Katholizismus und Moderne im 19. Jahrhundert, Paderborn 2005, S. 175. Zur Frage, ob es einen solchen Wettkampf tatsächlich gab, vgl. die Beiträge in Michaela Maurer/Bernhard Schneider (Hg.), Die Konfessionen in den Sozialsystemen Mittel- und Westeuropas im langen 19. Jahrhundert. Ein »edler Wettkampf der Barmherzigkeit«?, Münster 2013.
109 | Zu diesem Ergebnis kommen schon B. Schneider/P. Bircher: Discourses, S. 368, sowie nun auch I. Franz: Publizistik, S. 92 f.
110 | Zu ähnlichen Diskussionen in den Ländern West- und Mitteleuropas und ihren praktischen Konsequenzen vgl. die Studien von Dáire Keogh, Rupert Klieber, Frances Knight,

tionen war und blieb eine der tragenden Säulen des sozialen Katholizismus.[111] Gleichwohl räumte man dem Staat im katholischen Armutsdiskurs durchaus eine gewisse Wirksamkeit ein und angesichts des mittlerweile erreichten Ausmaßes der notleidenden Bevölkerung sah man sich vereinzelt sogar schon vor der Mitte des 19. Jahrhunderts zu dem Eingeständnis veranlasst, es gäbe viele Formen von Not, denen nur noch der Staat abhelfen könne.[112] Ein staatliches Monopol im Armenwesen, welches die freie Wirksamkeit der Kirche unmöglich mache, blieb allerdings tabu. Stattdessen findet sich verschiedentlich – avant la lettre – das Subsidiaritätsprinzip formuliert. Das kirchliche soziale Handeln wurde im Übrigen auch gegenüber freien philanthropischen Hilfsbemühungen abgegrenzt, da diese – von Reichen vollzogen – zu leicht die Armen erniedrigten.[113] Wilhelm Schwer erkannte 1921 rückblickend drei Forderungen als leitbildlich:

»gegenüber der humanitären Armenpflege Rückkehr zu einer aus dem christlichen Glauben geborenen Armenliebe; gegenüber der Einseitigkeit des staatlichen Armenwesens Wiederverknüpfung der leiblichen Pflege mit der Seelsorge; endlich Wiederaufrichtung einer an die Kirche angelehnten und in kirchlichen Händen ruhenden Armenpflege.«[114]

Lamennais sah in diesem Zusammenhang den Priester als Mittler:

»allemal wird die Dazwischenkunft des Priesters gleich nothwendig seyn, nicht nur um jenen Associationen den moralischen Charakter zu verleihen, von welchem ihr politischer Nutzen und ihr materielles Gedeihen abhängen; sondern auch, damit ein uneigennütziger Dritter als Band zwischen den contrahirenden Theilen, zwischen dem Reichen, der Boden und Geld hergiebt, und dem Armen, der in den gemeinschaftlichen Fonds nichts einzubringen hat, als seine Arbeit.«[115]

Eine Vermittlerrolle sollte dem Klerus auch im Ständekonzept Franz von Baaders zukommen, denn ihm oblag es, wenigstens für eine gewisse Zeit, die Arbeiter zu

---

Jan de Maeyer, Leen van Molle und Catherine Maurer in Michaela Maurer/Bernhard Schneider (Hg.), Die Konfessionen in den Sozialsystemen Mittel- und Westeuropas im langen 19. Jahrhundert. Ein »edler Wettkampf der Barmherzigkeit«?, Münster 2013, S. 209–322.
111 | Vgl. dazu auch Große Kracht, Hermann-Josef: Sozialer Katholizismus und demokratischer Wohlfahrtsstaat. Klärungsversuche zur Geschichte und Gegenwart einer ungewollten Wahlverwandtschaft, in: Jahrbuch für christliche Sozialwissenschaften 46 (2005), S. 45–97, hier S. 59.
112 | Vgl. dazu und zum Folgenden mit einschlägigen Quellenzitaten B. Schneider: Zivilgesellschaft, S. 86 f.; M. Maurer: Armut, S. 222, 261.
113 | Vgl. B. Schneider: Zivilgesellschaft, S. 87 f., 93.
114 | Schwer, Wilhelm: Der soziale Gedanke in der katholischen Seelsorge, Köln 1921, S. 21 f. Auf diesen Text verweist auch K.-H. Grenner: Wirtschaftsliberalismus, S. 101.
115 | F. de Lamennais: Zukunft, S. 635.

beraten und in der Ständeversammlung zu begleiten, wenn sie dort ihre Anliegen vorbringen durften.[116]

6. KURZE BILANZ

Resümiert man den katholischen Armutsdiskurs und auch den Beitrag katholischer Initiativen zur praktischen Armenfürsorge,[117] so zeigt sich deutlich, wie über innerkatholische Fraktionierungen hinweg die Überzeugung bestand, eine Lösung der sozialen Nöte sei nur auf der Basis des Christentums und nur durch die verantwortliche Beteiligung kirchlicher Akteure zu erreichen. Jenseits dieser Grundüberzeugung begegnen dann allerdings divergierende Vorstellungen. Das Pochen auf die soziale Nützlichkeit von Glaube und Kirche erwies sich als eine Reaktion auf die veränderten Herrschaftsverhältnisse und den veränderten gesellschaftlichen Status der Kirche. Die katholischen Akteure präsentierten sich selbst als Experten in Sachen sozialer Nöte und reklamierten eine Mitwirkung (katholisch-aufklärerische Kreise) oder eine vorrangige Zuständigkeit (ultramontane Kreise) bei deren Bearbeitung. Anfängliche Distanz und lange fortbestehende Reserven mündeten mit Blick auf die Industrialisierung bis über die Mitte des 19. Jahrhunderts hinaus in den Auftrag, die Industrie zu versittlichen und auf ein christliches Fundament zu stellen:

»Die Industrie in ihrer heutigen geschichtlichen Gestaltung zeigt uns, was der Industrialismus ohne allen sittlichen Lebensinhalt erzeugt hat. Also: wir wollen die Freiheit, wir wollen die Industrie, aber wir wollen auch das Christenthum. Industrie *und* Christenthum: – das ist das Ziel, die Versöhnung des Lebens, der Friede, die Rettung in der socialen Bewegung und Umwälzung unserer Tage.«[118]

Man vergewisserte sich im Rekurs auf das karitative Engagement der eigenen Identität und stellte dabei das soziale Engagement als Kernkompetenz heraus. Das bedeutete zugleich und zunächst, Tendenzen entgegenzutreten, die die Armen- und Krankenfürsorge fortschreitend zu verstaatlichen und zu verrechtlichen schienen. Diese Strategie sollte für die Kirche einen wichtigen Platz in Gesellschaft und Staat sichern. Zudem waren die Akteure – bei allen möglichen Differenzen in den konkret zu beschreibenden Wegen – zutiefst davon überzeugt,

---

116 | Vgl. F. J. Stegmann/P. Langhorst: Geschichte, S. 634.
117 | Ich kann hier auf die Zwischenbilanz zum Projekt (Vgl. B. Schneider: Armut, S. 38–42) zurückgreifen, da die weiteren Forschungen diese durchgängig bestätigt haben. Ferner ist vertiefend auf die bilanzierenden Überlegungen in den beiden im Projekt angefertigten Dissertationen zu verweisen, auf denen meine hier präsentierte Bilanz ebenfalls aufbaut. Vgl. M. Maurer: Armut, S. 263–270; C. Schröder: Armenfürsorge, S. 460–471.
118 | J. Roßbach: Industrie, S. 23 [Hervorhebung im Original].

Gesellschaft und Staat damit entscheidend bei der Bewältigung der immensen Probleme zu helfen. Darin wird – nicht selten auch offen reklamiert – der Anspruch deutlich, den Einfluss des Katholizismus in allen Lebensbereichen – auch in der Wirtschaft – zur Geltung zu bringen und diese entlang christlicher Prinzipien auszurichten bzw. aktiv zu gestalten. Kirche und Religion sollten nicht auf einen kleinen Sektor privater Religiosität oder des öffentlichen Kultes beschränkt sein. Prinzipien der erst spät im 19. Jahrhundert amtlich festgeschriebenen katholischen Soziallehre wurden so teils avant la lettre (im Fall des Subsidiaritätsprinzips) oder auch wörtlich entwickelt. Roßbach sprach im Blick auf die Gesellschaft allgemein und die Wirtschaft im Besonderen schon vom »christlichen Princip der Solidarität«.[119] Wie die aktuellen Debatten über die Notwendigkeit, die Wirtschaft an Werten neu auszurichten, zeigen, sind solche Sichtweisen nicht einfach »Schnee von gestern«. Gemeinsinnsorientierung konfessioneller Akteure und Machtanspruch sind dabei nicht einfach ein Widerspruch.

---

119 | Vgl. ebd., S. 16 f. Zur Entwicklung und Relevanz des Solidaritätsbegriffs vgl. die Beiträge im Jg. 48 (2007) des Jahrbuchs für christliche Sozialwissenschaften, hier besonders Große Kracht, Hermann-Josef: Jenseits von Mitleid und Barmherzigkeit. Zur Karriere solidaristischen Denkens im 19. und 20. Jahrhundert, in: ebd., S. 13-38. Vgl. ferner Ders.: »... weil wir für alle verantwortlich sind« (Johannes Paul II.). Zur Begriffsgeschichte der Solidarität und ihrer Rezeption in der katholischen Sozialverkündigung, in: Michael Krügeler/Stephanie Klein/Karl Gabriel (Hg.), Solidarität – ein christlicher Grundbegriff? Soziologische und theologische Perspektiven, Zürich 2005, S. 111-132.

Der Beginn des katholischen Krankenhausfrühlings im Ruhrrevier[1]

Arne Thomsen

DIE SOZIALEN UND GESUNDHEITLICHEN VERHÄLTNISSE AN RHEIN UND RUHR

Das Erscheinungsbild des Ruhrgebiets um die Mitte des 19. Jahrhunderts kann sich nicht deutlicher von heutigen Bildern des industriellen Ballungsraumes unterscheiden. Dörfliche und kleinstädtische Strukturen waren vorherrschend, Infrastruktur und Verkehrssystem unterentwickelt. Das Gebiet glich einer »Ansammlung von Dörfern«,[2] in denen eine landwirtschaftliche und »unstädtische Lebensweise«[3] herrschte. Industrialisierung und Urbanisierung hatten die agrarisch geprägte Region des späteren Reviers noch nicht erreicht. Die ortsansässige Bevölkerung musste Notsituationen zum größten Teil durch familiäre Sozialbindungen oder nachbarschaftliche Solidarität auffangen. Entsprechend der Bevölkerungszahl existierten in der Region nur wenige traditionelle Hospitäler. Immerhin wurde 1847 die Eisenbahnstrecke Köln-Minden fertig gestellt, die das Rheinland mit Westfalen verband und das Ruhrgebiet von Duisburg über Oberhausen, Gelsenkirchen, Herne, Dortmund bis Hamm durchzog. Seit Beginn der 1860er Jahre sollte durch die Bergisch-Märkische Strecke und einige Nebenlinien wie die Ruhrtalbahn ein verdichtetes Eisenbahnnetz entstehen, das auch Essen und Bochum anband. Zudem wurden die Schifffahrtswege und Straßen den wirtschaftlichen Erfordernissen der Zeit zunehmend angepasst.

---

1 | In Anlehnung an Bezeichnungen wie ›Ordensfrühling‹ oder dem von Relinde Meiwes geprägten Begriff ›Frauenkongregationsfrühling‹ kann man das lange 19. Jahrhundert als katholischen Krankenhausfrühling für das Ruhrgebiet bezeichnen.
2 | Rohe, Karl: Vom alten Revier zum heutigen Ruhrgebiet. Kontinuität und Wandel einer regionalen politischen Gesellschaft, in: Ders. (Hg.), Vom Revier zum Ruhrgebiet. Wahlen – Parteien – Politische Kultur, Essen 1986, S. 11–42, hier S. 20.
3 | Ebd.

Im Gegensatz zu anderen Gegenden Deutschlands war das spätere Revier ursprünglich ein dünn besiedeltes Gebiet. Bis zur Jahrhundertwende erreichte keine Stadt trotz eines enormen Bevölkerungswachstums die 100 000-Einwohner-Grenze. 1910 gab es dagegen mit Essen, Duisburg, Dortmund, Gelsenkirchen, Bochum, Mülheim und Hamborn bereits sieben Großstädte mit sechsstelliger Einwohnerzahl.[4] Im Jahre 1843 zählte das Ruhrgebiet lediglich 236 000 Einwohner und damit bloß ca. 15 000 Bürger mehr als nach dem Wiener Kongress von 1815. In Bochum waren 1843 aufgrund des Wahlrechts nur 293 Bürger bei kommunalen Wahlen stimmberechtigt, 1912 dagegen bereits knapp 25 000. 1892 bildeten nur fünf Personen die 1. Klasse bei den Stadtratswahlen.[5] Dieses als »Geldsack-Wahlrecht«[6] bezeichnete Dreiklassenwahlrecht verdeutlicht, wie wenig wohlhabende Bürger zur damaligen Zeit im Ruhrgebiet wohnten. Das Wahlrecht trug dazu bei, dass in Städten mit hohen katholischen Bevölkerungsanteilen wie Bottrop oder Gladbeck Gruppierungen und Honoratioren, fest verankert im lokalen katholischen Milieu, das öffentliche Leben dominierten.

Die um 1840 aufkommende Industrialisierung führte zu spürbaren Umstrukturierungen des agrarisch geprägten Raumes an Rhein, Ruhr und Emscher. Das Ruhrgebiet musste einen explosionsartigen Bevölkerungszuwachs verkraften. Die Einwohnerzahl Gelsenkirchens beispielsweise stieg von 1855 bis 1875 von 1 030 auf über 11 000 und damit um 995 % an.[7] Auch andere Städte vervielfachten ihre Bevölkerung:

Bevölkerungsentwicklung einzelner Städte laut amtlicher Statistik (nach Gebietsständen gerundet auf Tausend)*

	Bochum	Dortmund	Essen
um 1850	17 000	31 000	9 000
um 1870	56 000	109 000	137 000
um 1910	234 000	584 000	295 000

* Zahlen aus: Vögele/Koppitz/Halling, S. 16 und Steinberg, Jahrhundert, S. 23.

---

4 | Vgl. Vögele, Jörg/Koppitz, Ulrich/Halling, Thomas: Hygiene – Ein Zugang zur Industrialisierungs- und Urbanisierungsgeschichte des Ruhrgebiets, in: Forum Industriedenkmalpflege und Geschichtskultur 2 (2004), S. 15–21, hier S. 16.
5 | Vgl. Liedhegener, Antonius: Christentum und Urbanisierung. Katholiken und Protestanten in Münster und Bochum 1830–1933, Paderborn 1997, hier S. 415 f.
6 | Hiepel, Claudia: Der Kulturkampf im Ruhrgebiet. Sozialer und konfessioneller Konflikt, in: »Am Weihwasser die Finger verbrannt.« Der Bismarcksche Kulturkampf – Konfliktverläufe im Ruhrgebiet. Historische Fachtagung, Essen 2000, S. 31–46, hier S. 36.
7 | Vgl. Lueg-Hoffmann, Barbara: Das Krankenhaus- und Medizinalwesen der Stadt Gelsenkirchen im 19. Jahrhundert, Herzogenrath 1992, S. 4.

Die riesige Anzahl der benötigten Arbeitskräfte wird besonders daran deutlich, dass allein in Dortmund zwischen 1853 und 1857 30 Bergbau- und Industrieunternehmen Aktiengesellschaften gründeten. Konfessionsgrenzen wie die Emscher verloren nach und nach ihre Gültigkeit.[8] Zigtausende Menschen, hauptsächlich aus den Ostprovinzen und aus ländlichen Regionen Deutschlands stammend, strömten in die Region, um überwiegend in den neu entstehenden Berg- und Stahlwerken tätig zu werden. Sie verließen die ärmlichen ländlichen Verhältnisse und erhofften für sich und ihre Kinder einen sozialen Aufstieg in der Stadt. Die Landwirtschaft konnte ihnen aufgrund von technischen Modernisierungen kein Auskommen mehr bieten und barg die Gefahr des Pauperismus. Andererseits gab es in der Stadt mehr gesundheitliche Risiken für die Zuwanderer.

Schnell entwickelte sich durch den Urbanisierungsprozess ein akuter Bedarf an Gesundheitsleistungen, da teilweise häusliche Pflegetraditionen und -kenntnisse in der industriellen, städtischen Kleinfamilie nicht mehr bekannt waren.[9] Die Zuständigkeiten für stadthygienische Maßnahmen waren im frühen 19. Jahrhundert zwischen Staat und Gemeinde noch wenig austariert. Hinzu kamen finanzielle Probleme und mangelnde technische Erfahrung.[10] Die Gemeinde Gelsenkirchen beispielsweise bekam über Jahrzehnte ihre Abwasserentsorgung nicht in den Griff, was zu vielen Erkrankungen ihrer Bürger führte.[11] Der Stadtteil Horst galt um die Jahrhundertwende aufgrund des dortigen Emscherbruchs als »Fiebernest«[12] und war nach einer Reichsstatistik die deutsche Gemeinde mit der schlechtesten gesundheitlichen Infrastruktur. Die Patientenzahlen und die Pflegetage im ansässigen St. Josephs-Hospital verzehnfachten sich seit der Gründung 1889 (94 Kranke/2 017 Pflegetage) bis 1900 (952 Kranke/26 244 Pflegetage).[13] Da andere Städte des Deutschen Reiches aber vergleichbare Statistiken zur Krankheits- und Sterbehäufigkeit aufwiesen, war der Handlungsdruck auf

---

8 | Vgl. Damberg, Wilhelm: Moderne und Milieu (1802–1998) (= Geschichte des Bistums Münster, Band 5), Münster 1998, S. 155 f.
9 | Vgl. Wiemeyer, Joachim: Krankenhausfinanzierung und Krankenhausplanung in der Bundesrepublik Deutschland, Berlin 1984, S. 15.
10 | Vgl. Hardy, Anne Irmgard: Ärzte, Ingenieure und städtische Gesundheit. Medizinische Theorien in der Hygienebewegung des 19. Jahrhunderts, Frankfurt a. M. 2005, S. 91.
11 | Zur öffentlichen Gesundheitsvorsorge in Gelsenkirchen siehe die ausführliche Studie von Weyer-von Schoultz, Martin: Stadt und Gesundheit im Ruhrgebiet 1850–1929. Verstädterung und kommunale Gesundheitspolitik dargestellt am Beispiel der jungen Industriestadt Gelsenkirchen, Essen 1994.
12 | Hilchenbach, Elmar: Ärzte im Vest Recklinghausen, Bochum 1988, S. 227.
13 | Vgl. Thomsen, Arne: Katholisches Krankenhauswesen im Ruhrrevier. Entwicklungen und Akteure von den Anfängen der Industrialisierung bis zum Ersten Weltkrieg (= Quellen und Studien. Veröffentlichungen des Instituts für kirchengeschichtliche Forschung des Bistums Essen, Band 14), Münster 2012, S. 51.

die Gelsenkirchener Behörden in der Gesundheitsvorsorge bis zum Ausbruch der Typhusepidemie von 1901 nicht besonders ausgeprägt.[14]

STAATLICHE REGELUNGEN[15]

Der preußische Staat sah sich nur eingeschränkt dafür verantwortlich, seinen Untertanen Unterstützung im Krankheitsfall zukommen zu lassen. Die öffentliche Hand scheute sich vor finanziellen Verpflichtungen im Bereich der medizinischen Infrastruktur und der Fürsorgetätigkeit und wurde zumeist nur bei Epidemien und ansteckenden Krankheiten aktiv. Das Krankenhauswesen war neben Wasservorsorgung, Kanalisation, Abfallbeseitigung etc. nur ein Teil des öffentlichen Gesundheitswesens.

Die Gesetze, die das Krankenhauswesen berührten, waren keinesfalls auf die Bismarcksche Sozialgesetzgebung der 1880er Jahren beschränkt. Im Gegenteil, die Zuständigkeiten in der Gesundheitspolitik mussten über mehrere Jahrzehnte zwischen Staat und Kommunen ausgehandelt werden. Die preußische Regierung nahm die Gemeinden mit Gesetzen und Rechtsverordnungen zur Sozialpolitik zunehmend in die Pflicht, sich um die Armen zu kümmern. Ein Ausgangspunkt war das Allgemeine Preußische Landrecht von 1794, das nach dem Wiener Kongress von 1815 auch auf dem Gebiet des heutigen Ruhrgebietes eingeführt wurde. Im Preußischen Landrecht wurde festgehalten, dass Hospitäler »unter dem besonderen Schutz des Staates«[16] stehen. Für diese Rechtsleistung konnten die Einrichtungen jederzeit von Staatsvertretern kontrolliert werden. Weiter wurde eine allgemeine öffentliche Fürsorgepflicht gegenüber den Armen Teil des Gesetzeswerkes. Bereits am 6. Februar 1804 verabschiedete die oberste Verwaltungsbehörde Regeln, die das Essener Medizinalwesen nach preußischen Grundsätzen ordneten.[17] Zudem sah die preußische Städteordnung von 1808 vor, dass die Kommune beispielsweise Sorge für die Krankenpflege der Armen tragen musste.[18]

---

14 | Vgl. M. Weyer-von Schoultz: Ruhrgebiet, S. 138f.
15 | Siehe dazu ausführlich Gatz, Erwin: Kirche und Krankenpflege im 19. Jahrhundert. Katholische Bewegung und karitativer Aufbruch in den preussischen Provinzen Rheinland und Westfalen, München/Paderborn/Wien 1971.
16 | Allgemeines Landrecht für die Preußischen Staaten, 2. Teil, 19. Titel (Von Armenanstalten, und andern milden Stiftungen), § 32, zitiert nach: Hattenhauer, Hans (Hg.): Allgemeines Landrecht für die Preußischen Staaten von 1794, Frankfurt a. M. 1970, S. 664.
17 | Vgl. van der Locht, Volker: Von der karitativen Fürsorge zum ärztlichen Selektionsblick. Zur Sozialgeschichte der Motivstruktur der Behindertenfürsorge am Beispiel des Essener Franz-Sales-Hauses, Opladen 1997, S. 89.
18 | Vgl. Stremmel, Ralf: »Gesundheit – unser einziger Reichtum?« Kommunale Gesundheits- und Umweltpolitik 1800–1945 am Beispiel Solingen, Solingen 1993, S. 20.

Allerdings wurde diese Anordnung praktisch kaum kontrolliert. Mit der Verabschiedung der preußischen Verfassung von 1850 erhielten Religionsgemeinschaften das Recht, eigene Wohltätigkeitsanstalten zu unterhalten. Zudem fielen bedeutende rechtliche Niederlassungsbestimmungen weg und die Einrichtungen standen nicht mehr unter direkter staatlicher Aufsicht.

ENTWICKLUNGSPHASEN KATHOLISCHER KRANKENHÄUSER IM RUHRREVIER

Bis Mitte des 19. Jahrhunderts verbesserte sich die Versorgung der Einwohner Preußens mit Krankenhäusern. Kam 1834 auf 56 000 Einwohner ein Krankenhaus, war im Jahr 1853 eine Anstalt durchschnittlich für 24 000 preußische Untertanen zuständig.[19] Diese Zahlen sind aber nicht besonders aussagekräftig, da sie keine Informationen über die Bettenkapazität der einzelnen Krankenhäuser beinhalten. Eine Umwandlung vom Hospital zum Krankenhaus vollzog sich nur in einigen Großstädten.[20] Im Ruhrgebiet sind dagegen ausnahmslos Neugründungen zu verzeichnen. Ausgelöst durch Industrialisierung und Urbanisierung sind im rheinisch-westfälischen Industriegebiet – im Gegensatz zu anderen Regionen Deutschlands[21] – nahezu alle Krankenhäuser in der zweiten Hälfte des 19. Jahrhunderts, dem »Zeitalter ununterbrochener Krankenhausgründungen«,[22] entstanden. Auch im Bereich des Krankenhauswesens kann das rheinisch-west-

---

19 | Vgl. Goerke, Heinz: Personelle und arbeitstechnische Gegebenheiten im Krankenhaus des 19. Jahrhunderts, in: Hans Schadewaldt (Hg.), Studien zur Krankenhausgeschichte im 19. Jahrhundert im Hinblick auf die Entwicklung in Deutschland, Göttingen 1976, S. 56–71, hier S. 65.
20 | Vgl. Schweikardt, Christoph: Die Entwicklung der Krankenpflege zur staatlich anerkannten Tätigkeit im 19. und frühen 20. Jahrhundert. Das Zusammenwirken von Modernisierungsbestrebungen, ärztlicher Dominanz, konfessioneller Selbstbehauptung und Vorgaben preußischer Regierungspolitik, München 2008, S. 41.
21 | Reinhard Spree behauptet, dass in allen deutschen Staaten mehr Krankenhäuser in der ersten als in der zweiten Hälfte des 19. Jahrhunderts gegründet wurden. Vgl. Spree, Reinhard: Krankenhausentwicklung und Sozialpolitik in Deutschland während des 19. Jahrhunderts, in: Historische Zeitschrift 260 (1995), S. 75–105, hier S. 76. Die Behauptung van der Lochts, dass das moderne Essener Krankenhauswesen Mitte der 1820er Jahre begann, ist unrichtig. Zu diesem Zeitpunkt setzte nur die Diskussion über die Zukunft der Beginenkonvente ein. Vgl. V. v. d. Locht: Fürsorge, S. 89.
22 | Frese, Werner, in Zusammenarbeit mit Schwester M. Albinata Peters: Die Ausbreitung der Kongregation der Krankenschwestern nach der Dritten Regel des hl. Franziskus (= Die Kongregation der Krankenschwestern nach der Dritten Regel des hl. Franziskus, Heft 3), Münster 1988, S. 141.

fälische Industriegebiet somit als eine »verspätete Region«[23] bezeichnet werden. Die Verzögerung erklärt sich aus der zuvor dominierenden ländlichen, bevölkerungsarmen Struktur der Region.

Im Ruhrgebiet existierten im 19. und zu Beginn des 20. Jahrhunderts deutlich mehr konfessionelle als kommunale Krankenhäuser. Dieses Phänomen ist, wenn auch in abgeschwächter Form, im gesamten Rheinland und Westfalen zu konstatieren. Im übrigen Preußen war das Verhältnis dagegen umgekehrt.[24] Nach 1870 kann anhand der Gründungsjahre der Krankenhäuser zudem die Süd-Nord-Wanderung des Steinkohlenbergbaus nördlich der Emscher bis zur Lippe nachgezeichnet werden.[25] Zuvor hatte sich die Industrialisierung seit Mitte des 19. Jahrhunderts entlang der Städte des Hellwegs wie Dortmund, Bochum, Essen und Duisburg konzentriert. Krankenhausgründungen nahmen demzufolge zu, wenn der Bergbau in die jeweilige Region kam. Dabei muss die zum Teil lange Planungszeit der Anstalten berücksichtigt werden. Die Dichte an katholischen Krankenhäusern in einer Region hing demzufolge weniger vom Anteil der Katholiken in der Bevölkerung, sondern vom Industrialisierungs- und Urbanisierungsgrad des Gebietes ab.[26] Der für Preußen konstatierte »Trend in Richtung kommunaler Trägerschaft«[27] ist im Untersuchungsgebiet nicht feststellbar. Die These von Andreas Wollasch, dass das rheinisch-westfälische Industriegebiet seit den 1860er Jahren eine »Vorreiterrolle«[28] auf dem Gebiet der kommunalen Gesundheitsfürsorge übernommen hat, trifft zumindest auf die Gründung von Krankenhäusern nicht zu. Anders als etwa in Düsseldorf gab es im Revier vor

---

23 | So der Titel des Aufsatzes von Rohe, Karl: Die ›verspätete‹ Region. Thesen und Hypothesen zur Wahlentwicklung im Ruhrgebiet vor 1914, in: Peter Steinbach (Hg.), Probleme politischer Partizipation im Modernisierungsprozeß, Stuttgart 1982, S. 231-252.
24 | Vgl. Müller, Irmgard: Die Entwicklung des Gesundheitswesens im Ruhrgebiet, in: Rubin. Wissenschaftsmagazin der Ruhr-Universität Bochum 1 (1991), S. 38-45, hier S. 41 f.
25 | Vgl. Wagener-Esser, Meike: Organisierte Barmherzigkeit und Seelenheil. Das caritative Sozialnetzwerk im Bistum Münster von 1803 bis zur Gründung des Diözesancaritasverbands 1916, Altenberge 1999, S. 148 ff. Zur Süd-Nord-Wanderung der Zechen von 1860 bis 1913 siehe auch die Untersuchung von Steinberg, Heinz Günter: Bevölkerungsentwicklung des Ruhrgebietes im 19. und 20. Jahrhundert, Düsseldorf 1978.
26 | Antonius Liedhegener konstatiert zu Recht, dass es nur wenige Arbeiten zum Verhältnis von religiösen Vorstellungen und Verhaltensweisen auf der einen Seite und den Urbanisierungsprozessen auf der anderen Seite gibt. Vgl. A. Liedhegener: Christentum, S. 25.
27 | Witzler, Beate: Großstadt und Hygiene. Kommunale Gesundheitspolitik in der Epoche der Urbanisierung, Stuttgart 1995, S. 32.
28 | Wollasch, Andreas: Tendenzen und Probleme gegenwärtiger historischer Wohlfahrtsforschung in Deutschland, in: Westfälische Forschungen 43 (1993), S. 1-25, hier S. 3.

einer »Konfessionalisierung des Krankenhauswesens [keinen Versuch der, A.T.] Kommunalisierung«.[29]

Dennoch entstanden im Ruhrgebiet weitaus mehr katholische Krankenanstalten als in katholisch geprägten Gegenden im Süden Deutschlands oder in Österreich.[30] 85 katholische Krankenhäuser wurden bis zum Ausbruch des Ersten Weltkrieges im Gebiet des heutigen Regionalverbands Ruhr gegründet. Damit existierten 1914 im rheinisch-westfälischen Industriegebiet doppelt so viele moderne katholische Hospitäler wie 1850 im gesamten Gebiet des Deutschen Reiches.[31] Die katholischen Krankenhäuser des Ruhrgebietes trugen somit dazu bei, dass am Ende des ersten Jahrzehnts des 20. Jahrhunderts die Provinzen Westfalen mit sieben Betten und das Rheinland mit fünf Betten für 1000 Einwohner eine bessere Krankenbettenversorgung aufwiesen als das gesamte Staatsgebiet Preußens mit drei Betten auf 1000 Bürger.[32] Auch heutzutage besitzt kaum eine andere europäische Region eine vergleichbar hohe Krankenhausdichte.

In Preußen – und hier besonders im rheinisch-westfälischen Industriegebiet – dominierten im Vergleich zu anderen Landesteilen Deutschlands konfessionelle Hospitäler. Weitet man den Blick auf die benachbarten Gebiete des Ruhrgebietes aus, waren im Jahre 1913 43 % aller katholischen Krankenhäuser Deutschlands in der preußischen Rheinprovinz oder in Westfalen beheimatet.[33] Der Anteil der Krankenhäuser in städtischer Trägerschaft verringerte sich in Preußen in der Zeit von 1879 bis 1903 von der Hälfte auf ⅓, während der Anteil der Krankenhäuser in kirchlicher Trägerschaft von unter ¼ auf über ¼ der landesweiten Einrichtungen anstieg.[34] Das Reichsgesetz von 1871 über den Un-

---

29 | Dross, Fritz: Krankenhaus und lokale Politik 1770–1850. Das Beispiel Düsseldorf, Essen 2004, S. 240.

30 | Vgl. Brandt, Hans-Jürgen: Katholische Kirche und Urbanisation im deutschen Kaiserreich, in: Blätter für deutsche Landesgeschichte 128 (1992), S. 221–239, hier S. 232 f.

31 | Vgl. Gabriel, Karl: Sozial-katholische Bewegung, in: Ulrich von Hehl/Friedrich Kronenberg (Hg.), Zeitzeichen. 150 Jahre Deutsche Katholikentage 1848–1998. Mit einem Bildteil »150 Jahre Katholikentage im Bild«, Paderborn/München/Wien/Zürich 1999, S. 103–110, hier S. 106.

32 | Vgl. Thielemann, [Viktor]: Die Krankenpflege in katholischen Krankenhäusern, in: Caritas 16 (1910/11), S. 165–173, hier S. 168.

33 | Vgl. Maurer, Catherine: Der Caritasverband zwischen Kaiserreich und Weimarer Republik. Zur Sozial- und Mentalitätsgeschichte des caritativen Katholizismus in Deutschland, Freiburg i. Br. 2008, S. 93.

34 | Vgl. Labisch, Alfons: Stadt und Krankenhaus. Das Allgemeine Krankenhaus in der kommunalen Sozial- und Gesundheitspolitik des 19. Jahrhunderts, in: Ders./Reinhard Spree (Hg.), »Einem jeden Kranken in einem Hospitale sein eigenes Bett«. Zur Sozialgeschichte des Allgemeinen Krankenhauses in Deutschland im 19. Jahrhundert, Frankfurt a. M. 1996, S. 253–296, hier S. 282.

terstützungswohnsitz bedingte somit nicht das Aufkommen kommunaler Krankenhäuser.[35] Nach einer Zählung von 1910 hatten 55 % der Anstalten privaten Charakter, in den Provinzen Rheinland und Westfalen immerhin 70 % bzw. 79,5 %.[36] Von diesen Einrichtungen standen die meisten in katholischer Trägerschaft. In zahlreichen Städten des Ruhrreviers gab es nur ein evangelisches, aber mehrere katholische Krankenhäuser.

Eine sinnvolle Gesamtplanung und ein raumplanerisches Krankenhausbaukonzept sind im rheinisch-westfälischen Industriegebiet weder von staatlicher, kommunaler noch von kirchlicher Seite erkennbar. Ebenso wenig ist eine übergeordnete Strategie, katholische Krankenhäuser als Gegenpol zu den negativen Auswüchsen von Verstädterung und Industrialisierung zu gründen, erkennbar.[37] Die Diözesen hatten keine genauen Vorstellungen über den Bestand an Sozialeinrichtungen in ihrem Bistum.[38] So urteilte 1910 ein Zeitgenosse in einer evangelischen Fachzeitschrift: »Die sonst im Organisieren so geübte und geschickte katholische Kirche hat bei der Organisation der Caritas mit großen Schwierigkeiten zu kämpfen, kommt da nur langsam voran.«[39] Außerdem standen religiöse und andere sozialpolitische Themen stärker im Fokus der Kirchenobrigkeit. So konnte im gesamten Ruhrgebiet auch kein organisiertes Netzwerk katholischer Hospitäler entstehen.[40] Genauso wenig trugen Neugründungen von Kranken-

---

35 | Anderer Meinung ist Krabbe, Wolfgang R.: Von der Armenpflege zur lokalen Sozial- und Gesundheitsverwaltung. Wandlungen im kommunalen Pflichtaufgabenbereich unter dem Druck der Modernisierung am Beispiel westfälischer Städte (1800-1914), in: Beiträge zur Geschichte Dortmunds und der Grafschaft Mark 76/77 (1984/85), S. 155-215, hier S. 179.
36 | Vgl. Hoffmann, Karl-Dieter: Zur Geschichte der vier katholischen Krankenhäuser auf dem Gebiet der Stadt Oberhausen 1860-1930 (= Kirche in Oberhausen, Band IV), Oberhausen 1988, S. 37.
37 | Siehe dazu Damberg, Wilhelm: Kirchliche Zeitgeschichte Westfalens, der Schweiz, Belgiens und der Niederlande. Das katholische Beispiel, in: Westfälische Forschungen 42 (1992), S. 445-465, hier S. 460.
38 | Vgl. Frie, Ewald: Katholische Wohlfahrtskultur im Wilhelminischen Reich: Der »Charitasverband für das katholische Deutschland«, die Vinzenzvereine und der ›kommunale Sozialliberalismus‹, in: Jochen-Christoph Kaiser/Wilfried Loth (Hg.), Soziale Reform im Kaiserreich. Protestantismus, Katholizismus und Sozialpolitik, Stuttgart 1997, S. 184-201, hier S. 186.
39 | Boosmann: Die katholische Caritas und die Orden, in: Monatsschrift für innere Mission mit Einschluß der Diakonie, Diasporapflege, Evangelisation und gesamten Wohltätigkeit 30 (1910), S. 361-379, hier S. 377.
40 | Wagener-Esser behauptet das Gegenteil für das Bistum Münster, zu dem vor der Gründung des Ruhrbistums 1957 Teile des Ruhrgebiets gehörten und auch heute noch gehören. Vgl. M. Wagener-Esser: Seelenheil, S. 97.

pflegegenossenschaften zum »Übergang zur religiös-caritativen Assoziation«[41] aller Katholiken bei. Von kirchlicher Seite versuchte in der Region allein Bischof Johann Georg Müller (1798–1870) bis zu seinem Tod den Prozess im Bistum Münster zu lenken.[42] Nach der Jahrhundertwende kamen nur noch vereinzelt Anstalten zur katholischen Krankenhauslandschaft des Ruhrgebiets hinzu. Eine gewisse Sättigung war erreicht und die Kirchengemeinden, die sich ein Krankenhaus zum Ziel gesetzt hatten, hatten ihre Pläne zumeist schon verwirklicht. Die Kongregationen, die weiter expandieren wollten und dies aufgrund eines Mitgliederwachstums auch konnten, wichen daher auf andere Felder aus. Die Klemensschwestern beispielsweise engagierten sich wieder stärker auf dem Feld der ambulanten Krankenpflege.[43]

1832 wurde mit dem St. Michaels-Hospital in Dorsten-Lembeck das erste katholische Krankenhaus im Ruhrgebiet gegründet. Es stellt zugleich eine Ausnahme dar, da die Trägerschaft bei einer Einzelperson, dem Grafen von Merveldt, lag. Ebenfalls nicht besonders verbreitet war die Trägerschaft eines Ordens bzw. einer Kongregation. Dieser Trägertyp konnte nur in fünf von insgesamt 85 Krankenhäusern nachgewiesen werden. Ansonsten gehörten die meisten Hospitäler den Kirchengemeinden, auf deren Territorien sie lagen. Dies ist der zweite Trägerschaftstyp. Ein drittes Modell, die Träger-GmbH, die als Rechtsform heute weit verbreitet ist, wurde nur vereinzelt eingesetzt. Sie wurde überhaupt erst mit dem GmbH-Gesetz von 1892 eine mögliche Alternative zu anderen Modellen der Trägerschaft.

Bis 1850 entstanden fünf weitere Heilanstalten. Sie waren Vorbild für die später gegründeten Hospitäler der Region. Die relativ späte Gründung von Krankenanstalten ist der dünn besiedelten Landschaft vor der einsetzenden Industrialisierung geschuldet. Die durchschnittliche Größe der Häuser war im 19. Jahrhundert jedoch so gering, dass trotz der Vielzahl an Einrichtungen bis zum Beginn des 20. Jahrhunderts ein Mangel an Krankenbetten vorherrschte. Während des Kulturkampfes zwischen 1876 und 1883 entstanden keine weiteren Krankenhäuser.

---

41 | Arbeitskreis für kirchliche Zeitgeschichte, Münster (AKKZG): Katholiken zwischen Tradition und Moderne. Das katholische Milieu als Forschungsaufgabe, in: Westfälische Forschungen 43 (1993), S. 588–654, hier S. 634.

42 | Vgl. E. Gatz: Krankenpflege, S. 574 f. Dagegen Wagener-Esser, Meike: Barmherzigkeit als Beruf(ung): Entstehung und Entwicklung des karitativen Sozialnetzwerks im Bistum Münster, in: Bernhard Schneider (Hg.), Konfessionelle Armutsdiskurse und Armenfürsorgepraktiken im langen 19. Jahrhundert, Frankfurt a. M. 2009, S. 227–246, hier S. 245.

43 | Vgl. Schaffer, Wolfgang: Ordensentwicklung seit dem 19. Jahrhundert (= Geschichtlicher Atlas der Rheinlande, 11. Lieferung, Beiheft IX/5), Bonn 2008, S. 7.

Von der Idee zur Etablierung eines katholischen Krankenhauses

Die christlich-karitative Motivation der katholischen Bevölkerung und das Bedürfnis, im Krankheitsfall für eine Versorgung des Nächsten zu sorgen, konnten sich im sozialen Engagement für eine Hospitalgründung ausdrücken. Die Spende für ein Krankenhausprojekt gehörte dazu, egal wie schlecht die persönliche finanzielle Situation war. Selbstheiligung und die Erlangung des ewigen Seelenheils waren für im katholischen Milieu verwurzelte Bürger erstrebenswerte Ziele, die sie durch Almosen in Form von Stiftungen und Spenden zu erreichen versuchten. Vorbild war der Aufruf des späteren Mainzer Bischofs Ketteler, der die soziale Frage zur Aufgabe der Kirche erklärte.[44] Ein Krankenhaus war für viele Kirchengemeinden neben einer Kirche und einer Schule die wichtigste Errungenschaft und trug zur Stabilisierung des katholischen Milieus bei.[45]

Die Initiative für den Krankenhausbau ging zumeist vom Gemeindepfarrer aus, während sich die Diözesen weitestgehend zurückhielten. In einigen Gemeinden wurde zu diesem Zweck ein Krankenhausbauverein gegründet, dem der Pfarrer vorstand. Karitative Basisinitiativen reagierten, ähnlich der frühen Kirche, auf Notlagen der Gesellschaft. In nahezu der Hälfte der 85 modernen Hospitäler des Untersuchungsgebietes war der örtliche Pfarrer der Verantwortliche für das lokale Krankenhausprojekt.[46] Er verstand einen Krankenhausbau als Dienstleistung für seine stark anwachsende Gemeinde. Die hohe Identifikation des Pfarrers war für das Entstehen der meisten modernen Hospitäler von entscheidender Bedeutung. Der Gladbecker Pfarrer Franz Nonn (1832–1898) schrieb, als das Krankenhausprojekt in seiner Gemeinde auf Gegnerschaft stieß, in seinen Notizen: »Ich muss es machen, wie die Mutter, welche die Kinder wäscht, auch wenn sie schreien«.[47]

Eine der ersten Handlungen eines Krankenhausvorstandes, der sich aus dem Pfarrer und einigen Personen der Kirchengemeinde konstituierte, war das Verfassen eines Statuts. Dieses war notwendig für das Erlangen der bischöflichen

---

44 | Vgl. Damberg, Wilhelm: Das 19. Jahrhundert, in: Ders./Johannes Meier, unter Mitarbeit von Verena Schmidt, Das Bistum Essen 1958-2008. Eine illustrierte Kirchengeschichte der Region von den Anfängen des Christentums bis zur Gegenwart, Münster 2008, S. 117-150, hier S. 119 ff. Siehe auch Schneider, Bernhard: Katholische Armutsdiskurse und Praktiken der Armenfürsorge im gesellschaftlichen Wandel des 19. Jahrhunderts und das Paradigma der Zivilgesellschaft, in: Arnd Bauerkämper/Jürgen Nautz (Hg.), Zwischen Fürsorge und Seelsorge. Christliche Kirchen in den europäischen Zivilgesellschaften seit dem 18. Jahrhundert, Frankfurt a. M. 2009, S. 79-111, hier S. 84.
45 | Vgl. H.-J. Brandt: Urbanisation, S. 228 f. A. Liedhegener: Christentum, S. 505, bezeichnet den Krankenhausbau als spezifische Seelsorgeform.
46 | Siehe dazu A. Thomsen: Krankenhauswesen, S. 68-74.
47 | Zitiert nach M. Wagener-Esser: Seelenheil, S. 217.

und staatlichen Genehmigung und wurde normalerweise schon vor Baubeginn angefertigt. Genauso wichtig war ein Vertrag mit einer Kongregation zur Übernahme der Krankenpflege. Denn die Schwestern kamen nur auf Anfrage in die neuen Einrichtungen. Ohne die Bereitschaft Barmherziger Schwestern, die Krankenpflege und in einzelnen Fällen auch die Trägerschaft zu übernehmen, wären zahlreiche Krankenhäuser der Region erst später oder gar nicht eingeweiht worden. Katholische Ordensschwestern waren vor der Eröffnung moderner Krankenanstalten ambulant in den Wohnhäusern der Kranken oder in speziellen Behandlungsräumen tätig. Diese Arbeit war meist wenig effizient und aufgrund der schlechten Transportwege und großen Entfernungen überaus zeitaufwendig. Der Beitrag der Ordensschwestern zur Niedrighaltung der Pflegekosten war für das wirtschaftliche Überleben einzelner Häuser überaus wichtig. Die Krankenpflegerinnen kannten keinen Heimatbesuch und wurden keinesfalls adäquat entlohnt. Ein Gehalt hätte auch den Konstitutionen ihrer Kongregation widersprochen. Dies bedeutete einen enormen Wettbewerbsvorteil gegenüber nichtkonfessionellen Krankenanstalten. Die Ansteckungsgefahr und ausufernde Arbeitszeiten waren weitere unattraktive Begleiterscheinungen der Schwesterntätigkeit. Ihr religiöses Leben mit dem Ziel der Selbstheiligung gab den Schwestern aber den Willen und die Kraft, die miserablen Arbeitsbedingungen zu ertragen. Nichtreligiöse Aspekte für die Entscheidung zum Ordenseintritt waren die Selbstverwirklichung etwa durch eine Ausbildung zur Krankenschwester und ein allgemeiner sozialer Aufstieg.[48] Die Unterbringung der Schwestern im Hospital war oft schwierig. Ihr Wunsch nach einem abgetrennten Wohntrakt verwirklichte sich zum Teil erst mehrere Jahrzehnte nach Eröffnung der Einrichtung.

Von Seiten der Kommunen konnten die Bauherren nur wenig unterstützende Mittel erwarten. Die Städte des Ruhrgebiets waren durch die rasche Entwicklung zur urbanen und schwerindustriellen Region und die damit verbundene Bevölkerungsexplosion überfordert und in der Regel dankbar, wenn andere für den Krankenhausbau aufkamen. Wegen der erwiesenen Nützlichkeit der jeweiligen Krankenhäuser erklärten sich die Kommunen aber rasch bereit, durch jährliche Zuschüsse oder andere Beihilfen die neuen konfessionellen Einrichtungen zu unterstützen. In Duisburg konnte das Städtische Krankenhaus, in dem aufgrund der Räumlichkeiten keine Geschlechtertrennung der Patienten ermöglicht werden konnte, dank der Existenz zweier konfessioneller Krankenhäuser geschlossen werden.[49] Ähnlich waren die Verhältnisse in Gelsenkirchen und Essen.

---

48 | Vgl. Meiwes, Relinde: Religiosität und Arbeit als Lebensform für katholische Frauen. Kongregationen im 19. Jahrhundert, in: Irmtraud Götz von Olenhusen (Hg.), Frauen unter dem Patriarchat der Kirchen. Katholikinnen und Protestantinnen im 19. und 20. Jahrhundert, Stuttgart 1995, S. 69–88, hier S. 70.
49 | Vgl. Stüttgen, Ulrich: Die Entwicklung des Krankenhauswesens der Stadt Duisburg vom 14. bis zu 19. Jahrhundert. Vom Gasthaus-Hospital zum ersten Städtischen Krankenhaus, Münster 1976, S. 90.

Die Finanzierung des jeweiligen Bauwerks erfolgte zumeist aus – zum Teil konfessionsübergreifend eingeworbenen – Spenden und Erbschaften. Für notwendige Kredite konnten die Vermögenswerte der Kirchengemeinde belastet werden. Einige örtliche Bergwerke lieferten das nötige Heizmaterial zum Unkostenpreis oder gratis, beteiligten sich aber erst dann an den Kosten für weitere Bauprojekte der Einrichtung, nachdem das Krankenhaus seinen Nutzen erwiesen hatte. Die Deckung der laufenden Kosten versuchten die Krankenhausverwaltungen neben anderen Einnahmen – etwa Lotterien und Basare – durch den Verkauf von Abonnements für den Krankheitsfall zu regeln. Solche Abonnements, eine Art »Frühform der Krankenversicherung auf freiwilliger Basis«,[50] sicherten die Unterbringung bei ernsthafter Erkrankung und konnten von Privatpersonen oder von Unternehmen für ihre Arbeiter erworben werden. Für die Krankenhäuser bedeuteten dabei Einnahmen aus der Armenfürsorge eine wichtigere Einnahmequelle als Zahlungen von Privatpatienten. Gelegentlich verzichteten die Hospitäler auch auf Kostenerstattung oder nahmen Naturalien als Aufnahmegebühr an.[51]

Ungeachtet aller finanziellen und materiellen Zuwendungen blieb die finanzielle Situation nahezu aller Häuser durch vielfältige Kostensteigerungen permanent angespannt. Auf Mahnungen und Verbesserungsvorschläge von behördlicher Seite, ausgesprochen insbesondere während der jährlichen Revisionen des amtsärztlichen Kreisarztes, konnte wegen fehlender Mittel oftmals erst mit mehrjähriger Verspätung reagiert werden. Die armseligen Verhältnisse erforderten von allen Bediensteten Pioniergeist und die »Fähigkeit zur Improvisation«.[52] Benötigte etwa das Krankenhaus in Essen-Bergeborbeck eine Badewanne, so musste diese extra aus einem benachbarten Kloster angeliefert werden.[53] In der Anfangszeit des Hamborner St. Johannes-Hospitales mussten Kranke gar ihr eigenes Bett mitbringen. Zum Teil behandelten die Ärzte die gewöhnlichen Krankenhauspatienten noch ehrenamtlich. Ihre Einkünfte erzielten sie mit Privatpatienten außerhalb und innerhalb der Klinik. Feste Dienstzeiten waren unbekannt und ein Austausch mit Fachkollegen nur selten möglich. Den Krankenhausträgern fehlten noch die finanziellen Mittel, die Ärzte ganztägig an ihre Kliniken zu binden.

Der typische Patient des Ruhrgebietskrankenhauses im langen 19. Jahrhundert war männlich, unverheiratet, ortsfremd und im arbeitsfähigen Alter zwischen 15 und 30 Jahren. Er konnte im Krankheitsfall, häufig ausgelöst durch einen

---

50 | E. Gatz: Krankenpflege, S. 554.
51 | Vgl. M. Wagener-Esser: Seelenheil, S. 296 f.
52 | Brandt, Hans-Jürgen: Barmherzigkeit in Person. Wie reich Gelsenkirchen mit den armen Schwestern aus Dernbach war, in: Manfred Paas/Hans-Jürgen Brandt (Hg.), »Maria, Hilfe der Christen«. Hospital und Kapelle in Gelsenkirchen. Ein geschichtliches und spirituelles Lesebuch, Lindenberg im Allgäu 2006, S. 13-36, hier S. 15.
53 | Vgl. Schennen, Albrecht: Zur Frühgeschichte der Essener Krankenhäuser im 19. Jahrhundert, in: Beiträge zur Geschichte von Stadt und Stift Essen 85 (1970), S. 99-166, hier S. 135.

beruflichen Unfall in einer in der näheren Umgebung gelegenen Zeche, nicht auf familiäre Unterstützung hoffen. Diese Gruppe der sogenannten labouring poor stellte in zwei untersuchten Krankenhäusern in Hamburg und Stuttgart bis ins frühe 20. Jahrhundert rund 90% der Patienten.[54] Ziel des Krankenhausaufenthalts war die schnellstmögliche Genesung und damit auch Wiederherstellung der Arbeitskraft.[55] Dies war im Interesse von Patient und Arbeitgeber zugleich, gab es doch nur, wenn überhaupt, ein äußerst geringes Krankengeld. Etwaige Angehörige des Industriearbeiters waren noch nicht mitversichert. Für sie und für Nichtversicherte sprang bei Bedarf an stationärer Krankenpflege die städtische Armenkasse ein. In diesem Fall konnte der Patient aber sein allgemeines Wahlrecht verlieren.[56] Der Anteil von Frauen an den Krankenhauspatienten blieb bis zum Ausbruch des Ersten Weltkrieges so deutlich niedriger als der Anteil männlicher Patienten – auch, da die Statuten der Häuser neben Geisteskranken die Aufnahme von Wöchnerinnen und Säuglingen ausschlossen. Darin unterscheidet sich das damalige vom heutigen Krankenhaus. Das zumeist strikte Alkoholverbot bezog sich auf Bier und Schnaps, Wein war dagegen als Stärkungsmittel erlaubt. Rauchen war zwar nicht in den Krankenräumen, dafür aber in speziellen Zimmern oder im Garten gestattet.

Wenn es die Räumlichkeiten zuließen, wurden bereits in den Anfangsjahren der jeweiligen Hospitäler Einzelzimmer eingerichtet. Dadurch sollte die wohlhabende Bevölkerung angelockt werden, die ansonsten im Krankheitsfall bis zur Entwicklung moderner medizinischer Apparaturen eine Behandlung im eigenen Haus vorzog. Des Weiteren führten die Krankenhäuser ein Dreiklassensystem in der Pflege ein, dessen Auswirkungen sich am deutlichsten in der ungleichen Ausstattung der Patientenzimmer zeigten:[57] Patienten 1. Kasse waren Selbstzahler und belegten ein Ein-Bett-Zimmer. In der 2. Klasse mussten sich die zumeist als Kassenmitglieder versicherten Kranken das Zimmer zu zweit oder dritt teilen.

---

54 | Vgl. Spree, Reinhard: Die Finanzierung von Krankenhäusern in Deutschland während des 19. Jahrhunderts, in: Hans-Jürgen Gerhard (Hg.), Struktur und Dimension. Festschrift für Karl Heinrich Kaufhold zum 65. Geburtstag, Band 2, Stuttgart 1997, S. 413–446, hier S. 440. In Preußen lagen sie im Durchschnitt bei 53 % (Ende der 1870er Jahre) und stiegen bis zum Anfang des 20. Jahrhunderts auf 71 %. Vgl. R. Spree: Sozialpolitik, S. 98.
55 | Vgl. Vögele, Jörg: Sozialgeschichte städtischer Gesundheitsverhältnisse während der Urbanisierung (= Schriften zur Wirtschafts- und Sozialgeschichte, Band 69), Berlin 2001, S. 355.
56 | Vgl. Wagner, Bernd Josef: »Um die Leiden der Menschen zu lindern, bedarf es nicht eitler Pracht«: Zur Finanzierung der Krankenhauspflege in Preußen, in: Alfons Labisch/ Reinhard Spree (Hg.), Krankenhaus-Report 19. Jahrhundert. Krankenhausträger, Krankenhausfinanzierung, Krankenhauspatienten, Frankfurt a. M. 2001, S. 41–68, hier S. 62.
57 | Am Allgemeinen Krankenhaus Hamburg existierten sogar vier Pflegeklassen. Vgl. R. Spree: Finanzierung, S. 417.

Für die Patienten 3. Klasse zahlte zumeist die Armenkasse, die dortige Begrenzung der Bettenzahl regelte die Größe des Krankensaales.

Die Bevölkerung strömte, nach kurzer Zeit des Abwartens, aufgrund von Mundpropaganda in die Krankenhäuser. Das bereits erwähnte erste Essener Krankenhaus besaß zu Beginn des Betriebes 1844 fünf Betten, die in den ersten zwölf Monaten von nur 34 Kranken in Anspruch genommen wurden. 1855, eine Dekade nach der Gründung, hatte die Einrichtung aber schon eine Auslastung von über 1 000 Kranken im Jahr aufzuweisen. Die Krankenhäuser benötigten so, aufgrund steigender Patientenzahlen und neuer technisch-sanitärer Möglichkeiten, oftmals schon kurze Zeit nach Fertigstellung einen Aus- oder Neubau. Bauliche Mängel und Unzulänglichkeiten der Erstbauten waren zum Teil festzustellen und Resultat fehlender Expertise, besonders in medizinisch-hygienischer Hinsicht, gewesen.

Mit dem Ansteigen der Patientenzahl nahm auch die Anzahl der Krankenpflegerinnen zu. So ist ein paralleles Wachstum von Krankenhäusern und Kongregationen zu beobachten. Die Krankenhausvorstände baten die jeweiligen Mutterhäuser der Pflegekongregationen wiederholt um die Sendung weiterer Schwestern. Dem konnte aufgrund der hohen Nachfrage nicht immer stattgegeben werden. Bei den Münsteraner Clemensschwestern existierte gar eine Warteliste mit Anfragen von Gemeinden.[58] Weltliche Krankenschwestern gab es zur damaligen Zeit selten. Der Beruf galt aufgrund der Belastungen als unattraktiv. Außerdem gab es bis zum Beginn des 20. Jahrhunderts kaum Ausbildungsmöglichkeiten außerhalb religiöser Genossenschaften.

In einzelnen Städten des Ruhrgebiets ist ein paralleler Krankenhausbau von katholischer und evangelischer Seite dokumentiert. Dass hierbei die konfessionelle Konkurrenz wie in anderen Regionen Preußens die entscheidende Rolle gespielt hat, ist aber zu bezweifeln. Diese war, wie auch die innerkatholische zwischen den Kirchengemeinden, sicherlich von Bedeutung. Es sind beispielsweise Beschwerden der evangelischen Gemeinde Duisburg über Konversionsversuche im katholischen St. Vincenz-Hospital der Stadt erhalten.[59] Hauptursache des Phänomens des gleichzeitigen Krankenhausbaus war aber wohl ein eminenter sozialer Bedarf, dem die Kommunalverwaltungen aufgrund eingeschränkter finanzieller Handlungsmöglichkeiten nicht nachkommen konnten. Die kirchlichen Bauherren wollten einen gesundheitlichen Notstand vermeiden oder zumindest lindern. Bis zur Eröffnung des ersten Gelsenkirchener Krankenhauses mussten Kranke aber einen mehrere Stunden dauernden Transport in die Hospitäler der Umgebung in Kauf nehmen.[60] Da weder Katholiken noch Protestanten in Gelsen-

---

58 | Vgl. M. Wagener-Esser: Seelenheil, S. 279.
59 | Vgl. A. Thomsen: Krankenhauswesen, S. 77.
60 | Am 1. Juli 1857 wurde der Bergtagelöhner Ferdinand K. nach einer Transportzeit von drei Stunden mit einer Fraktur in das Bochumer St. Elisabeth-Hospital eingeliefert, 1856 der Bergarbeiter Heinrich F. nach einer ebenso langen Beförderungszeit. Vgl. Schulte,

kirchen alleine in der Lage waren, ein Krankenhaus zu finanzieren, und ein Gemeinschaftshospital keine Mehrheit fand, einigte man sich auf eine katholische Einrichtung, zu deren Finanzierung auch von evangelischer und jüdischer Seite beigetragen wurde. Der erfolgreiche Gründungsprozess des katholischen Krankenhauses ermutigte dann die evangelische Seite ihrerseits ein eigenes Krankenhausbauprojekt zu verwirklichen.[61] Trotz des konfessionellen Friedens durfte laut Hausstatuten ein Protestant aber nicht in das Kuratorium des St. Marienhospitals Gelsenkirchen-Buer aufgenommen werden. Heutzutage ist ein Katholik im Aufsichtsrat eines protestantischen Krankenhauses und umgekehrt dagegen keine Ausnahme mehr.

Auch wenn die katholischen Krankenhäuser des Ruhrgebietes nicht alle Merkmale einer modernen Krankenanstalt erfüllten, sind sie doch diesem Typus zuzuordnen. Sie stabilisierten durch Behandlung, Pflege und seelsorgerische Betreuung der mehrheitlich katholischen Patienten das entstehende katholische Milieu. Die vormals rudimentäre ärztliche Versorgung des Ruhrgebietes konnte durch die neuen Einrichtungen deutlich verbessert werden. Am Vorabend des Ersten Weltkrieges waren die katholischen Hospitäler in der Krankenhauslandschaft der Region etabliert. Das Ruhrrevier war zu diesem Zeitpunkt mit Krankenanstalten weitgehend versorgt und für die Verpflegung von verwundeten Soldaten gerüstet. In der Folgezeit sollten nur noch vereinzelte Neugründungen hinzukommen.

Herm[ann]: Der Wattverband. Nach eigenen Erfahrungen, in: Deutsche Klinik 13 (1860), S. 65 ff., 76 f., 85 ff., hier S. 66, 77.
61 | Vgl. B. Lueg-Hoffmann: Gelsenkirchen, S. 55.

Leben und arbeiten im gemeinschaftlichen Geist der christlichen Liebe
Das Diakonissenhaus als protestantisches Genossenschaftsmodell

Peggy Renger-Berka

»Und nun noch ein Wort über Genossenschaften. Genossenschaft ist eine Vereinigung Gleichgesinnter zu gleichem Zwecke auf Grund gewisser Genossenschaftsregeln. Eine Diakonissen-Genossenschaft ist eine Vereinigung solcher Diakonissen, welche alle zu einem Beruf, zu dem Beruf des Dienstes der Barmherzigkeit sich vereinigt und, um diesen Beruf leichter und fröhlicher ausrichten zu können, sich nach gemeinsamen Regeln und Ordnungen zu leben verbunden haben. So baut sich denn auf dem Grunde gemeinsamer Ordnungen und Regeln (Hausordnung) die Genossenschaft. Durch dieselben werden die einzelnen Glieder derselben als von heilsamen Schranken geschützt und umgeben. Sie sind das Zeichen, daran sich die Glieder gegenseitig erkennen. [...] Kurz, eine rechte Diakonissin weiß, daß die Krone und der Halt des Genossenschaftslebens in deren Ordnungen und dem stillen demütigen Gehorsam gegen dieselben zu suchen ist, nicht aber in irgend welchen Persönlichkeiten, die der Genossenschaft angehören oder besonderen Einfluß auf dieselbe ausüben.«[1]

Mit diesen Worten wandte sich Mitte der 1870er Jahre der Geistliche der Dresdner Diakonissenanstalt, Heinrich Fröhlich (1826–1881), an diejenigen Schwestern des Mutterhauses, die kurz vor der Einsegnung zur Diakonisse standen und damit vollwertige Mitglieder der Schwesterngemeinschaft wurden. Unter Bezugnahme auf die Prinzipien freier Vereinigungen – die »Vereinigung Gleichgesinnter zu gleichem Zwecke« – qualifizierte er die Schwesternschaft als Berufsgenossenschaft auf dem Feld der christlichen Liebestätigkeit. Gleichwohl kommt deutlich

---

1 | Aus den Unterrichtsstunden des Rectors über die Einführung in den Diakonissenberuf, in: Phoebe. Jahrbuch christlichen Lebens. Ein Kalender für die Glieder und Freunde des Dresdner Diakonissenhauses, Dresden 1876, S. 75 f.

zum Ausdruck, dass ihm die »Ordnungen und Regeln« ebenso als Signum und »Krone« des gemeinschaftlichen Lebens galten wie das Aufgehen des Einzelnen in der Gemeinschaft.

Fröhlich rekurrierte mit »Genossenschaft« auf eine wirkmächtige zeitgenössische Form selbstorganisierten Hilfehandelns, um damit zum einen das Evangelische dieses Modells herauszustellen und so das Diakonissenamt von seinen katholischen Vorbildern und Konkurrenten abzugrenzen. Zum anderen sollte so die Kompatibilität dieser Art der Berufstätigkeit mit dem zeitgenössischen Frauenbild bewiesen werden. »Genossenschaft« übernimmt in diesem Zusammenhang eine Ordnungsfunktion, die auf einem tradierten, christlichen Gemeinschaftsbewusstsein beruht, und ist damit in der Lage, eine bestimmte Form sozialer Beziehungen zu legitimieren.

Während im volkswirtschaftlichen Bereich der Fokus auf gemeinsamem Kapital und gemeinsamer Haftung lag, stand für christlich-religiöse Genossenschaften der Rekurs auf das Doppelgebot der Liebe im Vordergrund: zu sich selbst und zum Nächsten. In den evangelischen Diakonissenhäusern verband sich, so meine These, die Idee gemeinschaftlichen Handelns mit einem »Schlüsselbegriff der Selbstlegitimation christlicher Praxis«.[2]

Im Folgenden werde ich zunächst ausführen, was unter einem Diakonissenhaus zu verstehen ist und nach welchen Prinzipien es funktioniert. Daran schließen sich einige Bemerkungen zum Genossenschaftsverständnis im Sozialen Protestantismus sowie zum Liebesgedanken in seiner gemeinsinnstiftenden Funktion an. In einem letzten Abschnitt wird illustriert, in welchen Situationen der Rekurs auf »Genossenschaft« seine stabilisierende Funktion in besonderer Weise erwies.

DAS MODELL »DIAKONISSENMUTTERHAUS«

Im Jahr 1836 gründeten Theodor (1800–1864) und Friederike Fliedner (1800–1842) den rheinisch-westfälischen Diakonissenverein und eröffneten in Kaiserswerth bei Düsseldorf ein Ausbildungskrankenhaus für unverheiratete und verwitwete Frauen. Ziel dieses Unternehmens war es, »dem hilfsbedürftigen und leidenden Teile der bürgerlichen Gesellschaft, vorzugsweise den armen Kranken Hilfe zu leisten mittels evangelischer Pflegerinnen, welche das Diakonissen-Amt im apostolischen Sinne unter ihnen verwalten, sowohl in Krankenhäusern als

---

2 | Dannenfeld, Simone: Sozialer Protestantismus und die Macht der Liebe. Motivfelder eines Schlüsselbegriffs der christlichen Ethik, in: Norbert Friedrich/Traugott Jähnichen (Hg.), Sozialer Protestantismus im Kaiserreich. Problemkonstellationen – Lösungsperspektiven – Handlungsprofile (= Bochumer Forum zur Geschichte des sozialen Protestantismus, Band 6), Münster 2005, S. 73–93, hier S. 87.

in den Wohnungen derselben.«³ Orientiert hatten sich die Fliedners dabei zum einen an Elisabeth Frys (1780–1845) Engagement in der Gefangenenseelsorge in England[4] sowie an karitativen Einrichtungen in Holland.[5] Vorbildhaft wirkten aber auch die Rettungshausbewegung[6] und verschiedene sozial-karitative Vereine.[7]

Das Pastorenehepaar reagierte mit seinem Diakonissenverein auf zwei zeitgenössische Problemlagen: Zum einen befanden sich die Hospitäler und Krankenhäuser im ausgehenden 18. und beginnenden 19. Jahrhundert in Bezug auf Ausstattung und Pflegepersonal in einem desolaten Zustand. In den kommunal verwalteten Hospitälern arbeiteten schlecht entlohnte Krankenwärterinnen und Krankenwärter mit mangelhafter oder fehlender Ausbildung,[8] die den Beruf – vor allem für das Bürgertum – nicht besonders attraktiv machten. Jeder konnte im Grunde ohne Nachweis fachlicher Kenntnisse Krankenpflege ausüben.[9] Zum anderen gab es für bürgerliche Frauen kaum Alternativen zu Ehe und Mutterschaft. Eine existenzsichernde und gesellschaftlich anerkannte Berufstätigkeit war nur wenigen möglich.

Auf den Pflegenotstand reagierten verschiedene neue katholische Orden, etwa die Vinzentinerinnen, die Borromäerinnen oder die Clemensschwestern. Außerdem entstanden schon im 18. Jahrhundert einige Krankenpflegeschulen, beispielsweise in Heidelberg. Ziel dieser neuen Ausbildung sollte es sein, die Fortschritte

---

3 | Zitiert nach Köser, Silke: Denn eine Diakonisse darf kein Alltagsmensch sein. Kollektive Identitäten Kaiserswerther Diakonissen 1836–1914 (= Historisch-theologische Genderforschung, Band 2), Leipzig 2006, S. 93.
4 | Um den finanziellen Ruin seiner Gemeinde abzuwenden, begab sich Theodor Fliedner 1823/24 auf Kollektenreise, die ihn unter anderem nach Elberfeld und Barmen, aber auch nach England und Holland führte. Vgl. Gerhardt, Martin: Theodor Fliedner. Ein Lebensbild, Band 1, Düsseldorf-Kaiserswerth 1933, S. 108–134.
5 | Vgl. Köser, Silke: »Denn eine Diakonisse darf = kann kein Alltagsmensch sein« Zur Konstruktion kollektiver Identitäten in der Kaiserswerther Diakonie, in: Martin Friedrich/Norbert Friedrich/Traugott Jähnichen/Jochen-Christoph Kaiser (Hg.), Sozialer Protestantismus im Vormärz (= Bochumer Forum zur Geschichte des sozialen Protestantismus, Band 2), Münster 2001, S. 109–121, hier S. 109.
6 | Zu nennen ist hier zunächst Daniel Falk (1768–1826) mit seinem Lutherhof in Weimar zur Erziehung und Ausbildung von Kriegswaisen während der Befreiungskriege. Vorbildhaft wirkte auch Adalbert Graf von der Recke-Volmerstein (1791–1878) mit seiner Rettungsanstalt in Düsselthal.
7 | Beispielgebend für viele ähnliche Initiativen wurde der Verein für Weibliche Armen- und Krankenpflege Amalie Sievekings (1794–1859) in Hamburg.
8 | In Hospitälern in der Trägerschaft katholischer Klöster und Orden wurden die Pflegerinnen und Pfleger aus den Klöstern selbst rekrutiert.
9 | Vgl. Kruse, Anna-Paula: Krankenpflegeausbildung seit Mitte des 19. Jahrhunderts, Stuttgart ²1995, S. 13.

in der Medizin durch professionalisiertes Pflegepersonal zu ergänzen und für diesen Beruf vor allem die höheren Schichten zu gewinnen. Man setzte auf deren gute Grundbildung und hoffte auf einen positiven, erzieherischen Einfluss auf die Kranken, die in überwiegender Zahl aus den unteren Schichten stammten.[10] Eine dritte Antwort gaben die Fliedners in Kaiserswerth mit ihrem evangelischen Krankenhaus und der Ausbildung junger Frauen zur Pflegerin und Diakonisse. Langfristig arbeiteten die Schwestern sowohl in Kranken- und Waisenhäusern als auch in Schulen und Gemeinden im In- und Ausland und avancierten so zur Fachkraft für die verschiedenen Gebiete der christlichen Barmherzigkeit. Außerdem wirkte dieses Modell beispielhaft für ganz Europa und Nordamerika. Im Jahr 1913 bestanden 87 Diakonissenhäuser nach dem Kaiserswerther Modell mit mehr als 20 000 Schwestern.[11]

Gleichwohl ging es den Fliedners nicht nur um die Linderung akuter Not und die Verbesserung der Krankenpflege. Sie wollten darüber hinaus einen (bürgerlichen) Frauenberuf etablieren, der gesellschaftlich anerkannt war und eine Absicherung bei Krankheit und im Alter garantierte. Für Frauen ohne eigene Familie konnte sich ein Betätigungsfeld im sozial-karitativen Bereich allerdings nur dann ergeben, wenn dies in einem akzeptierten Lebensmodell geschah. Sie rekurrierten deshalb zum einen auf eine biblische Frauengestalt aus der Zeit der Apostel, die Phöbe aus Kenchreä (Römer 16,1). Mit diesem Rückgriff konstruierten die Fliedners eine Tradition des Berufes, deren Anfänge bis weit vor die Gründung katholischer Klöster und Schwesternschaften zurückreichte, und suchten so das Modell »Diakonisse« durch den Fortbestand von der Antike bis zur Gegenwart zu legitimieren.[12] Zum anderen war das Diakonissenhaus nach familienähnlichen Strukturen organisiert.[13] Den Diakonissen als »Töchtern« standen der Hausvorsteher und die Hausvorsteherin als »Hauseltern« vor. »Der Diakonissenverein und besonders das Mutterhaus übernahmen eine Schutzfunktion, bürgten für die Sittlichkeit der Aufgabenfelder und die Diakonissen waren unter die Erziehungs- und Befehlsgewalt von Vorsteher und Vorsteherin gestellt«.[14] Das Di-

---

10 | Vgl. Schmidt, Jutta: Beruf: Schwester. Mutterhausdiakonie im 19. Jahrhundert (= Geschichte und Geschlechter, Band 24), Frankfurt a. M. 1998, S. 24.
11 | Vgl. Der Armen- und Krankenfreund. Eine Monatsschrift für die weibliche Diakonie der evangelischen Kirche 1913, Heft 8/9, S. 181-199.
12 | Vgl. Vorländer, Hans/Melville, Gert: Geltungsgeschichten und Institutionengeltung. Einleitende Aspekte, in: Dies. (Hg.), Geltungsgeschichten. Über die Stabilisierung und Legitimierung institutioneller Ordnungen, Köln/Weimar/Wien 2002, S. IX-XV.
13 | Vgl. Prelinger, Catherine M.: Die deutsche Frauendiakonie im 19. Jahrhundert. Die Anziehungskraft des Familienmodells, in: Ruth-Ellen Joeres/Annette Kuhn (Hg.), Frauenbilder und Frauenwirklichkeiten. Interdisziplinäre Studien zur Frauengeschichte in Deutschland im 18. und 19. Jahrhundert (= Frauen in der Geschichte, Band 6), Düsseldorf 1985, S. 268-285.
14 | S. Köser: Konstruktion, S. 112.

akonissenhaus war jedoch nicht nur ein »Raum, in dem Frauen hauptamtlich sozialpflegerisch arbeiten konnten, ohne aus einem familiären Zusammenhang zu treten«,[15] sondern zugleich eine religiöse Lebens- und Arbeitsgemeinschaft. Getragen wurde das Konzept sowohl von spezifischen Wertvorstellungen und Normen – etwa die Unterordnung unter die Autorität der Hauseltern und Ärzte sowie eine erweckte Frömmigkeit – als auch von speziellen Kommunikationsmedien und alltagsunterbrechenden Ritualen, wie Gottesdiensten, Jahresfesten oder Jubiläen.[16]

Eine zukünftige Diakonisse musste nach ihrem Eintritt ins Mutterhaus sowohl theoretisch als auch praktisch in ihrem zukünftigen Beruf unterrichtet werden, vor allem aber die Regeln und Ordnungen des Hauses internalisieren. Dies geschah sowohl über die Hausordnung, Instruktionen für besondere Ämter und regelmäßige Selbstprüfung als auch durch informelles Lernen am Vorbild. Den älteren Diakonissen mit entsprechender Erfahrung und der Schwesternschaft als Trägerin einer spezifischen Binnenkultur kam damit eine entscheidende Rolle zu. Die Einkleidung mit einer Tracht (dunkelblaues Kleid und weiße Haube) symbolisierte intern die erfolgreiche Aufnahme in die Gemeinschaft und signalisierte nach außen die Zugehörigkeit zu einer (religiösen) Gemeinschaft. Zugleich war damit der Anspruch verbunden, durch persönlichen Lebenswandel dem Diakonissenideal gerecht zu werden.

DIE REZEPTION DER GENOSSENSCHAFTSIDEE IM SOZIALEN PROTESTANTISMUS

Im Zuge des »christlich-restaurativen Aufbruchs« nach der Thronbesteigung Friedrich Wilhelms IV. 1840 und angestoßen von einer steigenden Zahl an Publikationen, die auf die wachsende soziale Not aufmerksam machten, wurde die Kirche aus den eigenen Reihen mit der Forderung konfrontiert, die bislang staatliche und kommunale Armenpflege zu übernehmen. Gleichwohl bewirkte »erst die Revolution von 1848 eine Zuwendung zur sozialen Frage«.[17]

---

15 | J. Schmidt: Beruf, S. 110.
16 | Hier ließ sich Fliedner von der Herrnhuter Brüdergemeine und deren Gemeinschaftsleben inspirieren. Sowohl deren Frömmigkeitspraxen als auch ihr Ausdruck in tätiger Nächstenliebe machten auf Fliedner großen Eindruck. Vgl. Felgentreff, Ruth: Die Kirchenlitanei der Brüdergemeine als Grundlage für das Fürbittgebet der Kaiserswerther Diakonissenschaft; in: Unitas Fratrum 16 (1984), S. 89–100.
17 | Friedrich, Martin: Kirchliche Armenpflege! Innere Mission, Kirche und Gesellschaft in der Mitte des 19. Jahrhunderts, in: Ders./Norbert Friedrich/Traugott Jähnichen/Jochen-Christoph Kaiser (Hg.), Sozialer Protestantismus im Vormärz (= Bochumer Forum zur Geschichte des sozialen Protestantismus, Band 2), Münster 2001, S. 21–42, hier S. 21.

Die Kirche war dazu allerdings weder finanziell noch organisatorisch in der Lage, und ihre Amtsträger zeigten kaum ein hinreichendes Verständnis für die neuen sozialen Herausforderungen.[18] Außerdem erschwerte die enge Verbindung von Staat und Kirche den Aufbau einer unabhängigen kirchlichen Sozialfürsorge. Im Gegensatz zu England, das auf dem Gebiet der Armenfürsorge als Vorbild galt,[19] war für Deutschland eine strikte Trennung von Staat und Kirche undenkbar. Als Ideal standen ein christlicher Staat sowie eine Kirche als Heilsvermittlungsanstalt im Raum. Über das Mischungsverhältnis zwischen der bereits etablierten staatlichen und der aufzubauenden kirchlichen Armenfürsorge herrschte Unklarheit.[20]

Einer institutionalisierten kirchlichen Armenversorgung stand zudem entgegen, dass die Mehrzahl der Theologen und Kirchenmänner der ersten Hälfte des 19. Jahrhunderts die strukturellen Probleme in den rasant wachsenden Industriestädten individualisierten: Proletarisierung und Pauperismus wurden nicht in ihren gesellschaftlichen und politischen Zusammenhängen wahrgenommen, sondern sowohl die Industrialisierung als auch die sich abzeichnenden sozialen Umwälzungen erschienen als Folge sündigen Verhaltens Einzelner und wurden nach »sittlich-individualistischen Maßstäben«[21] beurteilt. Die Armutsfrage galt in erster Linie als moralische Frage. In dieser Tradition lassen sich mehrheitlich die Initiativen der Inneren Mission verorten, als deren wichtigster Ideengeber und Initiator einer institutionellen Formation Johann Hinrich Wichern (1808–1881) gilt. Armenpflege war hier verbunden mit »Hebung der Sittlichkeit« und Volksmission.

Die Innere Mission steht jedoch zugleich für solche Konzepte, die weniger auf staatliche Institutionen setzten als vielmehr auf »Selbsthilfe« und »Selbstorganisation«. Deren Protagonisten sahen sowohl die bürokratisierte Wohltätigkeit als auch das Verteilen von Almosen im Verdacht, bei den Empfängern ein Anspruchsdenken zu begünstigen und eigene Bestrebungen zur Verbesserung der Notlagen zu verhindern.[22] Es galt deshalb, Eigeninitiative zu fördern und den Sinn des Bürgertums für das Gemeinwohl zu nutzen.

Mit den freien Vereinigungen in Form von Vereinen, Assoziationen etc. standen dafür moderne Organisationsformen zur Verfügung. Vor allem das Ge-

---

18 | Vgl. Friedrich, Martin: Kirche im gesellschaftlichen Umbruch. Das 19. Jahrhundert (= Zugänge zur Kirchengeschichte, Band 8), Göttingen 2006, S. 234.
19 | Vgl. Gerlach, Otto von: Die kirchliche Armenpflege. Nach dem Englischen des Dr. Thomas Chalmers, Berlin 1847.
20 | Vgl. M. Friedrich: Armenpflege, S. 28 ff.
21 | Brakelmann, Günter: Die soziale Frage des 19. Jahrhunderts, Band 2: Die evangelisch-soziale und die katholisch-soziale Bewegung, Witten 1962, S. 11.
22 | Vgl. Tanner, Klaus: Vorwort, in: Ders. (Hg.), Gotteshilfe, Selbsthilfe, Staatshilfe, Bruderhilfe. Beiträge zum sozialen Protestantismus im 19. Jahrhundert (= Herbergen der Christenheit, Sonderband 4), Leipzig 2000, S. 7–12, hier S. 10.

nossenschaftsmodell mit seinem Vorbild im industriell und sozialkaritativ weiterentwickelten England wurde breit rezipiert. In Deutschland ist dieses »zentrale [...] Sozialphänomen des 19. Jahrhunderts«[23] vor allem mit den Namen Victor Aimé Huber (1800–1869), Friedrich Wilhelm Raiffeisen (1818–1888) und Hermann Schulze-Delitzsch (1808–1883) verbunden. Der Delitzscher Jurist Hermann Schulze rief nach englischem Vorbild 1849 die erste Kranken- und Sterbekasse und eine Genossenschaft für Handwerker ins Leben. Die Gründung eines allgemeinen Verbandes, die Ausrichtung von Genossenschaftstagen und die Herausgabe einer Zeitschrift sind im Wesentlichen seiner publizistischen und politischen Tätigkeit zu verdanken. Auch auf das preußische Genossenschaftsgesetz von 1867 hatte er einen nicht geringen Einfluss.[24]

Als erster Genossenschaftstheoretiker gilt jedoch der Publizist und Professor für neuere Sprachen und Geschichte Victor Aimé Huber.[25] Er sammelte auf seinen Reisen nach England, Belgien und Frankreich Eindrücke und Informationen aus erster Hand, die er auf Vorträgen und in unzähligen Artikeln verbreitete.[26] Wenn auch ohne die erhoffte Anerkennung und Unterstützung aus den christlich-konservativen Kreisen verband Huber in seinem Denken problemlos die Genossenschaftstheorie mit dem Christentum. Auch bei Friedrich Wilhelm Raiffeisen lässt sich ein direkter Zusammenhang zwischen seiner Frömmigkeit und dem Genossenschaftsgedanken herstellen.[27]

Hubers Gedanken über Assoziationen fanden 1849 schließlich Eingang in die berühmte »Denkschrift der inneren Mission«[28] Johann Hinrich Wicherns.

---

23 | Rosenhagen, Ulrich: Von der sich selbst genügenden kleinen Welt zum opferfähigen Gemeinsinn des Wirtschaftsbürgers. Genossenschaftsvorstellungen im liberalen Protestantismus des 19. Jahrhunderts, in: ebd., S. 135–153, hier S. 136.
24 | Vgl. Genossenschaften, in: Karl Baumbach (Hg.), Staatslexikon. Handbuch für jeden Staatsbürger zur Kenntnis des öffentlichen Rechts und des Staatslebens aller Länder insbesondere des Deutschen Reiches, Leipzig 1882, S. 200 ff., hier S. 200.
25 | Vgl. Baumann, Eike: Der Konvertit Victor Aimé Huber (1800–1869). Geschichte eines Christen und Sozialreformers im Spannungsfeld von Revolution und Reaktion (= Arbeiten zur Kirchen- und Theologiegeschichte, Band 26), Leipzig 2009, S. 11.
26 | Vgl. Dies.: Victor Aimé Huber (1800–1869). Erweckter Protestantismus, Konservatismus und Genossenschaftstheorie, in: Sebastian Kranich/Peggy Renger-Berka/Klaus Tanner (Hg.), Diakonissen, Unternehmer, Pfarrer. Sozialer Protestantismus in Mitteldeutschland im 19. Jahrhundert (= Herbergen der Christenheit, Sonderband 16), Leipzig 2009, S. 59–71, hier S. 67.
27 | Vgl. Klein, Michael: Das Genossenschaftswerk Friedrich Wilhelm Raiffeisens und seine christlichen Wurzeln, in: Klaus Tanner (Hg.), Gotteshilfe, Selbsthilfe, Staatshilfe, Bruderhilfe. Beiträge zum sozialen Protestantismus im 19. Jahrhundert (= Herbergen der Christenheit, Sonderband 4), Leipzig 2000, S. 41–52.
28 | Wichern, Johann Hinrich: Die innere Mission der deutschen evangelischen Kirche. Eine Denkschrift an die deutsche Nation, Im Auftrage des Centralausschusses für die in-

Wenngleich beide die Überzeugung teilten, der Assoziationsgedanke müsse zur Lösung der sozialen Frage gestärkt werden, kamen sie im Hinblick auf das gesellschaftspolitische Ziel nicht überein. Gegen die Atomisierung der Gesellschaft und die zugleich beobachtbaren Vermassungstendenzen sollten nach Huber Genossenschaften das Proletariat als vierten Stand in die bestehende Ordnung einbinden.[29] Wichern setzte zunächst auf die Re-Christianisierung Armer, Verwahrloster und Gefährdeter, ohne den Ständestaat in Frage zu stellen.

Vor allem in der Volkswirtschaft hatte das Modell »Genossenschaft« auf breiter Ebene Anwendung gefunden und eine enorme Wirkungsmacht entfaltet. Im Laufe des 19. Jahrhunderts bildete sich letztlich eine Vielzahl von Typen heraus, die mit je eigenen Vorstellungen, Aufgaben und Zielen zusammentraten.[30] Das Genossenschaftsregister zählte 1879 für das gesamte Gebiet des Deutschen Reiches 3 203 eingetragene Genossenschaften.[31] Gemeinsames Kennzeichen dieser Vorschuss- und Kreditvereine, Produktivgenossenschaften, Konsumvereine oder Wohnungsbaugenossenschaften war die zweckgebundene Verbindung einzelner Individuen, ohne dass Letztere in der Gemeinschaft aufgehen. Mit einer solchen Beschreibung von Genossenschaften als »Freiwilligkeitsverband«, in dem Bürger in »freier Verabredung« zu »bestimmte[n] begrenzte[n] Zweck[en]«[32] zusammentreten, sollte bewusst eine Abgrenzung von den spätmittelalterlichen »Zwangsverbänden« – Zünften und Gilden – erreicht werden. Die »Moderne« wurde so der »Alten Zeit« gegenübergestellt. Die neuen Formen standen für die Überwindung standes- und herkunftsabhängiger Formen der Vergemeinschaftung.[33]

Diese zeitgenössische – gleichwohl in der Geschichtswissenschaft als Idealtypisierung nach wie vor gängige – Deutung war auch für die Protestanten anschlussfähig: In den Augen der Zeitgenossen wurde in Abgrenzung zu den spätmittelalterlichen Korporationen, vor allem aber zu den katholischen Orden und Klöstern, in modernen Assoziationen die »evangelische Freiheit« sichtbar. Beispielhaft sei auf den Artikel »Über evangelische Genossenschaften« des ersten Präsidenten des Zentralausschusses für Innere Mission und späteren Kultusministers Moritz August von Bethmann-Hollweg (1795–1877) verwiesen. Dort wurde den Lesern die Brüdergemeinschaft des Rauhen Hauses in Horn bei Hamburg als Exempel vorgeführt: Während die Korporationen die Hingabe der ganzen Person für eine Gemeinschaft und die Orden Gelübde forderten, könnten die

---

nere Mission, Hamburg, 1849, in: Peter Meinhold (Hg.), Johann Hinrich Wichern. Sämtliche Werke, Band 1: Die Kirche und ihr soziales Handeln, Berlin 1962, S. 178–366.
29 | Vgl. G. Brakelmann: Frage, S. 41.
30 | Vgl. Faust, Helmut: Geschichte der Genossenschaftsbewegung. Ursprung und Weg der Genossenschaften im deutschen Sprachraum, Frankfurt a. M. 1965, S. 57.
31 | Vgl. Genossenschaften, S. 201.
32 | Hardtwig, Wolfgang: Genossenschaft, Sekte, Verein in Deutschland, Band 1: Vom Spätmittelalter bis zur Französischen Revolution, München 1997, S. 11.
33 | Vgl. ebd., S. 12.

Brüder heiraten und die Gemeinschaft jederzeit verlassen.[34] Den Diakonissenhäusern sprach er jedoch den Status einer Genossenschaft ab: Von den Schwestern werde – mit der Begründung, Konventikeltum und religiöse Exklusivität verhindern zu wollen – die enge Bindung allein an die Oberin und den Geistlichen gefordert.[35]

DIAKONISSENHÄUSER ALS (BERUFS-)GENOSSENSCHAFTEN

Anders als Bethmann-Hollweg stellten die meisten Leiter von Diakonissenhäusern die Schwesternschaften als Genossenschaften dar. Damit zielten sie zunächst nach innen, um ein spezifisches Lebensgefühl bei den Angehörigen des Diakonissenhauses zu erzeugen und die Diakonissen erfolgreich in der Gemeinschaft zu sozialisieren. Erreicht werden sollte dies beispielsweise durch die Einübung spezifischer gemeinschaftlicher Alltagspraxen sowie die regelmäßige Unterbrechung dieses Alltags. Genutzt wurden dafür autonome interne Zeitstrukturen, welche den Tages- und Jahreslauf rhythmisierten: Täglich wechselten Gebets- und Andachtszeiten mit Phasen der Berufsarbeit und der Erholung.[36] Der Jahreslauf der Diakonissenhäuser orientierte sich an etablierten Strukturierungen, beispielsweise dem Kirchenjahr und dessen Festkalender. Durch autonome Zeitordnungen suchten sie sich jedoch zugleich als eigener »Kosmos« abzugrenzen.[37] Advent und Weihnachten sowie die Passionszeit galten als besondere, als »heilige« Zeiten,[38] die sich entsprechend im Diakonissenalltag niederschlugen. Ergänzend kamen Jahrestage der Inneren Mission und des eigenen Hauses bzw. der Filialanstalten dazu, die in der Regel durch eine Feier begangen wurden.

Der Rekurs auf »Genossenschaft« zielte aber auch in legitimatorischer Absicht nach außen. Diakonissenhäuser wurden in der Regel von einem Verein getragen und waren hinsichtlich ihrer finanziellen Basis weitestgehend unabhän-

---

34 | Vgl. Bethmann-Hollweg, Moritz August von: Über evangelische Genossenschaften, in: Protestantische Monatsblätter für innere Zeitgeschichte. Studien der Gegenwart für die evangelischen Länder deutscher Zunge 11 (1858), S. 255–266, hier S. 263.
35 | Vgl. ebd., S. 259.
36 | Vgl. Tagesordnung, in: Haus-, Berufs- und Genossenschafts-Ordnung für die Schwestern der Diakonissen-Anstalt zu Dresden, Dresden o. J., Anhang.
37 | Vgl. Renger-Berka, Peggy: Die Gründung und Entwicklung des Dresdner Diakonissenhauses im 19. Jahrhundert in institutionentheoretischer Perspektive, in: Jochen-Christoph Kaiser/Rajah Scheepers (Hg.), Dienerinnen des Herrn. Beiträge zur weiblichen Diakonie im 19. und 20. Jahrhundert (= Historisch-theologische Genderforschung, Band 5), Leipzig 2010, S. 123–145, hier S. 137–140.
38 | Vgl. §3 Die heilige Zeit, in: Wilhelm Löhe, Das Kirchenbuch. Zweiter Teil: Haus- Schul- und Kirchenbuch für Christen des lutherischen Bekenntnisses, Neuendettelsau 1928, S. 14–53.

gig vom Einfluss einzelner Persönlichkeiten und Mäzene. Das Entgelt für den Einsatz von Diakonissen in Krankenhäusern, Erziehungsanstalten und Gemeinden erhielt das Mutterhaus. Die Dauer des Einsatzes und die Arbeitsbedingungen regelten Verträge zwischen der Hausleitung und dem Träger der jeweiligen Institution.[39] Mit ihrer Organisationsform bewegten sie sich jedoch jenseits der verfassten Kirche und gerieten deshalb immer wieder unter Legitimationsdruck. Ein wichtiges Argument zur Stärkung der Position der Vereine war allerdings die Unfähigkeit der Amtskirche, auf die Herausforderungen der sozialen Frage angemessen zu reagieren, woraus sich der Verweis auf die Notwendigkeit ergab, sich in freien Vereinigungen zu organisieren. Dabei ging es jedoch nicht um eine Alternative zur Kirche, sondern darum, vereinzelte Kräfte zu bündeln und gezielt vor Ort praktische Hilfe zu leisten.

Wenn beispielsweise der Anstaltsgeistliche des Dresdner Diakonissenhauses auf die zeitbedingte Verfasstheit des Diakonissenamtes in einer Genossenschaft verwies, tadelte er damit zunächst die evangelische Kirche dafür, der Forderung nach einer gemeindeangebundenen Sozialfürsorge – eine Gemeindediakonie, wie sie beispielsweise auch Wilhelm Löhe (1808–1872) im fränkischen Neuendettelsau zu etablieren versuchte[40] – nicht nachzukommen. Zugleich nahm er die Argumentation der Vereinsbewegung auf, auf Selbstorganisation und Bündelung vereinzelter Kräfte zu setzen:

»Aber das Diakonissenamt des 19. Jahrhunderts tritt auf im Kleide des 19. Jahrhunderts und das ist die Genossenschaftsform. Das kann auch gar nicht anders sein, da die Zustände der großen evangelischen Kirchenkörper traurig genug sind, also daß diejenigen, welche für Christi Reich etwas thun wollen, mit vereinten Kräften und im Anschluß an Genossen desselben Berufs arbeiten müssen [...]. Die Form der Genossenschaft ist also nicht Bedingung für das Amt, sondern nur Folge der Zeitzustände.«[41]

Die genossenschaftliche Organisation der Diakonissenmutterhäuser erfolgte in der Argumentation der Zeitgenossen außerdem aufgrund der Charaktereigenschaften des »schwachen und anlehnungsbedürftigen Frauenwesens«. Genossenschaften sollten den notwendigen äußeren und inneren Halt bieten:

»Welchen Segen hat gerade der Anschluß an eine Genossenschaft, an ein Mutterhaus für unsere Diakonissen! Das Weib hat ja überhaupt das Bedürfnis des Anschlusses. Frauen

---

39 | Vgl. beispielsweise in der Hausordnung für Kaiserswerth von 1837, in: Anna Sticker (Hg.), Die Entstehung der neuzeitlichen Krankenpflege. Deutsche Quellenstücke aus der ersten Hälfte des 19. Jahrhunderts, Stuttgart 1960, S. 243–258, hier S. 257 f.
40 | Vgl. Stempel-De Fallois, Anne: Das diakonische Wirken Wilhelm Löhes. Von den Anfängen bis zur Gründung des Diakonissenmutterhauses Neuendettelsau (1826–1854), Stuttgart 2001.
41 | Unterrichtsstunden, S. 74 f.

mit ächtem weiblichen, stillen, sanften Sinne sehnen sich gar nicht nach Selbstständigkeit und freier Stellung in der Welt. [...] Die Diakonissin trägt als Weib auch die Sehnsucht und das Bedürfniß nach einem Heim, ja nach einem Halt und einer Stütze in sich, sie findet in ihrem Mutterhause, in ihrer Genossenschaft ihr trautes Heim. Wie nötig es dem Weibe ist, daß es im Anschluß an andere, an das Mutterhaus arbeite, sehen wir daraus, daß bei alleinstehenden Frauen, z. B. Lehrerinnen an öffentlichen Schulen [...] das stille, frauenhafte Wesen oft so bald zu Grunde geht.«[42]

Mit der Etablierung bürgerlicher Rollenerwartung war zugleich die Formulierung und Durchsetzung eines spezifischen Weiblichkeitsideals einhergegangen. Dabei standen sich »Rationalität« und »Aktivität« des Mannes und »Emotionalität« und »Passivität« der Frau idealtypisch gegenüber.[43] Als weibliche Kardinaltugenden galten »Schamhaftigkeit, Reinlichkeit, Bescheidenheit, Besonnenheit, Ordnungsliebe, Eingezogenheit, Haushaltsgeist und liebevolles Hingeben des eigenen Willens«.[44] Diese wiederum sollten Frauen in besonderer Weise für die Pflege befähigen. Für die Zukunft der Krankenpflege stellte dies die entsprechenden Weichen für eine Verweiblichung derselben. Männer wurden nahezu verdrängt.[45]

Die Protagonisten im Bereich der weiblichen Diakonie teilten diese Sichtweise bzw. hatten Bürgerstöchter als Zielgruppe im Blick, wenn sie ihr Diakonissenideal auf der Grundlage der zeitgenössischen Rollenbilder formulierten: »Reinlichkeit, Pünktlichkeit, Gehorsam gegenüber Vorsteher und Vorsteherin, Sanftmütigkeit, Geduld und Haushaltsgeist [wurden so] zu Kardinaltugenden der Diakonissen«.[46] Hinzu trat außerdem der aus dem Christentum hergeleitete Dienstgedanke. In den Diakonissenhäusern wurde so ein gesellschaftlich hoch akzeptables neues Modell entwickelt.[47]

---

42 | Ebd., S. 79.
43 | Vgl. Bischoff, Claudia: Frauen in der Krankenpflege. Zur Entwicklung von Frauenrolle und Frauenberufstätigkeit im 19. und 20. Jahrhundert, Frankfurt a. M. ³1997, S. 65.
44 | Zitiert nach Köser, Silke: Das Geschlecht der Diakonie. Historische Perspektiven auf ein aktuelles Thema, in: Lernort Gemeinde. Zeitschrift für theologische Praxis 21 (2003), S. 29-33, hier S. 30.
45 | Vgl. Häusler, Michael: »Können Männer pflegen?« Das Berufsbild des Diakons und der soziale Frauenberuf, in: Jochen-Christoph Kaiser/Rajah Scheepers (Hg.), Dienerinnen des Herrn. Beiträge zur weiblichen Diakonie im 19. und 20. Jahrhundert (= Historisch-theologische Genderforschung, Band 5), Leipzig 2010, S. 72-82.
46 | S. Köser: Konstruktion, S. 113.
47 | Vgl. Gause, Ute: Dienst und Demut – Diakoniegeschichte als Geschichte christlicher Frauenleitbilder, in: Siri Fuhrmann/Erich Geldbach/Irmgard Pahl (Hg.), Soziale Rollen von Frauen in Religionsgemeinschaften, Münster 2003, S. 65-88, hier S. 66.

LIEBE ALS GEMEINSINNSTIFTENDER KORPSGEIST

Genossenschaften stehen für mehr als die Verbindung Einzelner zu ökonomischen Zwecken, auch »ethische und geistige Gestaltungskräfte sind in ihr wirksam«.[48] Bei Genossenschaften im volkswirtschaftlichen Sinne lag das Verbindende nicht nur im gemeinsam angelegten und verwalteten Kapital und im kollektiven Risiko. Stabilisierend sollte vor allem die innere Bereitschaft zur Mitarbeit wirken. Da nach dem Eintritt in eine Genossenschaft Eigeninteressen nur noch verfolgt werden konnten, wenn sie den Gesamtinteressen untergeordnet bzw. mit diesen synchronisiert wurden, musste letztlich der Einzelne zu gemeinschaftsbezogenem Denken erzogen und der Korpsgeist wachgehalten werden.[49] Die damit verbundene Spannung zwischen dem individuellen »Ich« und dem gemeinschaftlichen »Wir« wurde in einem gemeinsamen Ziel kanalisiert. In den Diakonissenmutterhäusern galt die »geschwisterliche Liebe« als das Prinzip, welches die Schwestern als Genossinnen zusammenhalten sollte:

»Es ist eben die S c h w e s t e r n s c h a f t, deren Glieder allen Ständen angehören, eine christliche Genossenschaft im schönsten Sinne des Worts. Eine Jede weiß sich als Glied eines großen Ganzen, als eben so geschützt und behütet von mütterlicher Fürsorge, wie verbunden mit Arbeiterinnen an dem einen Berufe und in dem einen Gesitte, verbunden durch jene Liebe, in der die Eine die Andere trägt und hebt und fördert.«[50]

Gemeint war damit die christliche Nächstenliebe, die auf das neutestamentliche Doppelgebot (Markus 12, 28 ff.) zurückgeführt wird. Diese Liebe, welche direkt von Gott kommend sich in Jesus Christus offenbart, wird in das menschliche Herz eingegossen und soll sich im Leben eines Christen widerspiegeln.

Den Zeitgenossen galt dies als Grundprinzip des Christentums. In seinem Werk »Die christliche Liebesthätigkeit« legt der Loccumer Abt Gerhard Uhlhorn (1826–1901) umfassend dar, dass dem Christentum die Liebe Gottes und Christi gleichsam eingeboren sei. Während die vorchristliche Welt keine Liebe gehabt habe, komme mit Jesus Christus ein Prinzip in die Welt, welches wirkmächtig war und ist, die Welt zu verändern und zu erneuern. Dass eine solche Liebe schließlich zum sozialen Handeln und zur Liebestätigkeit dränge, war gängiges zeitgenössisches Denken:[51]

»[A]ber alle diese Liebe ist doch Einer Quelle entströmt, weist auf Einen Anfang zurück, auf die Liebe des Einen, der sich selbst für seine Brüder aus lauter Liebe am Kreuz geopfert

---

48 | H. Faust: Geschichte, S. 65.
49 | Vgl. ebd.
50 | Fröhlich, Heinrich: Die Evangelisch-lutherische Diakonissenanstalt zu Dresden 1844–1869, Dresden 1869, S. 193 [Hervorhebung im Original].
51 | Vgl. S. Dannenfeld: Protestantismus, S. 79.

hat. Seine Liebe ists, die durch die Jahrhunderte ihren Lauf nimmt, sein Opfer ist es, das sich in dem Opfer der Seinen fortsetzt, es heißt immer wieder: Die Liebe Christi dringet uns also. Und so wird die Geschichte der christlichen Liebesthätigkeit zur allerkräftigsten unwiderlegbaren Apologie des Christentums. Die christliche Welt ist doch eine Welt, in der die Liebe waltet, und darin steht sie unendlich hoch über der alten Welt mit all ihrer Schönheit und Herrlichkeit.«[52]

Damit versuchten die Leiter von Diakonissenhäusern zugleich, sich gegenüber katholischen Kongregationen und Orden abzugrenzen: Die Bindung ans Mutterhaus und die Schwesternschaft sollte gerade nicht durch ein Gelübde begründet sein, sondern durch das Doppelgebot der christlichen Liebe:

»Unsere Arbeit ist ja Arbeit im Dienste der christlichen L i e b e . Diese Liebe aber ist nicht von unten, sondern von oben, ein Strahl des göttlichen Wesens selber: »G O t t   i s t   d i e   L i e b e« (1. Joh. 4,16) und der heilige Geist, der werthe Pfingstgast, den wir heute preisen als GOtt vom Vater und dem Sohne, senkt diesen himmlischen Strahl in die Herzen der gläubigen Gemeinde [...]. Nur wo die L i e b e   C h r i s t i uns gedrungen hat, da ist unsere Arbeit eine Arbeit im Dienste c h r i s t l i c h e r   L i e b e gewesen, eine Arbeit für die Gemeinde des HErrn, in der der heilige Geist waltet, und zu Ehren Dessen, der ihr glorreiches, zur Rechten GOttes erhöhtes Haupt ist.«[53]

Mit dem Rekurs auf das neutestamentliche Liebesgebot wurde der Diakonissendienst als eine »natürliche Folge« des christlichen Glaubens dargestellt. Dies sollte zugleich zur Anerkennung der intern geltenden Normen, Werte, Regeln und Ordnungen führen. Der eigene Lebensentwurf bzw. der Eintritt ins Mutterhaus konnten damit ebenso legitimiert werden wie die allgemeinen Ziele des Diakonissenhauses und der weiblichen Diakonie.

BEWÄHRUNGSPROBEN

Wie oben bereits angesprochen, arbeiteten Diakonissen nicht nur als Krankenschwestern im eigenen Hospital oder in Privathaushalten, sondern wurden auch im Bereich der Sozialfürsorge und bei der Kindererziehung eingesetzt. Dies geschah entweder in eigens dafür gegründeten Filialanstalten[54] in der Trägerschaft des Mutterhauses oder in entsprechenden Einrichtungen anderer Träger. Als Filialanstalten sind beispielsweise die »Siechenhäuser« für unheilbar Kranke, Her-

---

52 | Uhlhorn, Gerhard: Die christliche Liebesthätigkeit, Stuttgart ²1895, S. 801.
53 | Zweiundzwanzigster Bericht der Evangelisch-Lutherischen Diakonissen-Anstalt zu Dresden auf das Jahr 1865/66, Dresden 1866, S. 5f. [Hervorhebung im Original].
54 | Diese Einrichtungen wurden vom Mutterhaus mit der nötigen Einrichtung und Arbeitskräften versorgt, sollten sich jedoch weitgehend selbst tragen.

bergen für anstellungslose Dienstmädchen, Krippen, Kindergärten und Asyle für sogenannte gefallene Mädchen zu nennen. Die Häuser trugen in der Regel Namen, die in programmatischer Absicht dem Neuen Testament entnommen waren: »Bethesda« nach der Jerusalemer Zisterne, an der Jesus ein Heilungswunder vollbrachte (Johannes 5, 1–15), für die Hospize; »Marthahaus« nach der Begegnung Jesu mit den Schwestern Maria und Martha (Lukas 10, 38–42) für die Dienstbotenherbergen; »Magdalenenasyl« nach der Jüngerin Maria Magdalena für die Häuser zur Resozialisation entlassener weiblicher Strafgefangener. Die Verbindung von Pflege an Leib und Seele war damit bereits im Namen präsent.

Die Tätigkeiten außerhalb des Mutterhauses – nicht selten in einer anderen Stadt – bedeuteten für eine Anzahl von Schwestern die Trennung von der Schwesterngemeinschaft für einen bestimmten Zeitraum. Dafür war zwar ein hohes Maß an Verantwortung und Durchsetzungsvermögen erforderlich, was den Frauen letztlich Selbstbewusstsein und Vertrauen in die eigenen Fähigkeiten verschaffte und dem Beruf zu Ansehen verhalf. Gleichzeitig bestand jedoch die Gefahr der Abflachung der im Mutterhaus geltenden Handlungsnormen. Dies zeigte sich beispielsweise darin, dass die Schwestern entweder als Ehefrauen oder für die dauerhafte Pflege in einer Familie abgeworben wurden und die Schwesternschaft verließen. Beides war allerdings mit dem Diakonissenideal – Demut, Selbstverleugnung, Unterordnung und Verpflichtung gegenüber dem Mutterhaus für mehrere Jahre bzw. auf Lebenszeit – nicht vereinbar. Deshalb wurden bereits in der Hausordnung entsprechende Paragraphen formuliert, die von den Schwestern regelmäßige Berichte verlangten und dem Mutterhaus Kontrollmöglichkeiten einräumten.[55] Jenseits solcher formalisierten Mechanismen sollte durch die Genossenschaftsidee die Verbindung zum Mutterhaus und zur Diakonissenschaft auch über die räumliche Trennung hinweg gehalten werden. Die Rechenschaftspflicht bestand insofern nicht nur gegenüber dem Mutterhaus und seiner Leitung, sondern auch gegenüber den Gliedern der Schwesterngemeinschaft.

Der Einsatz außerhalb der gewohnten Umgebung bedeutete zugleich, auf sich gestellt zu sein. Hier hielt der regelmäßige Kontakt zu den Berufsgenossinnen ein Gemeinschaftsgefühl aufrecht. Als besonders notwendig und stärkend erwies sich dies vor allem in solchen Situationen, in denen die Diakonissen aufgrund besonderer äußerer Umstände an die Grenzen ihrer Kraft und Belastbarkeit gerieten. Das war beispielsweise bei Epidemien der Fall, aber auch bei der Arbeit in Lazaretten. Am Beispiel der Schwestern des Dresdner Mutterhauses, die im Deutsch-Französischen Krieg 1870/71 mehrere Monate lang in Frontlazaretten in Frankreich arbeiteten, lässt sich zeigen, wie bewährte Frömmigkeitspraxen und der etablierte Tagesablauf halfen, das Ungewohnte und Schreckliche des Krieges zu verarbeiten.[56]

---

55 | Vgl. Hausordnung, S. 254–257.
56 | Vgl. Renger-Berka, Peggy: »Der Feldzug der Dresdner Diakonissen«. Die deutsche Frage im Königreich Sachsen und die Dresdner Diakonissen im deutsch-französischen

Die Aufgaben einer Diakonisse und des Diakonissenhauses, sich dort zu engagieren, wo es Not zu lindern gab, schloss auch die Verwundetenpflege in Kriegszeiten mit ein. Begründet wurde dies mit der »christlichen Barmherzigkeit«, die die Schwestern nicht nur ans Krankenbett rief, sondern auch an die Front.[57] Bewusst knüpfte der Dresdner Anstaltsgeistliche Heinrich Fröhlich deswegen an den Preußisch-Österreichischen Krieg 1866 sowie die in diesem Krieg erbrachten Leistungen des Diakonissenhauses an.[58] Die Erfahrungen aus diesem und dem Deutsch-Dänischen Krieg 1864 hatten auf breiter Ebene das Bewusstsein für die Notwendigkeit einer guten und zuverlässigen Verwundetenpflege geschärft. Um die Vielzahl der freiwilligen Helfer besser zu koordinieren, gliederte Preußen 1869 die freiwillige Krankenpflege in das staatliche Sanitätswesen ein.[59] 1870/71 schließlich pflegten in 221 Lazaretten insgesamt 768 Schwestern aus 32 europäischen Diakonissenhäusern, an ihrer Seite 926 Schwestern und Brüder katholischer Kongregationen.[60]

Bereits bei der offiziellen Aussendung derjenigen Diakonissen, welche von der Hausleitung für diese Aufgabe bestimmt worden waren, wurde in eindrücklicher Weise die Schwesterngenossenschaft symbolisch zum Ausdruck gebracht: Im Kreis der im Mutterhaus Anwesenden wurden die entsprechenden Frauen mit dem 91. Psalm unter den Segen Gottes gestellt. Zugleich erhielten sie als deutliches Zeichen ihrer Zugehörigkeit zum Sanitätsdienst eine weiße Armbinde mit dem roten Kreuz.[61] Im Gegensatz zur ursprünglichen Intention, an die Schweizer Flagge zu erinnern, symbolisierte es für die Dresdner Diakonissen das Kreuz

---

Krieg 1870/71, in: Michael Fischer/Christian Senkel/Klaus Tanner (Hg.), Reichseinigung 1871. Ereignis – Beschreibung – Inszenierung, Münster 2010, S. 36–56.

57 | Vgl. Fröhlich, Heinrich: Rede bei der Einsegnung von Schwestern der Diakonissenanstalt zu Dresden, in: Theodor Schäfer (Hg.), Reden und Predigten vom Gebiet der Diakonie und inneren Mission. Mit Beiträgen evangelisch-lutherischer Geistlichen, Band 1: Dienet einander!, Hamburg 1876, S. 226–229, hier S. 227.

58 | Vgl. Dresdner Diakonissen in den Spitälern der Sächsischen Armee, in: Der Pilger aus Sachsen 32 (1866), S. 261 f., 267–271, 284–296.

59 | Vgl. Stolz, Gerd: Die freiwillige Verwundetenpflege im dänisch-deutschen Krieg von 1864, in: Sabine Braunschweig (Hg.), Pflege – Räume, Macht und Alltag. Beiträge zur Geschichte der Pflege, Zürich 2006, S. 247–259, hier S. 255.

60 | Vgl. Allgemeine evangelisch-lutherische Kirchenzeitung. Organ der Allgemeinen Evangelisch-Lutherischen Konferenz 3 (1870), S. 876.

61 | Diese Kennzeichnung hatte sich auf der Konferenz des Internationalen Komitees der Hilfsgesellschaften für die Verwundetenpflege, später Internationales Rotes Kreuz, in Genf durchgesetzt. Es galt in allen Ländern, welche die Genfer Konventionen anerkannten. Vgl. G. Stolz: Verwundetenpflege, S. 254.

Christi.[62] Angesichts einer ungewissen Zukunft konnten sich die Abreisenden noch einmal der Zugehörigkeit sowohl zum Mutterhaus als auch zur weltweiten Christenheit vergewissern.

Regelmäßig berichteten die in den Frontlazaretten tätigen Schwestern über ihre Erfahrungen vor Ort.[63] Damit kamen sie zunächst ihrer Informationspflicht gegenüber dem Mutterhaus und der Diakonissengemeinschaft nach. Insofern finden sich in den Berichten in erster Linie Angaben über die verschiedenen Verwundungen, die angewendeten Heil- und Pflegemethoden und die teilweise schlechte Ausstattung der Lazarette, aber auch der Stolz auf das Geleistete. Dezidiert interpretierten sie das Erlebte als Bewahrung durch Gottes Hilfe und betonten zugleich – teilweise entschuldigend – immer wieder, wie die schwierigen lokalen Bedingungen ihre Kompetenzen und Pflegemöglichkeiten begrenzten. Ein Beispiel dafür war die Einsegnung der Toten, die nicht wie gewohnt erfolgen konnte.[64] Da die Sterbebegleitung wesentlich zur »geistlichen Pflege« der Diakonissen gehörte, ging den Schwestern die notwendigerweise rasche Bestattung der Toten ohne Einsegnung nahe.

Zugleich zeigen die Frontberichte aber auch die Versuche der Diakonissen, sich über die Beibehaltung gewohnter Abläufe und Alltagspraxen die Nähe zum Mutterhaus zu erhalten und sich von den Gegebenheiten vor Ort abzugrenzen. Der Tagesablauf im Mutterhaus sah täglich eine Morgen- und eine Abendandacht vor,[65] sonntags einen Gottesdienst.[66] Auch wenn die Andachten nicht in gewohnter Länge und die Gottesdienste nur recht provisorisch gehalten werden konnten, achteten die Schwestern darauf, dass diese religiösen Praxen zur Gemeinschaftsstiftung regelmäßig stattfanden. Die Verbindung zum Mutterhaus blieb damit auch über mehrere hundert Kilometer hinweg erhalten. Besonders im Winter 1870, als zur Adventszeit die Schwestern im Mutterhaus mit besonderer

---

62 | Vgl. Fröhlich, Heinrich: Die Thätigkeit des Dresdner Diakonissenhauses in dem deutsch-französischen Kriege 1870/71. Auf Grund eigner Erlebnisse, sowie nach eingegangenen Berichten der Diakonissen dargestellt, Dresden o. J., S. 9.
63 | Vgl. ebd. Zwei ehemalige Frontschwestern machten ihre Erinnerungen – mit deutlichem zeitlichen Abstand – als Teil ihrer Biographie in Buchform einem größeren Leserkreis zugänglich: Leithold, Friederike: Erinnerungen aus meinem Diakonissenleben. Nach ihren Aufzeichnungen bearbeitet, Leipzig ²1905; Luley, Amalie: An Gottes Hand. Erinnerungen aus meinem Diakonissenleben, Zürich ²1891.
64 | Vgl. Nolte, Karen: Vom Umgang mit Tod und Sterben in der klinischen und häuslichen Krankenpflege des 19. Jahrhunderts, in: Sabine Braunschweig (Hg.), Pflege – Räume, Macht und Alltag. Beiträge zur Geschichte der Pflege, Zürich 2006, S. 165–174, hier S. 167.
65 | Vgl. Tagesordnung.
66 | Zur Feier der Gottesdienste hatten die Frontschwestern gar einen eigenen Altar mit nach Frankreich genommen. Vgl. Siebenundzwanzigster Bericht der Evangelisch-Lutherischen Diakonissen-Anstalt zu Dresden auf das Jahr 1870/71, Dresden 1871, S. 37.

»Liebe und Fürsorge« Pakete an die Front sandten, kam dies zum Ausdruck.[67] Das Weihnachtsfest wurde schließlich in Verbundenheit mit den Schwestern in Dresden gefeiert.[68] Das Mutterhaus in Dresden seinerseits gedachte bei seiner Weihnachtsfeier 1870 der Frauen in Frankreich.

Auch wenn die Mitglieder der Schwesterngenossenschaft zeitweilig voneinander getrennt und die jeweiligen Rahmenbedingungen für religiöse Praxen bisweilen schwierig waren, konnten sie gleichwohl über verschiedene Riten die Verbindung untereinander immer wieder aktualisieren. Für den Anstaltsgeistlichen Fröhlich kulminierte die Verbindung unter den Schwestern und zum Mutterhaus im Gebet – sowohl im gemeinsamen Beten im Gottesdienst und während der Andachten als auch in der regelmäßigen Fürbitte:

»Treue Diakonissen halten sich nicht nur selber gewissenhaft im Gehorsam gegen GOttes Wort und menschliche Ordnungen, sonderlich gegen die Genossenschaftsordnung, sie halten auch darauf, dass ihre Genossen dasselbe thun. Ferner: Genossen einer Gemeinschaft haben gemeinsame Leiden und gemeinsame Freuden. [...] Endlich treibt aber gemeinschaftliches Zusammenleben in Arbeit auch zu gemeinsamen [sic] Gebet: zu Gebet mit einander und für einander. Und wer will erst den Segen ermessen und wer könnte ihn in Worte fassen, der, wie auf die einzelne Seele, so auf die Gesammtheit aus Gebet und gemeinsamem Gottesdienst quillt! Darum segnen wir das genossenschaftliche Leben der Diakonissen unsrer Tage.«[69]

Der Genossenschaftsgedanke bezog sich zwar zunächst auf ein konkretes Mutterhaus, verwies aber über seinen Rekurs auf das »Doppelgebot der Liebe« als christliches Urprinzip, die Freiwilligkeit der Zusammenschlüsse in Abgrenzung zu Zwangskorporationen sowie die lange Tradition des Diakonissengedankens seit der Zeit der Apostel zugleich über sich hinaus. Damit bot sich den Diakonissen des jeweiligen Mutterhauses die Möglichkeit, sich als Teil einer größeren Gemeinschaft zu verstehen – zunächst des Zusammenschlusses der Mutterhäuser in der Generalkonferenz der Diakonissen-Mutterhäuser, die 1865 in Kaiserswerth gegründet worden war, und letztlich der gesamten (evangelischen) Christenheit.

---

67 | Vgl. Phoebe (1872), S. 60.
68 | Vgl. F. Leithold: Erinnerungen, S. 179.
69 | Unterrichtsstunden, S. 80.

»... daß es unsere Hauptabsicht sey, gemeinnützig zu werden und zur Vervollkommnung der Landwirthschaft mitzuwirken«

Über das dritte Leben des protestantischen Predigers Gotthilf Heinrich Schnee (1761 – 1830) in Großörner bei Mansfeld und Schartau bei Burg

Sebastian Kranich

»Hier ruhet unser Herr Paster
Im Leben trank er Raster
Und rauchte Knaster.
[...]
Hatt' er kein Solo so paßt' er,
Er predigte zuweilen gegen das Laster.
Für'n Tod hilft weder Kraut noch Pflaster
Drum so erblaßt' er
Unser armer Herr Paster!«[1]

Mehr gibt es nicht zu berichten in der »Grabschrift auf den Pastor W – zu Leipzig«: Wein trinken, Rauchen, Karten spielen und ab und an »gegen das Laster« predigen. Was der junge Theologe und Literat Gotthilf Heinrich Schnee in diesem spöttischen Epigramm 1786 skizzierte, ist ein eher harmloses Produkt zeitgenössischer Pfarrerkritik am bequemen, dümmlichen, unnützen Geistlichen, bei dem Predigt und Lebenspraxis weit auseinanderklaffen.[2] Bis hin zur Abschaffung des

---
1 | Schnee, Gotthilf Heinrich: Gedichte, Frankfurt a. M. 1786, S. 180.
2 | Vgl. dazu und zum Folgenden: Kuhn, Thomas K.: Religion und neuzeitliche Gesellschaft. Studien zum sozialen und diakonischen Handeln in Pietismus, Aufklärung und Erweckungsbewegung, Tübingen 2003, S. 79 – 92, 169 – 192, 221 ff.

geistlichen Standes als Träger einer wirren und dunklen Religion reichte der öffentliche Diskurs. Das Wöllnersche Religionsedikt von 1788[3] reagierte auf diese Entwicklung und inkriminierte das Verspotten von Geistlichen, da es der Geringschätzung von Religion überhaupt Vorschub leiste, ohne damit die Debatte um das traditionelle Pfarramt beenden zu können. Mangelnde Bildung wie soziales und moralisches Fehlverhalten waren Kernpunkte aufklärerischer Pfarrerkritik, wie sie auch in einem weiteren Gedicht Schnees – »Abellart – eine Romanze«[4] – zur Sprache kamen: Hier fährt ein Geistlicher im Gewitter zur Hölle. Unter Blitz und Donner erscheint ein Neffe des Teufels, der Abellart martern und mitnehmen will. Dieser möchte Einspruch erheben, worauf ihm jener eine Liste seiner Schandtaten vorträgt, die aus populären Vorwürfen gegen den geistlichen Stand besteht. Abellart habe törichte Dinge getan und »Kezzerein gelehrt«,[5] gegen das sechste und zehnte Gebot verstoßen – »Zu hörnen andre Leute / War seine einzge Freude«[6] –, Gewichte und Maße gefälscht, um Lohn geprellt und seine Frau misshandelt. Die Lehre aus Abellarts Schicksal lautete:

»Ihr Pfaffen spiegelt euch hieran,
Seid keine Bösewichter,
Fangt keine Schindereien an,
Ihr findet euren Richter;
Der schwarze Rok beschüzt euch nicht,
Wie ihr gelebt werd't ihr gericht't,
Nach Mantel und nach Kragen
Wird euch kein Teufel fragen!«[7]

Kurz: Die Art der Lebensführung, nicht Amtskleidung und geistlicher Rang waren das Kriterium des Urteils über einen Pfarrer. Hierin zeigt sich der Wandel des Pfarrertypus in der Aufklärung. Nicht mehr äußerlich präsentierte Sakralität qua Amt, sondern der vernünftige Prediger, Volkslehrer und Volksaufklä-

---

3 | Als Prediger begrüßte Schnee das Edikt. 1792 schrieb er: »v. Wöllner, Hermes und Hilmer sind die starken Stüzzen unsers Glaubens, sie rauten das Unkraut aus [...]. Die ehedem üblichen Kirchen Visitations Predigten wurden wieder gehalten. Wir segnen alle unseren König der durch dergleichen herrliche Anstalten unsern Glauben vor der um sich fressenden Aufklärung schirmt, und durch das berühmte Religions Edict alle Irrlehrer zu Schanden macht.« Archiv Kirchengemeinde Großörner [im Folgenden AKG], Nachrichten der sich im Thurmknopfe zu Gross=Oerner vom Jahre 1792. u 1831. aufbewahrt befunden, Blatt 1. Für die transkribierte Quelle danke ich Herrn Pfarrer Dr. Matthias Paul, Mansfeld.
4 | G. H. Schnee: Gedichte, S. 78-86.
5 | Ebd., S. 83.
6 | Ebd., S. 84.
7 | Ebd., S. 86.

rer war gefragt. In einem breiten Diskurs am Ende des 18. Jahrhunderts setzte sich vielfach das Rollenbild des vernünftigen Pfarrers durch, der für das »bonum commune« wirken sollte. Neben der Aufgabe der Moralbildung und Wissensvermittlung – die eigentlich seit je zum Berufsbild des protestantischen Pfarrers gehört hatten – fanden die Landgeistlichen auf dem Gebiet der Land- und Hauswirtschaft ein neues Wirkungsfeld. Mehr als die Hälfte aller populären ökonomischen Schriften jener Zeit stammte aus der Feder von Pfarrern und Theologen. Beinamen wie »Gipsapostel«,[8] »Kleepfarrer«[9] oder »Bienenpfarrer«[10] deuten die Verdienste Einzelner an. In ökonomischen und patriotischen Gesellschaften wie in der Publizistik suchten sie sich einzubringen. Wenn man allgemein davon ausgehen darf, dass Religion in Spätaufklärung, Vormärz und darüber hinaus als Handlungsorientierung von Bedeutung blieb,[11] so sollte das beim Engagement von Geistlichen erst recht keine Frage sein. Das spannende Problem hinsichtlich des postulierten Zusammenhangs von religiösen Mustern und gemeinsinnigem Denken und Handeln ist, wie dieser Konnex jeweils beschaffen war – und wie bzw. inwiefern er historisch rekonstruiert werden kann. Wenn es um Motivlagen geht, bedarf es einer sorgsamen Analyse. Bausteine dazu soll das Exempel Gotthilf Heinrich Schnee liefern.

THEOLOGE UND LITERAT

Der 1761 in Siersleben bei Mansfeld geborene Gutsbesitzers- und Gastwirtssohn gehörte zu den im Geiste der Spätaufklärung sozialisierten Akademikern, die um 1800 in verantwortliche Positionen einrückten. Zugleich scheint Schnee auch vom Spätpietismus beeinflusst.[12] In seinem »ersten Leben« war er nach einem Theologiestudium in Halle und Leipzig ab 1782 als Literat des Sturm und Drang an die Öffentlichkeit getreten.[13] Insbesondere sein Roman »Eduard Willmann,

---

8 | Für Johann Friedrich Mayer (1719-1798) in Kupferzell (Hohenlohe-Waldenburg-Schillingsfürst).
9 | Für Johann Christoph Frommel (1724-1784) in Betberg (Südbaden).
10 | Für Johann Ernst Spitzner (1731-1805) in Trebnitz (Sachsen).
11 | Vgl. Müller, Winfried: Gemeinsinnsdiskurse und religiöse Prägung zwischen Spätaufklärung und Vormärz (ca. 1770-ca. 1848), in: Hans Vorländer (Hg.), Transzendenz und Gemeinsinn. Themen und Perspektiven des Dresdner Sonderforschungsbereichs 804, Dresden 2010, S. 64-69.
12 | Vgl. Paul, Matthias: Zum Gedenken an Gotthilf Heinrich Schnee (1761-1830), in: Sachsen-Anhalt. Journal für Natur- und Heimatfreunde 3 (2011), S. 29 ff.
13 | Zur Biographie Schnees mit einem Verzeichnis von Sekundärliteratur vgl. Kranich, Sebastian: Schnee, Gotthilf Heinrich, in: Biographisch-Bibliographisches Kirchenlexikon, Bd. 33 (2012), Sp. 1174-1181.

dramatisiert« lässt Schnees frühe theologische Auffassungen erkennen.[14] Ähnlich wie Goethes Werther ist Willmann ein Prophet und Mittler der Liebe, wenngleich Schnee durchweg den Schöpfergott von dessen Hervorbringungen Liebe und Natur stärker unterscheidet, als es im Werther der Fall ist. Zugleich steht Willmann für Vernunft in Liebe und Religion und das Streben nach »Glückseligkeit«. Für ihn liegt »in der höchstmöglichsten Glückseligkeit eines Geschöpfes die höchstmöglichste Ehre des Schöpfers«.[15] Als Gegenspieler fungiert im Roman der ehemalige Kapuzinermönch Dreier, der nach der Auflösung dieses Bettelordens im Zuge der Josephinischen Reformen in Leipzig auftaucht, alle negativen Konfessionsstereotypen bis hin zur »jesuitischen Doppelmoral« und zum »jesuitischen Hass« bedient und die Theodizee eines Gottfried Wilhelm Leibniz rundweg ablehnt. Willmann lebt dagegen in der »besten aller möglichen Welten«, in der Leid zwar nicht verschwindet, aber theologisch einzuordnen ist. In einer »kleinen einfältigen Rede«[16] anlässlich einer Bauernhochzeit sagt er: »Seht: wie gut es der liebe Gott mit seinen Menschen meint – er lässt sie einige Augenblicke leiden und segnet sie dann auf ihre ganze Lebenszeit.«[17] Ganz auf sozialmoralischer Ebene angesiedelt ist Willmanns Thematisierung des Gegensatzes von Arm und Reich mit Blick auf die Leipziger Stadtgesellschaft, der auch im Kontext des Konflikts zwischen altem und neuem Stadtbürgertum zu interpretieren ist. Willmann ärgert sich immer, »wenn ich unsre hochaufgesezten Damen einherstolzieren sehe, wie die Drahtpuppen auf einem Marionettentheater – und begegnet ihnen ein armes Bürgermädchen, wenn ich da höre, wie sie sich über sie lustig machen«.[18] Den Kaufleuten wirft er vor, dass sie »bürgerliche Familien verachten, die in ihre[n] Fabriken arbeiten«;[19] und prognostiziert, der »unerträgliche Kaufmannsstolz« werde »Leipzig ein ewiger Schandfleck bleiben«.[20] Schnees Roman ist in unserem Zusammenhang insbesondere deshalb von Interesse, weil er, gefärbt von der Empfindsamkeit und Utilitarismuskritik des Sturm und Drang, eine theologisch fundierte aufgeklärte Glückseligkeitslehre und also eine geistige Prägung verrät, die in dessen nachmaliger Praxis ihren Widerhall fand.

---

14 | Vgl. dazu und zum Folgenden Ders.: Poesie, Predigt und landwirtschaftliche Prosa. Facetten des aufgeklärten Pfarrers Gotthilf Heinrich Schnee, Manuskript, erscheint in: Wissenschaftlicher Begleitband zur Eröffnung des Museums Luthers Elternhaus in Mansfeld 2014.
15 | Schnee, Gotthilf Heinrich: Eduard Willmann, dramatisiert, Leipzig 1782, S. 69.
16 | Ebd., S. 202.
17 | Ebd., S. 201.
18 | Ebd., S. 59.
19 | Ebd., S. 60.
20 | Ebd., S. 60 f.

Prediger und Lutherdenkmal-Initiator

Nach einer Zeit als Hauslehrer wirkte Schnee ab 1790 als Prediger in Großörner bei Mansfeld. Wirtschaft und Arbeitswelt spielten für den Seelsorger nun eine andere Rolle als für den Literaten. Davon zeugt beispielsweise ein Kirchenbucheintrag Schnees zum Tod eines Bergmanns. Dieser »lebte in großer Armuth« und war

»um sich daraus zu retten [...] in seinen letzten Tagen sehr fleißig und dies zog ihm den Tod zu, er hatte nemlich 2 Schichte hintereinander gethan, außerdem noch auf der Ziegelhütte gearbeitet, u so stürzte er schlaftrunken in einen sehr tiefen Schacht [....], alle Gebeine waren ihm zerschmettert. Er [...] hinterließ eine Witwe u 6 unerzogene Kinder in der größten Dürftigkeit.«[21]

Gewinn und Gefahr der Arbeit standen auch im Zentrum einer Knappschaftsfestpredigt. Hier sprach Schnee vom »großen Nutzen des Bergbaues« für »Ackerbau, Künste, Gewerbe und Schiffahrt« sowie »als Nahrungs-Quelle vieler tausend Menschen«.[22] Gottvertrauen und Arbeitsethos sowie Vorsicht und Vernunft gingen in einem Lied Schnees eine Verbindung ein, das zu jenem Fest auf die Melodie von »Wer nur den lieben Gott lässt walten« gesungen wurde:

»Wohlan! so lasst uns Gott vertrauen
Und stets das Unsre redlich thun,
Nie soll uns vor Gefahren grauen
Weil wir in seinen Armen ruhn.
Wer seine Pflichten treulich übt,
Wird auch von seinem Gott geliebt.

Gott ist mit uns; was kann uns schrecken,
Wohnt nicht auch in den Tiefen Gott?
Mit seiner Rechten wird er decken
Den Frommen, den Gefahr bedroht.
Wenn wir ihn fürchten, ihm vertraun,
So werden wir mit Segen baun.

Laßt uns als Weise denken, handeln;
So wird der Herr auch mit uns seyn.
In seinen Wegen laßt uns wandeln,

---

21 | Zitiert nach Reger, Klaus: Gotthilf Heinrich Schnee, in: Mansfeld. Geschichte und Geschichten 10 (2011), S. 40–43, hier S. 41.
22 | J. W. F. W***: Kasualreden, von Gotthilf Heinrich Schnee, in: Neue homiletisch-kritische Blätter. Zweytes Quartalheft für 1802, S. 282–292, hier S. 285.

So schenkt er Segen und Gedeyhn.
Wir gehn nun froh an unsre Schicht,
Denn Gott verläßt die Seinen nicht.«[23]

Auf diese Weise vermittelte Schnee als Prediger religiöse, genauer sogar theologische Grundlagen gemeinsinnigen Handelns. Besonders ins Auge sticht hier der Zusammenhang von Tun und Ergehen. Pflichttreue, Frömmigkeit, Gottesfurcht und Weisheit evozieren Liebe, Schutz und Segen. Voraussetzung dafür ist die Ubiquität Gottes, seine Allgegenwart. Gott wohnt auch in der Tiefe und ein jeder ruht in seinen Armen.

Nach gut einem Jahrzehnt als Pfarrer begann Schnee ein gemeinnütziges Doppelleben, indem er sich in den Dienst zweier »patriotischer Gesellschaften« stellte: Als Initiator und Direktor der 1801 gegründeten »Vaterländisch-literarischen Gesellschaft der Grafschaft Mansfeld« setzte er sich für die Errichtung eines Lutherdenkmals im Mansfeldischen ein.[24] Sodann übernahm er 1803 das Amt des Sekretärs einer »Gesellschaft praktischer Landwirthe im Herzogthum Magdeburg, dem Saalkreise, der Grafschaft Mansfeld und dem Fürstenthum Anhalt«.[25] Diese gab die »Landwirtschaftliche Zeitung« heraus, deren Redakteur und Herausgeber Schnee – auch nach baldiger Auflösung dieser Gesellschaft – bis zu seinem Tod blieb. Von einem Doppelleben ist zu sprechen, da Schnees Einsatz für das »bonum commune« in beiden Gesellschaften weitgehend parallel verlief. Gewisse Berührungspunkte existierten dennoch. So rief Schnee auch in der »Landwirtschaftlichen Zeitung« zu Spenden für das Lutherdenkmalprojekt auf, da gerade der »Landmann« durch die »von Luthern wiedergeschenkte Freyheit« vom »Drucke des Gewissenszwangs« entlastet worden sei und von der »Vernichtung des Aberglaubens« sowie der »Wegräumung schädlicher Vorurtheile« als »Folgen der Reformation« profitiert habe und somit »auch die Landwirthschaft [...] jenem großen Aufklärer der Menschheit, ihre gegenwärtige Vollkommenheit«[26] verdanke. Zudem wurde in jener Zeitung im Zuge der Debatte um die Verbindung des Denkmals mit einer Waisen- und Erziehungsanstalt die Grün-

---

23 | Ebd., S. 286 f.
24 | Vgl. Steffens, Martin: »Dem wahrhaft großen Dr. Martin Luther ein Ehrendenkmal zu errichten« – Zwei Denkmalprojekte im Mansfelder Land (1801–1821 und 1869–1883), in: Rosemarie Knape/Martin Treu (Hg.), Preußische Lutherverehrung im Mansfelder Land, Leipzig 2002, S. 113–184.
25 | Direktor der Gesellschaft war Karl Friedrich von Dacheröden (1732–1809). Zu den königlichen Schutz- und Anerkennungsschreiben vgl. Landwirtschaftliche Zeitung Nr. 45 vom 10. 11. 1803, S. 375; ebd. Nr. 48 vom 01. 12. 1803, S. 403. Für die Zusendung des Jahrgangs 1804 der Zeitung dankte Friedrich Wilhelm III. Schnee »unter Bezeugung meines Beyfalls«. Vgl. ebd., Ausserordentliche Beylage zu Nr. 12 vom 21. 03. 1805, S. 145.
26 | Schnee, Gotthilf Heinrich: An die Leser der Landw. Zeitung, in: ebd. Nr. 38 vom 20. 09. 1804, S. 439 f., hier S. 440.

dung eines »nationalen Versuchsinstituts für landwirtschaftliche Maschinen zu Ehren Luthers« vorgeschlagen.[27] Dieses Institut kam nicht zustande. Das Denkmal für Luther dagegen wurde – nach dem Willen von Friedrich Wilhelm III. – später in Wittenberg errichtet. Gänzlich exklusiv war das Verdienstdenkmal für Luther aber nicht gedacht. Nach Meinung Schnees hätte es etwa auch der englische Admiral Francis Drake, dem der Beginn des Kartoffelanbaus in Europa zu danken sei, verdient, dass ihm »ganz Europa eine Ehrensäule«[28] aufrichtet.

LANDWIRTSCHAFTLICHER PRAKTIKER UND PUBLIZIST

Abgesehen davon kann Schnees zweites Leben als Beförderer des Lutherdenkmals hier außer Betracht bleiben. Für den Zusammenhang von Religion und Wirtschaft ist der landwirtschaftliche Kontext ergiebiger. »Vervollkommnung der Landwirthschaft«[29] lautete das Motto der landwirtschaftlichen Gesellschaft. Zu diesem »nützlichen Zweck«[30] wurde ihr der königlich-preußische Schutz gewährt. In der ersten Nummer der »Landwirthschaftlichen Zeitung« informierte »Die Gesellschaft practischer Landwirthe« die Leser darüber, »daß nicht Eigennutz unser Unternehmen leite, sondern daß es unsere Hauptabsicht sey, gemeinnützig zu werden und zur Vervollkommnung der Landwirthschaft mitzuwirken«.[31] Und solcher Altruismus wurde auch von den Lesern und Mitarbeitern der Zeitung verlangt.[32] Was das bedeutete, machte Schnee klar, als ein Einsender diesem Prinzip widersprach, indem er eine von ihm erfundene Buttermaschine unter der Prämisse »seine Vernunft zu Gelde zu machen« für »Speziesthaler«[33] anpries. Schnee schrieb darauf: »Der Mensch lebt nicht davon, daß er viele Güter hat, sagte der große Philosoph. Das Bewußtsein, der Menschheit, selbst der undankbaren, genützt zu haben, ist ein süßerer Lohn, als der Klang der Spezies.«[34] Dieser lokalpatriotische wie weltbürgerliche Altruismus galt nach Schnee allerdings nicht ebenso für wirtschaftliches Handeln und Marktverhalten. Als in Re-

---

27 | Vgl. ebd. Nr. 1 vom 03. 01. 1805, S. 102 ff. Die Koppelung Maschineninstitut-Lutherdenkmalprojekt war eine Idee des Köthener Regierungsadvokaten Carl Friedrich Holzer. Zum Hin und Her um die Verbindung von Denkmal und Wohltätigkeits- bzw. Erziehungsanstalt vgl. M. Steffens: Luther, S. 133 f.
28 | Art. Franz Drake, in: Landwirthschaftliche Zeitung Nr. 5 vom 03. 02. 1803, S. 39 f., hier S. 39.
29 | Ebd. Nr. 45 vom 10. 11. 1803, S. 375.
30 | Ebd.
31 | Ebd. Nr. 1 vom 06. 01. 1803, S. 1.
32 | Vgl. ebd. Nr. 11 vom 17. 03. 1803, S. 1; ebd. Nr. 48 vom 01. 12. 1803, S. 1; ebd. Nr. 1 vom 05. 01. 1804, S. 1.
33 | Ebd. Nr. 11 vom 16. 03. 1809, S. 126 ff., hier S. 128.
34 | Ebd.

aktion auf die Getreideteuerung 1804 der gewinnträchtige Anbau von Tabak in Frage gestellt wurde, da dieser dem Getreideanbau Flächen entziehe, verteidigte er den Tabakanbau mit klaren Worten:

»Der Branntweinbrenner [...] verbrennt das Getreide, wenn er mehr Nutzen aus dem Branntwein ziehn kann, und wenn die halbe Welt darüber verhungern sollte; und alle andre Gewerbe nehmen einzig Rücksicht auf die gangbarsten bestbezahlten Artikel, ohne nach Patriotismus zu fragen. Es kann daher eben so wenig dem Landwirth übel genommen werden, wenn er das nämliche thut«.[35]

Im Hintergrund dieser Position stand das Bild eines Marktes, auf dem die Nachfrage ohnehin die Produktion begrenzt, womit »immer das gehörige Gleichgewicht erhalten«[36] wird. Der Vorsehung der unsichtbaren Hand war also zu vertrauen. In Ökonomie und Landwirtschaft orientierte sich Schnee am Leitbild England.

Selbst bewirtschaftete er in Großörner als Praktiker eine Wirtschaft von knapp 30 Hektar[37] und brachte seine Erfahrungen in die Debatten der »Landwirthschaftlichen Zeitung« ein. So sprach er sich für hartes Knaulgras als Rinderfutter aus,[38] bezweifelte den Nutzen des winterlichen Abdeckens von Kopfklee und Luzerne mit Mist,[39] propagierte die gesundheitsfördernde Wirkung der Stallfütterung bei Rindern,[40] notierte seine Erfahrung mit Brand im Getreide,[41] schilderte seinen Erfolg bei gemeinsamer Aussaat von Rocken und Klee[42] und unternahm zudem Pflanzenversuche, deren Ergebnisse in der Zeitschrift nachzulesen waren. Überdies testete er Verfahren und Apparate, die er als Herausgeber der Zeitung zugeschickt erhielt. Wo allerdings die Grenze lag zwischen Amtswürde und Experimentierfreude, dies verdeutlicht eine Begebenheit aus dem Jahr 1810: Als ein Leser Schnee für die Unzulänglichkeit eines im Blatt abgedruckten Verfahrens zur geschmacklichen Verbesserung von Branntwein persönlich verantwortlich machte, meinte dieser darauf ironisch, jener hätte »bedenken wollen, daß der Herausgeber der Landwirthschaftlichen Zeitung als Prediger sich nie damit beschäftigt habe, dem Kornbranntweine den Fuselgeschmack zu benehmen«.[43]

---

35 | Ebd. Nr. 42 vom 18. 10. 1804, S. 439.
36 | Ebd.
37 | Vgl. ebd. Nr. 38 vom 22. 09. 1803, S. 311 f.; ebd. Nr. 49 vom 05. 12. 1805, S. 570 f.
38 | Vgl. ebd. Nr. 26 vom 28. 06. 1804, S. 298. Der Beschreibung von Grasarten samt Abbildungen widmete sich Schnee in mehreren Jahrgängen des Blattes. Vgl. die zusammenfassende Notiz in ebd. Nr. 26 vom 27. 06. 1811, S. 306.
39 | Vgl. ebd. Nr. 41 vom 11. 10. 1804, S. 483.
40 | Vgl. ebd. Nr. 36 vom 07. 09. 1809, S. 426.
41 | Vgl. ebd. Nr. 6 vom 05. 02. 1818, S. 63.
42 | Vgl. ebd. Nr. 22 vom 30. 05. 1822, S. 222 f.
43 | Ebd. Nr. 16 vom 19. 04. 1810, S. 189 f., hier S. 190.

Als Publizist ging es Schnee um die Popularisierung land- und hauswirtschaftlicher Kenntnisse. Weniger in seinen Taschen-, Hand- und Lehrbüchern als in der Zeitung brachte er aufklärerische Ideale und landwirtschaftliche Erkenntnisse mit religiöser Überzeugung und biblischer Weisheit zusammen. Das gilt auch für unmittelbare landwirtschaftliche Probleme, wie etwa dem misslingenden Getreideanbau in der Harzregion der Mansfelder Grafschaft. In Anspielung auf eine Einsicht des Predigers Salomo notierte Schnee: »Alles hat seinen Ort, und an dem Orte, welchen die Natur zum Holzwuchse bestimmt, sollst du kein Brodt bauen wollen.«[44] Pastoral-seelsorgerlich schloss ein weiterer Bericht über den Harz mit der Frage: »Was diese Nachricht dem Leser in andern glücklichern Gegenden soll?« Als Antwort formulierte Schnee: »Ihn die Verschiedenheit der Landesarten kennen lehren, ihm die Mühseligkeiten der Harz-Wirthschaften [...] bekannt machen, und ihn endlich antreiben: Gott zu danken für das gute Land, das er ihm gegeben hat.«[45]

Unter dem Kriterium wirtschaftlicher Effizienz plädierte Schnee für gemeinsinnige Reformideen, die – heutzutage – aus dem Munde eines Gemeindepfarrers schwer denkbar wären. So trat er für einen wiederverwendbaren öffentlichen Armensarg ein, dessen Unterseite sich öffnete, nachdem er ins Grab herabgelassen wurde. Solche Klappsärge waren kurzzeitig im josephinischen Österreich in Gebrauch gewesen, hatten sich aber dort aufgrund von Protesten in der Bevölkerung nicht durchsetzen können. Schnee fragte in Anbetracht des Holzverbrauchs für Särge: »Warum sollte auch der Todte nicht eben so gut in bloßer Erde, als in einem bretternen Kästchen sanft ruhen und wieder zur Erde werden können?«[46] Und weiter:

»Wenn nur die Menschen nicht gar zu schwach wären! Statt des Sarges hätte dann jede Familie einige Mobilien mehr zu ihrer Bequemlichkeit. Ein Tisch, ein Bettgestell, ein Schrank, eine bequemere Wohnung, wohlfeileres Brenn- und Bauholz im Leben, ist doch wohl vorzüglicher als ein Kästchen im Tode?«[47]

Mit Blick auf die Erhöhung der Arbeitsproduktivität sympathisierte Schnee auch mit der französischen Zehn-Tage-Woche, ja mit einer 14-Tage-Woche. Ein Problem für die Religion sah er darin nicht, da Werktage ohnehin gottgefälliger verbracht würden als Feiertage.[48]

---

44 | Ebd. Nr. 32 vom 11.08.1803, S. 266.
45 | Ebd. Nr. 22 vom 02.06.1803, S. 179.
46 | Ebd. Nr. 26 vom 30.06.1803, S. 216.
47 | Ebd.
48 | Vgl. ebd. Nr. 39 vom 29.09.1803, S. 321 f. Die Debatte um Sonn- und Feiertage wurde in der Zeitung zunächst in Richtung von deren Einschränkung aus ökonomischen Gründen geführt. Vgl. ebd. Nr. 33 vom 18.08.1803, S. 273 f.; ebd. Nr. 7 vom 16.02.1804, S. 76 f. 1809 begegnet uns dann im Blatt erstmals das Argument, »die Afteraufklärung un-

Im Kampf gegen den Aberglauben zeigte sich Schnee ganz als Pfarrer der Aufklärung. So stritt er beispielsweise gegen den »thörichten Gedanken«, das Verkümmern von Wintersaat im Frühjahr sei »eine besondere Schickung und Strafe Gottes«.[49] Auch ein unmittelbar strafendes oder erzieherisches Eingreifen Gottes vermittels Naturerscheinungen schloss er rational aus. Als Weltenlenker blieb Gott für ihn gleichwohl im Regiment. So appellierte er angesichts schlechter Wetterprognosen an seine Leser: »Doch verzagen wir nicht, und vertrauen dem großen Hausvater, dessen Oekonomie seit so vielen Jahrtausenden besteht!«[50] Ganz ähnlich lautete auch das Credo, welches er im extrem kalten Jahr 1816 aussprach: »Der so viele Jahrtausende gewirthschaftet hat, lebt und regiert noch!«[51]

In solchen Appellen und Bekenntnissen findet ein Vertrauen in die Vorsehung Ausdruck, wie es in der Aufklärung und darüber hinaus als mentale und kognitive Basis wirtschaftlichen und gemeinsinnigen Handelns weithin Allgemeingut war. Wie stark der Glauben an die Sinnhaftigkeit von Welt und Geschichte sowie ein gütiges Geschick trotzdem erschüttert zu werden vermochte, zeigt eine Artikelserie Schnees über den »Landwirth im Kriege«,[52] die dieser ab November 1806 veröffentlichte, als napoleonische Truppen den Preußen Niederlage um Niederlage zufügten. Die Serie zielte darauf ab, »durch gute zweckmäßige Vorschläge und durch guten Rath, jetzt auch den Uebeln des Krieges, in so fern sie den Ackerbau drücken, entgegen zu arbeiten«.[53] Zwar sah Schnee im »Krieg ein fürchterliches Uebel«, schrieb diesem aber anfangs in auf Harmonie und Ausgleich basierenden philosophisch-theologischen Denkfiguren doch »manches Gute«[54] zu:

serer Tage« trage Mitschuld daran, »daß zwischen dem Sonntage und den übrigen Tagen der Woche der Unterschied nur noch sehr unmerklich« sei und zur »Sammlung neuer Kräfte« wie zur Erhaltung der Religion »die Heiligkeit der Sonntage erhalten werden« müsse. Ebd. Nr. 47 vom 23. 11. 1809, S. 545–549, hier S. 546 ff.
49 | Ebd. Nr. 11 vom 17. 03. 1803, S. 83 f., hier S. 83.
50 | Ebd. Nr. 44 vom 10. 11. 1803, S. 374. Vgl. dazu auch den Anfang von dessen landwirtschaftlichem Bericht aus dem Herzogtum Magdeburg für den Frühling 1812: »Hätte der Himmel es den Menschen selbst überlassen, sich die Witterung des Frühjahrs zu machen, ich zweifle, ob sie dann so günstig für unsere Felder und Saaten ausgefallen seyn würde, als sie es wirklich gewesen ist.« Ebd. Nr. 30 vom 23. 07. 1812, S. 323. Vgl. weiter Schnees Bemerkung zum Wetter im Jahr 1813: »Die Vorsehung schien das große Volks- und Kriegsgewitter in Deutschland zu berechnen, und hemmte deshalb die Gewitter in der Natur!« Ebd. Nr. 6 vom 10. 02. 1814, S. 61.
51 | Ebd. Nr. 1 vom 02. 01. 1817, S. 2.
52 | Vgl. ebd. Nr. 47 vom 20. 11. 1806, S. 538 ff.; ebd. Nr. 48 vom 27. 11. 1806, S. 545 ff.; ebd. Nr. 49 vom 04. 12. 1806, S. 553 ff.; ebd. Nr. 50 vom 11. 12. 1806, S. 561 ff.; ebd. Nr. 1 vom 01. 01. 1807, S. 1–5; ebd. Nr. 5 vom 29. 01. 1807, S. 49 ff.
53 | Ebd. Nr. 47 vom 20. 11. 1806, S. 537.
54 | Ebd., S. 538.

»Wenn die Vorsehung durch diese blutige Geißel den einen zu Boden schlägt, so richtet sie dagegen zehn andere mit der Hand der Erbarmung und Liebe wieder auf [...]; sie beraubt den Stolzen, Reichen seines Ueberflusses, um den von ihm verachteten und in Noth gelassenen Armen aus der Fülle zu nähren und glücklich zu machen. Auch der Krieg hat also seine guten Folgen, nur einzelne Zerstörungen richtet er an, ohne daß dabey das Ganze zu Grunde geht.«[55]

Die Kriegsumstände schienen ihm durch Vernunft beherrschbar. Das Beste aus den Verhältnissen machen, Produkte erzeugen und vermarkten, die im Krieg nachgefragt werden, beim Tragen der Kriegslast die Balance zwischen Solidarität und Eigeninteresse halten sowie die Ruhe bewahren: Darauf liefen seine Ratschläge hinaus. Wenige Wochen später jedoch bezweifelte er schon, dass die Landwirtschaft überhaupt »zur Heilung der Staatswunden, und zur Linderung des allgemeinen Elendes« beitragen könne.[56] Mitte 1807 rief Schnee die Leser dann dringend auf, mit ihren Erfahrungen zum »Rathgeber und Retter« von Kriegsgeschädigten und -gefährdeten zu werden.[57] Nach dem Frieden von Tilsit schließlich sah er die Landwirtschaft in den Kriegsgegenden »um ein halbes Jahrhundert zurück geschleudert«[58] und brachte in einer dramatischen Lageschilderung die herrschende Hilflosigkeit zum Ausdruck: »Hunger und Elend weint aus den matten Augen – Pesten wüthen unter Menschen und Vieh – und nirgends Hülfe!«[59] Alles, was in dieser Lage blieb, war ein Appell: »Vertrauet auf Gott, und auf euren vortrefflichsten edelsten König!«[60] Seine Leser tröstete er im Rückgriff auf die in der Lehre von der Vorsehung verankerte »determinatio« später wie folgt: »Glück und Unglück haben ihre Gränzen, so wie Alles in der Welt [...]. Schicken wir uns in die Zeit, und heben unsere Augen vertrauungsvoll zu dem hinauf, der die Weltbegebenheiten lenkt, und die Schicksale zügelt.«[61]

Parallel zur Revision einer allzu optimistisch-harmonischen Weltsicht entwickelte Schnee – in jungen Jahren ein Verehrer Friedrichs II.[62] – im Erleben der französischen Besatzung und erfasst vom preußisch-deutsch-nationalen Zeitgeist einen glühenden Hass gegen das »übermüthige Volk, die entarteten Abkömmlinge der Franken, deren der Weltenlenker sich als Geißel bediente, das üppige Menschengeschlecht zu züchtigen«.[63] In den Koalitionskriegen hatte er vordem noch Sympathie und Toleranz gegenüber den Franzosen bekundet, bis

---

55 | Ebd., S. 538 f.
56 | Ebd. Nr. 1 vom 01.01.1807, S. 1.
57 | Ebd. Nr. 25 vom 18.06.1807, S. 289 f., hier S. 290.
58 | Ebd. Nr. 44 vom 15.10.1807, S. 493 ff., hier S. 494 f.
59 | Ebd., S. 494.
60 | Ebd.
61 | Ebd. Nr. 1 vom 02.01.1812, S. 2.
62 | Vgl. M. Paul: Gedenken, S. 29 ff.
63 | Landwirthschaftliche Zeitung Nr. 1 vom 06.01.1814, S. 3.

hin zur revolutionären zivilreligiösen Praxis.[64] Nach dem Sieg über Napoleon bei Leipzig schrieb er: »Wir sind wieder frei, sind wieder freie Deutsche.«[65] Die »Saat« von »Volkskraft« und »Gemeingeist« sei aufgegangen und habe als »herrliche Frucht, Deutschheit und Freiheit«[66] gebracht. Schließlich dichtete er: »auf Leipzigs Leichenfeldern reifte der Freiheit goldene Frucht«[67] und forderte »Freiheit des Eigenthums [...], des Handels und der Gewerbe«.[68] Im Blick auf die Zukunft predigte er wieder Zuversicht und Mut. Schließlich schützten die Tugenden »Genügsamkeit und stete Betriebsamkeit [...] Preußens Völker vor Noth«[69] und man arbeite nun »nicht mehr für fremde unersättliche Tyrannen und ihre Blutigel, sondern für unsere angestammten geliebten Fürsten, für uns selbst, für unsere Kinder!«[70]

Fazit

Was kann als Fazit für den Konnex von religiösen Prägungen und Gemeinsinn in Wort und Tat am Exempel Gotthilf Heinrich Schnee gezogen werden? Zwei theologische Grundmuster ziehen sich durch: Vorsehung und Liebe. Die protestantische Grundhaltung ist unverkennbar – von der Jesuitenpolemik über das Lutherdenkmal bis hin zum protestantischen Arbeitsethos. Sonst zeigt sich eine erhebliche Variabilität, die durch Rolle und Funktion des Autors sowie Textgattungen und den jeweiligen Diskursrahmen mitbedingt war: Der junge Dichter Schnee ließ seinen Helden für die göttliche Liebe als Lösung der Probleme menschlichen Zusammenlebens schwärmen. Dem Philanthropen ging es um gottgewollten Fortschritt und Nutzen der Menschheit. Der preußische Patriot forderte Vertrauen der Deutschen zum Weltenlenker. In all dem suchte Schnee eine aufgeklärte Haltung zu bewahren. Fünf Jahre vor seinem Tod 1830 notierte er im von ihm verfassten »Handbuch für angehende Hausmütter« unter dem Stichwort Lebensregeln:

»Man betrachte das Leben nicht als Zweck, sondern als Mittel zu höherer Vervollkommnung in Hoffnung einer bessern Zukunft. Man befestige seinen Glauben an die Menschheit und verwahre sich dadurch gegen Menschenhaß. Man handle stets nach festen Grundsätzen, rechtlich und brav, ohne alle Nebenrücksichten.«[71]

---

64 | Vgl. S. Kranich: Poesie.
65 | Landwirthschaftliche Zeitung Nr. 1 vom 06. 01. 1814, S. 1.
66 | Ebd.
67 | Ebd., S. 2.
68 | Ebd., S. 2 f.
69 | Ebd. Nr. 29 vom 21. 07. 1814, S. 285.
70 | Ebd. Nr. 40 vom 06. 10. 1814, S. 395.
71 | Schnee, Gotthilf Heinrich: Handbuch für angehende Hausmütter auf dem Lande und in der Stadt, Halle 1825, S. 373.

1792, als junger Prediger, hatte er eine im Turmknopf von Großörner aufbewahrte Nachricht so beendet:

»Wir wünschen unsern Nachkommen Glück und Segen leiblich und geistlich. Friede unserm Fecken [sic!], Weisheit und ChristusSinn seinen Bewohnern, denn mehr bedarf der Mensch nicht, um seinem Schöpfer wohlgefällig zu werden und zeitlich und ewig glücklich zu werden. Segnet das Andenken eurer Vorfahren ihr, unsere späteren Brüder, entschuldigt ihre Fehler und – vermeidet sie erinnert auch ihrer guten und löblichen Thaten, ahmt sie nach und übertreffet sie. Jenseit des Grabes lernen wir früher oder später uns kennen, und uns mit einander eines glücklichen Lebens zu freuen.«[72]

Schnees Turmknopfnachricht und die davor zitierte Lebensregel stehen exemplarisch für das Streben nach Vervollkommnung, welches Pietismus und Aufklärung gemeinsam ist. Gegenwärtiges und zukünftiges Leben sind durch einen sittlichen Lebenswandel verknüpft. Die skizzierte Art tätiger Frömmigkeit ist für pastorale Volksaufklärer typisch. Ganz gleich, ob auf medizinischem, wie bei Schnee auf landwirtschaftlichem, oder wie bei Karl Gottlob Hergang auf pädagogischem Gebiet:[73] Immer verband sich eine theologische Fortschritts- und Vervollkommnungsidee mit dem Erziehungs- und Glückseligkeitsideal der Aufklärung. Immer ging es um Förderung von Urteilsvermögen, um Veränderung von Mentalitäten, um Vermittlung von Kenntnissen theoretischer und praktischer Art. Die aufgeklärten Pfarrer begründeten ihr Engagement religiös und rational. Dass sie als Trägergruppe des sozialreformerischen Projekts »Volksaufklärung« auch auf die damalige Legitimationskrise ihres Berufsstandes reagierten, mindert ihre vielfältigen Leistungen in keiner Weise.

---

72 | AKG, Nachrichten der sich im Thurmknopfe zu Gross=Oerner vom Jahre 1792. u 1831. aufbewahrt befunden, Blatt 2 f.
73 | Vgl. hierzu den Beitrag von Stefan Dornheim in diesem Band.

Gemeinwohl durch Bildung

Die Einführung gewerblicher Sonntagsschulen
in Sachsen und die Konkurrenz theologischer
und kameralistischer Bildungkonzepte um 1830

Stefan Dornheim

»Reges Leben beginnt zum Wohl für edlen Gewerbfleiß
›Vorwärts!‹ ertönet der Ruf ›die Wissenschaft einet mit Praxis‹.
Und es strömet die Jugend, und mit dem Jünger der Meister
Auch im deutschen Land zu hell erglänzenden Tempeln
Jüngst nur erbaut und geweiht den Göttern des technischen Lebens
Ihm dem Vulkan, Aeolus, Neptun, der Kräfte Gebietern,
Die das Gewerbe erhöhn, auch fehlt Merkur nicht im Kreise
Traun doch. – gilt es das Heil für Jeglichen freundlich zu fördern«.[1]

So reimte um 1835 der sächsische Kameralist Karl Benjamin Preusker (1786–1871), um in den ersten Teil seiner dreibändigen Reihe »Bausteine zur Ausbildung der Jugend mittels Real-, Gewerb- und höherer Bürgerschulen« einzuführen. Mit alten biblischen und mythischen Bildern beschwor er eine glanzvolle neue Zeit und erhob die eigentlich profane Welt des technischen und gewerblichen Lebens, unter Rückgriff auf den klassischen Bildungskanon seiner Zeit, in das sakrale Licht einer vorchristlichen Antike, welche die Kräfte der Natur noch als Götter

---

1 | Preusker, Karl Benjamin: Gedicht ohne Titel, in: Ders., Andeutungen über Sonntags-, Real-, und Gewerbschulen, Cameralstudium, Bibliotheken, Vereine und andere Förderungsmittel des Gewerbfleißes und allgemeiner Volksbildung. Handwerkern Fabrikanten Kaufleuten Landwirthen und andern Gewerbtteibenden so wie Staats- und Gemeinde-Beamten, Cameralisten, Schulmännern und allen Freunden der Gewerb- und Volksbildung gewidmet, Bausteine zur Ausbildung der Jugend mittels Real-, Gewerb- und höherer Bürgerschulen, Erster Theil, Leipzig ²1835, S. 1.

verehrte. Die Metapher von Jüngern und Meister verweist hingegen deutlich auf ein Urbild christlicher Lehre und Bildung, und damit auf den Willen zum Festhalten an einem christlich geprägten Schulwesen. Und nicht zuletzt verweist sie auf einen Kerngedanken: den Zusammenhang von Heil bzw. Gemeinwohl und Bildung.

Die Formel Gemeinwohl durch Bildung gehörte bekanntlich zu den vielbemühten Ideen der Jahrzehnte um 1800 und fand im Allgemeinen auch weitreichenden Beifall, spiegelte sie doch neben bürgerlichen Emanzipationsbestrebungen den weltlichen Bildungs- und Fortschrittsoptimismus der Spätaufklärung ebenso wider wie religiöse Reformansätze dieser Zeit, welche von einer Besserung des Menschen durch Bildung und Erziehung ausgingen.[2] Was man sich im Einzelnen unter dem Begriff ›Gemeinwohl‹ vorzustellen habe, welche Formate und Inhalte ein Bildungssystem notwendigerweise aufweisen sollte und ob der Religion oder eher der Natur dabei künftig ein Vorrang gelten solle, darin herrschte unter den Zeitgenossen noch weithin Uneinigkeit. Die Diskussionen wurden dabei nicht mehr vornehmlich innerhalb des Gelehrtenstandes und zwischen den für das Schulwesen zuständigen kirchlichen Amtsträgern geführt. Über den expandierenden Buchdruck und das Pressewesen beteiligte sich auch eine breite bürgerliche Öffentlichkeit, darunter zunehmend auch Kameralisten, Ökonomen, Kaufleute und einfache Gewerbetreibende, an den Diskursen.[3] Insbesondere die Auseinandersetzungen um notwendige Reformen des die breite Bevölkerung betreffenden niederen Schulwesens gerieten zur Projektionsfläche für generelle Kritik am bisherigen Bildungssystem der ständischen Gesellschaft, aber auch für fortschrittsoptimistische Zukunftsentwürfe und für ein verändertes Weltbild. Als ein pragmatischer Kompromiss entstanden im ersten Viertel des 19. Jahrhunderts aus zahlreichen lokalen Einzelinitiativen sogenannte Gewerbe-, Real- oder Sonntagsschulen als berufsvorbereitende Ergänzung zur herkömmlichen Volks- und Lateinschulbildung, bei der erstmals ein breiteres, anwendungsorientiertes Realienwissen in naturkundlichen, technischen und ökonomischen Fragen vermittelt werden sollte.[4]

---

2 | Vgl. Moderow, Hans-Martin: Volksschule zwischen Staat und Kirche. Das Beispiel Sachsen im 18. und 19. Jahrhundert, Weimar 2007, S. 84 ff.; Grundlegende Gedanken dazu bei: Maurer, Michael: Bildung, in: Hans-Werner Hahn/Dieter Hein (Hg.), Bürgerliche Werte um 1800. Entwurf – Vermittlung – Rezeption, Köln 2005, S. 227–238.
3 | Vgl. Wilke, Jürgen: Medien- und Kommunikationsgeschichte um 1800. Erscheinungsformen, Determinanten, Grundfragen, in: Werner Greiling/Franziska Schulz (Hg.), Vom Autor zum Publikum. Kommunikation und Ideenzirkulation um 1800, Bremen 2010, S. 37–52.
4 | Vgl. dazu grundlegend Harney, Klaus: Die preußische Fortbildungsschule. Eine Studie zum Problem der Hierarchisierung beruflicher Schultypen im 19. Jahrhundert, Weinheim/Basel 1980.

Nach einer Einführung in den geistes- und ereignisgeschichtlichen Kontext und die Problemlagen der Jahrzehte um 1800 wird an den Beispielen des Großenhainer Kameralisten, Rentamtmannes und publikationseifrigen »Bildungsstrategen« Karl Benjamin Preusker und des lutherischen Pfarrers und Erziehungsreformers aus Bautzen, Karl Gottlob Hergang (1776–1850), die Entstehung dieser besonderen Schulform exemplarisch vorgestellt. Es wird insbesondere nach den zeitgenössischen Diskursen gefragt, die sich mit der Auseinandersetzung um dieses neue Schulformat verbanden. Es waren grundlegende Auseinandersetzungen, welche die Aufgaben und Ziele der Volksbildung zwischen ethisch-religiösen Idealen und ökonomischem Nützlichkeitsdenken neu verhandelten und schließlich auf einen umfassenden humanitären Bildungsgedanken abzielten.

Modernisierungsdruck und Reformstreben um 1800

Die geistigen Strömungen der Spätaufklärung, des theologischen Rationalismus und eines pietistischen Tatchristentums gingen im vorwiegend lutherisch geprägten Mitteldeutschland in dieser Zeit nicht selten interessante Verbindungen ein[5] und trafen im späten 18. und frühen 19. Jahrhundert in Deutschland auf einen politischen und ökonomischen Reform- und Modernisierungsdruck. Dieser war insbesondere in Sachsen groß: Nach den Niederlagen von 1763 und 1813 stand das Königreich Sachsen vor der Herausforderung, die Staatsfinanzen zu sanieren, das Staatswesen zu festigen und die gesamte ökonomische Situation des Landes anzuheben.[6] Das Land war charakterisiert durch einen von Einflüssen der Aufklärung geprägten Absolutismus, der zugleich mit einer starken wirtschaftlichen Entwicklung einherging. Ein großer Teil der stark wachsenden Bevölkerung war in den Jahren um 1800 bereits im Gewerbe, insbesondere in der Textilindustrie und im Bergbau beschäftigt.[7] In Sachsen erfolgte deswegen relativ früh der Übergang ins Industriezeitalter. Damit mussten zeitig Antworten auf den beschleunigten ökonomischen und technischen Wandel und auf die durch ihn ausgelösten sozialen sowie mentalen Verwerfungen gefunden werden. Die tradierten ökonomischen und sozialen Sicherungsstrukturen der alten stän-

---

5 | Vgl. Müller, Winfried: Die Aufklärung, München 2002, S. 85-90; Beutel, Albrecht/ Leppin, Volker (Hg.): Religion und Aufklärung. Studien zur neuzeitlichen »Umformung des Christlichen«, Leipzig 2004.
6 | Vgl. H. Moderow: Volksschule, S. 43.
7 | Vgl. ebd., S. 45.

dischen und zünftischen Ordnungen konnten wachsende Teile der unteren und mittleren Schichten kaum mehr stabilisieren.[8]

Stetige Fortschritte in den Naturwissenschaften, die rasche Technisierung und Industrialisierung ehemals handwerklicher Tätigkeiten und Berufszweige, die Intensivierung der Aktivitäten in Handel und Gewerbe und die wachsende Beschleunigung auf den Transport-, Verkehrs- und Kommunikationswegen erforderten auch von der breiten Bevölkerung zunehmend allgemeine und berufsbezogene Sachkenntnisse, die das bisherige Elementarschulwesen kaum vermitteln konnte.[9] Zwar hatten erste bildungsreformerische Ansätze im Rahmen des sogenannten Rétablissements um 1770 zu neuen Schulordnungen und Lehrplänen in den sächsischen Erblanden und der Oberlausitz geführt. Diese forderten neben der allgemeinen Schulpflicht für Kinder zwischen fünf und acht Jahren auch regelmäßige Visitationen der Schulen durch die örtlichen Pfarrer (zweimal wöchentlich) und die Superintendenten (einmal jährlich), auch wurden feste Lehrpläne installiert. Doch besaß das sogenannte »Sach- oder Realienwissen« neben der ethischen und spirituellen Unterweisung in der christlichen Lehre noch immer einen eher nachgeordneten Stellenwert. Dazu gehörten Grundlagen in Erdbeschreibung, weltlicher und insbesondere vaterländischer Geschichte, wirtschaftliche, rechtliche und handwerkliche Kenntnisse, Wissen über Maße, Münzen und Gewichte sowie Basiskenntnisse der Naturlehre. Neben den Ideen der Spätaufklärung wirkte dabei der Pietismus als wichtiger Einflussfaktor, waren doch maßgebliche Protagonisten des Rétablissements wie etwa Detlef Graf von Einsiedel (1773–1863) oder Peter Carl Wilhelm Graf von Hohenthal (1754–1825) durch den Herrnhuter Pietismus geprägt.[10] Im Zusammenhang mit dem Wiederaufbau des Landes wurde die Revision des niederen Bildungswesens als eine Aufgabe der bereits 1735 gegründeten »Landes-Ökonomie-, Manufactur- und Commercien-Deputation« definiert. Dieser Einrichtung waren zahlreiche Maß-

---

8 | Vgl. Kiesewetter, Hubert: Die Industrialisierung Sachsens. Ein regional-vergleichendes Erklärungsmodell, Stuttgart 2007, S. 289–312.

9 | Dabei handelt es sich in Sachsen freilich um einen über etwa fünf Jahrzehnte reichenden und durchaus unsteten Prozess der Ausbreitung und Durchsetzung. Vgl. dazu: Karlsch, Rainer/Schäfer, Michael: Wirtschaftsgeschichte Sachsens im Industriezeitalter, Leipzig 2006, S. 45–48; Weber, Wolfhard: Wissenschaft, technisches Wissen und Industrialisierung, in: Richard van Dülmen/Sina Rauschenbach (Hg.), Macht des Wissens. Die Entstehung der modernen Wissensgesellschaft, Köln 2004, S. 607–628; Frohberg, Oskar: Von Preuskers Sonntagsschule zur heutigen Berufsschule (1830–1930). Festschrift zur Feier des hundertjährigen Bestehens des gewerblichen Schulwesens in Großenhain, Großenhain 1930, S. 13 f.

10 | Vgl. H. Moderow: Volksschule, S. 85; Bannert, Lutz: Religiöse Prägung und Reformhandeln in der Spätaufklärung. Neue Untersuchungen zum Sächsischen Rétablissement (1762–1806), in: Neues Lausitzisches Magazin 14 (2011), S. 101–110.

nahmen zur Förderung von Handel und Gewerbe übertragen worden. Sie diente beispielsweise als Anlaufstelle für Anfragen, Klagen und Berichte, war Inhaber der Handels- und Gewerbeaufsicht, koordinierte gewerbliche Förderungsmaßnahmen und prämierte innovative Ideen und Projekte. Die Entscheidungsbefugnisse und Eigenmittel der Deputation waren allerdings begrenzt.[11] Die entscheidenden Impulse gingen daher letztlich von den Ständen beziehungsweise den nach wie vor dafür zuständigen kirchlichen Behörden aus.[12] In der allmählichen Öffnung des niederen Schulwesens gegenüber pragmatischem Sachwissen zeigten sich nun erste Einflüsse von Aufklärung und Pietismus, die beide einen Bildungsoptimismus pflegten, der den Menschen zu einer ›glückseligen‹ und ›nützlichen‹ Existenz fähig sah.

EIN NEUES BILDUNGSFORMAT: DIE GEWERBLICHE SONNTAGSSCHULE

Der Anteil der in den Volksschulen vermittelten Allgemeinbildung und weltlichen Sachkenntnisse schien bereits im ersten Viertel des 19. Jahrhunderts kaum mehr auszureichen. Nachdem zunächst die Freimaurerlogen in Leipzig und Dresden erste eigene Bildungsprojekte starteten[13] und nun zunehmend Gewerbevereine und einzelne Unternehmer sich der Sache annahmen, reagierten bald auch Bildungsreformer aus dem nach wie vor kirchlich organisierten Schulwesen. Sie schalteten sich kritisch in die Debatten ein, drängten seit Mitte der 1820er Jahre ebenfalls auf eine Erweiterung der Lehrinhalte und diskutierten mögliche Formen der Weiterbildung innerhalb des herkömmlichen, amtskirchlich organisierten Bildungssystems. Die sogenannte Sonntagsschule wurde so zu einer verbreiteten Form der Fortbildung nach Abschluss der Volksschule. Die gewerbliche Sonntagsschule, als Vorgängerin der heutigen Berufsschule, entwickelte sich historisch aus dem ursprünglich religionspädagogischen Bildungsformat der kirchlichen Katechesen der Sonntagnachmittage heraus, die, von den Reformatoren gefordert und zudem in manchen katholischen Diözesen als Christenlehre eingeführt, auch von der schulentwachsenen Jugend besucht werden mussten. Sie wurden um 1700 im protestantischen Deutschland besonders durch Philipp Jacob Speners Einfluss neu belebt. An diese Angebote begann man allmählich

---

11 | Vgl. R. Karlsch/M. Schäfer: Wirtschaftsgeschichte, S. 53.
12 | H. Moderow: Volksschule, S. 59 f.
13 | Vgl. Brödel, Hermann: Die Industrie- und Sonntagsschule zu Dresden (1814-1828): Ein Beitrag zur Geschichte des gewerblichen Bildungsgedankens in Sachsen, in: Beruf und Schule 10 (1930), S. 438-445; Ders.: Die Akademie der bildenden Künste zu Dresden und der gewerbliche Bildungsgedanke im 18. Jahrhundert, in: Sächsische Gewerbeschule 14 (1929), S. 160-165.

auch sogenannten Sonntags- oder Wiederholungsunterricht allgemeiner Art anzuschließen.[14]

Bei diesen Fortbildungsprojekten kamen kaum zentrale politische beziehungsweise behördlich-staatliche Anordnungen zum Tragen. Vielmehr waren es lokale und persönliche Initiativen, die sich besonderes Ansehen erwarben und rasch über personale und intellektuelle Netzwerke sowie über das Zeitungs- und Zeitschriftenwesen oder den Buchdruck Verbreitung und vielfache Nachahmung fanden:[15] So entstanden etwa allein in Sachsen zwischen 1830 und 1843 rund 65 gewerbliche Sonntagsschulen.[16]

EIN GEWERBLICHER BILDUNGSSTRATEGE: KARL BENJAMIN PREUSKER

Einer der engagiertesten Initiatoren und Multiplikatoren dieses an berufs- und gewerbebezogenem »Realienwissen« orientierten Bildungsprogrammes war der bereits erwähnte Kameralist und Rentamtmann Preusker in Großenhain.[17] In seinen vielfältigen Publikationen[18] erörterte er vor allem die Situation seiner

---

14 | Vgl. Gedrath, Volker: Vergessene Traditionen der Sozialpädagogik, Weinheim/Basel 2003, S. 115-120. Zu den Gewerbeschulen in Sachsen vgl. H. Kiesewetter: Industrialisierung, S. 523-526.

15 | Vgl. Harney, Klaus: Fortbildungsschulen, in: Karl-Ernst Jeismann/Peter Lundgreen (Hg.), Handbuch der deutschen Bildungsgeschichte, Band 3, München 1987, S. 281-291.

16 | Vgl. die Aufstellungen bei: Böhmert, Karl Friedrich: Ueber Sonntagsschulen im Königreich Sachsen, Roßwein 1843; O. Frohberg: Sonntagsschule, S. 20.

17 | Vgl. grundlegend zu Preuskers Biographie und den folgenden Ausführungen: Smolnik, Regina/Schulze-Forster, Jens (Hg.): Karl Benjamin Preusker. Archäologe – Reformer – Netzwerker, Markkleeberg 2011; Marwinski, Felicitas: Karl Benjamin Preusker (1786-1871). Chronologie seines Lebens und Wirkens mit einer Bibliographie seiner Schriften und der über ihn erschienenen Literatur, Großenhain 1986; Förstemann, Ernst: Preusker, Karl, in: Allgemeine Deutsche Biographie, Band 26, Leipzig 1888, S. 576-580.

18 | So beispielsweise: Preusker, Karl Benjamin/Bodmer, Heinrich/Zschille, Johann Gottlieb Heinrich: Nachricht von dem Fortgange der Sonntags-Schule in Großenhayn, Großenhain 1830; Preusker, Karl Benjamin: Nachricht von der für Schul- und Volksbildung gegründeten Stadtbibliothek zu Grossenhayn: zugleich als ein Nachtrag zu der Nachricht von der Sonntags-Schule und dem Gewerbe-Vereine daselbst, Großenhain 1833; Ders.: Andeutungen über Sonntags- und Gewerbschulen, Vereine, Bibliotheken, und andere Förderungsmittel des vaterländischen Gewerbfleißes und der Volksbildung im Allgemeinen, Leipzig 1834; Ders.: Ueber Jugendbildung zumal häusliche Erziehung, Unterrichtsanstalten, Berufswahl, Nacherziehung und Nachschulen, 5 Bände, Leipzig 1837-1842; Ders.: Ueber öffentliche, Vereins- und Privat-Bibliotheken, so wie andere Sammlungen, Lesezirkel

Zeit, stellte praktische Handlungsnotwendigkeiten dar und bot das nötige Wissen zur Selbsthilfe. Der überwiegende Teil der genannten gewerblichen Schulgründungen in Sachsen geschah nach dessen Anregung und Vorbild. Preusker wurde 1786 in Löbau als Sohn einer einfachen Weber- und Schnittwarenhändlerfamilie geboren und war zunächst für den Kaufmannsberuf vorgesehen. Eine Buchhändlerlehre in Leipzig (1805–1809) und die anschließende Beschäftigung in Johann Heinrich Campes Buchhandlung in Braunschweig kamen seinen früh ausgeprägten geistigen Interessen stärker entgegen. Doch weder der Buchhandel noch das elterliche Geschäft konnten ihm im kriegsgeschädigten Deutschland ein Auskommen sichern. So trat er 1813, kurz nach der Völkerschlacht bei Leipzig, in die neugebildete Lausitzer Landwehr ein, wo er vom Verwaltungsgehilfen schnell zum Regiments-Quartiermeister aufstieg. Bei Stationierungen in Frankreich studierte er ›Land und Leute‹ und machte sich mit den Bibliotheken, Kunstsammlungen und dem Geistesleben in Paris vertraut. Zurück in Sachsen schrieb sich Preusker 1817 an der Universität Leipzig ein, wo er ein Studium der Kameralwissenschaften und Philosophie begann. 1824, ein Jahr nach der Heirat mit der Döbelner Bürgermeisterstochter Agnes Löwe, erhielt Preusker auch die von ihm inzwischen angestrebte Zivilstelle. Als Königlicher Rentamtmann wirkte er bis 1853 im sächsischen Großenhain und hatte dabei genügend Zeit für seine vielfältigen historischen, ökonomischen und bildungspolitischen Interessen und Projekte. So entwickelte sich Preusker bis zu seinem Tod im Jahre 1871 nicht nur zu einem Pionier der »vaterländischen« Archäologie und des öffentlichen Museums- und Bibliothekswesens,[19] sondern auch zu einem ebenso umtriebigen wie vielbeachteten Netzwerker und Publizisten im Bereich des beruflichen und persönlichen Volksbildungswesens.[20] In seinen Ideen war Preusker, neben dem

---

und verwandte Gegenstände, mit Rücksicht auf den Bürgerstand; Behörden, Bildungsanstalten, literarischen und Gewerb-Vereinen, wie überhaupt jedem Wissenschaftsfreunde, 2 Bände, Leipzig 1839/1840.
19 | Weiterführend: Mirbt, Karl-Wolfgang: Pioniere des öffentlichen Bibliothekswesens: Heinrich von Stephani, Julius von Massow und Karl Benjamin Preusker, Wiesbaden 1969.
20 | So gründete zum Beispiel Preusker 1828 zusammen mit dem Arzt Emil Reiniger mit der Großenhainer Schul- und Bürgerbibliothek die erste öffentliche Bürgerbibliothek Deutschlands. 1830 folgte die Einrichtung einer beruflichen Sonntagsschule für Lehrlinge und Gesellen. Zwei Jahre später rief er zur Fortbildung der Gewerbetreibenden in Großenhain einen Gewerbeverein ins Leben. Diese Bildungsprojekte wurden begleitet von praktischen Einrichtungen, wie etwa einer Sparkasse, einer Kinderbewahranstalt für berufstätige Frauen oder auch der Einführung einer Straßenbeleuchtung. Preuskers Projekte hatten einen beispielhaften Charakter, wurden durch seine vielfältigen Publikationen überregional bekannt gemacht und vielfach nachgeahmt. So führen beispielsweise zahlreiche öffentliche Bibliotheken und Gewerbeschulen in Deutschland und in der Schweiz ihre Gründung auf die Anregungen Preuskers zurück.

Philanthropismus und den utilitaristischen Bildungsgedanken Johann Heinrich Campes,[21] auch durch die Humanitätslehre Johann Gottfried Herders[22] sowie durch freimaurerische Pädagogik und Gesellschaftstheorie geprägt.[23]

Preusker war davon überzeugt, dass ein breiter Wissenstransfer, insbesondere in die mittleren und unteren Schichten die Grundvoraussetzung eines ökonomischen Fortschrittes sei, der alle Gruppierungen der Gesellschaft gleichmäßig berührt. Der offene Zugang zu aktuellen Informationen und die Möglichkeit beständiger Weiterbildung für jedermann sei für den bisher noch weithin wissenschaftsfernen und zunehmend in prekäre Lebensverhältnisse abrutschenden Mittelstand existentiell geworden – und damit für die »Nationalökonomie« insgesamt. Dazu sei allerdings eine »wahre« und »wohlthätige Volksbildung« notwendig, welcher von »Privatpersonen einzeln oder mittelst gemeinnütziger Vereine« durch vielfältige Initiativen der Weg geebnet werden sollte.[24] Nicht zuletzt sollten aber auch der Staat und seine Behörden durch legislative und finanzielle Unterstützung tätig werden.[25]

Der Kameralist Preusker erkannte weitere Probleme: Die mentalen und pragmatischen Gräben zwischen Wissenschaft und Industrie, zwischen Gelehrtenstand und Gewerbetreibenden galt es im Interesse eines beiderseitigen Aus-

---

21 | Weiterführend: Christa Kersting: Die Genese der Pädagogik im 18. Jahrhundert. Campes »Allgemeine Revision« im Kontext der neuzeitlichen Wissenschaft, Weinheim 1992.
22 | Preuskers Humanitätsideen gründeten sich ab 1836 insbesondere auf die Rezeption von Herder, Johann Gottfried: Ideen zur Philosophie der Geschichte der Menschheit, Riga/Leipzig 1784–1791; Ders.: Briefe zur Beförderung der Humanität, Riga 1793–1797. Vgl. hierzu auch Preusker, Karl Benjamin: Der Herderolith. Mittheilungen im Scherz und Ernst für Natur- und Gewerbsfreunde und solche die es nicht sind, Großenhayn 1836; Kessler, Martin: »Bürgerliche Werte« und »Werte der Menschheit« in den Predigten Herders, in: Hans-Werner Hahn/Dieter Hein (Hg.), Bürgerliche Werte um 1800. Entwurf – Vermittlung – Rezeption, Köln 2005, S. 69–94.
23 | Bereits seit 1814 war Preusker Mitglied der Bautzener Loge »Zur Goldenen Mauer«, 1818 wurde er in der Loge »Balduin« in Leipzig zum ersten Mal mit der Idee einer gewerblichen Sonntagsschule bekannt gemacht. Preuskers weitverzweigte und einflussreiche Netzwerke gründeten sich vielfach auf freimaurerische Verbindungen und Sozialität. Vgl. V. Gedrath: Traditionen, S. 101–178, hier insbesondere S. 140–146; O. Frohberg: Sonntagsschule, S. 13 f. Vgl. zu freimaurerischen Gesellschaftsideen weiterführend Neugebauer-Wölk, Monika: Esoterische Bünde und bürgerliche Gesellschaft. Entwicklungslinien zur modernen Welt im Geheimbundwesen des 18. Jahrhunderts, Göttingen 1995, S. 5–25.
24 | Vgl. in diesem Zusammenhang auch: Tschopp, Silvia Serena: Popularisierung gelehrten Wissens im 18. Jahrhundert. Institutionen und Medien, in: Richard van Dülmen/Sina Rauschenbach (Hg.), Macht des Wissens. Die Entstehung der modernen Wissensgesellschaft, Köln 2004, S. 469–490.
25 | K. Preusker: Andeutungen, S. 195 f.

tausches und einer prosperierenden Volkswirtschaft zu überbrücken. Neben der Veränderung staatlicher Einrichtungen wie Zoll- oder Zunftwesen seien vor allem die mentalen Grenzen des traditionellen Standesdenkens zu überwinden.[26] Dieses begriff wichtige Erkenntnisse der Wissenschaften nach wie vor als ein »Eigenthum« des Gelehrtenstandes, dessen »Entweihung« man durch die Öffnung zur profanen Ebene des »thätigen Lebens« befürchtete.[27] Streng wissenschaftliche Publikationsformate und Sprache würden eine Wissenszirkulation in breiten Schichten verhindern, wodurch Deutschland von England, Frankreich und den USA im Bereich der neueren Industrie bereits überholt worden sei. In diesen Ländern habe man schon früher darauf geachtet, die Fortschritte der Wissenschaften auf ihren Nutzen im praktischen Leben hin zu berücksichtigen.[28]

Neben diesem internationalen Konkurrenzdruck erkannte Preusker sehr deutlich, wie die Teilhabe oder Nichtteilhabe an den neuen naturwissenschaftlichen und technischen Erkenntnissen neben der alten ständischen Ordnung auch innerhalb der staatlichen Gemeinwesen und ihrer Ökonomien neue Machtmonopole begründete. War eine wissenschaftliche Bildung bisher nur ein »Monopol des Gelehrtenstandes«, so sei sie in jüngerer Zeit zunehmend auch auf »die höhern gewerbtreibenden Classen übergegangen«. Preusker leitete aus diesem Ungleichgewicht in der Wissenspartizipation die Entstehung ökonomischer und sozialer Verwerfungen her. Konkret handele es sich dabei um eine Auszehrung des Mittelstandes und eine wachsende Kluft zwischen wenigen Reichen einerseits und vielen Armen und Abhängigen andererseits:

> »Will man, wie schon angedeutet wurde, nur einzelne wohlhabende Bewohner im Staate fortschreiten lassen, dann bedarf es allerdings keiner Bemühung Anderer, keiner vom Staate und theilweise auch von Privatpersonen gewahrter Belehrung, Geldunterstützung und sonstiger Mitwirkung, denn eben jenen, dem begüterten Landwirthe, Fabrikbesitzer und Kaufmann etc. stehen wegen ihrer reichlichen Geldquellen und meist zugleich erlangter höheren Bildung und Einsicht genügende Mittel zu Gebote, um sich ihren Gewerbsbetrieb nicht nur zu sichern, sondern ihn auch möglichst zu erhöhen, so wie selbst den der

---

26 | Ebd., S. 11

27 | Ebd., S. 5: »Hauptsächlich sind es die zugleich zur Grundlage der Gewerbe oder sogenannten niedern Cameralwissenschaften dienenden Natur- und mathematischen Wissenschaften, deren Anwendung im thätigen Leben, wenn sie auch von deutschen Gelehrten fleißig bearbeitet wurden, dennoch früher nicht oder nur wenig von den Gewerbtreibenden erfolgte, da die Erstern und Letztern sich nicht genugsam befreundeten und jene Wissenschaften selbst mithin wenig praktischen Nutzen gewähren konnten. Die Gelehrten behandelten dieselben meist als ihr Eigenthum und in streng wissenschaftlicher Form welche die Handwerker nicht verstanden; nur in neuerer Zeit fing man an, sie auch für Nichtgelehrte verständlich vorzutragen«.

28 | Ebd.

Minderbegüterten an sich zu ziehen und nach und nach dadurch das zu bewirken, was bereits [...] erwähnt wurde, nämlich die Existenz einzelner wenigen Reichen und auf Jeden derselben zu rechnende Hunderte oder Tausende von ihnen abhängigen Armen, mithin das allmählige Verschwinden des nöthigen Mittelstandes.«[29]

Solchen Fehlentwicklungen gelte es entgegenzuwirken. Der »wahre Nationalwohlstand« sei nämlich dadurch gekennzeichnet, dass seine »Verbreitung über eine möglichst große Anzahl der Staatsbürger« gesichert sei. Dazu müsse man »auf die Gesamtmasse wirken; auch Mindergebildete und Minderbemittelte durch Darbietung und Erleichterung der Hilfsmittel zum eignen Fortschreiten, zur Betretung einer höhern Stufe begünstigen.«[30] Um dies zu erreichen, sei die staatliche und ehrenamtliche Förderung vielfältiger Einrichtungen notwendig: Neben Gewerbebibliotheken und Gewerbemuseen, Versuchsanstalten, Ausstellungen oder der Gewährung von Prämien, Preisen und Geldzuschüssen für besondere Leistungen gelte es, die Gründung städtischer Gewerbevereine und »einflußreicher Landesvereine« zu befördern. Insbesondere sollte aber die Gründung von gewerblichen Bildungsanstalten »von den Sonntags- niedern Gewerb- und den Realschulen an, bis zu der polytechnischen Hochschule« diesem Ziel dienen.[31] Diese gewerblichen Schulen sollten die tradierten, auf Praxis- und Erfahrungswissen beruhenden Formate der Berufsausbildung für die Vielfalt neuen theoretischen Wissens aus dem Bereich der Natur- und Technikwissenschaften öffnen:

»Statt daß die Gewerbbetreibung früher meistens auf alleinige, nur durch praktische Erlernung bei einem Lehrmeister und durch eigene mühvolle und kostspielige Erfahrungen erlangte Fertigkeit, ohne Berücksichtigung wissenschaftlicher Grundlagen beschränkt war, erfordert sie jetzt, wofern sie zeitgemäß und vorteilhaft erfolgen soll, im Allgemeinen eine weit höhere wissenschaftlich-technische Ausbildung, sowie gleiche, unausgesetzte Fortbildung der damit beschäftigten Personen, insofern diese nicht zu den nur allein der Handfertigkeit und Uebung benöthigten Arbeiten gebraucht werden.«[32]

Als ein grundlegendes Hindernis gegenüber der forcierten freien Entfaltung des aufstrebenden Gewerbestandes erkannte Preusker langlebige mentale Strukturen, die dem ständischen System entsprangen und gegen die es, dem ökonomischen Fortschritt zuliebe, anzugehen galt. Dazu gehörte die nach wie vor verbreitete Geringschätzung der meisten Zweige des Gewerbestandes überhaupt. Diese seien nur für die niederen Klassen geeignet, der Höherstehende und Talentiertere

---

29 | Ebd., S. 195.
30 | Ebd., S. 195 f.
31 | Vgl. ebd.
32 | Vgl. ebd., S. 2.

sei hingegen für den Gelehrten- oder Militärstand bestimmt. Preusker verwies auf die Vorbilder Österreich und England, wo schon länger geachtete adlige Namen unter Kaufleuten und Fabrikunternehmern zu finden waren, und konstatierte etwas polemisch einen nur langsamen mentalen Wandel in den deutschen Gebieten:

»[...] nicht mehr glaubt der Gelehrte, Beamte, Offizier sich gekränkt, wenn er die Söhne nicht seine eigene, sondern nur eine gewerbliche Laufbahn betreten lassen kann und seltner als sonst wenden Bürger und Landleute den letzten Nothpfennig daran, um ihre Lieblinge auf die Universität schicken zu können.«[33]

Die anhaltende Hochschätzung der geisteswissenschaftlichen Fächer, des Gelehrtenstandes und der bisher damit verbundenen sozialen Aufstiegsmöglichkeiten schien Preusker ein besonderer Dorn im Auge, entzog sie doch dem Gewerbestand viele der dringend benötigten talentierten Köpfe. Verantwortlich für die Begünstigung dieser angeblichen »Studierwuth« sei unter anderem auch das im Vergleich zu den Nachbarländern relativ hoch entwickelte niedere Schulwesen der Volksschulen und städtischen Lateinschulen, wo mit dem talentierteren Teil der Jugend recht früh auf gelehrte Bildung hingearbeitet worden sei, und »oft nicht im mindesten berücksichtigt wurde, daß die Mehrzahl der Schüler für technische Gewerbe bestimmt waren und ganz anderer Kenntnisse als der darin gelehrten bedurften«.[34] Preusker sparte nicht mit Kritik an dem traditionellen geisteswissenschaftlich orientierten Bildungskonzept:

»[...] schon der zarteste Knabe wurde statt zur richtigen deutschen Sprachkenntniß, zur Erlernung des Lateinischen, wohl auch Griechischen angewiesen und glaubte sich im Besitz einiger Worte und Phrasen schon zum Gelehrtenstande berufen. Wer sich irgend einige Bildung verschaffen wollte, war genöthigt, aus Mangel an früher nicht gekannten höhern Bürger-, Real-, und Gewerbschulen, gelehrte Mittelschulen, Gymnasien und Lyceei, wenigstens die höhern Classen der lateinischen Stadtschulen zu besuchen, wo nur auf gelehrte Bildung hingearbeitet [...] wurde«.[35]

Preusker räumte allerdings ein, dass die Scheu der höheren Stände vor dem Gewerbestand und einem damit verbundenen sozialen Abstieg und Ansehensverlust in der Vergangenheit nicht ganz unbegründet gewesen sei. Er führte dies auf die bisherige geringe Bildung der Handwerker und Gewerbetreibenden, die damit oft verbundene »unschickliche Behandlung der Lehrlinge« und »andere Mängel und Mißbräuche« zurück, die nun »durch die rationelle Ausbildung des Gewerbsbe-

---

33 | Ebd., S. 11.
34 | Ebd., S. 12.
35 | Ebd.

triebs« aber alle nach und nach einer höheren Achtung des Gewerbes als eines »Hauptbestandtheil des Staates« weichen würden.[36]

Die wissenschaftlich-technische Rationalisierung und Professionalisierung der Gewerbezweige sei es, die auch »dem geistreichsten Kopfe genügende Beschäftigung und zugleich Gelegenheit gibt, sich reichliches Auskommen, Ehre und Auszeichnung zu erwerben«. Unter diesen Umständen sah Preusker eine eigene »Cultur des Gewerbwesens« heranreifen und diesen Bereich für die höheren Stände immer attraktiver werden.[37]

Die erhoffte neue Attraktivität des aufstrebenden Gewerbestandes spielte Preusker rhetorisch geschickt gegen die angesehenen und arrivierten höheren Standesgruppen der Geistlichen, Gelehrten, Beamten und Militärs aus, indem er das herkömmliche Streben nach höherer akademischer und geistlicher Bildung und deren Einsatz für das Gemeinwesen in Kirche und Staat mit all seinen Problemen (Stellenmangel, unsicherer Verdienst, Repräsentationszwänge, seelische Belastungen des Berufes) den Vorteilen des Gewerbestandes gegenüberstellte. In freundlichen Farben zeichnete Preusker das ›Idyll‹ eines florierenden Gewerbes, welchem sich talentierte Köpfe ebenso gut widmen könnten. Als gut ausgebildete, geschickte Geschäftsmänner könnten sie »lebensfrohe, geachtete und begüterte Bürger und glückliche Familienväter« werden.[38] Gegen die Ideale traditioneller Bildungs- und Ehrkonzepte der ständischen Gesellschaft argumentierte Preusker mit einer »effiziensorientierten Schaffensethik«,[39] welche die Frage nach der He-

---

36 | Ebd.

37 | Ebd.: »Bei einer solchen werden höhere Stände sich immer mehr bewogen finden ihre Söhne wenn sie Neigung zu technischen Beschäftigungen besitzen selbst zur Betretung dieser Laufbahn zu veranlassen und manche gebildete bemittelte und talentvolle Jünglinge zu ihrem Wohle für das ganze Leben sich einer Beschäftigung widmen die in früherer Zeit für sie nicht schicklich gehalten worden wäre.« Vgl. in diesem Kontext auch Roth, Ralph: Wirtschaftsbürger als Werteproduzenten, in: Hans-Werner Hahn/Dieter Hein (Hg.), Bürgerliche Werte um 1800. Entwurf – Vermittlung – Rezeption, Köln 2005, S. 95-120.

38 | K. Preusker: Andeutungen, S. 13: »Der aufmerksame Beobachter wird bei Vergleichung der innern Verhältnisse der verschiedenen Stände finden, daß sich auch noch jetzt der alte Spruch bestätigt, daß ein Handwerk einen güldenen Boden habe, freilich aber auch nur dann, wenn es mit Fleiß, Sachkenntnis und stets fortschreitender Umsicht betrieben wird; er wird ferner finden, daß die wahre, das Leben beglückende Zufriedenheit nicht an einen Stand gebunden ist, sondern nur auf das Bewußtseyn gnügender Erfüllung der Pflichten in einem jeden Berufe beruht und daß dieselbe oft weit mehr in den Werkstätten fleißiger und zugleich einsichtsvoller und gebildeter Gewerbsleute zu finden ist, als in den nicht selten durch äußern Schein blendenden Verhältnissen höher Gestellter.«

39 | W. Müller: Aufklärung, S. 83. Vgl. auch: Hein, Dieter: Arbeit, Fleiß, Ordnung, in: Hans-Werner Hahn/Ders. (Hg.), Bürgerliche Werte um 1800. Entwurf – Vermittlung – Rezeption, Köln 2005, S. 239-252.

bung und Sicherung des Gemeinwohls durch die Konzentration auf eine prosperierende Nationalökonomie beantwortete. Als individueller Sinnhorizont für den einzelnen Gewerbetreibenden diente bei diesem Entwurf die materielle Absicherung eines bürgerlichen Familienlebens.[40]

Preuskers Verständnis von Gemeinwohl gründete demnach vor allem auf der Idee einer nach rationalen Prinzipien funktionierenden und prosperierenden Volkswirtschaft, deren verschiedene Gewerbezweige sich im steten Austausch mit den Wissenschaften professionalisieren und die Gewerbetreibenden entsprechend aus- und beständig weiterbilden. Die freie Zirkulation von Wissen und Informationen sollte dabei auch die breiten bildungsfernen und materiell benachteiligten Schichten des gewerblichen Mittelstandes durch entsprechende Einrichtungen, Projekte und Förderungen stärken.

BILDUNG UND RELIGION: DER PFARRER UND ERZIEHUNGSREFORMER KARL GOTTLOB HERGANG

Preuskers Gemeinwohlverständnis beschränkte sich noch weithin auf ein diesseitsorientiertes Nützlichkeitsdenken und einen vernunftgeleiteten Fortschrittsoptimismus. Als umtriebiger Netzwerker und prominenter Wortführer in den Kreisen des aufstrebenden mitteldeutschen Wirtschaftsbürgertums sparte er nicht mit Kritik an überkommenen ständischen Mentalitäten, dem amtskirchlichen Bildungssystem und dem Gelehrtenstand als bisheriger Traditionsmacht.

Dass sich deren Vertreter gegenüber solchen Diskursen zu Wort meldeten, ein eigenes Problembewusstsein entwickelten, Beobachtungen und Interpretationen anstellten und entsprechende Projekte entwarfen, mag nicht verwundern. Auch dass die zunehmende Unterweisung der breiten Bevölkerungsschichten in dem für Beruf und Ökonomie notwendigen weltlichen Sachwissen nun einen festen Platz neben dem geistlich-religiösen Unterricht beanspruchen sollte, blieb dabei nicht unwidersprochen. Vielmehr entstand eine rege und grundlegende Diskussion um Ziele und Inhalte der Elementarschulbildung, um die Rolle von christlicher Religion, Naturwissenschaften oder Wirtschaft als Bildungsinhalte für zukünftige Generationen und damit für das ›gemeine Beste des Vaterlandes‹.[41] Die Auseinandersetzung mit dem Vorwurf der Verweltlichung des nach wie vor

---

40 | Vgl. K. Preusker: Andeutungen, S. 13. Vgl. zudem Deinhardt, Katja/Frindte, Julia: Ehe, Familie und Geschlecht, in: Hans-Werner Hahn/Dieter Hein (Hg.), Bürgerliche Werte um 1800. Entwurf – Vermittlung – Rezeption, Köln 2005, S. 253-272.
41 | Zu dieser fast das gesamte 19. Jahrhundert hindurch zwischen den sogenannten Realisten und Humanisten geführten Debatte vgl. Daum, Andreas: Wissenschaftspopularisierung im 19. Jahrhundert. Bürgerliche Kultur, naturwissenschaftliche Bildung und die deutsche Öffentlichkeit 1848-1914, München ²2002, S. 51-64.

kirchlichen Schulwesens und damit der ethischen und moralischen Austrocknung der nachwachsenden Generationen erneuerte allerdings langfristig auch das Bewusstsein für die Rolle religiöser und ethischer Lehrinhalte und schärfte das religiöse Profil der Schulen.

Im Folgenden wird mit dem Bautzener Pfarrer und Erziehungsreformer Karl Gottlob Hergang ein einflussreicher zeitgenössischer Vertreter des kirchlichen Schulwesens zu Wort kommen und dessen Konzept einer »Sonntagsschule für Gesellen und Lehrlinge der Künstler und Handwerker« in Bautzen aus dem Jahr 1830 vorgestellt.[42] Karl Gottlob Hergang wurde 1776 in Zittau als Sohn eines Beutelmachers und Hochzeitsbitters geboren, besuchte das Gymnasium seiner Heimatstadt und studierte zwischen 1797 und 1801 in Leipzig Theologie und Philosophie. Sein Studium war geprägt vom Einfluss rationaler Theologen wie Johann Georg Rosenmüller (1736–1815) oder Karl August Gottlieb Keil (1754–1818). Früh setzte sich Hergang mit neuen Ansätzen der Pädagogik auseinander und studierte bei den bekannten Theologen und Pädagogen Karl Gottlieb Plato (1757–1833) und Wilhelm Christian Dolz (1769–1843), den Gründern der 1797 ins Leben gerufenen Pädagogischen Gesellschaft in Leipzig. Nach dem Studium erwarb er sich in seiner Heimatstadt Zittau bei mehreren angesehenen Familien als Hauslehrer besondere Achtung. Mit der 1806 in Zittau begonnenen Reform des Schulwesens erhielt Hergang eine Stelle an der zunächst provisorisch eingerichteten Bürgerschule. Einige Jahre darauf wechselte er nach Bautzen als Katechet und Prediger zu St. Maria und Martha, rückte 1831 ins Archidiakonat auf, promovierte 1841 noch zum Doktor der Theologie und wirkte dort bis zu seinem Tod im Jahr 1850. Seit 1810 war Hergang Mitglied der Oberlausitzischen Gesellschaft der Wissenschaften zu Görlitz, die heute noch Teile seines handschriftlichen Nachlasses verwahrt.[43] Die Pädagogische Realenzyklopädie bezeichnete ihn 1847 als »einen der thätigsten und verdienstvollsten unter den neueren pädagogischen Schriftstellern«.[44] Hergang publizierte verschiedene Lehrbücher, Katechesen sowie Anleitungen und Ratgeber für Lehrer und Eltern. Er thematisierte in zahlreichen Predigten, Zeitschriftenartikeln und Schulreden bildungspolitische und pädagogische Fragen der Zeit. Und er beteiligte sich an den zeitgenössischen gelehrten Diskursen und verbreitete aktuelle theologische, bildungs- und erziehungsreformerische Ideen in Sachsen und in der Oberlausitz. Neben einer Vielzahl kleinerer Schriften arbeitete er dauerhaft an mehreren pädagogischen Zeitschriften mit,

---

42 | Archiv der Oberlausitzischen Gesellschaft der Wissenschaften (im Folgenden A-OLGdW), VII.B.77, Nr. 1058: Hergang, Karl Gottlob: Einfacher Entwurf zur Einrichtung einer Sonntagsschule für Gesellen und Lehrlinge der Künstler und Handwerker. Statuarische Abhandlung auf das Jahr 1830/31, Bautzen 1830.
43 | Vgl. Lebensbeschreibung Karl Gottlob Hergang, in: Lausitzisches Magazin 27 (1850), S. 67 f.
44 | Pädagogische Realenzyklopädie, Band 2, Grimma 1847, S. 38.

redigierte einige Bände der in den 1840er Jahren erscheinenden Pädagogischen Realenzyklopädie und veröffentlichte 1848 zwei Bände mit »Lebensschilderungen achtungswerther Pädagogen und Schulmänner«.[45]

Hergang war Vertreter eines auf der Basis neuer pädagogischer Erkenntnisse und Ansätze reformwilligen kirchlichen Schulwesens. Im Gegensatz zu den relativ liberalen Ansätzen Preuskers gründeten sich Hergangs erneuerte Schul- und Bildungskonzepte weiterhin zentral auf das religiöse Fundament des christlichen Glaubens. Sie sollten sich institutionell auch weiterhin im gewohnten Rahmen kirchlicher Zuständigkeit und Kontrolle verwirklichen. Hergang erkannte, dass das herkömmliche kirchliche Volksbildungswesen auf die Probleme und Erfordernisse der aktuellen Zeiterscheinungen Antworten zu finden habe und dieses Feld nicht allein den Freimaurerlogen, Gewerbevereinen und anderen profanen Einzelinitiativen überlassen könne.

Seinen Entwurf einer Sonntagsschule für Handwerksgesellen und Lehrlinge in Bautzen verfasste er 1830.[46] Er stützte sich dabei auf Vorbilder anderer deutscher Regionen – etwa auf die Schulverfassung des Königreiches Bayern aus dem Jahr 1813 oder auf Schulordnungen der benachbarten Städte Zittau und Löbau, wo bereits erste Sonntagsschulen eingerichtet worden waren. Hergang schrieb:

---

45 | Als Publikationen Karl Gottlob Hergangs sind neben zahlreichen theologischen Schriften in diesem Zusammenhang zu nennen Hergang, Karl Gottlob: Handbuch der pädagogischen Literatur. Ein literarischer Wegweiser [...] mit kritischen Bemerkungen und anderen Notizen, Leipzig 1840; Ders.: Kleine Gymnastik der Sinnen- und Seelenkräfte. Oder Vorübungen des Unterrichts zum Gebrauche für Väter und Erzieher, o. O. 1806; Ders. (Hg.): Paedagogische Real-Encyclopaedie oder encyclopaedisches Woerterbuch des Erziehungs- und Unterrichtswesens und seiner Geschichte für Lehrer an Volksschulen und andern Lehranstalten, für Eltern und Erzieher, für Geistliche, Schulvorsteher und andere Freunde der Pädagogik und des Schulwesens, 4 Bände Grimma 1843–1852; Ders. (Hg.): Biographien oder Selbst- und Lebensschilderungen achtungswerther Pädagogen und Schulmänner, 2 Bände, Bautzen 1848; Ders.: Vertraute Briefe eines Vaters an seine reifende Tochter. Eine Geburtstags- und Weihnachtsgabe, o. O. 1830; Ders.: Stimmen der Religion an junge Christen bei ihrer Confirmationsfeier. Oder Reden und Lieder bei Confirmationshandlungen, 2 Bände. o. O. 1828; Ders.: Historisch-geographische Räthsel, Zittau 1808; Ders.: Kleine interessante Reisen, Zittau 1811; Ders.: Lehrreiche Unglücksfälle, Zittau 1811. Neben vielfältigen Zeitschriftenbeiträgen war Hergang als Herausgeber an acht Heften der »Allgemeinen pädagogischen Zeitschrift« beteiligt, erschienen in Bautzen 1839, sowie – zusammen mit Johann Gottlieb Dreßler und Christian Adolph Peschek – an einem Jahrgang der Pädagogischen Abhandlungen, erschienen 1840 in Bautzen.

46 | Dies geschah im selben Jahr, dem auch Preusker in Großenhain eine der ersten gewerblichen Sonntagsschulen in Sachsen initiierte. Zur weiteren geschichtlichen Entwicklung der Gewerbe- bzw. Sonntagsschule in Bautzen vgl. Reymann, Richard: Geschichte der Stadt Bautzen, Bautzen 1902, S. 461–465.

»§ 1 Der Zweck der Sonntagsschule für Gesellen und Lehrlinge ist kein anderer, als den mit dem Austritt aus der Schule geschlossenen Unterricht derselben fortzuführen, zu erweitern, zu berichtigen, zu ergänzen. [...] Zu den Sonntagsschulen sollen aufgenommen werden: a) die Handwerksgesellen, b) die Lehrlinge, und c) alle jungen Leute männlichen und weiblichen Geschlechtes.«[47]

Bei Aufnahme in die Sonntagsschule sollten die einfachen Grundrechenarten und die Grundlagen im Lesen und Schreiben beherrscht werden, andernfalls war zuvor eine gesonderte Nachhilfe zu absolvieren. Die Sonntagsschule fand an allen gewöhnlichen Sonntagen statt. Ausgenommen davon waren die Feiertage und die drei höchsten Kirchenfeste (Ostern, Weihnachten, Pfingsten). Die Unterrichtsstunden der Sonntagsschule sollten sich keinesfalls mit den sonntäglichen Gottesdiensten am Vormittag oder mit der wöchentlichen öffentlichen Prüfung der Schulkinder durch den Pfarrer am Nachmittag überschneiden. Wie viele Unterrichtsstunden die Sonntagsschule umfassen sollte, könne nach örtlichen und individuellen Bedürfnissen der Zöglinge entschieden werden.[48] Gesellen und Lehrlinge beziehungsweise Meister und Eltern sollten monatlich zwei Groschen in die Kasse der Sonntagsschule geben. Der Zögling verpflichtete sich zum regelmäßigen Besuch der Unterrichtsstunden und akzeptierte, so Hergang, einige Gesetze und Regeln der guten Ordnung, die eine solche Einrichtung benötige.[49]

Den Zweck der Sonntagsschule sah der kirchliche Erziehungsreformer Hergang in einer schulergänzenden Vermittlung von nützlichem Realienwissen, die ihren engen Konnex zu religiös-ethischer Bildung nicht aufgab:

»§ 7 Der Zweck der Sonntagsschule bestimmt auch die Lehrgegenstände derselben, nämlich Lesen, Schreiben, Rechnen und andere nützliche Kenntnisse, um immer brauchbarer und nützlicher; und Religionslehre, Christenthum, um immer christlich erleuchteter, besser und dadurch gottgefälliger und glückseliger zu werden.«[50]

Das Lesen mit »Verstand und Ausdruck«[51] sollte mithilfe eines allgemeinen Lesebuches – wo nicht vorhanden anhand der Bibel bzw. eines Gesangbuches – geübt werden. Zum Schreibunterricht sollten Schönschreiben, Rechtschreibung und Grammatik durch das Diktieren von Aufsätzen aller Art geübt werden. Vor allem sollten gewerbliche Schreibformate kennengelernt werden, die für den Handwerker unentbehrlich seien, etwa Schuldschreiben, Quittungen oder Speditions-

---

47 | K. G. Hergang: Entwurf, S. 2 f.
48 | Vgl. ebd., S. 3 ff.
49 | Ebd., S. 4 f.
50 | Ebd., S. 5.
51 | Ebd., S. 5 f.

briefe.⁵² »Das Zeichnen wird vom einfachen Linien-Zeichnen, bis zur feinen Handzeichnung und selbst bis zum architektonischen Zeichnen nach Bedürfnis der Schüler übergeben.«⁵³ Beim Rechnen seien Kopfrechnen, die Grundrechenarten und die Regeln der Zins- und der Proportionsrechnung auf der Tafel einzuüben, daneben Erklärungen über Geldwert und Gewichte – eben so viel, wie man »für das bürgerliche Leben und die bürgerlichen Geschäfte« benötige.⁵⁴

Die sogenannten »gemeinnützigen Kenntnisse«, die Hergang vermitteln wissen wollte, erinnern stark an die Inhalte pastoral-volksaufklärerischer Bestrebungen dieser Zeit.⁵⁵ Hergang formulierte:

»§ 11 Die gemeinnützigen Kenntnisse werden durch Erwählen des Lehrers den Zöglingen beizubringen sein. Hierzu werden besonders moralische und solche Ermahnungen und Lehren gehören, welche zur Bildung des Geistes, aber auch des Leibes und des äußerlichen Betragens beitragen.«⁵⁶

Zu den Grundlagen gehörte dabei zunächst – und entgegen älteren, als abergläubisch abgelehnten Vorstellungen – die gemeinsame Einübung moderner naturwissenschaftlich-rationaler Welt- und Zeitkonzepte. So hieß es im Lehrplan weiter:

»Naturlehre und hiervon so viel, als zur Verbannung des Hexen- und Gespensterglaubens nöthig ist. Zunächst die Lehr von den gewöhnlichen Naturerscheinungen, begleitet mit Erzählungen, auch etwas von Sonne, Mond, Sternen und dem Kalenderwesen.«⁵⁷

Nicht zuletzt empfahl Hergang die Vermittlung praktischer Hinweise zur Landwirtschaft und zur ersten Hilfe im Rettungsfall – ebenfalls Inhalte aus dem Bereich der ländlichen Volksaufklärung.⁵⁸ Was neben den inhaltlichen Aspekten die

---

52 | Vgl. ebd., S. 6.
53 | Ebd., S. 7 f.
54 | Vgl. ebd., S. 6.
55 | In diesem Kontext vgl.: Warnke, Götz: Pfarrer als weltliche »Volkslehrer« – Motive und praktische Projekte, in: Holger Böning/Hanno Schmitt/Reinhart Siegert (Hg.), Volksaufklärung. Eine praktische Reformbewegung des 18. und 19. Jahrhunderts, Bremen 2007, S. 73–88.
56 | K. G. Hergang: Entwurf, S. 7.
57 | Ebd.
58 | Ebd.: »Naturgeschichte von den Haus- und anderen wohlbekannten Thieren, ihren Krankheiten, der Pflege derselben etc. Ob etwas von der Landwirtschaft, von der Obstbaumkultur, vom Pfropfen, Einäugeln und dergl. vorkommen soll, hängt wohl von besonderen Umständen ab. Allerdings wohl dürfte die Lehre von den Giften, verbunden mit lehrreichen Erzählungen von Vergiftungen, nicht zu übergehen seyn.«

materielle Frage betrifft, so würden Mobiliar, Unterrichts-, Zeichen- und Schreibgeräte auf Kosten der Schulanstalt angeschafft und an die unbemittelten Schüler kostenlos abgegeben. Die Besoldung der Lehrer, Heizung und Reinigung des Schulraumes sollten auf Kosten der Schule erfolgen.[59]

GEMEINWOHL DURCH BILDUNG: EIN FAZIT

Das Sonntagsschulkonzept des Bautzener Pfarrers Hergang, so dürfte deutlich geworden sein, unterscheidet sich noch beträchtlich von den weitreichenden ökonomieorientierten Überlegungen und Forderungen des Großenhainer Staatswissenschaftlers Preusker. Vor allem ist die weiterhin verhältnismäßig starke Gewichtung der religiösen und ethischen Unterweisung auffällig. Dies hat seinen Grund: In einer bildungspolitischen Predigt aus dem Jahr 1822 betonte Hergang bereits sein Konzept christlicher Bildung und Erziehung, in dem trotz aller Öffnung des niederen Schulwesens gegenüber weltlichen Lehrinhalten der geistliche Charakter erhalten bleiben sollte. Nach ausführlichen Bezugnahmen auf die biblischen und theologischen Grundlagen des christlichen Schulwesens[60] resümierte Hergang:

»Der christliche Menschenerzieher, gehöre er dem Hause oder der Schule an [...] soll die jungen, ihm anvertrauten Glieder der Menschheit durch Entwicklung und Ausbildung ihres edelsten Menschenwesens dem ewigen Urbilde und Vater aller Vollkommenheit und Güte im Denken, Wollen und Handeln immer näher bringen und sie damit zur Ähnlichkeit mit Gott ergeben, denn sie sind göttlichen Geschlechtes.«[61]

Von dieser Grundlage leitete er weiter eine Sorgepflicht des christlichen Staates für Bildung und Erziehung ab:

»Diese und keine andere Aufgabe ist nun auch dem christlichem Staate in Absicht auf seine christlichen Bürger gegeben. Denn ist der Mensch nun einmal durch Entwicklung seiner natürlichen, reinen Anlagen und Fähigkeiten zu einem verständigen und brauchbaren Wesen oder Mitgliede des Menschengeschlechtes und zu einem guten und auf das Ziel der Vergeistigung seines Wesens und der sittlichen Annäherung an den Unendlichen [...] erzogen und gebildet worden: dann wird er auch gewöhnlich für die übrigen Zwecke des Staates passen und die daraus sich ergebenden Gesetze und Pflichten versorgen und nachkom-

---

59 | Vgl. ebd., S. 8.
60 | Vgl. A-OLGdW, VII.B.56: Hergang, Karl Gottlob: Dürfen Eltern mit ihren Kindern machen, was sie wollen? Statuarische Abhandlung auf das Jahr 1822, Bautzen 1822, S. 7f.
61 | Ebd., S. 9

men. Ein guter Christ wird auch ein guter Mensch und ein gutes Familienglied und ein guter Bürger sein.«[62]

Neben der Rolle materieller Sicherheit im Rahmen einer funktionierenden Volkswirtschaft, wie sie der Kameralist Preusker ins Zentrum seiner Überlegungen stellte, erinnerte der Pfarrer und Reformpädagoge Hergang die Bedeutung religiöser Bildung als ethisches und geistliches Fundament sozialen Zusammenlebens in einem Staat: »Kirche und Schule, indem sie das Reich Gottes erbauen in den menschlichen Gemütern, so arbeiten sie sogleich für die obersten und heiligsten Zwecke des Staates.«[63]

Im beobachtbaren Rückgang »kirchlichen Gemeinsinnes« und der »ehrfurchtsvollen Einigkeit des Glaubens« unter seinen Zeitgenossen infolge verbreiteter Tendenzen zur Verweltlichung erkannte Hergang folglich auch eine Gefahr für das gemeine Wohl aller im Rahmen des Staatswesens.[64] Die Jugend – auf der Suche nach Freiheit und Ungebundenheit – sei im Begriff, sich im »betäubenden Getümmel des Weltlebens«[65] zu verlieren. Die Feiertagsheiligung und der Gottesdienstbesuch nähmen spürbar ab und das Interesse an weltlicher Zerstreuung und Geschäftigkeit nähme stetig zu, klagte Hergang und verwies auf die neue Kluft zwischen einer die Menschen verlockenden Vielfalt künstlerischer und wissenschaftlich-unterhaltsamer Vergnügungsangebote in überfüllten Sälen einerseits und einer sonntäglichen Kirchenscheu andererseits.[66] Mittelfristig habe die Konzentration der Aufmerksamkeit auf die diesseitigen und materiellen Dinge bereits zu »Leichtsinn […], Trägheit und Verstocktheit des Sinnes […], Vermessenheit […], Untreu und Unredlichkeit«, zu »alleinigem Trachten« sowie zu »Unfruchtbarkeit und Verzagtheit des Herzens« geführt. Hergangs geistliche Zeitdiagnose lautete deswegen: Gemeinsinnsverlust durch Gottentfremdung. Und er rief – entgegen allem naturwissenschaftlich-technischen Utilitarismus der Zeit – die Bedeutung der Vermittlung ethischer Werte und höherer Sinnangebote im Rahmen eines religiös orientierten Bildungswesens ins Gedächtnis.[67]

---

62 | Ebd., S. 9 f.

63 | Ebd.

64 | Vgl. A-OLGdW, VI. 66: Hergang, Karl Gottlob: Die traurige Verschlimmerung unserer evangelischen Kirche. Eine Predigt, am 20 p. Trinitatis oder am Reformationsfeste des Jahres 1826 gehalten zu Budissin. Statuarische Abhandlung für das Jahr 1828, Bautzen 1828, S. 8 ff.

65 | Vgl. ebd., S. 14 f.

66 | Vgl. ebd., S. 17 ff. Zu diesem Phänomen vgl. auch Fauser, Markus: Wissen als Unterhaltung, in: Richard van Dülmen/Sina Rauschenbach (Hg.), Macht des Wissens. Die Entstehung der modernen Wissensgesellschaft, Köln 2004, S. 491–514.

67 | Vgl. K. G. Hergang: Verschlimmerung, S. 19 f.

Auch der bisher eher an ökonomischer Praxis orientierte Kameralist Karl Benjamin Preusker konnte sich bereits Mitte der 1830er Jahre solchen Einsichten, wie sie Hergang formulierte, nicht mehr entziehen. In der Folge schwenkte er stärker zurück auf eine allseitige geistige und geistliche Vervollkommnung des Individuums, welche mit dem ökonomisch-nutzorientierten Lernen einhergehen müsse: Ab 1836 verwies er in Schriften und Festvorträgen verstärkt auf Herders Humanitätslehre und stellte fest, dass bei den Aktivitäten zur Förderung der Volkswohlfahrt die materiellen Interessen zu stark beachtet, die allgemeine, intellektuelle und sittliche Bildung des Menschen dagegen vernachlässigt worden seien.[68] Preusker beendet darum sein eingangs bereits zitiertes Gedicht mit einer Würdigung der geistigen Kräfte und Tugenden des Menschen:

»Wollt ihr nicht Einzelner Wohl nur Plutus irdische Schätze
Pflegt auch Minerven's Gebiet in all' seinen einzelnen Strahlen
Wirkt für der Musen Gedeih und schützet auch Tugend und Sitte,
Blickt auf die Armuth herab, und helft mit vereinigten Kräften
Denn die glückliche Zeit erblüht nur harmonischem Ganzen.«[69]

---

68 | So etwa 1836 auf dem Stiftungsfest des Annaberger Gewerbevereins in Chemnitz, dem er die Festschrift »Der Herderolith« (siehe Anm. 22) widmete und die er als einen Überblick zur »Humanitäts- oder Menschenveredelungslehre Herders« konzipierte, sowie in: Preusker, Karl Benjamin: Förderungsmittel der Volkswohlfahrt in Bezug auf Wissenschaft, Kunst und Leben. Haus- und Handbuch für Jeden, welcher für sein und Anderer Wohl zu wirken wünscht, Bd. 1, Leipzig 1836 – einer Publikation in der er auf allseitige humanitäre und sittliche Bildung drang.
69 | Ders.: Gedicht, S. 1.

»Nur das Evangelium, nur die Kirche kann uns retten.«
Katholische Gemeinsinnsvorstellungen im Vormärz am Beispiel Johann Baptist Hirschers (1788–1865)

Norbert Köster

1. KATHOLIKEN UND DIE SOZIALE FRAGE IM VORMÄRZ

Unter den Akteuren auf dem Feld des Sozialen ist die universitäre Theologie vor dem Ende des 19. Jahrhunderts kaum zu finden. Diese war auf der einen Seite zu sehr in die wissenschaftstheoretischen Grundsatzdebatten ihrer Zeit eingebunden – etwa die Frage nach dem Verhältnis von Dogma und Geschichte, Vernunft und Glaube oder Natur und Übernatur. Auf der anderen Seite fehlte der Theologie weitgehend das Bewusstsein, dass die Antwort auf die soziale Frage einer theologischen Reflexion bedurfte. Einen ersten Schritt in diese Richtung setzte der katholische Moral- und Pastoraltheologe Johann Baptist Hirscher (1788–1865), der zunächst in Tübingen und ab 1837 in Freiburg lehrte.[1] Hirschers Motion im Badischen Landtag im Jahr 1848 stellt die erste Rede eines katholischen Universitätstheologen zur sozialen Frage dar, was bislang kaum gewürdigt wurde. In der Geschichtsschreibung der katholischen Soziallehre wird Hirscher in der Regel nicht, oder als Theologe des Übergangs allenfalls am Rand erwähnt.[2] Dies ist umso bedauerlicher, als sich mit Hirscher als erster ein »liberaler« Theologe zu Wort gemeldet hat und so das allgemeine Verdikt, die katholische Soziallehre

---

1 | Vgl. zu Hirscher Köster, Norbert: Der Fall Hirscher. Ein Spätaufklärer im Konflikt mit Rom?, Paderborn 2007.
2 | Vgl. Bäumer, Remigius: Der Freiburger Theologe Johann Baptist Hirscher und die soziale Frage. Ein Beitrag zur Geschichte des deutschen Sozialkatholizismus, in: Erich Hassinger/ J. Heinz Müller/Hugo Ott (Hg.), Geschichte – Wirtschaft – Gesellschaft. Festschrift für Clemens Bauer zum 75. Geburtstag, Berlin 1974, S. 282–301, hier S. 287, 299.

gehe allein auf den konservativen und ultramontanen Katholizismus zurück, sicher zu korrigieren ist. Im Folgenden soll gezeigt werden, dass Hirscher bereits 1848 alle Prinzipien zu Grunde legte, die ab 1891 der Sache nach in die offizielle Soziallehre der katholischen Kirche aufgenommen wurden.

In der ersten Hälfte des 19. Jahrhunderts konzentrierte sich die katholische Erörterung der sozialen Frage in Deutschland noch auf wenige Namen: Adam Heinrich Müller (1779–1829), Franz von Baader (1765–1841) und Franz Joseph Ritter von Buß (1803–1878).[3] Der 1805 zum Katholizismus konvertierte Jurist und Diplomat Adam Heinrich Müller[4] stellte in seinen Vorlesungen die soziale Sicherheit heraus, die die ständische Gesellschaft ermöglicht habe.[5] Daher forderte er 1819 die Eingliederung der Arbeiter in den freien Bürgerstand. »Sparbanken« sollten die finanzielle Situation der Arbeiter verbessern.[6] Im Kern trug Müllers Gesellschaftskonzept damit nicht mehr herrschafts-, sondern berufsständische Züge.[7]

Der Bergbauingenieur Franz von Baader[8] stieg in der bayerischen Verwaltung auf und war theologischer und philosophischer Autodidakt, ab 1826 wirkte er als Honorarprofessor an der Universität München. Er gehörte zum Kern des Münchener Görres-Kreises. Im Jahr 1835 ging er in einer kleinen Schrift auf die starke Diskrepanz zwischen dem Einkommen der Unternehmer und dem der Arbeiter ein.[9] Die Ursache sah er in der Ablösung der Ständeordnung durch den rationalistischen Individualismus.[10] Er schlug nicht nur vor, dass die Arbeiterschaft

---

3 | Vgl. Spieker, Manfred: Zwischen Romantik und Revolution. Die Kirchen und die Soziale Frage im 19. Jahrhundert, in: Reinhold Mokrosch/Helmut Merkel (Hg.), Humanismus und Reformation. Historische, theologische und pädagogische Beiträge zu deren Wechselwirkung (= Arbeiten zur Historischen und Systematischen Theologie, Band 3), Münster 2001, S. 238–253, hier S. 245 f.

4 | Vgl. zu Müller Grözinger, Albrecht: Art. Müller, Adam Heinrich, in: Biographisch-bibliographisches Kirchenlexikon, Band VI, Sp. 233 f.

5 | Vgl. Stegmann, Franz J./Langhorst, Peter: Geschichte der sozialen Ideen im deutschen Katholizismus, in: Helga Grebing (Hg.), Geschichte der sozialen Ideen in Deutschland. Sozialismus – katholische Soziallehre – protestantische Sozialethik. Ein Handbuch (= Veröffentlichungen des Instituts für soziale Bewegungen, Schriftenreihe A, Darstellungen 13), Essen 2000, S. 597–862, hier S. 619.

6 | Vgl. ebd., S. 700 f.

7 | Vgl. ebd., S. 633.

8 | Vgl. zu Baader Lambert, Willi: Art. Baader, Franz von, in: Lexikon für Theologie und Kirche, 3. Auflage, Bd. 1, Sp. 1327 ff.

9 | Baader, Franz von: Ueber das dermalige Missverhältniss der Vermögenslosen oder Proletairs zu den Vermögen besitzenden Klassen der Societät in Betreff ihres Auskommens, sowohl in materieller, als intellektueller Hinsicht aus dem Standpunkt des Rechts betrachtet, München 1835.

10 | Vgl. F. J. Stegmann/P. Langhorst: Ideen, S. 618 f.

einen eigenen Stand bilden solle,[11] sondern auch, dass sie am Produktionsergebnis beteiligt werden müsse.[12] Arbeiter sollten sich ebenso zu Vereinen zusammenschließen wie Unternehmer,[13] im Kern sah er bereits den Rechtsanspruch auf eine Arbeitervertretung, die durch Spruchmänner die Anliegen der Arbeiter zu Gehör bringen sollte.[14] Bei der Reintegration der Arbeiter in die Gesellschaft maß er der Kirche die Rolle eines Advokaten der Arbeiterschaft zu. Für Baader wie für Müller war die soziale Frage vor allem ein religiöses Problem.[15]

Im Jahr 1837 hielt der Freiburger Staatswissenschaftler und Völkerrechtler Franz Joseph Buß,[16] eine treibende Kraft der ultramontanen Bewegung, in der zweiten Badischen Kammer seine berühmte »Fabrikrede«.[17] Sie gilt als die erste sozialpolitische Rede in einem deutschen Parlament.[18] Buß hielt an einer ständischen Ordnung fest, lehnte aber eine Orientierung am Mittelalter ab.[19] In seiner Rede würdigte Buß die Industrialisierung als Beitrag zum »Wohlstand der Nation«, prangerte aber sehr deutlich die Existenzunsicherheit, die unmenschlichen Arbeitsbedingungen und die Rechtlosigkeit der Arbeiter an.[20] Die Ursache für die Lage der Arbeiterschaft sah er im liberalen Wirtschaftssystem, das zwar durchaus Vorteile habe,[21] aber zu sehr von der harten Konkurrenz der Kapitalisten geprägt sei.[22] Er forderte daher eine staatliche Wirtschafts- und Sozialpolitik, wobei er zu Letzterer vor allem mit Blick auf Entlohnung und Arbeitsschutz sehr konkrete Forderungen stellte.[23] Auch er hielt die Bildung von Arbeitervereinen für ein wichtiges Mittel[24] und erwartete von der Kirche eine entsprechende Unter-

---

11 | Vgl. ebd., S. 634; R. Bäumer: Hirscher, S. 283.
12 | Vgl. F. J. Stegmann/P. Langhorst: Ideen, S. 666.
13 | Vgl. ebd., S. 687.
14 | Vgl. ebd., S. 701 f.
15 | Vgl. M. Spieker: Frage, S. 246.
16 | Vgl. zu Buß Hürten, Heinz: Art. Buß, Franz Joseph, in: Lexikon für Theologie und Kirche, 3. Auflage, Bd. 2, Sp. 820.
17 | Buß, Franz Joseph von: Ueber die mit dem fabrikmässigen Gewerbbetriebe verbundenen Nachtheile und die Mittel ihrer Verhütung. Eine Rede gehalten am 25. April 1837, Carlsruhe, 1837.
18 | Vgl. F. J. Stegmann/P. Langhorst: Ideen, S. 625; Herr, Theodor: Analyse des deutschen Einflusses auf Rerum novarum, in: Josef Ernst/Stephan Leimgruber (Hg.), Surrexit Dominus vere. Die Gegenwart des Auferstandenen in seiner Kirche. Festschrift für Erzbischof Dr. Johannes Joachim Degenhardt, Paderborn 1995, S. 409-421, hier S. 415.
19 | Vgl. F. J. Stegmann/P. Langhorst: Ideen, S. 635.
20 | Vgl. ebd., S. 625.
21 | Vgl. M. Spieker: Frage, S. 249.
22 | Vgl. R. Bäumer: Hirscher, S. 283 f.
23 | Vgl. F. J. Stegmann/P. Langhorst: Ideen, S. 666.
24 | Vgl. ebd., S. 688-690.

stützung.²⁵ Zehn Jahre später, 1847, äußerte der preußische Landtagsabgeordnete Peter Franz Reichensperger (1810–1892)²⁶ ähnliche Gedanken.²⁷ In der katholischen Presse²⁸ wie auch in der wissenschaftlichen Theologie wurde in diesen Jahren die soziale Frage noch kaum diskutiert.²⁹ Eine Ausnahme bildete jedoch Johann Baptist Hirscher.

2. Hirschers Motion im Badischen Landtag am 24. Februar 1848

Am 24. Februar 1848, als in Frankreich die Februarrevolution die Herrschaft des »Bürgerkönigs« Louis Philippe beendete, tagte in Karlsruhe die Erste Kammer des Badischen Landtages. Der Abgeordnete der Freiburger Universität, der damals weit über die Grenzen Badens hinaus bekannte katholische Theologe Johann Baptist Hirscher, machte von seinem Motionsrecht Gebrauch.³⁰ Ihm ging es dabei um die »socialen Zustände«:

> »Ich finde unsere socialen Zustände schwierig. – Mich schreckt die aus der unbeschränkten Gütertheilung ins Ungemessene anwachsende Armuth. Mich schmerzen die durch das Maschinenwesen so vielfach um ihren Erwerb gebrachten und täglich noch mehr bedrohten kleineren Gewerke; ich bedaure insbesondere die Tausende von betagten Wittwen und anderen Frauenspersonen, welche sich vordem durch die Handarbeit, namentlich durch Spinnen, nährten. [...] Was wird aus dem Mangel an Besitzthum, an Arbeit und Verdienst werden? [...] Sodann und weiter sehe ich die Zahl Derer, die reich werden wollen, ohne Arbeit – die reich werden wollen durch pfiffige Spekulationen, durch Handel mit Papier, durch Spiel ec., d. h. ich sehe die Zahl Deren, die reich werden wollen lediglich auf Kosten ihrer Mitbürger, im Zunehmen. Das sind Blutegel an dem Leibe der Gesellschaft. – Ich glaube ferner wahrzunehmen, daß sich der Reichthum in den Händen verhältnismäßig Weniger in bedrohlichem Maße anhäuft, dass der Mittelstand im Abnehmen, die Zahl der Besitzlosen

---

25 | Vgl. R. Bäumer: Hirscher, S. 283 f.
26 | Vgl. zu Reichensperger Fuchs, Konrad: Art. Reichensperger, Peter Franz, in: Biographisch-bibliographisches Kirchenlexikon, Bd. VII, Sp. 1505 f.
27 | Reichensperger, Peter Franz: Die Agrarfrage aus dem Gesichtspunkt der Nationaloekonomie, der Politik und des Rechtes, Trier 1847. Vgl. hierzu R. Bäumer: Hirscher, S. 285; F. J. Stegmann/P. Langhorst: Ideen, S. 626, 690.
28 | So beispielsweise in der Zeitschrift »Der Katholik«. Vgl. hierzu M. Spieker: Frage, S. 246; F. J. Stegmann/P. Langhorst: Ideen, S. 620.
29 | Vgl. R. Bäumer: Hirscher, S. 284 f.
30 | Verhandlungen der Stände-Versammlung des Großherzogthums Baden in den Jahren 1847-1848, Carlsruhe o. J., S. 191-207. Selbständig erschienen als Hirscher, Johann Baptist: Die Nothwendigkeit einer lebendigen Pflege des positiven Christenthums in allen Classen der Gesellschaft, Tübingen 1848.

und Armen dagegen in offenbarem Zunehmen ist. [...] Auf alle Fälle aber ist die im Zunehmen begriffene unnatürliche Vertheilung der Glücksgüter eben etwas Unnatürliches, und das Unnatürliche, wird es Bestand haben? So viel über unsere socialen Zustände.«[31]

Mit aller Deutlichkeit skizziert Hirscher in wenigen Sätzen die soziale Lage seiner Zeit. Bauernbefreiung und Gewerbefreiheit hatten soziale Sicherungen beseitigt, das Bevölkerungswachstum mit dem entsprechenden Überangebot an Arbeitskräften und die beginnende Industrialisierung verschärften vor allem auf dem Land die Situation.[32] Der weithin geltende schrankenlose Wirtschaftsliberalismus häufte zudem den Besitz in den Händen weniger an. In einem zweiten Schritt ging Hirscher auf die mit der sozialen Not einhergehende sittliche Verwahrlosung ein. Er fragte deswegen:

»Was ist zu thun? – Man hat seit Jahren aller Orten eine Masse von Anträgen gestellt, durch die den vorhandenen socialen Uebelständen gesteuert werden soll. Man hat mannigfache Gesetze gegeben und Einrichtungen getroffen, um dem Rufe nach Verbesserung entgegen zu kommen. Und gewiß ist der gute Wille und auch das vielfach gute Werk der Regierungen und Kammern mit dem aufrichtigen Danke anzuerkennen. Allein trotzdem sind unsere Zustände keine besseren, als die es sind, und werden es auch durch alle weiteren ähnlichen Gesetze und Einrichtungen allein nicht werden, denn das Uebel liegt tiefer.«[33]

Hirscher vertrat hier eine Grundposition, die bis zum katholischen Paradigmenwechsel unter dem Mainzer Bischof Wilhelm Emmanuel von Ketteler (1811–1877) Ende der 1860er Jahre verbreitet war: Eine Besserung der Zustände ist nur unmittelbar von den beteiligten Akteuren, nicht aber von der Gesetzgebung zu erwarten. Hirschers Äußerungen zur sozialen Frage wurden deshalb als »soziale Theologie« bezeichnet, die einen Übergang zur eigentlichen christlichen Soziallehre darstelle.[34] Dies verkennt aber, dass Hirscher in seiner Motion bereits auf alle wesentlichen Grundprinzipien hinwies, die für die katholische Soziallehre prägend werden sollten.

3. Hirschers Grundprinzipien gelingenden Gemeinsinns

Hirscher ging in seiner Motion vom 24. Februar 1848 zunächst auf die Rolle der Religion für die Gesellschaft überhaupt ein. Danach nahm er einzelne Aspekte in den Blick: die Rolle von Christentum und Familie, die Menschenwürde, die Unverletzlichkeit des Eigentums, die Aufgabe des Staates und die Bildung.

---

31 | Ebd., S. 6 f.
32 | Vgl. M. Spieker: Frage, S. 239 f.; N. Köster: Hirscher, S. 177.
33 | J. B. Hirscher: Nothwendigkeit, S. 11 f.
34 | Vgl. F. J. Stegmann/P. Langhorst: Ideen, S. 620.

3.1 Die Rolle des Christentums

Hirscher ist der Überzeugung, dass allein das Christentum die Prinzipien bereithält, die gesellschaftliches Leben auf Dauer gelingen lassen:

»Nun denn, wodurch soll geholfen werden? Welches ist jenes Mittel zur Regeneration unserer socialen und sittlichen Zustände, ohne welches alle anderen Vorkehrungen unzureichend sind? Ich will es kurz sagen: es ist die Durchsäurung aller Klassen der Staatsbürger durch das Christentum: durch das Christenthum nach seiner positiven Auffassung. [...] [D]ie derzeitige Emancipation von dem positiven Christenthum gehört selbst unter die beklagenswerthen, ja unter die bedrohlichen Erscheinungen der Gegenwart und ist theils die Wurzel, theils die Frucht der betrübenden Zustände«.[35]

»Erst die sittliche Regeneration, dann die bürgerliche.«[36]

»Nur das Evangelium, nur die Kirche kann uns retten.«[37]

Für Hirscher lag das Problem seiner Zeit in der Entchristlichung der Gesellschaft. Als Lösung setzte er, wie später auch Ketteler,[38] zuallererst auf eine Gesinnungsreform.[39] Ein christlicher Fabrikbesitzer, so die zugrundeliegende Idee, wird seine Arbeiter nicht ausbeuten. Auch die Enzyklika »Rerum Novarum« Papst Leos XIII.[40] aus dem Jahr 1891, die zur Grundlage der katholischen Soziallehre werden sollte, sah in der Entchristlichung das entscheidende Problem:

---

35 | J. B. Hirscher: Nothwendigkeit, S. 14 f.
36 | Ebd., S. 23.
37 | Ders.: Die Socialen Zustände der Gegenwart und die Kirche, Tübingen 1849, S. 29.
38 | Vgl. Ketteler, Wilhelm Emmanuel von: Die Arbeiterfrage und das Christenthum, Mainz 1864, S. 100 f., 104 ff., 149, 159. »Der Zweck dieser Schrift ist, den Arbeitern und Allen, die sich mit Liebe um die Verhältnisse des Arbeiterstandes bekümmern, nachzuweisen, daß nur das Christenthum die Mittel bietet, um die Verhältnisse des Arbeiterstandes mit Erfolg zu bessern, und daß ohne diese Hilfe die Zustände des Arbeiterstandes trotz aller vielfachen Bemühungen unaufhaltsam abwärts gehen und sich wieder den Zuständen annähern, in denen der Arbeiterstand sich im Heidenthum befand«. Ebd., S. 149.
39 | Vgl. Heimbach-Steins, Marianne: »Die Zeit, in der wir leben, genau erkennen.« Christliche Zeitgenossenschaft in der Spur Bischofs Ketteler, in: Geist und Leben 72 (1999), S. 414–421, hier S. 418: »Gleichwohl setzt Ketteler aber auf ein Heilmittel, von dem wir heute wissen, daß es zwar eine notwendige, aber keinesfalls hinreichende Bedingung zur Lösung der sozialen Frage von damals wie von heute sein kann: Ketteler sieht in der staatlichen Politik kein Hilfsmittel und setzt ganz auf Gesinnungsreform – bei den Wohlhabenden wie bei den Armen. Durch Veränderung der Gesinnung hofft er, auf friedlichem Weg eine gerechtere Verteilung der Güter erreichen zu können.«
40 | Deutsche Übersetzung in: Katholische Arbeitnehmer-Bewegung Deutschlands (Hg.):

»das öffentliche und staatliche Leben entkleidete sich zudem mehr und mehr der christlichen Sitte und Anschauung, und so geschah es, daß die Arbeiter allmählich der Herzlosigkeit reicher Besitzer und der ungezügelten Habgier der Konkurrenz isoliert und schutzlos überantwortet wurden.«[41] Die katholische Soziallehre begegnete diesen Problemen mit dem Gedanken der Solidarität, der in »Rerum Novarum« begrifflich noch nicht vorkommt, der Sache nach aber bereits angelegt ist.[42]

3.2 Sittlichkeit und Familie

Nach dieser allgemeinen Grundaussage kam Hirscher auf einzelne Punkte zu sprechen. Er betonte in seiner Motion mehrfach, dass durch die soziale Schieflage vor allem Ehe und Familie gefährdet sind:[43]

»Ja, gewähre man Alles, was die radikalsten Staatsidealisten verlangen, sind darum [...] unsere Ehen treuer, an häuslichen Tugenden reicher, zur Erziehung ihrer Nachkommenschaft geschickter, in Handhabung der häuslichen Ordnung gewissenhafter, in Noth und Bedrängniß des Lebens getroster, in ihrer Lebensgemeinschaft glücklicher? [...] Nichtsdestoweniger ruht das Glück der Familien, die Wohlfahrt der Gemeinden und des ganzen Staates letztlich hierauf.«[44]

Für Hirscher begann die Wohlfahrt des Staates in den Familien und wirkte sich von dort auf das Gemeinwesen aus. »Rerum Novarum« übernahm diese Gedanken fast wörtlich[45] und entfaltete daraus einen zweiten Grundgedanken der katholischen Soziallehre, nämlich den, dass die Familie die Keimzelle der Gesellschaft ist. Kirche und Staat hätten alles daranzusetzen, Ehe und Familie zu unterstützen. Im entsprechenden lateinischen Begriff Subsidium klingt das

---

Texte zur katholischen Soziallehre. Die sozialen Rundschreiben der Päpste und andere kirchliche Dokumente, Köln ⁹2007, S. 1–40.
41 | RN 2.
42 | Vgl. Päpstlicher Rat für Gerechtigkeit und Frieden (Hg.): Kompendium der Soziallehre der Kirche, Città del Vaticano 2006, S. 154.
43 | J. B. Hirscher: Nothwendigkeit, S. 10, 13. Vgl. auch Ketteler im Jahr 1863: »Die Kirche wird dem Arbeiterstande die Ehe und den Arbeiterkindern die christliche Familie, das christliche Vater- und Mutterherz retten. Das aber ist die erste und nothwendigste Bedingung, die Arbeiterfrage zu lösen. Solange noch unsere Arbeiter die christliche Familie haben, der Mann das christliche Weib, das Weib den christlichen Mann, die Kinder christliche Eltern, die Eltern gute christliche Kinder, die das vierte Gebot noch kennen, so lange hat die Zerrüttung im Arbeiterstande eine feste Schranke, die sie nie überschreiten kann.« W. E. Ketteler: Arbeiterfrage, S. 117 f.
44 | J. B. Hirscher: Nothwendigkeit, S. 13.
45 | Vgl. RN 9 ff.

Subsidiaritätsprinzip an, das Leo XIII. entwickelte: Neben der Familie sind alle Vergesellschaftungsformen zu fördern, in denen der Einzelne in seiner Situation Unterstützung findet.[46] Damit wendete sich das Subsidiaritätsprinzip gegen eine Übermacht des Staates.

3.3 Menschenwürde

Die Motivation, einander beizustehen, leitete sich vom Gedanken der Menschenwürde ab. Diesen reklamierte Hirscher als einen genuin und ausschließlich christlichen Gedanken:

»Die da den Staat vom positiven Christenthum ablösen wollen, und dasselbe wie eine Antiquität ansehen – ich frage sie, woher sie denn ihre Ideen von der gleichen Würde aller Menschen und der hieraus fließenden Gleichheit ihrer Rechte, woher sie die Ideen von der Freiheit und der hieraus fließenden Beseitigung aller Knechtschaftsverhältnisse, woher sie die Ideen von einer Gemeinschaft der Güter, von Associationen, von Licht und Fortschritt ec. haben, als vom Christenthum?«[47]

Der biblische Gedanke der Menschenwürde war einer der zentralen Begriffe auch der Enzyklika »Rerum Novarum«.[48] Aus der von Gott gegebenen Menschenwürde leiteten sich die Menschenrechte ab, von denen die Enzyklika ebenfalls bereits spricht.[49] In der weiteren Entwicklung der Sozialehre wurde dann, vor allem durch Johannes Paul II., der Begriff der »Person« zu einem Leitbegriff.[50]

3.4 Eigentum und Gütergemeinschaft

Hirscher hielt seine Rede drei Tage nach dem Erscheinen des »Kommunistischen Manifests«.[51] Auch wenn Hirscher diesen Text natürlich noch nicht kannte, setzte er sich von der Idee des Kommunismus deutlich ab:

»Die Idee des Kommunismus hat ihren Ursprung in ihm [dem Christentum, N. K.]. Aber freilich ist der Kommunismus des Christenthums, wie es selbst, Geist und Leben. Seine Gütergemeinschaft beruht nicht auf Raub, sondern auf freier Hinopferung des Eigenthums zur Theilnahme der Dürftigen an demselben. Und auch heute noch besteht, so weit das

---

46 | Vgl. RN 36-42.
47 | J. B. Hirscher: Nothwendigkeit, S. 15. Vgl. auch W. E. Ketteler: Arbeiterfrage, S. 101 ff., 120 ff.
48 | RN 5, 16, 20, 21, 29, 32, 33.
49 | Vgl. RN 21, 29.
50 | Vgl. Hilla, Dieter Josef: Person, Prinzip der Theologie. Zur Theologie Papst Johannes Paul II., in: Internationale katholische Zeitschrift Communio 19 (1990), S. 376-383.
51 | Vgl. M. Spieker: Frage, S. 238.

»Nur das Evangelium, nur die Kirche kann uns retten.« 139

Christenthum durchgedrungen ist, Gemeinschaft der Güter – jene Gemeinschaft nemlich, vermöge welcher jeder als ein treuer Knecht Christi nach seinen Kräften gewerbt und erwirbt, das Erworbene aber stets in Bereitschaft hat für Alle, welche desselben bedürfen. So gehört vom christlichen Standpunkte aus Alles Allen; der jeweilige Besitzer betrachtet sich nur als einen der Rechenschaft unterworfenen Verwalter seiner Güter; er hat sie in Bereitschaft für Jeden, der ihrer bedarf. Und so gibt es Keinen, der nicht seinen Theil erhielte an dem Gemeingut der Erde. Während aber der moderne Kommunismus (jeder Idee baar) nur Zwangsvertheilung der Lebensgüter [...] will [...], dringt das Christenthum auf freie, aus Liebe hervorgegangene [...] Austheilung der Lebensgüter«.[52]

Indem er festhielt, dass nach christlichem Verständnis der Einzelne die Güter besitzt, um sie allen zugutekommen zu lassen, führte Hirscher einen Punkt an, der seit der Scholastik zum Gemeinwohlprinzip gehörte und der heute als das »Prinzip der allgemeinen Bestimmung der Güter« bezeichnet wird.[53] Dieser Grundgedanke führte zu einer deutlichen Abgrenzung der katholischen Soziallehre vom Sozialismus. Bereits Papst Pius IX. wandte sich seit seinem Amtsantritt 1846 in verschiedenen Schreiben gegen den Sozialismus.[54] Ketteler stimmte zwar 1871 der Kapitalismuskritik Ferdinand Lassalles (1825–1864) im Wesentlichen zu, hielt aber an der liberalen Idee des Privateigentums fest, das er nun auch für die Arbeiter gelten lassen wollte.[55] Dieser Gedanke sollte für die Soziallehre bestimmend bleiben.[56] Die Enzyklika »Rerum Novarum« reagierte vor allem auf die Diskussion um die Eigentumsfrage in der amerikanischen Arbeiterbewegung.[57] Der Eingriff des Staates in die Familie und in die Eigentumsrechte ist bis heute Kernpunkt der Auseinandersetzung mit dem Sozialismus. Ergänzend sei darauf hingewiesen, dass Hirscher die soziale Verpflichtung des Eigentums ganz persönlich dadurch umgesetzt hatte, dass er sein ganzes Vermögen in die Gründung eines Waisenhauses einbrachte.[58] »Ja, würde das Christenthum durchdringen,

---

52 | J. B. Hirscher: Nothwendigkeit, S. 16.
53 | Vgl. Päpstlicher Rat für Gerechtigkeit und Frieden: Kompendium, S. 137–146.
54 | So in »Qui pluribus« (1846), in »Nostis et Nobiscum« (1849) und natürlich in »Quanta cura« von 1864 mit dem angehängten Syllabus. Vgl. F. J. Stegmann/P. Langhorst: Ideen, S. 669 f.
55 | Vgl. ebd., S. 667 f.
56 | Vgl. ebd., S. 645.
57 | Dies konnte Sabine Schratz jüngst zeigen. Vgl. Schratz, Sabine: Das Gift des alten Europa und die Arbeiter der Neuen Welt. Zum amerikanischen Hintergrund der Enzyklika Rerum novarum (1891), Paderborn 2011.
58 | Vgl. Faller, Joachim: »Mir scheint, es wäre an der Zeit zu handeln.« Johann Baptist von Hirscher – Werk und Wirken in einer Epoche des Umbruchs (1845–1865) (= Forschungen zur oberrheinischen Landesgeschichte, Band 52), Freiburg/Br. 2006. Vgl. auch W. E. Ketteler: Arbeiterfrage, S. 106–111.

so käme ein völlig anderes Prinzip in den öffentlichen Verkehr – das Prinzip der redlichen Ausgleichung zwischen Nehmen und Geben.«[59]

3.5 Staatsgewalt von Gott

Die christlichen Prinzipien konnten, so Hirscher, im Staat nur gewährleistet werden, wenn der Staat sich zur Verantwortung vor Gott bekannte:

»Das Christenthum dagegen läßt alle obrigkeitliche Gewalt von Gott ausgehen, und behauptet, die Obrigkeit sei Dienerin und Stellvertreterin Gottes. [...] Ja, welch ein anderes Bewußtsein ist es, Stellvertreter Gottes, als Großbeamter des Volkes zu sein! Der Stellvertreter Gottes hat ein absolutes Ideal über sich; der Beamte hat nichts, als sein Amt und seine Instruktionen. Der Stellvertreter Gottes ist für den Gebrauch seiner Macht Gott, und daher seinem Gewissen verantwortlich, die Volksobrigkeit braucht blos mit dem Volke auszukommen.«[60]

Hirscher betonte ganz in der Tradition der Scholastik, dass staatliche Gewalt von Gott zur Förderung des Gemeinwohls verliehen wird. Ein voluntaristisches Verständnis des Gemeinwillens im Sinne Rousseaus konnte die Kirche nicht akzeptieren. Auf dem Katholikentag von 1875 nahm Bischof Ketteler wie folgt dazu Stellung: »Das ist Wahnsinn, das ist unerträglich; das ist Sklaverei für alle, die nicht zur Majorität der Gesetzgeber gehören.«[61] In der Weimarer Republik wurde diese Frage besonders aktuell, da in der Präambel der Verfassung der Gottesbezug fehlte. Der Münchener Kardinal Michael von Faulhaber (1869–1952) sagte dazu auf dem Katholikentag 1919: »Eine Obrigkeit, die darauf verzichtet, eine Autorität von Gottes Gnaden zu sein, verzichtet damit darauf, eine Autorität zu sein.«[62] Auf dem Katholikentag 1922 in München wiederholte Faulhaber seine Auffassung, erntete aber von Seiten des politischen Katholizismus, namentlich Konrad Adenauers (1876–1967), entschiedenen Widerspruch: »Es verrät Mangel an historischem Blick, die heutige Verfassung verantwortlich zu machen für die heutigen Zustände.«[63]

---

59 | J. B. Hirscher: Nothwendigkeit, S. 21.
60 | Ebd., S. 17 f.
61 | Vgl. Roos, Lothar: Die moderne Gesellschaft und die Soziallehre der Kirche – ein zeitgeschichtlich-systematischer Überblick, in: Reimund Haas (Hg.), Im Gedächtnis der Kirche neu erwachen. Studien zur Geschichte des Christentums in Mittel- und Osteuropa. Festgabe für Gabriel Adriányi zum 65. Geburtstag (= Bonner Beiträge zur Kirchengeschichte, Band 22), Köln 2000, S. 649–664, hier S. 654.
62 | Faulhaber, Michael von: Rufende Stimmen in der Wüste der Gegenwart. Gesammelte Reden, Predigten, Hirtenbriefe, Freiburg 1931, S. 6.
63 | Hürten, Heinz: Deutsche Katholiken 1918–1945, Paderborn 1992, S. 59 ff.

Nur sehr langsam entwickelte die katholische Theologie eine Position, die den liberalen Staat nicht vollständig ablehnte und diesen mit dem »Unchristentum« gleichsetzte.[64] Erst das II. Vatikanische Konzil hat die religiös-weltanschauliche Neutralität des Verfassungsstaates grundsätzlich anerkannt,[65] insofern er die Freiheit der Religionsausübung schützt und fördert.[66]

3.6 Kreuz und ewiges Leben

Ein letzter Gedanke Hirschers ist anzuführen. Für den Umgang mit den Gütern der Erde blieb für ihn die Grundperspektive menschlichen Lebens entscheidend:

»Der tiefere Grund dieses Ringens und Mißbehagens indeß liegt in der modernen Auffassung des menschlichen Daseins. Man hat immer nur dieses Leben im Auge, und vergißt die Beziehung zu einem ewigen; und hat immer nur ein Leben voll Ansprüche auf sinnlichen Genuß im Auge, und vergißt des Wortes: ›Im Schweiße deines Angesichtes sollst du dein Brot essen.‹ Bei solcher materialistisch-rationalistischen Ansicht nun, wer wird sich in den Druck und in die Entbehrungen des Tages fügen, und welche Staatsweisheit wird ein Volk, in welchem Niemand sein Kreuz auf sich nehmen, sondern Jeder nur haben und genießen will, zufrieden stellen? Wo aber keine Staatsweisheit ausreicht, da tritt das Christenthum friedigend ein.«[67]

Die grundsätzliche Bereitschaft, in der Nachfolge Christi unabwendbares Leid als Kreuz zu tragen, gehörte für Hirscher zur Antwort auf die soziale Frage. Auch »Rerum Novarum« wies auf das Kreuz hin und führte den Gedanken dahin weiter, dass der Gebrauch der irdischen Güter mit Blick auf das ewige Leben nützlich sein solle:

»Ob der Mensch an Reichtum und an anderen Dingen, die man Güter nennt, Überfluß habe oder Mangel leide, darauf kommt es für die ewige Seligkeit nicht an; aber sehr viel kommt auf die Weise an, wie er seine Erlösung benützt. Jesus Christus hat durch seine ›reiche Erlösung‹ keineswegs Leiden und Kreuz hinweggenommen, das unsern Lebensweg bedeckt, er hat es aber in einen Sporn für unsere Tugend, in einen Gegenstand des Verdienstes verwandelt, und keiner ›wird der ewigen Krone teilhaftig, der nicht den schmerzlicher Kreuzweg

---

64 | Vgl. F. J. Stegmann/P. Langhorst: Ideen, S. 652.
65 | Vgl. L. Roos: Soziallehre, S. 654 f.
66 | Vgl. Zweites Vatikanisches Konzil, Erklärung Dignitatis humanae 6. Zur Diskussion um den Gottesbezug in der europäischen Verfassung vgl. Homeyer, Josef: Das Ringen um den Gottesbezug in der Präambel des Verfassungsentwurfes der EU. Zur Debatte im Europäischen Konvent und in der Regierungskonferenz, in: Franz Lackner/Wolfgang Mantl (Hg.), Identität und offener Horizont. Festschrift für Egon Kapellari, Wien/Graz/Klagenfurt 2006, S. 1045-1060.
67 | J. B. Hirscher: Nothwendigkeit, S. 18 f. Vgl. auch W. E. Ketteler: Arbeiterfrage, S. 126.

des Herrn wandelt.‹ ›Wenn wir mit ihm leiden, werden wir auch mit ihm herrschen‹. Durch seine freiwilligen Mühen und Peinen hat jedoch der Heiland all unsere Mühen und Peinen wunderbar gemildert. Er erleichtert uns die Ertragung aller Trübsal nicht bloß durch sein Beispiel, sondern auch durch seine stärkende Gnade und durch den Ausblick auf ewigen Lohn. ›Denn unsere vorübergehende und leichte Trübsal in der Gegenwart erwirkt uns ein überschwengliches Maß von Glorie in der Ewigkeit‹. Es ergeht also die Mahnung der Kirche an die mit Glücksgütern Gesegneten, daß Reichtum nicht von Mühsal frei mache, und daß er für das ewige Leben nichts nütze, ja demselben eher schädlich sei.«[68]

Diese christlichen Grundprinzipien mussten, so Hirscher, in der Gesellschaft durch christliche Bildung gefördert werden. Im zweiten Teil seiner Motion ging er daher sehr ausführlich auf das Bildungssystem ein. In Schulen und Universitäten sah er ein wesentliches Mittel für die Veränderung der sittlichen und damit gesellschaftlichen Zustände.[69]

4. Ausblick

In der gedruckten Ausgabe der Motion, die nach der Märzrevolution erschien,[70] fügte Hirscher einige Abschnitte an, in denen er vor allem auf die Religionsfreiheit und den daraus folgenden »Indifferentismus« des Staates einging.[71] Nach der Niederschlagung der badischen Revolution erweiterte Hirscher seine Gedanken noch einmal zu der Schrift »Die sozialen Zustände der Gegenwart und die Kirche«, die er im Januar 1849 veröffentlichte. Sie erreichte in kurzer Zeit mehrere Auflagen und wurde selbst von der ultramontanen Zeitschrift »Der Katholik« sehr positiv rezensiert.[72] Hirschers Freiburger Kollege Franz Anton Staudenmaier (1800–1856) äußerte sich wenig später ähnlich.[73]

---

68 | RN 18.
69 | J. B. Hirscher: Nothwendigkeit, S. 27-46. Vgl. auch W. E. Ketteler: Arbeiterfrage, S. 119-130.
70 | Vgl. Anm. 30.
71 | J. B. Hirscher: Nothwendigkeit, S. 47-61.
72 | Vgl. N. Köster: Hirscher, S. 186-191.
73 | Staudenmaier, Franz Anton: Die kirchliche Aufgabe der Gegenwart, Freiburg 1849; Ders.: Die Grundfragen der Gegenwart. Mit einer Entwickelungsgeschichte der antichristlichen Principien in intellektueller, religiöser, sittlicher und socialer Hinsicht, von den Zeiten des Gnosticismus an bis auf uns herab, Freiburg 1851. Vgl. auch Lange, Rudolf: Franz Joseph Ritter v. Buß und die soziale Frage seiner Zeit, Freiburg 1955, S. 28 f.; F. J. Stegmann/P. Langhorst: Ideen, S. 620.

Nach der Jahrhundertmitte blieben Forderungen nach »Korporierung« der Arbeiter bestehen,[74] immer wieder wurden auch »Productiv-Associationen«[75] und sogar christliche Fabriken favorisiert.[76] Während die Umsetzung dieser Ideen scheiterte, breiteten sich die katholischen Arbeitervereine rasant aus. Exemplarisch sei hier nur der 1846 in Elberfeld gegründete Katholische Gesellenverein Adolf Kolpings (1813–1865) genannt, der keine gewerkschaftliche Funktion hatte, sondern, wie es für Vereine dieser Art typisch war, primär gegen die sittliche und kulturelle Verwahrlosung angehen wollte.[77]

In theoretischer Hinsicht ist in den 1860er und 1870er Jahren der Mainzer Bischof von Ketteler die herausragende Gestalt sozialen Denkens. Seine berühmten Adventspredigten von 1848, die er noch als Pfarrer des bitterarmen münsterländischen Dörfchens Hopsten während des Katholikentages hielt, hatten ein großes Echo.[78] Seine Schrift »Die Arbeiterfrage und das Christentum« aus dem Jahr 1864 benannte sehr viele soziale Missstände konkret und wandte sich strikt gegen die allgemeine Gewerbefreiheit und das Wettbewerbsprinzip.[79] Ketteler blieb aber, wie der Katholizismus seiner Zeit überhaupt, wesentlich dem schon von Hirscher geäußerten Gedanken verhaftet, dass eine Verbreitung der christlichen Gesinnung die Probleme der Gesellschaft lösen werde.[80]

Ein deutlicher Wandel lässt sich bei Ketteler nach 1865 ausmachen, als für ihn die konkrete staatliche Sozialpolitik in den Vordergrund rückte.[81] 1869 vertrat er die Ansicht, nicht gegen, sondern innerhalb des kapitalistischen Systems sollten die Christen Wirtschaft und Gesellschaft gestalten.[82] Der Staat müsse die Sackgasse des Liberalismus verlassen.[83] Das Scheitern der Produktivgenossenschaften ließ ihn nun auch Gewerkschaften fordern.[84] Dieser Wandel bestand

---

74 | Vgl. ebd., S. 702.
75 | Vgl. W. E. Ketteler: Arbeiterfrage, S. 138-148.
76 | Vgl. F. J. Stegmann/P. Langhorst: Ideen, S. 642 ff.
77 | Vgl. ebd., S. 623; W. E. Ketteler: Arbeiterfrage, S. 130-138.
78 | Ders.: Die großen sozialen Fragen der Gegenwart. Sechs Predigten gehalten im hohen Dom zu Mainz, Mainz 1849. »Es wird sich zeigen, daß der katholischen Kirche die endliche Lösung der sozialen Frage vorbehalten ist; denn der Staat, mag er Bestimmungen treffen, wie er will, hat dazu nicht die Kraft.« Zitiert nach M. Spieker: Frage, S. 246 f. Vgl. zudem R. Bäumer: Hirscher, S. 285; F. J. Stegmann/P. Langhorst: Ideen, S. 621 f.
79 | Vgl. ebd., S. 646.
80 | Vgl. M. Spieker: Frage, S. 246; F. J. Stegmann/P. Langhorst: Ideen, S. 620. Erstmalig wurde die Arbeiterfrage auf dem Frankfurter Katholikentag 1863 in diesem Rahmen thematisiert. Vgl. ebd., S. 702.
81 | Vgl. ebd., S. 672 f.
82 | Vgl. M. Spieker: Frage, S. 250.
83 | Vgl. ebd., S. 246 ff.; F. J. Stegmann/P. Langhorst: Ideen, S. 652 f.
84 | Vgl. ebd., S. 690.

nicht in einer Veränderung der Grundprinzipien, sondern in der Erkenntnis, dass eine Gesinnungsreform notwendig, aber eben nicht hinreichend sei[85] und dass die Grundprinzipien christlicher Gesellschaftsauffassung einer institutionellen Absicherung bedürfen. Gegner des katholischen sozialen Denkens blieb in den 1870er und 1880er Jahren das liberale Staatsverständnis, das vor allem die Freiheit der Bürger sichern wollte und die soziale Frage nicht anging.[86]

Mit der Sozialenzyklika »Rerum Novarum« schaltete sich 1891 das Papsttum in die Debatte ein – vor allem, um die »Marschroute« der amerikanischen Arbeiterbewegung zu korrigieren,[87] aber auch, um der katholischen sozialen Bewegung in Deutschland den Rücken zu stärken, indem Papst Leo XIII. das bestehende Gesellschaftssystem akzeptierte, aber den Sozialismus als Lösungsweg für die soziale Frage scharf ablehnte.[88] Leo XIII. ging es vor allem darum, den Thomismus als Grundlage katholischer Theologie und Gesellschaftslehre wieder zu beleben. Auch »Rerum Novarum« fußte auf diesem Denken. Hirscher, der den Thomismus zeit seines Lebens ablehnte, war allerdings auch ohne expliziten Bezug zur scholastischen Theologie letztlich zu den gleichen Grundprinzipien gelangt.

Mit dem »Rückenwind« der Enzyklika »Rerum Novarum« wurde der 1890 gegründete Volksverein für das katholische Deutschland die Basis für das katholische gewerkschaftliche Engagement.[89] Auch die universitäre Theologie widmete sich jetzt dem Feld mit einem eigenen Fach: In Münster wurde 1893 der deutschlandweit erste Lehrstuhl für Christliche Gesellschaftslehre eingerichtet und mit dem Zentrumspolitiker Franz Hitze (1851–1921) profiliert besetzt.[90] Die Soziallehre der Kirche differenzierte sich weiter aus, blieb aber ihren Grundprinzipien verhaftet.[91] Pius XI. bezog sich explizit 1931 in »Quadragesimo Anno« ebenso wie Johannes XXIII. 1961 mit »Mater et Magistra«, Paul VI. 1971 mit »Octogesima adveniens« und Johannes Paul II. 1991 mit »Centesimus Annus« auf die wegweisende Enzyklika.

Johann Baptist Hirscher gilt zwar bislang als mit Blick auf die soziale Frage wenig ambitioniert, formulierte aber 1848 als erster Universitätstheologe wesentliche Grundprinzipien katholischen Gemeinsinnverständnisses. Dieses setzte bei

---

85 | Vgl. M. Heimbach-Steins: Zeitgenossenschaft, S. 418.
86 | Vgl. M. Spieker: Frage, S. 241.
87 | Vgl. Anm. 57.
88 | Vgl. F. J. Stegmann/P. Langhorst: Ideen, S. 660, 692 f.
89 | Vgl. ebd., S. 661.
90 | Vgl. zu Hitze Mockenhaupt, Hubert: Art. Hitze, Franz, in: Lexikon für Theologie und Kirche, 3. Auflage, Bd. 5, Sp. 172.
91 | Dass erst Georg von Hertling die leitenden Begriffe Solidarität, Subsidiarität und Gemeinwohl eingeführt habe, wie L. Roos: Soziallehre, S. 651, meint, schätzt Hertlings Rolle wohl etwas zu hoch ein.

der von Gott geschenkten Würde der Person an und sah in ihr den Grund solidarischen Handelns, bei dem der Staat eine subsidiäre Verantwortung hatte. An dieser Grundidee der katholischen Soziallehre hat sich von Hirscher bis heute nichts geändert.

Gemeinsinnskonzepte
jenseits der Amtskirchen

Stadtbürgerliche Fürsorge, christlicher Gemeinsinn und nützliches Erwerben: Die Armenfürsorge in Elberfeld und Barmen im ersten Viertel des 19. Jahrhunderts

Anne Sophie Overkamp

Auch wenn das Wuppertal gerne als Paradebeispiel für Max Webers These von der protestantischen Ethik herangezogen wird,[1] soll es im Folgenden nicht so sehr um das Verhältnis von Protestantismus und Arbeitsethik gehen als vielmehr um das Spannungsverhältnis von christlicher Überzeugung, bürgerlichem Gemeinsinn und ökonomischem Denken in der Zeit um 1800. Dargestellt werden soll dieses Spannungsverhältnis an der Armenfürsorge vor allem in Elberfeld und der Gründung von zwei wohltätigen Vereinen, sogenannten Kornvereinen, in Elberfeld und Barmen. Diese Initiativen eignen sich besonders gut, um das oben erwähnte Spannungsfeld zu beleuchten, denn um 1800 änderte sich, zumindest auf den ersten Blick, die öffentliche Einstellung zu Armut und Armenfürsorge. An die Stelle von christlicher Nächstenliebe traten Vokabeln der Nützlichkeit sowie der Ökonomie und durchsetzten die öffentliche Auseinandersetzung über Armut und wie ihr abzuhelfen sei. Generell gehört und gehörte der Umgang mit dem Thema Armut zu den Bereichen, die es einem erlauben, einen Einblick in gesellschaftliche Ordnungen und Vorstellungen zu erhalten.[2] Nicht zuletzt deshalb genießt die Armenfürsorge als Thema bleibende Aufmerksamkeit innerhalb

---

1 | Vgl. Engelbrecht, Jörg: Die bergische protestantische Ethik und der bergische Geist des Kapitalismus, in: Burkhard Dietz/Stefan Ehrenpreis (Hg.), Drei Konfessionen in einer Region. Beiträge zur Geschichte der Konfessionalisierung im Herzogtum Berg vom 16. bis zum 18. Jahrhundert, Köln 1999, S. 469-480.
2 | Vgl. Fuhrmann, Bernd: Norm und Praxis der Armenfürsorge in Spätmittelalter und Früher Neuzeit – Eine Einleitung, in: Sebastian Schmidt/Jens Aspelmeier (Hg.), Norm und Praxis der Armenfürsorge in Spätmittelalter und früher Neuzeit, Stuttgart 2006, S. 15-20.

der historischen Zunft und, so ließe sich hinzufügen, sorgt nicht nur dort für lebhafte Debatten. An dieser Stelle interessiert jedoch vor allem die Frage, wie sich am Thema Armenfürsorge und dem damit verbundenen bürgerlichen Engagement charakteristische Besonderheiten der Zeit um 1800 herauskristallisieren. Im Folgenden werden kurz die wirtschaftlichen und konfessionellen Verhältnisse der beiden Orte Elberfeld und Barmen vorgestellt, bevor anschließend anhand des Elberfelder Allgemeinen Armeninstituts und der beiden Kornvereine des Wuppertals genauer untersucht wird, welche besonderen Charakteristiken der Gemeinsinnsdiskurs in einem proto-industriellen, stark religiös geprägten Gewerbezentrum annahm.

GEWERBLICHE ENTWICKLUNG UND KONFESSIONELLE PRÄGUNG DES WUPPERTALS

Als Beleg und Merkmal der starken wirtschaftlichen Dynamik des Wuppertals im 18. Jahrhundert kann das große Bevölkerungswachstum in beiden Orten angeführt werden. Zu Beginn des 18. Jahrhunderts besaß Elberfeld knapp 3 000 Einwohner – eine Zahl, die sich bis 1780 auf 8 695 Einwohner fast verdreifachte. Die folgenden Jahrzehnte waren durch eine ungebrochene Zunahme der Bevölkerung gekennzeichnet; 1809 hatte Elberfeld bereits mehr als 19 000 Einwohner. Barmen verzeichnete in der zweiten Hälfte des 18. Jahrhunderts eine ähnliche Dynamik: 1747 lebten in dem Ort 3 800 Einwohner, 1807 wurden 14 304 Bewohner gezählt.[3] Das Wuppertal bildete damit die mit Abstand am dichtesten besiedelte Region im Herzogtum Berg.

In beiden Orten wurden seit dem späten Mittelalter Garnbleichen betrieben, erst im kleinen Maßstab, dann in immer größerem Umfang. Das Garnnahrungsprivileg von 1527, das den Bewohnern von Elberfeld und Barmen für das Herzogtum Berg ein Monopol beim Garnbleichen zusicherte, legte den Grundstein für die weitere wirtschaftliche Entwicklung der beiden Orte, die innerhalb einiger Jahrzehnte fest in den Fernhandelsverkehr – erst über Köln, dann vor allem über die Niederlande und Frankreich – eingebunden waren.[4] Neben das Bleichen trat die Weiterverarbeitung des Garns zu Bändern und Riemen und schließlich im 18. Jahrhundert auch die Herstellung von Breitgeweben aus Leinen sowie Baumwolle-Leinen-Gemischen. Die Textilproduktion war der Antriebsmotor der beiden Orte, wenngleich sich Elberfeld etwas mehr in Richtung Handel orientierte. 1794 führte ein Adressbuch 225 Kaufleute in Elberfeld und 151 Kaufleute in Barmen

---

3 | Die Zahlen sind zusammengestellt bei Knieriem, Michael: Chronik der Stadt, in: Klaus Goebel, Geschichte der Stadt Wuppertal, Wuppertal 1977, S. 171–195.
4 | Zum Garnnahrungsprivileg und der sich anschließenden wirtschaftlichen Entwicklung vgl. Dietz, Walter: Die Wuppertaler Garnnahrung, Neustadt/Aisch 1957.

auf. In Elberfeld waren 60% (135 Kaufleute) von ihnen im Textilbereich tätig, in Barmen sogar 88% (133 Kaufleute).[5] Die meisten ließen als Verlagskaufleute Stoffe und Bänder für den Export herstellen.

Die Kaufleute bestimmten weitgehend die Geschicke der beiden Orte; in Elberfeld waren seit dem Verleih der Stadtrechte 1610 fast ausschließlich Männer aus Kaufmannsfamilien zum Bürgermeister gewählt worden. Alle Bürgermeister gehörten bis zum Ende der alten Stadtverfassung dem reformierten Bekenntnis an. Im Laufe des 18. Jahrhunderts wanderten jedoch immer mehr Lutheraner in die beiden Orte ein – besonders aus der lutherisch geprägten Grafschaft Mark –, von denen einigen über wirtschaftlichen Erfolg und eheliche Verbindungen der Anschluss an die reformierte Führungsschicht gelang.[6] Generell änderten sich die konfessionellen Verhältnisse im Wuppertal dahingehend, dass die Reformierten ihre zahlenmäßige Vormachtstellung einbüßten; 1792 wohnten in den beiden Orten fast genauso viele Reformierte wie Lutheraner (45,8% Reformierte und 44,3% Lutheraner) sowie eine kleine Minderheit Katholiken (10%). Gut 20 Jahre später waren die Lutheraner mit 44,3% die größte Gruppe, zur reformierten Konfession bekannten sich 41,7% der Einwohner, zur katholischen 13,6%. Erst Anfang des 19. Jahrhunderts gelang es einigen jüdischen Familien, dauerhaft im Wuppertal ansässig zu werden. Elberfeld blieb stärker reformiert geprägt als Barmen.[7] Die katholische Minderheit konnte, trotz der schützenden Hand des Landesherrn, wirtschaftlich nicht richtig Fuß fassen; nur wenige Angehörige der katholischen Gemeinde waren Kaufleute im größeren Stil. Die bestimmenden Konfessionen im Wuppertal blieben die beiden protestantischen.

DIE ARMENFÜRSORGE ZWISCHEN CHRISTLICHER TRADITION UND ÖKONOMISCHER EFFIZIENZ

Ende des 18. Jahrhunderts fragte ein Autor im »Bergischen Magazin«, einer lokalen moralischen Wochenschrift: »Woher kommts, daß allgemein des Elends so viel ist? Woher kommts, daß [...] in Städten, wo Manufakturen in Menge sind [...], daß in eben diesen Städten das Elend so groß ist?«, und meinte damit auch ganz explizit die Verhältnisse in den beiden Gewerbezentren Elberfeld und Barmen, die er unter den Manufakturstädten zu den »ersten Städten des Vaterlandes«

---

5 | Mannes, J. A.: Gülich und bergischer gnädigst privilegirter Kaufmannskalender für das Jahr 1794, Elberfeld 1794, abgedruckt in: 50 Jahre Adressbuch Elberfeld, Elberfeld 1931.
6 | Vgl. Hoth, Wolfgang: Die Industrialisierung einer rheinischen Gewerbestadt – dargestellt am Beispiel Wuppertal, Köln 1975, S. 94, 96.
7 | Diese Zahlen bei Murayama, Satoshi: Konfession und Gesellschaft in einem Gewerbezentrum des frühneuzeitlichen Deutschlands. Das Wuppertal (Elberfeld-Barmen) von 1650 bis 1820, Tokyo 1990, S. 136 ff.

zählte.[8] Die sich anschließende Debatte im »Bergischen Magazin« befasste sich hauptsächlich mit dem Sinn und Nutzen eines Armenarbeitshauses, gleichwohl klangen dabei Fragen nach Aufklärung, gesellschaftlichem Fortschritt und (bürgerlicher) Verantwortung an.[9] Diese Fragen wurden in Gewerbezentren wie Elberfeld und Barmen besonders drängend, denn hier griffen bereits an der Wende vom 18. zum 19. Jahrhundert aufgrund der gestiegenen wirtschaftlichen Dynamik und der Abhängigkeit von weit entfernt liegenden Märkten die alten ständischen Sicherungsmechanismen nicht mehr.[10] Im letzten Jahrzehnt des 18. Jahrhunderts verschärfte sich die prekäre Lage der Lohnbleicher, Weber, Färber und all der anderen von den Verlagskaufleuten abhängigen Arbeiter noch durch die Revolutionskriege und eine Missernte 1794/95, welche die Nahrungsmittel beträchtlich verteuerte. Dies hatte zur Folge, dass die Bettelei in Elberfeld und Barmen in diesen Jahren überhandnahm.[11] Zu den knapp 100 offiziellen Bettlern, die mit Erkennungsmarken ausgestattet waren und jeden Samstag, angeführt von einem Bettelvogt, von Haus zu Haus zogen, gesellte sich noch eine größere Zahl inoffizieller Bettler aus Stadt und Kirchspiel. Hinzu kam eine Schar von auswärtigen Bettlern, die von Ort zu Ort zogen.[12]

---

8 | Bergisches Magazin, IX. Stück, 01. 11. 1788, S. 68.

9 | Der Beitrag vom 1. November 1788, der den Anstoß zur Debatte gab, nannte beispielsweise »Mangel an Aufklärung unter allen Ständen« als Grund, dass die Bergischen kein »glückliches Volk« seien, und leitete dann zur Frage nach dem allgemeinen Elend über. Ebd., S. 67. Im letzten Beitrag der Debatte hieß es wiederum, die ›miesepetrige‹ Kritik eines Vorredners an der Aufklärung und den Aufklärern, der außerdem Pläne und vor allem Finanzierung des Armenarbeitshauses in Frage gestellt hatte, sei fehl am Platz: »Aufklärung geschieht nur nach und nach in fast unmerklichen Schritten«. Ebd., XVII. Stück, 25. 02. 1789, S. 131.

10 | Zu diesem Zusammenhang und den Verhältnissen im Wuppertal vgl. Kisch, Herbert: Die hausindustriellen Textilgewerbe am Niederrhein vor der industriellen Revolution. Von der ursprünglichen zur kapitalistischen Akkumulation, Göttingen 1981, S. 213-257.

11 | Aus einer Volkszählung aus dem Jahr 1780 ergibt sich, dass die Stadt Elberfeld zu diesem Zeitpunkt 8 695 Einwohner und 103 Arme hatte. Letzteres bezieht sich aber nur auf die privilegierten städtischen Armen; durchziehende Bettler sind darin nicht erfasst. Vgl. Schell, Otto: Das alte Elberfeld, in: Heinrich Born (Hg.), Die Stadt Elberfeld. Festschrift zur Dreijahrhundert-Feier 1910, Elberfeld 1910, S. 3-239, hier S. 268. Die Autoren, die sich im »Bergischen Magazin« mit dem Armenarbeitshaus befassten (vgl. Anm. 9), gingen von 600 Armen aus. Darin waren vermutlich auch die Kinder enthalten.

12 | Die bei Langewiesche, Wilhelm: Elberfeld und Barmen. Beschreibung und Geschichte dieser Doppelstadt des Wuppertals nebst besonderer Darstellung ihrer Industrie, einem Ueberblick der Bergischen Landesgeschichte, Barmen 1863, S. 203, genannte und häufig zitierte Zahl von 100 offiziellen Bettlern plus 400 nichtprivilegierten Bettlern sowie zusätz-

Durch die Bettelei fühlte man die bürgerliche Ordnung in ihrem Kern bedroht:

»Jeder aber, welcher sich der Bettelei ergibt, ist mit seinen Fähigkeiten und Kräften für das Beste der menschlichen Gesellschaft gänzlich verloren; und da er nur genießt und viel verzehrt, ohne zu nützen und zu erwerben, so wird er wie das Ungeziefer eine drückende Last für seine Mitmenschen.«[13]

Auch sorgte man sich um die Disziplin der Arbeiter und Tagelöhner, die durch das schlechte Beispiel der sorglosen Bettelei vom »regelmäßigen Fleiß« abgebracht werden könnten. Die Straßenbettelei wurde als die »Pflanzschule der Müßiggänger und der Verbrecher aller Art, diese Hauptquelle moralischer Versunkenheit und Unverbesserlichkeit der niedern Volksklasse« angesehen.[14]

Die Abschaffung der Straßenbettelei war dann auch vorrangiges Ziel bei der Gründung des Allgemeinen Armeninstituts in Elberfeld 1800 – wohl auch nicht zuletzt deshalb, weil die Bürger um den Ruf ihrer Stadt zu fürchten begannen: auf der einen Seite kaufmännischer Wohlstand, ausgedrückt in prächtigen Neubauten, auf der anderen Seite Horden von »zerlumpten Gestalten«.[15] Das Elberfelder Institut wurde nach dem Vorbild der Hamburger Armenanstalt konzipiert, welche in der Hansestadt 1788 gegründet worden war.[16] Johann Jakob Aders, der

---

lich noch »viele, die von auswärts kamen«, erscheint mir als zu hoch gegriffen und beruht vermutlich auf der unkritischen Wiedergabe einer zeitgenössischen Chronik.
13 | Nachricht über die allgemeine Armenanstalt in Elberfeld. Die bisherigen Vorsteher derselben an ihre wohlthätigen Mitbürger am 16. März 1816, abgedruckt in: Tânia Ünlüdag (Hg.), Historische Texte aus dem Wupperthale. Quellen zur Sozialgeschichte des 19. Jahrhunderts, Wuppertal 1989, S. 399–402, hier S. 400.
14 | Die Vorsteher des allgemeinen Armen-Instituts an ihre Mitbürger im Januar 1801, in: ebd., S. 384–388, hier S. 384.
15 | Die Sorge, was Fremde wohl über den Kontrast zwischen Arm und Reich in der Stadt befinden mochten, zog sich vom »Bergischen Magazin« durch zu den Gründungsschriften und Rechenschaftsberichten der Verwalter des Allgemeinen Armeninstituts. Im »Bergischen Magazin« hieß es beispielsweise: »Der Gassenbettel [...], der für eine Stadt, die wie unser Elberfeld im Auslande in einem so vortheilhaften Rufe steht; – so viel erniedrigendes hat, und bey jedem Fremden [...] im Vergleich mit dem, was er zu Hause von dieser Stadt hörte – einen seltsamen Kontrast erwecken muß.« Bergisches Magazin, XX. Stück, 10.12.1788, S. 156.
16 | Vgl. zur Organisation der Hamburger Armenanstalt Voght, Caspar von: Über die Errichtung der Hamburgischen Armenanstalt im Jahre 1788, in: Karl Jantke/Dietrich Hilger (Hg.), Die Eigentumslosen, Freiburg 1965, S. 197–207. Die Hamburger Anstalt diente auch anderen Städten als Vorbild, so etwa Lübeck und Braunschweig. In Bremen hatte man bereits 1779 begonnen, die Stadt in Bezirke einzuteilen sowie die Armenunterstützung an Arbeits-

Bürgermeister des Jahres 1800 und Initiator der Elberfelder Armenanstalt, mag mit dieser Einrichtung während seiner Ausbildung in Bremen bekannt geworden sein oder aber durch Geschäftsfreunde von ihr gehört haben. Die Elberfelder Einrichtung folgte dem Hamburger Vorbild weitgehend, wenngleich mit einem wichtigen Unterschied: Die Kirchengemeinden beteiligten sich mit ihren Mitteln nicht an dem Allgemeinen Armeninstitut, sondern behielten ihre traditionelle Armenfürsorge bei. Die Unterstützung, welche die Armen von den kirchlichen Provisoraten erhielten, wurde ihnen dann auch bei der Bemessung von Leistungen durch das Armeninstitut in Anrechnung gebracht.

Zur besseren Erfassung und Betreuung der Armen wurde die Stadt in Quartiere eingeteilt, die von je einem Bezirksvorsteher verwaltet wurden. Innerhalb der Quartiere betreuten ehrenamtliche Armenpfleger die armen Familien; sie waren für zehn bis zwölf Familien zuständig. Bei wöchentlichen Besuchen und mit Hilfe eines detaillierten Fragebogens wurden deren wirtschaftliche und private Verhältnisse peinlich genau erfasst – ein Fragebogen umfasste 39 Punkte.[17] Dieser bürokratische Aufwand sollte eine »objektive« Hilfe ermöglichen, zumal nicht die Armenpfleger Hilfeleistungen bewilligen durften, sondern vielmehr die Bezirksvorsteher anhand der ausgefüllten Fragebögen entschieden. Ausgegeben wurden Sach- und Geldleistungen sowie medizinische Hilfe.

Neben der Abschaffung des Straßenbettels und der Linderung von akuten Notlagen sollte das Armeninstitut vor allem bei der Beschaffung von Arbeit helfen. Dass die Armen zur Arbeit angehalten und nur wahrhaft Bedürftige unterstützt werden sollten, war bereits seit langer Zeit immer wieder Bestandteil obrigkeitlicher Verordnungen. Mit Hilfe von Arbeitshäusern sollten die Armen seit Beginn der Frühen Neuzeit an »Zucht und Ordnung« gewöhnt und zur Arbeit erzogen werden.[18] Die herkömmlichen Armenarbeitshäuser, die auch gleichzeitig Wohnstätte für die Armen waren, waren jedoch den neuen Erfordernissen der

---

zuweisung zu koppeln. Vgl. Sachße, Christoph/Tennstedt, Florian (Hg.): Geschichte der Armenfürsorge in Deutschland. Vom Spätmittelalter bis zum Ersten Weltkrieg, Stuttgart 1980, S. 126. In Düsseldorf wurde ein ähnliches Institut eingerichtet. Siehe dazu und zur Armenfürsorge allgemein im Herzogtum Berg um 1800 Riemann, Angelika: Krieg, Verelendung, Armenpolitik, in: Stadtmuseum Düsseldorf (Hg.), Das Herzogtum Berg 1794-1815, Düsseldorf 1985, S. 61-68. Barmen gründete 1807 ebenfalls eine »Armen-Versorgungs-Anstalt«, die aber 1814 aufgrund mangelnder bürgerlicher Unterstützung wieder aufgelöst wurde. Hier blieben die Kirchen fürs Erste weiterhin Träger der Armenfürsorge.

17 | Ein solcher Fragebogen ist, samt den gegebenen Antworten, abgedruckt in dem Beitrag Die elberfelder allgemeine Armenanstalt, in: Niederrheinisch-Westfälische Blätter 2 (1803), S. 705-796, hier S. 780 ff. Ärztliche Visitationen wie in Hamburg scheint es in Elberfeld jedoch nicht gegeben zu haben, zumindest nicht, um die Arbeitsfähigkeit festzustellen.

18 | Siehe den Überblick bei C. Sachße/F. Tennstedt: Geschichte, S. 113-125.

massenhaften und gewerblich bedingten Armut nicht mehr gewachsen. In der Debatte im »Bergischen Magazin« 1788 und 1789 über die Errichtung eines Armenarbeitshauses in Elberfeld wurde die Einrichtung als solche zwar als zweckdienlich erachtet, vor allem um Faule und Müßiggänger abzuschrecken. Es stellte sich jedoch bereits hier die entscheidende Frage, ob es überhaupt sinnvoll sei, die Armen gemeinsam in einem Gebäude unterzubringen, zumal es sich in den meisten Fällen um ganze Familien handelte. Auch würden »die Armen [...] aus der menschlichen Gesellschaft gleichsam verbannt.«[19] Damit ist ein Paradigmenwechsel im allgemeinen Armenpflegediskurs angedeutet, der gewissermaßen eine Epochenschwelle bedeutet: Die Armen sollten nicht länger ausgegrenzt, sondern in die Gesellschaft integriert werden. Voraussetzung hierfür blieb die Bereitschaft zu arbeiten, jetzt allerdings mit größerer Betonung des »nützlichen Erwerbens« anstelle von frühneuzeitlicher Zucht.

Wenn auch die Gründung des Elberfelder Armeninstituts eine Reaktion auf die oben angesprochenen wirtschaftlichen Veränderungen war, blieb die Frage nach den Ursachen dieser neuen Qualität von Armut, beispielsweise die Frage nach der Höhe der Löhne, fast durchgehend außen vor. Auch die Tatsache, dass es sich häufig um ganze Familien handelte, die unterstützt werden mussten, wurde nicht weiter thematisiert. Der häufigste Armutsgrund neben mangelnder Erwerbsmöglichkeit waren entweder eine unvollständige Familie – in der Regel alleinstehende Frauen mit Kindern – oder eine zu zahlreiche Familie: das heißt zu viele kleine Kinder, die noch nichts zum Familieneinkommen beitrugen und die Mutter davon abhielten, den dringend benötigten Zuverdienst zu erwerben.[20]

Johann Jakob Aders,[21] der Begründer des Elberfelder Allgemeinen Armeninstituts, sah bereits früh den Zusammenhang von gewerblichen Konjunkturen, niedrigen Löhnen und Armut: »Viele unter ihnen [den Armen, A. S. O.] können auch durch unaufhörliches Arbeiten kaum erschwingen, was sie in solchen, gemeiniglich theuren Gegenden [d. h. Manufakturgegenden, A. S. O.] nöthig haben, welches um so eher der Fall ist, wenn Manufakturen neben andern nur dann bestehen können, wenn der Arbeitslohne niedrig ist.«[22] So forderte er – nicht zuletzt, um das Bestehen des Armeninstituts zu sichern – seine Mitbürger auf, den Armen indirekt Lohnzuschüsse durch die Unterstützung der Armenanstalt

---

19 | Bergisches Magazin, XV. Stück, 18. 02. 1789, S. 115.
20 | Vgl. für die ausführliche Diskussion dieser drei Armutsursachen im Wuppertal Weisbrod, Bernd: Wohltätigkeit und »symbolische Gewalt« in der Frühindustrialisierung. Städtische Armut und Armenpolitik im Wuppertal, in: Hans Mommsen/Winfried Schulze (Hg.), Vom Elend der Handarbeit, Stuttgart 1981, S. 334–357, hier S. 341 ff.
21 | Zu Aders und seiner Auffassung von Arbeit und Armut vgl. Boch, Rudolf: Grenzenloses Wachstum? Das rheinische Wirtschaftsbürgertum und seine Industrialisierungsdebatte 1814–1857, Göttingen 1991, S. 88–93.
22 | Nachricht, S. 401.

zu gewähren: »Damit nun solche Arme nicht genöthigt werden zum Betteln, muß jeder Bürger, da jeder Gewinn von der Verwendung der Zeit und von dem Verbrauch der Kraft der Armen gehabt hat oder noch hat, ein Gewisses zu deren Unterstützung beitragen.«[23] Diese verdeckten Lohnzuschüsse sollten auch dazu dienen, mit den durch die »Poor Laws« in England subventionierten Branchen konkurrenzfähig zu bleiben; ein Gedanke, der jedoch von weiten Teilen der Bevölkerung abgelehnt wurde, da sie sich nicht für das Elend, das die Manufakturbesitzer hervorgerufen hätten, verantwortlich fühlten.[24]

Für Aders waren die Rahmenbedingungen auf Seiten der Produktion – niedrige Löhne und zyklische Handelskrisen – unabänderlich. Er suchte daher nach Möglichkeiten von Ausbildung und Erziehung, welche die Arbeiter befähigen sollten, sich den gegebenen Produktionsverhältnissen besser anzupassen und bei Krisen flexibler zu reagieren. Hiermit griff er Gedanken auf, die bereits ein gutes Jahrzehnt zuvor im »Bergischen Magazin« geäußert worden waren, und verwies so auf die Weiterentwicklung aufklärerischer Erziehungsideale hin zu einem Nützlichmachen des Menschen im Rahmen der (proto-)kapitalistischen Produktionsweise. Auch die Betonung des (moralisch) wohltätigen Effekts von Fleiß und Betriebsamkeit waren nicht unbedingt neu, schon gar nicht in einem reformiert geprägten Umfeld. Wie bereits Edward P. Thompson beobachtete, gab es jedoch eine neue Eindringlichkeit im Ton, mit welchem die Bürgerlichen, die die neue Disziplin für sich selbst angenommen hatten, sie auch bei der arbeitenden Bevölkerung zu erzwingen versuchten.[25] In dieser Hinsicht mag Aders' rastlose Tätigkeit und die von ihm empfundene Liebe zur Arbeit denn auch seine scharfen Worte erklären, mit denen er beispielsweise Bettler und Ungeziefer gleichsetzte.

Die Idee, dass sich durch »Erziehung« dem Elend beikommen ließe, fand sich in ihrer deutlichsten Form in der Haltung gegenüber den Kindern. Jede Familie, die Almosen durch das Armeninstitut erhielt, musste ihre Kinder entweder ins Arbeitshaus schicken oder sie anderweitig in Arbeit bringen. Durch die erzieherische Wirkung des Arbeitshauses sollten die Kinder der Armen »schon früh an Fleiß und Ordnung gewöhnt, und zugleich durch Unterricht und eine ihrer künftigen Bestimmung angemessenen Bildung des Verstandes und des Herzens zu einem für sich und andere nützlichen Leben vorbereitet sein«.[26] Das Elber-

---

23 | Ebd.

24 | Vgl. R. Boch: Wachstum, S. 90.

25 | »One cannot claim that there was anything radically new in the preaching of industry or in the moral critique of idleness. But there is perhaps a new insistence, a firmer accent, as those moralists who had accepted this new discipline for themselves enjoined it upon the working people.« Thompson, Edward P.: Time, Work-Discipline, and Industrial Capitalism, in: Past and Present 38 (1967), S. 56–97, hier S. 87.

26 | Armenanstalt, S. 723. Zu Vorstellungen, Kinder an Fleiß, Ordnung und Regelmäßigkeit durch (Arbeits-)Schulen zu gewöhnen vgl. auch E. P. Thompson: Time, S. 84 f. Der Er-

felder Armeninstitut richtete deswegen zwei Sonntagsschulen ein, in welchen 250 bis 280 Kinder einen zweistündigen Unterricht erhielten, hinzu kam eine Freischule. Als Lehrer und Vorsteher des Armeninstituts wurde der Pädagoge Johann Friedrich Wilberg engagiert. Vielfach konnten die Kinder allerdings den Unterricht der Freischule nicht besuchen, eben weil sie arbeiten mussten, häufig als Gehilfen ihrer Eltern.[27]

Doch in der Debatte um die Armenfürsorge lassen sich nicht nur normative Vorstellungen von »Fleiß« und »Tugend« beobachten, die durch die Armenanstalt gefördert werden sollten, sondern es bietet sich an dieser Stelle auch an, die bürgerliche Armenfürsorge auf ihre christlichen Bezüge hin zu beleuchten. Immerhin war die Armenfürsorge über Jahrhunderte eine der Kernaufgaben der christlichen Gemeinden gewesen. In der älteren Literatur wird die bürgerliche Übernahme der Armenfürsorge gern als Ausdruck eines neuen staatsbürgerlichen Bewusstseins gedeutet, das sich im Zuge der Französischen Revolution verbreitet hätte. Das Herauslösen aus dem kirchlichen Kontext deute außerdem auf einen Bedeutungsverlust der kirchlichen Gemeinden und einen Bedeutungsgewinn der Zivilgesellschaft hin.[28]

Die Elberfelder Armenfürsorge hatte bis zur Gründung des Allgemeinen Armeninstituts vollständig bei den drei christlichen Gemeinden gelegen, die jeweils die Armen ihrer Konfession unterstützten.[29] Finanziert wurde die kirchliche Armenfürsorge durch Kollekten, Schenkungen, Legate, etc., was dazu führte, dass die reformierte Gemeinde finanziell deutlich besser ausgestattet war als bei-

---

ziehungsgedanke, freilich anders gewendet, findet sich auch bei Karl Marx. Für ihn war die bessere Ausbildung der Kinder die wirksamste Waffe gegen das frühindustrielle Elend: »Die Ernährung und Erziehung der verwahrlosten Kinder, d. h. die Ernährung und Erziehung des *ganzen aufwachsenden* Proletariats, wäre die *Vernichtung* des Proletariats und des Pauperismus.« Marx, Karl: Kritische Randglossen zu dem Artikel »Der König von Preußen und die Sozialreform. Von einem Preußen«, in: Karl Marx/Friedrich Engels, Werke, Band 1, Berlin 1961, S. 392-409, hier S. 400 [Hervorhebung im Original]. Zu zeitgenössischen Vorstellungen von Erziehung vgl. Schlumbohm, Jürgen (Hg.): Kinderstuben. Wie Kinder zu Bauern, Bürgern, Aristokraten wurden, 1700-1850, München 1983.

27 | Das Geld, das die Kinder im Armenarbeitshaus verdienten, wurde allerdings für den Unterhalt des Armeninstituts verwandt. Dies geht hervor aus der Bilanz der Armenanstalt für die Jahre 1813-1815, abgedruckt in T. Ünlüdag: Texte, S. 397. Die Einnahmen aus der Arbeit der Kinder betrugen in diesen Jahren zwischen 226 und 281 Rtl.

28 | So beispielsweise Lube, Barbara: Mythos und Wirklichkeit des Elberfelder Systems, in: Karl-Hermann Beeck/Rolf Becker (Hg.), Gründerzeit. Versuch einer Grenzbestimmung im Wuppertal, Köln 1984, S. 158-184, hier S. 160.

29 | Im Armenhaus der Elberfelder reformierten Gemeinde hatten vor allem körperlich und geistig Kranke Aufnahme gefunden, was auf den weitgespannten Begriff der Armenfürsorge verweist.

spielsweise die katholische Gemeinde.³⁰ So mag es nicht verwundern, dass sich nach der Gründung des Allgemeinen Armeninstituts vor allem die reformierte Gemeinde gegen eine Zusammenlegung der finanziellen Mittel wehrte und darauf bestand, dass mit reformierten Geldern allein reformierte Arme unterstützt werden sollten.³¹ Die Gemeinden brachten auch nach Gründung des Armeninstituts weiterhin große Mittel auf: Zusätzlich zu den jährlichen Ausgaben von etwa 20 000 Rtl. in den Jahren von 1813 bis 1815 auf Seiten der Armenanstalt wurden die Armen auch von den drei christlichen Gemeinden mit 18 500 Rtl. unterstützt. Bürgerliche und kirchliche Armenfürsorge blieben also weiterhin bestehen, wenn auch das Allgemeine Armeninstitut für sich in Anspruch nehmen konnte, die Versorgung der Armen neu geregelt und sie, beispielsweise durch die Einführung der Fragebögen und der Betreuung durch ehrenamtliche Armenpfleger, auf neue Füße gestellt zu haben. So bedeutete die Gründung des städtischen Armeninstituts nicht so sehr eine Ablösung der kirchlichen Armenfürsorge als vielmehr eine, wenn auch dringend notwendige, Ergänzung.

Gleichzeitig wurde die Verankerung der bürgerlichen Armenpflege in der christlichen Tradition sichtbar. Diese spiegelte sich nicht zuletzt in den Berichten der Vorsteher des Armeninstituts und dem verwendeten Vokabular wider: »Nur den unsinnigen Verschwender, den fühllosen Geizhals wünschen wir einmal für einen Augenblick an jenen jammervollen Schauplatz führen zu können, wo sein Bruder, sein oft beßrer Bruder, ohne Hülfe [...] mit Leiden ringt.«³² Es wurde auf das »heilige Rechte, das Religion und Sittenlehre einem jeden Unglücklichen an die Unterstützung seiner glücklichen Brüder giebt«, verwiesen, ergänzt durch ein »ein bürgerliches Recht an Eurer Fürsorge und Hilfe«.³³ Das Engagement für die Armenpflege wurde also nicht allein von Humanitätsdenken getragen, sondern auch von einem stark christlich konnotierten Bürgersinn.³⁴

---

30 | Als Beispiel mögen die Frauen der Elberfelder Kaufmannsfamilie von Carnap dienen, deren Testamente und Erbteilungsverzeichnisse sich erhalten haben. Maria Elisabeth von Carnap vererbte 1784 den Armen der Elberfelder reformierten Gemeinde 500 Rtl., ihre Schwägerin Johanna Catharina von Carnap bedachte vier Jahre später die Armen der gleichen Gemeinde mit 400 Rtl. und vermachte auch noch der Schule der reformierten Gemeinde 400 Rtl., während Johanna Catharinas Tochter, Elisabeth Johanna von Carnap, 1796 den Armen der reformierten Gemeinde ein Legat von 250 Rtl. zudachte. An die Legate waren keinerlei Bedingungen oder fromme Wünsche geknüpft. Alle Testamente und Nachlässe im Historischen Zentrum Wuppertal (HZW), Bestand de Werth.
31 | Vgl. Schell, Otto: Kurze Geschichte des Elberfelder Armenwesens, Elberfeld 1903, S. 81 ff.
32 | Vorsteher, S. 385.
33 | Armenanstalt, S. 772.
34 | Laut Rudolf Boch hatte die bürgerliche Verpflichtung zum »Allgemeinwohl« für Jakob Aders nicht mehr »den Charakter einer tradierten Sozialverpflichtung im ständischen Sinne,

Die christliche Tradition der Armenfürsorge wird auch deutlich in der Finanzierung des Armeninstituts in Elberfeld. Es wurde von Spenden getragen, die man als Fortführung der Almosen und der Kollektenbeiträge zur Versorgung der Armen sehen kann. Mit dieser »Ummünzung« begründeten zumindest die Initiatoren des Armeninstituts ihre Hoffnung, dass das Armeninstitut nicht zur Belastung für den städtischen Haushalt werde.[35] Jeder Bürger der Stadt konnte freiwillig für ein Jahr erklären, welchen Betrag er wöchentlich zu spenden bereit war. Auch damit sollte dem christlichen Wohltätigkeitssinn entsprochen werden, der sich im freiwilligen Geben äußerte. Weitere Einnahmequellen waren für die Armen veranstaltete Konzerte, Spenden der bürgerlichen Gesellschaften, Geschenke oder städtische Gebühren, die auf ein reges Interesse und Gefühl der Verantwortung innerhalb der führenden Schichten der Stadt schließen lassen.[36]

Die Bürger mussten gleichwohl in ihrem christlichen Sinn zur milden Gabe diszipliniert werden. Um die gleichbleibende Finanzierung des Armeninstituts sicherzustellen, die nach kaufmännischen Gesichtspunkten konzipiert war, sollten nicht länger wahllos Almosen verteilt werden. Das Geben von Almosen, ohne die Umstände näher zu prüfen und den Bezirksvorsteher zu konsultieren, wäre, so die Verwalter des Armeninstituts, »unrechtes, strafbares Mitleiden« und »zweckwidrige Wohlthätigkeit«.[37] Das Geben von Almosen auf der Türschwelle wurde schließlich bei einer Strafe von fünf Rtl. verboten, was den Kosten von sieben Wochen Lebensunterhalt eines Armen entsprach.[38]

---

sondern stellte sich als eine allgemeine, humanitär-erzieherische Aufgabe einer sozial und wirtschaftlich herausgehobenen, distinkten ›Bürgergesellschaft‹ dar«. R. Boch: Wachstum, S. 92. Dem ist nur bedingt zuzustimmen, vernachlässigt Boch doch die christliche Dimension. Aders' tiefe Gläubigkeit wird beispielsweise in den Briefen an seine Ehefrau sehr deutlich. Siehe dazu auch weiter unten.

35 | Bereits im »Bergischen Magazin« hatte ein Autor dafür plädiert, die milden Gaben und Kollektenbeiträge auszusetzen und anstelle dessen das Geld gezielt dem Armenarbeitshaus zukommen zu lassen. Bergisches Magazin, XXI. Stück, 13. 12. 1788, S. 165 f. Im ersten Jahr des Allgemeinen Armeninstituts schien das Prinzip auch zu funktionieren, es kamen zwischen Februar 1800 und 1801 11 944 Rtl. an wöchentlichen Beiträgen zusammen. Vgl. Armenanstalt, S. 736. Im gleichen Zeitraum hatte das Armeninstitut aus Geschenken und sonstigen Beitragen Einnahmen von knapp 1 500 Rtl. Vgl. ebd., S. 739 ff.

36 | Eine Auflistung von Sonderzuwendungen an das Allgemeine Armeninstitut ist abgedruckt in Armenanstalt, S. 739-743. So wurden beispielsweise wiederholt Konzerte zum Besten der Armen gegeben, mit denen beträchtliche Summen eingesammelt wurden. Auch spendeten die aufklärerischen und geselligen Gesellschaften wie die Harmonie oder die Erste Gesellschaft regelmäßig.

37 | Armenanstalt, S. 777 f.

38 | Verfügung des Elberfelder Bürgermeisters Abraham Peter von Carnap (1802), in: Tânia Ünlüdag (Hg.), Historische Texte aus dem Wupperthale. Quellen zur Sozialgeschichte

Um die Bürger von der Nützlichkeit des Armeninstituts zu überzeugen, betonten seine Verwalter die Effizienz der zentral geregelten Armenpflege. Sie rechneten den Bürgern vor, welchen Nutzen sie durch die Anstalt hätten: Sie würden nicht nur durch ihren festen Betrag letztendlich weniger geben und die Mittel würden effektiver ausgegeben, vielmehr bedeute die Armenanstalt auch Zeitersparnis, denn nun würden Hausväter, Hausmütter und Dienstboten nicht mehr bei ihrer Arbeit unterbrochen, um den Klagen der Armen zuzuhören und sie gegebenenfalls mit einem Almosen zu versorgen.[39] Es lässt sich hier exemplarisch zeigen, wie neue Ideale des Nützlichen und der effizienten Zeitnutzung in die Vorstellungswelt eindrangen, wie aber gleichzeitig Traditionen – etwa die christliche Verpflichtung gegenüber dem Nächsten – nachwirkten. Es wird auch deutlich, dass die normativen Ansprüche der führenden Schichten, in den meisten Fällen Kaufleute, und die Praxis der weiteren Bevölkerung auseinanderklafften.[40]

Die Bürger der Stadt hatten das Armeninstitut in der Hoffnung gegründet, so der massenhaften Bettelei und der allgemeinen Armut bei gleichzeitig effizienter Mittelverwaltung Herr zu werden. Nach den ersten beiden Jahren seines Bestehens legten die Verwalter des Allgemeinen Armeninstituts einen Rechenschaftsbericht vor, in dem sie den jährlichen Finanzbedarf des Armeninstituts kalkulierten.[41] Sie rechneten mit jährlichen Kosten von 17 270 Rtl. In den ersten beiden Jahren hatte das Armeninstitut ca. 350 Familien dauerhaft mit wöchentlichen Zahlungen von durchschnittlich 37 Stüber unterstützt, hinzu kamen Beiträge für die Pacht, für medizinische Versorgung und Zuschüsse für Heizkohle.[42] Wären die Einnahmen und Ausgaben auf dieser Höhe geblieben, hätte das Armeninstitut wirklich die selbstgesteckten Ziele erreichen können. 1815 waren die Ausgaben des Armeninstituts jedoch auf 20 000 Rtl. gestiegen, ohne dass die Einnahmen ebenfalls zugenommen hätten. Und in den wirtschaftlich besonders schwierigen Jahren 1816/17 stieg die Zahl der unterstützten Armen gar auf 2 500 Personen, was

---

des 19. Jahrhunderts, Wuppertal 1989, S. 388-389. Diese Art der Verordnung war nichts Ungewöhnliches. Vgl. C. Sachße/F. Tennstedt: Geschichte, S. 109.

39 | Armenanstalt, S. 769.

40 | Dass die Kaufleute trotz ihrer führenden Stellung unter ihren Mitbewohnern in der Stadt nicht immer den besten Ruf als wohlmeinende Altruisten genossen, mag eine Stelle aus dem »Bergischen Magazin« belegen. Darin spricht sich der Autor dagegen aus, die Errichtung eines Armenarbeitshauses einem Kaufmann zu überlassen, denn so würde aus Gewinnsucht bald ein Zuchthaus daraus werden. Vgl. Bergisches Magazin, XXII. Stück, 17. 12. 1788, S. 176.

41 | Vgl. Armenanstalt. Wenngleich der Beitrag in den Niederrheinischen Blättern nicht namentlich gekennzeichnet ist, kann davon ausgegangen werden, dass Johann Jakob Aders Autor des Rechenschaftsberichtes war.

42 | Der im Herzogtum Berg übliche Bergische Taler entsprach dem Reichstaler, war aber in 60 Stüber unterteilt.

einem Anteil von mehr als 10 % der Bevölkerung entsprach.⁴³ Das Armeninstitut wurde also zunehmend abhängig von städtischen Zuschüssen und musste 1816 aufgelöst werden, weil die Finanzierung durch Spenden immer prekärer wurde. Die Elberfelder Bürger begründeten ihre gesunkene Spendenbereitschaft mit dem Hinweis, dass die Bettelei wieder stark zugenommen hätte.⁴⁴ 1818 wurde die Armenfürsorge der neu gegründeten Central-Wohlthätigkeitsanstalt unterstellt, in deren Fonds per königliches Reskript nun auch die kirchlichen Mittel eingezahlt werden mussten.⁴⁵ Zwar beruhte auch die Wohltätigkeitsanstalt weiterhin auf freiwilligen Zuwendungen. Über deren Grundsatz – freiwillige Spende oder verpflichtende Steuer – entbrannten in den folgenden Jahrzehnten jedoch immer wieder heftige Auseinandersetzungen, da die Mittel in den meisten Jahren nicht ausreichten.⁴⁶ Erst mit der Neuordnung der Armenfürsorge 1853, die unter dem Schlagwort »Elberfelder System« weltbekannt geworden ist, waren die Auseinandersetzungen um die städtische Versorgung der Armen beendet.⁴⁷

DIE KORNVEREINE IN ELBERFELD UND BARMEN

Das wirtschaftlich schwierige Jahr 1816, welches das Ende des Elberfelder Allgemeinen Armeninstituts markierte, brachte zwei weitere wohltätige Initiativen hervor: die beiden Kornvereine in Elberfeld und Barmen. Sie sollten die Versorgung der Bevölkerung mit preiswertem Brot sicherstellen. An den beiden Kornvereinen lässt sich zum einen die Verbindung von wirtschaftlichem Fachwissen und bürgerlichem Engagement darstellen, zum anderen aber auch die Motivation führender Männer der Bürgerschicht, sich für das Gemeinwohl einzusetzen.

---

43 | Vgl. B. Weisbrod: Wohltätigkeit, S. 340. Hier finden sich auch Angaben zur Situation in Barmen, wo teilweise sogar ein Viertel der Bevölkerung Unterstützung benötigte.
44 | Die Verwalter der Armenanstalt wiesen Beschwerden von aufgebrachten Bürgern jedoch damit ab, dass die Abschaffung der Bettelei Sache der Polizei und nicht der Armenanstalt sei. Vgl. ebd., S. 349.
45 | Die reformierte Gemeinde wehrte sich allerdings weiterhin erfolgreich dagegen.
46 | Die Auseinandersetzung um die Armenfürsorge in den 1830er und 40er Jahren ist nachgezeichnet bei B. Lube: Mythos. Vgl. hierzu auch B. Weisbrod: Wohltätigkeit.
47 | Es ist eine Ironie der Geschichte, dass vor der Reform der städtischen Armenfürsorge im Stadtrat dafür plädiert worden war, die Armenfürsorge wieder ganz den Gemeinden zu übergeben. Dabei standen nicht nur finanzielle Überlegungen im Raum, sondern vor allem die Ansicht, dass es kirchlichen Armenpflegern besser gelänge, sittlich auf die Armen einzuwirken. Vgl. Herberts, Hermann: Alles ist Kirche und Handel ... Wirtschaft und Gesellschaft des Wuppertals im Vormärz und in der Revolution 1848/49, Neustadt/Aisch 1980, S. 217-234.

Ähnlich wie das Elberfelder System der Armenfürsorge hat der Kornverein von Elberfeld, wenn auch in geringerem Maße, eine gewisse Berühmtheit erlangt und fand sogar als vorbildhaftes Beispiel Aufnahme in die 1830 erschienene »Allgemeine deutsche Real-Encyclopädie für die gebildeten Stände«.[48] Diese Art von privater Initiative hatte ihren Ursprung, teilweise staatlich gefördert, schon im 18. Jahrhundert. Bereits 1785 gründeten beispielsweise Kaufleute in Barmen einen Verein, der Getreide aufkaufen und die Armen mit Brot versorgen sollte.[49] Ähnliche Initiativen gab es auch in Elberfeld.[50] Zehn Jahre später befürchtete man eine Hungersnot, hervorgerufen durch Missernten und die anhaltenden Revolutionskriege. Erst verbot die herzogliche Regierung die Herstellung von Branntwein, dann forderte sie explizit begüterte Einwohner eines jeden Amtes auf, Privatvereine zu gründen mit dem Ziel, Getreidevorräte anzulegen.[51] Wie sich aus einem späteren Schriftverkehr ergibt, hatte die Düsseldorfer Regierung während dieser Jahre der Barmer Kaufmannschaft außerdem ein »äußerst bedeutendes Capital solcherweise vorgestreckt, um dafür ein Kornmagazin anzulegen, und so im Stande seyn zu können, das Korn zu wohlfeilen Preisen zu liefern«.[52] Regierung und Kaufmannschaft arbeiteten also eng zusammen, um die Versorgung aller sicherzustellen.

Auf diese Erfahrungen konnte zurückgegriffen werden, als 1816 durch andauernde Regenfälle und eine daraus resultierende Missernte eine schwere Hungersnot drohte. Bereits im Juli 1816 legte Johann Jakob Aders in einer öffentlichen Versammlung in Elberfeld Vorschläge zu einem »Verein gegen die Korntheurung« dar, nachdem bereits einige Wochen das nasse Wetter und die zu befürchtenden

---

48 | Art. »Kornvereine« in: Allgemeine deutsche Real-Encyclopädie für die gebildeten Stände, Band 6, Leipzig 1830, S. 260 f. Vgl. zum Elberfelder Kornverein auch Illner, Eberhard: Bürgerliche Organisierung in Elberfeld 1775-1850, Neustadt/Aisch 1982, S. 116-120.
49 | Sonderland, Vincent Paul: Die Geschichte von Barmen (1821), ND Wuppertal 1963, S. 117.
50 | Der Kaufmann Abraham Frowein notierte beispielsweise 1789 in seinem Memorial folgende Leihgabe: »zahlten an hiesigen Magistrat allhier zum Behuf für Kornankauf 200 rt.« Firmenarchiv Frowein, Nr. 1356, fol. 732, Eintrag vom 07. 12. 1789.
51 | A. Riemann: Krieg, S. 62. Die Verordnung, Privatinitiativen ins Leben zu rufen, um den Getreidemangel zu mindern, ist abgedruckt in Scotti, J. J.: Sammlung der Gesetze und Verordnungen, welche in den ehemaligen Herzogthümern Jülich, Cleve und Berg und in dem vormaligen Großherzogthum Berg über Gegenstände der Landeshoheit, Verfassung, Verwaltung und Rechtspflege ergangen sind, 2. Teil, Düsseldorf 1821, Nr. 2434.
52 | Stadtarchiv Wuppertal (STAW), R III 1, Brief von Christan Bredt an den Provinzialrath, 26. 04. 1808. Das Kapital wurde an die Regierung zurückerstattet. Der Gewinn von 7 000 Rtl. verblieb allerdings bei der Kaufmannschaft, die damit später einen privaten Kredit für Kontributionsgelder tilgen konnte.

Missernten das beherrschende Gesprächsthema in der Stadt gewesen waren.[53] Der Vorschlag fand rege Zustimmung und innerhalb weniger Wochen konnte ein Kapital von 74 000 unter den Bürgern der Stadt gesammelt werden. Zusätzlich stellten einige Bürger zwar kein Kapital zur Verfügung, erklärten sich aber bereit, etwaige Verluste des Vereins zu tragen, so dass für die Summe von 125 000 Rtl. gebürgt war.

In Barmen kam man einige Monate später zu dem gleichen Entschluss und wie in Elberfeld zählte man auf den Gemeinsinn der wohlhabenderen Bürger.[54] Hier konnte ein Kapital von 28 000 Rtl. für die Belange des Kornvereins gesammelt werden; außerdem unterzeichneten Bürger der Stadt eine Bürgschaft in Höhe von 230 000 Rtl. für mögliche Verluste. Gleichzeitig wurde den Kapitalgebern in Elberfeld wie in Barmen eine Verzinsung von 5 % zugesichert – ein für die damalige Zeit nicht übermäßig hoher, aber auch kein niedriger Satz. Kapital und Zinsen sollten die Kapitalgeber, abgesichert durch die hohe Bürgschaft, auf jeden Fall zurückerhalten.

Mit dem Geld wurde vor allem in Amsterdam Getreide eingekauft und dann in Magazinen in der Stadt gelagert. Das Getreide, vorwiegend Roggen, stammte hauptsächlich aus Russland, wo es eine äußerst gute Ernte gegeben hatte. Es wurden enorme Mengen an Getreide importiert, zeitweise erhielt allein Barmen 40 Karren mit Getreide pro Woche. Die Frachtkosten von Riga bis Amsterdam waren übrigens genauso hoch wie die von Amsterdam bis Elberfeld und Barmen.

Die Organisation solcher Mengen setzte kaufmännische Erfahrung und Geschick voraus. Die beiden Hauptverantwortlichen der Vereine, Johann Jakob Aders und Johann Wilhelm Fischer, agierten für die beiden Vereine in gewisser Weise als persönlich haftende Gesellschafter, und sie nutzten ihre privaten Geschäftskontakte für den Einkauf des Korns wie auch ihren guten Namen für die Absicherung der Geschäfte. Bei den langen Kreditlaufzeiten war auf beiden Seiten ein Vertrauensvorschuss unumgänglich, zudem hätten die Handelshäuser in Amsterdam dem unbekannten Kornverein wohl kaum Kredit eingeräumt; dies verhielt sich bei den als verlässlich bekannten Kaufleuten Aders und Fischer anders. Fischer betonte ausdrücklich, dass er »Firma und mein Obligo« für die Geschäfte des Vereins hergab.[55] Aders und Fischer setzten außerdem ihre Kenntnisse von Wechsellaufzeiten, Kursschwankungen, Frachtmöglichkeiten und -kos-

---

53 | Dieser Vorschlag ist abgedruckt als Beilage A in Aders, Johann Jakob: Wie schützte sich Elberfeld in den Jahren der Not 1816–1817 durch seinen Bürgersinn vor dem Brotmangel?, Elberfeld 1817, S. 12 f.
54 | Vgl. zum Barmer Kornverein die ausführlichen Lebenserinnerungen Johann Wilhelm Fischers bei Poppelreuter, Richard (Hg.): Geschichte des Kornvereins (1816/17) zu Barmen von Johann Wilhelm Fischer, in: Zeitschrift des Bergisches Geschichtsvereins (ZBGV) 50 (1917), S. 252–312.
55 | Ebd., S. 311.

ten und Weiteres mehr für die Belange des Kornvereins ein. Ohne detaillierte kaufmännische Kenntnisse wäre der reibungslose Ablauf der Geschäfte nicht möglich gewesen. Kaufmännisch war auch die detaillierte Buchführung in beiden Vereinen, die akribisch die verausgabten Summen und die Einnahmen verzeichneten.[56]

Den Elberfeldern gelang es, den Brotpreis konstant niedrig zu halten. Um die Abgabe des Brotes an wirklich bedürftige Stadtbewohner zu kontrollieren, wurden in Elberfeld an arme Bewohner Brotzeichen verteilt, mit denen sie das Brot beim Bäcker billiger erhielten. Die Bäcker mussten wiederum die Brotzeichen bei den Kornmagazinen abliefern, um neues Getreide zu erhalten. In Barmen stieg der Brotpreis zwar während des Winters an, jedoch konnte der Kornverein dort zumindest erreichen, dass das Brot innerhalb des Ortes immer fünf Stüber billiger war als außerorts. In beiden Orten konnten so eine Hungersnot und die gefürchteten Aufstände verhindert werden.

Der Elberfelder Verein beendete die Geschäfte sogar mit einem Gewinn von 10 000 Talern – wohl vor allem deshalb, weil bereits angekauftes Getreide, das verspätet eingetroffen war, in Amsterdam zu einem Höchstpreis veräußert werden konnte. Dies verdankte der Elberfelder Verein der schnellen Nachrichtenübermittlung eines Elberfelder Handelshauses. Der erzielte Gewinn wurde für die Errichtung eines Krankenhauses verwendet. Die Barmer waren nicht ganz so erfolgreich in ihren Geschäften und mussten einen Verlust von knapp 17 000 Rtl. hinnehmen, für den eigentlich die Bürgen einspringen sollten. Das Eintreiben der Gelder zog sich noch etliche Jahre hin, bis die Geschäfte des Vereins schließlich im Oktober 1831 geschlossen wurden. Die Hauptinteressenten hatten unter anderem den Steuerempfänger, der mit der Eintreibung der Summe beauftragt war, bevollmächtigt, Klage gegen Zahlungsunwillige zu erheben. Ungefähr 20 Unwillige wurden auch vor das Instanzgericht in Düsseldorf zitiert, wo sie zur Zahlung der Bürgschaft und der Prozesskosten verurteilt wurden.[57] Der zuletzt mit der Eintreibung der ausstehenden Summen Beauftragte habe seine Aufgabe, so heißt es im Protokoll der letzten Sitzung, »mit Umsicht und Thätigkeit zugleich in dem Sinne des Rechts und der Milde« ausgeführt und so gestaltet, dass

»bei dem Einziehen der Gelder und bey der Ausführung der gerichtlichen Urtheile kein einziger Zwangsverkauf vorgekommen, vielmehr das Princip der Wohlthätigkeit, welches der Stiftung des Korn-Vereins mit zum Grunde lag, bis zur gänzlichen Beendigung desselben vorherrschend geblieben und beibehalten worden ist«.[58]

---

56 | Im Historischen Zentrum Wuppertal hat sich das Briefkopierbuch Fischers für die Belange des Kornvereins erhalten, im Stadtarchiv Wuppertal das Briefkopierbuch des Elberfelder Vereins. Vgl. HZW, Bestand Kornverein; STAW, R III 5.
57 | J. W. Fischer: Geschichte, S. 303.
58 | Ebd., S. 305.

Die Geldgeber erklärten im »Sinne der Wohlthätigkeit« die Geschäfte des Vereins für beendet und akzeptierten das Manko von 999 Bergisch Courant, was bedeutete, dass sie ungefähr auf die Hälfte des ihnen ursprünglich zugesicherten Zinsertrags verzichten mussten, ihr Kapital aber vollständig zurückerhielten.

»LIEBE ZUR ARBEIT« UND WUNSCH NACH GESELLSCHAFTLICHER ANERKENNUNG – DIE INITIATOREN DER KORNVEREINE UND IHRE MOTIVE

Wie dies immer der Fall ist, taten sich einige Bürger der Stadt besonders bei der Organisation der Armenhilfe hervor, in diesem Fall die bereits oben erwähnten Männer Johann Jakob Aders und Johann Wilhelm Fischer. An beiden lässt sich die unterschiedliche Motivation für ehrenamtliches Engagement gut nachvollziehen.

Johann Jakob Aders kam aus einer für Wuppertaler Verhältnisse mäßig wohlhabenden Familie – sein Vater war Verleger für Leinen- und Baumwollwaren, seine Mutter stammte aus einer Pfarrersfamilie.[59] Nachdem er in Bremen in einem Handelshaus eine Ausbildung absolviert hatte, kehrte er nach Elberfeld zurück, wo er 1793 die Tochter seines neuen Arbeitgebers, Anna Helena Brinck, heiratete und daraufhin Teilhaber des schwiegerväterlichen Bankhauses wurde. Er gehörte damit zu der dynamischen Gruppe junger Männer, die im letzten Viertel des 18. Jahrhunderts aufgrund von Fleiß und günstigen Heiratsbeziehungen rasch in den Kreis der stadtbürgerlichen Elite aufstiegen. 1799 wurde Aders, gerade 30-jährig, in das prestigeträchtige – aber arbeitsreiche – Amt des Bürgermeisters gewählt. In den folgenden Jahren tat er sich immer wieder hervor mit bürgerlichem Engagement, innovativen wirtschaftlichen Projekten wie der Gründung der Rheinisch-Westindischen Kompagnie, aber auch mit wirtschaftspolitischen Reflexionen. Aders war – nach seinen eigenen Worten – geprägt von einer rastlosen Liebe zur Arbeit. Seine Selbstcharakterisierung verdeutlicht nicht zuletzt die oben angesprochene bürgerliche Verinnerlichung von Disziplin und das Entstehen eines neuen Ideals:

»So wenig es möglich ist, daß das Wasser gegen den Berg läuft, so wenig kann ich meinen Hang u. meine Begierde zu den Geschäften zügeln, ich muß so hart arbeiten oder – mich ganz zurückziehen und eine andere Lebensweise wählen, es ist nicht Begierde nach Geld was mich treibt, es mag Ehrsucht, oder auch bloße Gewohnheit seyn, genug die Liebe zur

---

59 | Vgl. Boch, Rudolf: Johann Jacob Aders (1768–1825), in: Ralf Stremmel/Jürgen Weise (Hg.), Bergisch-Märkische Unternehmer der Frühindustrialisierung, Münster 2004, S. 215–233. Hier finden sich auch Angaben zur älteren Literatur über Aders.

Arbeit ist einmal in mir und ich kann, ich mag sie nicht unterdrücken [...] ich habe immer mehr für andere als für mich gearbeitet, doch darüber will ich nicht murren.«[60]

Auch Johann Wilhelm Fischer gehörte zu den homines novi der Zeit um 1800; allerdings vollzog sich sein Aufstieg etwas langsamer als der von Aders.[61] Fischer stammte aus einer etablierten Verlegerfamilie aus dem Städtchen Burg im Herzogtum Berg. Seine kaufmännische Ausbildung absolvierte er in Berlin, wo er gleichzeitig bemüht war, eine umfassende Bildung zu erlangen. Nach seiner Rückkehr ins Bergische fand Fischer sogleich eine Stelle als Kommis bei dem Elberfelder Baumwollfabrikanten Johann Peter Schlickum, für den er ausgedehnte Reisen nach Italien unternahm. Dort wurde er stellvertretend für die bergische Unternehmerschaft politisch tätig, als 1806 ein Einfuhrverbot für »englische Waren« erlassen wurde. Damit waren Baumwollwaren gemeint, die typischerweise in England hergestellt wurden, unter die aber auch die bergischen Baumwollwaren subsumiert wurden. Fischer heiratete 1808 Carolina von Eynern, eine Tochter des Barmer Bandverlegers Johann Peter von Eynern. Nach ihrem frühen Tod ehelichte Fischer 1812 Johanna Carolina Keuchen, die aus einer Bleicher- und Verlegerfamilie stammte. Vor allem durch die zweite Eheschließung knüpfte Fischer Verbindungen zu den alteingesessenen Familien Barmens. Dank zweier Erbschaften konnte er sich 1812 als Baumwollfabrikant selbständig machen, 1822 übernahm er gemeinsam mit seinem Bruder das Bankhaus Nagel & Co., das unter dem Namen Gebr. Fischer weitergeführt wurde.

Für Fischer war sein Engagement in der Elberfelder Stadtverwaltung und dann vor allem als Direktor des Barmer Kornvereins eine Möglichkeit, seine Stellung innerhalb der Honoratiorenschaft auszubauen und zu stärken. Bezeichnenderweise wurde er in Abwesenheit zum Direktor des Kornvereins gewählt und dann von Caspar Engels senior, einem sehr angesehenen Mitglied der Kaufmannschaft, der sich zudem mit dem höchsten Betrag (4 000 Rtl.) am Kornverein beteiligt hatte, überredet, das Amt anzunehmen.[62] Dieser Direktorenposten stellte allerdings eine Überforderung Fischers dar, zudem überschritt er deutlich seine finanziellen Möglichkeiten. Schließlich bürgte er mit seiner Firma, mit der er sich erst kurz zuvor selbständig gemacht hatte, für die Geschäfte des Kornvereins. In seinen Lebenserinnerungen schilderte er sein Engagement, seine Nöte und die ausbleibende Anerkennung mit altbewährten Topoi und stilisierte sich als selbstlosen Diener am Gemeinwohl:

---

60 | STAW, J III 104a, Brief von Jakob Aders an seine Frau, 18. 04. 1810.
61 | Vgl. Eynern, W. von (Hg.): Johann Wilhelm Fischer, Nachrichten aus meinem Leben, in: ZBGV 58 (1929), S. 33–182.
62 | J. W. Fischer: Geschichte, S. 263.

»Zwey volle Jahre hat mich der Korn-Verein anhaltende und schließlich zwey andere Jahre und länger noch teilweise beschäftigt. Ich habe alles umsonst, aus reinem Patriotismus, mit uneigennütziger Dienstfertigkeit gethan und mit religiösem Sinn. [...] Meine dem Korn-Vereins-Geschäft gewidmete persönliche Arbeit, Sorgen und Anstrengungen haben meine Gesundheit untergraben, was war mein Lohn? Antwort: Einige höfliche Briefe der Königlichen Regierungen, die stille Anerkennung der Besseren der Bürgerschaft, vor allem aber ein reines ruhiges Gewissen und die herrliche Überzeugung, Barmen in der Zeit der Noth vor Mangel und Hungersnoth geschützt zu haben. Die süßen Gefühle der Selbstzufriedenheit beglücken mich; mehr bedarf's nicht. In der Einfachheit meines Characters, der Bescheidenheit meiner Gemütsarth, und der Verachtung dessen, was den Schein der Anmaßung trägt, verzichte ich gerne auf das Vergnügen öffentlicher Anerkennung.«[63]

Während bei Aders also bürgerlicher Gemeinsinn, der auch einer gewissen persönlichen Eitelkeit entsprang, und der Wunsch nach pragmatischen Lösungen überwogen, bildete Fischers Engagement vor allem den Wunsch nach gesellschaftlichem Aufstieg ab. Gleichzeitig war beiden wie auch anderen Bürgern der Stadt selbstverständlich bewusst, dass Hunger schnell zu Aufständen führen konnte, durch die das Gemeinwohl empfindlich gestört würde.[64] Nicht nur Menschenliebe, sondern auch Pragmatismus war also am Werke, als man die Gründung der Kornvereine beschloss.

Doch wie stand es mit religiösen Motiven? Gerade Johann Wilhelm Fischer bemühte in seiner Schrift zum Kornverein eine ausgesprochen christlich konnotierte Rhetorik. Jedoch wäre es verfehlt, diese unhinterfragt als Ausdruck traditioneller Frömmigkeit zu verstehen.[65] Vielmehr offenbart sich in seiner Antrittsrede vor dem Kornverein ein mechanistisches Weltbild, das dem Menschen eine aktive und optimierende Rolle innerhalb der göttlichen Schöpfung zuwies. Der Wille Gottes ging letztendlich in Naturgesetzen auf, in der Wiederkehr des Immergleichen: »Alles geht nach ewigen Gesetzen, denn die Kräfte sind da, die Verknüpfungen festgesetzt und die Wirkungen müssen sich also immer gleich bleiben.«[66]

---

63 | Ebd., S. 306.
64 | Im Herzogtum Berg hatte es an mehreren Orten, darunter auch Elberfeld und Barmen, im Zuge der napoleonischen Kriege den sogenannten Knüppelrussenaufstand gegeben, der nur mit Hilfe des Militärs niedergeschlagen werden konnte. Vgl. Kandil, Mahmoud: Sozialer Protest gegen das napoleonische Herrschaftssystem. Äußerungen der Bevölkerung des Großherzogtums Berg 1808-1813 aus dem Blickwinkel der Obrigkeit, Aachen 1995.
65 | Vgl. die sorgfältige Interpretation von Johann Wilhelm Fischers Selbstzeugnissen durch Joachim Studberg, der dabei einen mentalitätsgeschichtlichen Ansatz benutzt. Studberg, Joachim: Johann Wilhelm Fischer (1779-1845) – ein Unternehmer im Aufbruch zur Moderne, in: Karl-Hermann Beeck (Hg.), Bergische Unternehmergestalten im Umbruch zur Moderne, Neustadt/Aisch 1996, S. 121-214, hier S. 155-160.
66 | J. W. Fischer: Geschichte, S. 264.

Aders' Schilderung des Elberfelder Kornvereins war ungleich nüchterner gehalten und die Verweise auf Gottes Wirken und Walten weitaus sparsamer. Für Aders half Gott denen, die sich selber helfen: »Gott waltet mit seinem Segen da [...], wo der Mensch aus reinem Sinne rechtmäßige Zwecke sich vorsetzt.« Wenngleich auch für Aders Gott durch andere wirkte, hatte er sich eine tiefe innere Frömmigkeit und Gottvertrauen bewahrt: »So hat die Hand des Allgütigen in den unvergeßlichen Jahren der großen Theuerung die Bewohner der Sammtgemeine Elberfeld durch einen Verein von 153 Bürgern vor Mangel geschützt. [...] Ihm, Ihm allein gebührt dafür Preis und Dank und Anbetung!«[67] Bei Aders und Fischer lassen sich also prototypisch zwei verschiedene Formen von Religiosität ausmachen: Während der eine noch einem ganz traditionellen Gottvertrauen verpflichtet war, stand für den anderen die erlebte Welt nicht mehr in unmittelbarem Zusammenhang mit Gott – er bediente sich daher der christlichen Rhetorik vor allem floskelhaft. Für den einen blieb die religiöse Prägung weiterhin handlungsweisend, für den anderen boten die christliche Vorstellungswelt und Rhetorik vor allem einen diskursiven Bezugsrahmen.[68]

ZUSAMMENFASSUNG

Wie lässt sich das Spannungsverhältnis von christlicher Überzeugung, bürgerlichem Gemeinsinn und ökonomischem Denken im Wuppertal in der Zeit um 1800 bewerten? Sowohl die Gründung des Allgemeinen Armeninstituts als auch der beiden Kornvereine lässt sich in erster Linie als Ausdruck von traditioneller

---

67 | J. J. Aders: Elberfeld, S. 11. Dieses innere Gottvertrauen wird auch in seinen Briefen immer wieder deutlich. So heißt es beispielsweise in Bezug auf den Heiratsantrag Karl Harkorts an Aders' Tochter Auguste: »Gewiß der Mann [...] wird wohl die Gottesstimme zu Rathe gezogen haben, die jedem Menschen zur Richtschnur gegeben ist. Das Töchterlein hat nun ihrem Herzem Gehör gegeben, gewiß aber hat daßelbe auch ihrem Gotte die Entscheidung zugestanden.« Die Hochzeit von Auguste Aders und Karl Harkort fand 1819 statt. STAW, J III 104a, undatierter Brief an Aders' Ehefrau. Vgl. auch den Brief vom 26. 06. 1823, in dem Aders von seinem Gottvertrauen spricht, in: ebd.
68 | Zu religiösen Vorstellungen innerhalb der Wuppertaler Kaufmannschaft gibt es wenig neuere Untersuchungen. Es wäre sicherlich lohnend, den Ansatz von Thomas K. Kuhn weiterzuverfolgen und auch im Wuppertal Religion als einem »ausdifferenzierten Funktionsbereich« nachzugehen statt der These von einer zunehmenden Säkularisierung das Wort zu reden. Vgl. Kuhn, Thomas K.: Religion in der neuzeitlichen Gesellschaft, Tübingen 2003. Vgl. auch die grundlegenden Überlegungen zu dem Verhältnis von Religion, Theologie und Aufklärung bei Bödeker, Hans-Erich: Die Religiosität der Gebildeten, in: Karlfried Gründer/ Karl Heinrich Rengstorf (Hg.), Religionskritik und Religiosität in der deutschen Aufklärung, Heidelberg 1989, S. 145-195.

patriarchaler Fürsorge verstehen. Das Verhältnis der Verlegerkaufleute zu ihren Arbeitern war noch persönlich und bestand meist über viele Jahre. In den Geschäftsbriefen des Kaufmanns und Bandverlegers Johann Peter von Eynern aus Barmen beispielsweise lässt sich ehrliche Sorge um die wirtschaftliche Lage der Arbeiter erkennen, die er wegen fehlender Aufträge und voller Lager fürchtete, »still setzen« zu müssen.[69] Auch die Unternehmer der Familie Engels kümmerten sich um »ihre« Arbeiter und überließen beispielsweise die begehrten Kolonialwaren wie Kaffee und Zucker, die sie in Hamburg oder Amsterdam in großen Mengen einkauften, Arbeitern der Engelschen Spitzen- und Langettenmanufaktur zum Selbstkostenpreis. Gleichzeitig übten sie eine gewisse moralische und religiöse Kontrolle auf ihre Angestellten aus.[70] Im zeitgenössischen Verständnis waren die Verleger geradezu verpflichtet, sich auch weiterhin um ihre Arbeiter zu kümmern, denn viele von denjenigen, die später als Arme Unterstützung brauchten, hätten »in und für Elberfeld ihre Kräfte verzehrt und in der Hand der Vorsehung treulich mitgewirkt [...], seinen Flor zu vermehren.«[71]

In diesem Zitat klingt bereits der christliche Bezug an, der sowohl beim Allgemeinen Armeninstitut als auch bei den beiden Kornvereinen eine wichtige Rolle spielte. Anstatt »bürgerlichen Gemeinsinn« einfach an die Stelle von christlicher Verpflichtung und Tradition zu setzen, erscheint es sinnvoller, hier vielmehr von einer Überschichtung von Traditionssträngen zu sprechen. Die Verantwortlichen der drei Initiativen mögen in unterschiedlichen Graden von christlicher Überzeugung, humanitär geprägtem Bürgersinn oder auch einfach nur pragmatischem Denken motiviert gewesen sein, sich für das Gemeinwohl einzusetzen. Der Diskurs blieb jedoch weiterhin im religiösen Vokabular verankert, wenn auch verbunden mit einer stark intensivierten Betonung von Ökonomie, Nützlichkeit und Effizienz. Letzteres mochte der Tatsache geschuldet sein, dass die Initiatoren allesamt kaufmännisch geprägt waren und auch ihre Fachkenntnisse von Buchführung, Korrespondenz und allgemeiner Geschäftsführung in die wohltätigen Einrichtungen mit einbrachten. »Bürgerliche Tugenden« wie Fleiß und Sparsamkeit, auf deren Generierung die Verwalter des Allgemeinen Armeninstituts hinwirken wollten, waren allerdings auch außerhalb von gewerblichen Zentren Schlagworte.[72] So erscheint das hier thematisierte begriffliche Dreieck von Ökonomie in

---

69 | Das Zitat findet sich in HZW, Bestand von Eynern, Nr. 132, Brief an Melchior Gau in Eisenach, 22.06.1799. Weitere Briefe ließen sich anführen.
70 | Vgl. Knierim, Michael: Gelebte Religion und regionale Strukturpolitik der Engels im Barmer »Bruch«, in: Hermann de Buhr/Heinrich Küppers/Volkmar Wittmütz (Hg.), Die Bergischen, »ein Volk von zugespitzter Reflexion«. Region – Schule – Mentalität, Wuppertal 1992, S. 72–101, hier S. 91 f.
71 | Armenanstalt, S. 772.
72 | Vgl. Münch, Paul (Hg.): Ordnung, Fleiß und Sparsamkeit. Texte und Dokumente zur Entstehung der »bürgerlichen Tugenden«, München 1984.

weiterem Sinn, Religiosität und Bürgersinn als ein zentrales Charakteristikum der Zeit um 1800, in der sich altständische Traditionen und neue Denkformen zu einer eigenständigen Figuration ausbildeten.[73]

---

73 | Hier wird bewusst die Verwendung des Begriffs »Sattelzeit«, den Reinhart Koselleck eher beiläufig geprägt hat, vermieden. Siehe zur Schwierigkeit dieses Begriffs Blänkner, Reinhard: Begriffsgeschichte in der Geschichtswissenschaft. Otto Brunner und die Geschichtlichen Grundbegriffe, in: Forum Interdisziplinäre Begriffsgeschichte 1 (2012), Heft 2, S. 101-107, hier S. 106. Zur Zeit um 1800 als »Epoche sui generis« vgl. Vierhaus, Rudolf: Aufklärung und Reformzeit. Kontinuitäten und Neuansätze in der deutschen Politik des späten 18. und beginnenden 19. Jahrhunderts, in: Eberhard Weis (Hg.), Reformen im rheinbündischen Deutschland, Oldenburg 1984, S. 287-301, sowie mit einem Überblick über die neuere Bürgertumsforschung Hahn, Hans-Werner: Das deutsche Bürgertum in der Umbruchszeit 1750-1850. Überlegungen zur Epochenzäsur 1800 aus der Sicht der neueren Bürgertumsgeschichte, in: Helmut Neuhaus (Hg.), Die Frühe Neuzeit als Epoche, München 2009, S. 51-73. Vgl. auch zu einer sich herausbildenden eigenständigen Figuration Blänkner, Reinhard/Paul, Ina Ulrike: »Neuständische Gesellschaft« - Europäische Gesellschaft im globalen Kontext (1750-1830/40), in: Martin Jehne/Winfried Müller/Peter E. Faßler (Hg.), Ungleichheiten. 47. Deutscher Historikertag in Dresden 2008, Berichtsband, Göttingen 2009, S. 218-222.

»Menschen werden wollen die Frauen und teilnehmen am Kranz der Arbeit und des Sieges.«

Visionen von Emanzipation, Gemeinsinn und Gesellschaftsreform in der ersten deutschen Frauenbewegung

Susanne Schötz

»Menschen werden wollen die Frauen und teilnehmen am Kranz der Arbeit und des Sieges«, mit diesen Worten fasste Auguste Schmidt zusammen, was sie zuvor in längerer Rede am Abend des 15. Oktober 1865 im Saal der Leipziger Buchhändlerbörse zum Auftakt der ersten gesamtdeutschen Frauenkonferenz entwickelt hatte. Dort hatte sie vor mehreren hundert Menschen über »die natürliche Berechtigung der Frauen« gesprochen, »sich aus der bisherigen Unterordnung zu der ihnen gebührenden Gleichberechtigung neben dem Manne emporzuheben«. Diese, so Schmidt, »Reformation der Frauenstellung« bzw. »Wiedergeburt der Frau« werde »einen neuen Lebensodem [...] in die Schöpfung« bringen. Die einberufene Frauenkonferenz sei »zum Dienst der Liebe für die ganze und große Frauenwelt berufen«; dabei lasse nur das innere Bewusstsein der guten Sache die Frauen nicht wanken und in das öffentliche Wirken eintreten.[1]

Diese teilweise religiös imprägnierte und aus heutiger Sicht vielleicht etwas pathetische, irritierende, nicht so ohne Weiteres verständliche Sprache – wie mag sie auf die Anwesenden gewirkt haben? Teilten diese den hier formulierten feministischen Anspruch[2] der Gleichberechtigung der Geschlechter, in welchem der

---

1 | Vgl. die Wiedergabe des Redeinhalts durch Louise Otto-Peters in: Dies.: Das erste Vierteljahrhundert des Allgemeinen deutschen Frauenvereins gegründet am 18. October 1865 in Leipzig. Aufgrund der Protokolle mitgeteilt, Leipzig 1890, S. 8 f.

2 | Der Begriff des Feminismus ist erstmals in den 1880er Jahren von französischen Frauenrechtlerinnen als politische Leitidee gegen den ihrer Meinung nach herrschenden

Teilhabe an Arbeit offenbar eine Schlüsselrolle zukommen sollte? Warum war das so? Wie dachten sich die den Gleichberechtigungsgedanken Befürwortenden das anzustrebende neue Verhältnis der Geschlechter und die damit verbundene neue Gesellschaft? Welche Mittel und Wege hielten sie für geeignet, um dem Ziel näher zu kommen? Schließlich: Wie argumentierten sie, um für die Idee der Gleichberechtigung zu werben? Besaßen dabei religiöse Überzeugungen ein besonderes Gewicht?

Diese Fragen inspirieren die folgenden Ausführungen. Sie lenken den Blick auf den Allgemeinen Deutschen Frauenverein (ADF), der im Ergebnis der Beratungen der genannten Frauenkonferenz am 18. Oktober 1865, dem Jahrestag der Völkerschlacht, unter dem Vorsitz der Schriftstellerin, Journalistin und Publizistin Louise Otto-Peters gegründet wurde.[3] Er markiert in den meisten Darstellungen zur Geschichte der Frauenbewegung den Beginn der organisierten Frauenbewegung in Deutschland,[4] ist aber dennoch vergleichsweise wenig er-

---

Maskulinismus der Dritten Republik benutzt worden. In Deutschland wurde er zumeist erst im 20. Jahrhundert aufgegriffen, hier verwendete man lange die Begrifflichkeiten »soziale Frauenfrage«, »Frauenbewegung« und »Frauenemanzipation«. Vgl. Gerhard, Ute: Frauenbewegung und Feminismus. Eine Geschichte seit 1789, München 2009, S. 8. Die spezifischen Inhalte lassen sich jeweils nur historisch konkret analysieren; im Kern ging bzw. geht es aber um die Ablehnung der Auffassung von Frauen als den Männern nach- bzw. untergeordnete Gruppe und der daraus resultierenden ungleichen Teilhaberechte von Frauen. Häufig ist damit die Entwicklung von Strategien und Maßnahmen zur Durchsetzung besserer Lebenschancen für Frauen verbunden, zumeist eingebettet in mehr oder weniger umfassende gesamtgesellschaftliche Reformen. In der Gegenwart existiert eine Vielzahl feministischer Theorien und Strömungen. Vgl. neben anderen Knapp, Gudrun-Axeli: Im Widerstreit. Feministische Theorie in Bewegung, Wiesbaden 2012; Becker-Schmidt, Regina/Knapp, Gudrun-Axeli: Feministische Theorien zur Einführung, [5]Hamburg 2011; Hark, Sabine: Dis/Kontinuitäten: Feministische Theorie, [2]Wiesbaden 2007; Cudd, Ann/Andreasen, Robin (Hg.): Feminist Theory: A Philosophical Anthology, Oxford 2005; Metz-Göckel, Sigrid: Feminismus, in: Frigga Haug (Hg.), Historisch-kritisches Wörterbuch des Feminismus, Hamburg 2003, S. 170-179; Offen, Karen: European Feminisms, 1700-1950: A Political History, Stanford 2000.

3 | Zur Merkwürdigkeit der Abhaltung der ersten deutschen Frauenkonferenz zum Jahrestag der Völkerschlacht vom 15. bis 18. Oktober 1865 in Leipzig und zur Gründung des daraus hervorgehenden ADF unmittelbar am Entscheidungstag der Völkerschlacht, dem 18. Oktober, siehe jetzt: Schötz, Susanne: »Frauenschlacht« zu Leipzig. Anmerkungen zu Louise Otto-Peters in der Reichsgründungszeit, in: Volker Rodekamp (Hg.), Helden nach Maß. 200 Jahre Völkerschlacht, Leipzig 2013, S. 47-54.

4 | Vgl. beispielsweise Bussemer, Herrad-Ulrike: Bürgerliche Frauenbewegung und männliches Bildungsbürgertum 1860-1880, in: Ute Frevert (Hg.), Bürgerinnen und Bürger. Geschlechterverhältnisse im 19. Jahrhundert, Göttingen 1988, S. 190-205, hier S. 190; Gerhard, Ute: Unerhört. Die Geschichte der deutschen Frauenbewegung, Reinbek bei Hamburg

forscht worden.⁵ Die meisten Studien zur Geschichte der Frauenbewegung als einer der großen sozialen und politischen Bewegungen des 19. und 20. Jahrhunderts interessieren sich für ihre Hoch-Zeit. Als solche wird die Zeit ab 1894 bis zum Ersten Weltkrieg verstanden, die wesentlich durch die Existenz eines Dachverbandes der deutschen Frauenbewegung, des Bundes Deutscher Frauenvereine (BDF), geprägt und durch große thematische Vielfalt und Ausdifferenzierung gekennzeichnet war.⁶

So wissen wir gegenwärtig noch zu wenig über das Emanzipationsverständnis der im ADF wirkenden »ersten Generation« der deutschen Frauenbewegung und die sie leitenden Geschlechtervorstellungen und Gesellschaftskonzepte. Wie die Pionierinnen des ADF vor dem Hintergrund des herrschenden bürgerlichen Geschlechterideals argumentierten, an welche Ideen, Werte und Überzeugungen sie anknüpften, ist keinesfalls umfassend geklärt. Dass angesichts der noch weiten Verbreitung religiöser Vorstellungswelten im Denken, Fühlen und Handeln der meisten Menschen auch religiöse Sinndeutungen eine Rolle gespielt haben dürften, wurde bisher kaum thematisiert, geschweige denn untersucht.⁷ Überhaupt spielen, von wenigen Ausnahmen abgesehen,⁸ in den einschlägigen Dar-

---

1990, S. 76; Schaser, Angelika: Frauenbewegung in Deutschland 1848-1933, Darmstadt 2006, S. 41.

5 | Vor allem Herrad-Ulrike Bussemer hat sich intensiver mit dem ersten Jahrzehnt des ADF befasst. Vgl. H.-U. Bussemer: Frauenbewegung. Die umfangreichste Darstellung zum ADF bis zum Beginn des 1890er Jahre bietet noch immer die Überblicksdarstellung von Ute Gerhard aus dem Jahr 1990. Vgl. U. Gerhard: Unerhört. Vgl. auch Twellmann, Margrit: Die deutsche Frauenbewegung. Ihre Anfänge und erste Entwicklung 1843-1889, Meisenheim am Glan 1972; Koepcke, Cordula: Geschichte der deutschen Frauenbewegung: von deutschen Anfängen bis 1945, Freiburg im Breisgau/Basel/Wien 1981; Boetcher Joeres, Ruth-Ellen: Die Anfänge der deutschen Frauenbewegung: Louise Otto-Peters, Frankfurt a. M. 1983.

6 | Vgl. das instruktive Literaturverzeichnis bei A. Schaser: Frauenbewegung.

7 | Lediglich Iris Schröder hat erste Überlegungen zum religiösen Konsens im ADF in den 1870er Jahren angestellt, auf die ich später zurückkomme. Vgl. Schröder, Iris: Arbeiten für eine bessere Welt. Frauenbewegung und Sozialreform 1890-1914, Frankfurt a. M. 2001, S. 166-171.

8 | Ausnahmen stellen vor allem die Untersuchungen von Sylvia Paletschek, Iris Schröder und Britta Konz dar. Erstere thematisiert den Zusammenzusammenhang von religiöser Emanzipation, Demokratie und Frauenemanzipation im Vormärz und charakterisiert die freisinnigen Frauenvereine als Stützpfeiler der frühen deutschen Frauenbewegung der 1840er Jahre. Vgl. Paletschek, Sylvia: Frauen und Dissens. Frauen im Deutschkatholizismus und in den freien Gemeinden 1841-1852, Göttingen 1990. Iris Schröder dagegen interessiert sich unter anderem dafür, in welcher Weise sich an der Wende zum 20. Jahrhundert religiöse Wahrnehmungen und Deutungen in der Frauenbewegung manifestierten, insbesondere, inwieweit sich Sozialreformerinnen auf ihre religiösen Überzeugungen bezo-

stellungen zur Geschichte der Frauenbewegung nur dort religiöse Sinngebungen eine Rolle, wo es nicht anders geht: bei der Behandlung der großen konfessionellen Frauenverbände, die seit dem Ende des 19. Jahrhunderts entstanden.[9] Das waren der Deutsch-Evangelische Frauenbund von 1899, der Katholische Frauenbund Deutschlands, gegründet 1903, und der Jüdische Frauenbund von 1904, zu denen auch Spezialuntersuchungen vorgelegt wurden.[10] Allerdings ist die subjektive Bedeutung von Religion und Kirchen für die Menschen des 19. und 20. Jahrhunderts auch erst mit dem Aufschwung der Sozialgeschichte der Religion seit den 1990er Jahren stärker in den Blick gelangt.[11] Dabei wurden mitunter auch weibliche Lebenszusammenhänge hinterfragt.[12] Dennoch bleibt die Untersuchung

gen. Vgl. I. Schröder: Arbeiten. Dass soziale Arbeit eine fundierte theologische Grundlage haben konnte, zeigt auch Britta Konz. Vgl. Konz, Britta: Religion, Emanzipation und gesellschaftliche Verantwortung: Leben und Werk der jüdischen Frauenrechtlerin Bertha Pappenheim, in: Dies./Ulrike Link-Wieczorek (Hg.), Vision und Verantwortung. Festschrift für Ilse Meseberg-Haubold, Münster 2004, S. 38-52. Vgl. für die britische Frauenbewegung Schwarzkopf, Jutta: Women's Mission. Die Bedeutung von Religion in der ersten britischen Frauenbewegung bis 1914, in: Ariadne 60 (2011): Missionen und Visionen – Frauenbewegungen in Europa, Redaktion Gilla Dölle und Ulla Wischermann, S. 36-41.

9 | Vgl. U. Gerhard: Unerhört, Abschnitt: »Auflehnung gegen Gottes Ordnung«? – Die konfessionelle Frauenbewegung, S. 201-207, sowie A. Schaser: Frauenbewegung, Abschnitt IV.3: Die Gründung der konfessionellen Frauenverbände, des Verbandes fortschrittlicher Frauenvereine und des Verbandes Deutscher Hausfrauenvereine, S. 44-48.

10 | Vgl. Kaufmann, Doris: Frauen zwischen Aufbruch und Reaktion. Protestantische Frauenbewegung in der ersten Hälfte des 20. Jahrhunderts, München 1988; Baumann, Ursula: Protestantismus und Frauenemanzipation in Deutschland 1850 bis 1920, Frankfurt a. M. 1992; Breuer, Gisela: Frauenbewegung im Katholizismus. Der Katholische Frauenbund 1903-1918, Frankfurt a. M. 1998; Kaplan, Marion A.: Die jüdische Frauenbewegung in Deutschland. Organisation und Ziele des Jüdischen Frauenbundes 1904-1938, Hamburg 1981; Ariadne 45/46 (2004): Jüdisch-sein, Frau-sein, Bund-sein. Der jüdische Frauenbund 1904-2004, Redaktion Gudrun Maierhof und Cornelia Wenzel; Ariadne 35 (1999): Im Namen des Herrn? Konfessionelle Frauenverbände 1890-1933, Redaktion Cornelia Wenzel und Kerstin Wolff.

11 | Vgl. Hölscher, Lucian: Bürgerliche Religiosität im protestantischen Deutschland des 19. Jahrhunderts, in: Wolfgang Schieder (Hg.), Religion und Gesellschaft im 19. Jahrhundert, Stuttgart 1994; Hübinger, Gangolf: Kulturprotestantismus und Politik. Zum Verhältnis von Liberalismus und Protestantismus im wilhelminischen Deutschland, Tübingen 1994; Blaschke, Olaf/Kuhlemann, Frank-Michael (Hg.): Religion im Kaiserreich. Milieus – Mentalitäten – Krisen, Gütersloh 1996.

12 | Vgl. vor allem Götz von Olenhusen, Irmtraud (Hg.): Frauen unter dem Patriarchat der Kirchen: Katholikinnen und Protestantinnen im 19. und 20. Jahrhundert, Stuttgart/Berlin/Köln 1995; Meiwes, Relinde: »Arbeiterinnen des Herrn«. Katholische Frauenkongregationen im 19. Jahrhundert, Frankfurt a. M. 2000.

religiöser Orientierungen bei den Vertreterinnen der nicht-konfessionell gebundenen Frauenbewegung, ob nun im ADF oder anderen Vereinen organisiert, als deutliches Defizit zu konstatieren.

Dieses Defizit findet sich allerdings kaum weniger bei der Erforschung der weltlichen Orientierungen und der Wechselwirkungen und Melangen von weltlichen und religiös-transzendenten Sinngebungen unter den im Umfeld des ADF agierenden Begründerinnen der ersten deutschen Frauenbewegung und den sie unterstützenden Männern. Gegenwärtig sind mir ca. 70 Frauen und ca. 20 Männer bekannt, die diesem Personenkreis zwischen 1865 und 1890 angehörten.[13] Zu den wenigsten liegen biografische Forschungen vor, die nähere Einblicke in ihre Emanzipationsvorstellungen und die zugrunde liegenden Überzeugungen gestatten würden.

Eine Ausnahme stellt allerdings Louise Otto-Peters dar. Die vor allem durch die Louise-Otto-Peters-Gesellschaft e. V. in den letzten zwei Jahrzehnten forcierte Erforschung ihres Lebens und Werks hat dazu geführt, dass wir inzwischen die geistigen Einflüsse, die Louise Otto-Peters prägten, und die emanzipatorischen Vorstellungen, die sie entwickelte,[14] besser kennen. Doch auch hier bedarf noch vieles der Erforschung. Aus ihrem umfangreichen Schrifttum an Liedern, Gedichten, Novellen, Erzählungen, von mehr als 30 Romanen, einigen Opernlibretti, von Geschichts- und Frauengeschichtsdarstellungen, biografischen Porträts, Literatur-, Musik- und Theaterkritiken und der zwischen 1843 und 1895 veröffentlichten gesellschafts- und frauenpolitischen Publizistik sind allenfalls einige wenige Titel bisher zur Kenntnis genommen und in den jeweiligen Kontexten untersucht worden.[15] Der überwiegende Teil harrt noch immer der historisch-kritischen Einordnung und Würdigung. Diese Sachlage ermöglicht derzeit

---

13 | Vgl. Schötz, Susanne: Von 1848 nach 1865? Bausteine zu einer Kollektivbiographie der Gründerinnen und Gründer der deutschen Frauenbewegung, in: Helmut Bleiber/Wolfgang Küttler (Hg.), Revolution und Reform in Deutschland im 19. und 20. Jahrhundert. Erster Halbband: Ereignisse und Prozesse. Zum 75. Geburtstag von Walter Schmidt, Berlin 2005, S. 151–164, hier S. 153 f.

14 | Vgl. zur geistigen Entwicklung vor allem die Aufsätze von Johanna Ludwig, Irina Hundt, Susanne Schötz, Barbara Bauer, Siegfried Wollgast und Ingrid Deich in den Louise Otto-Peters Jahrbüchern I–III, hrsg. von Johanna Ludwig, Elvira Pradel und Susanne Schötz im Sax Verlag Beucha, 2004, 2006, 2010. Einzelangaben erfolgen in der Darstellung. Vgl. zur Biografie von Louise Otto-Peters auch Ludwig, Johanna: Louise Otto-Peters (Pseudonyme: Otto Stern, Malwine von Steinau), in: Sächsische Biografie, hrsg. vom Institut für Sächsische Geschichte und Volkskunde e. V., bearb. von Martina Schattkowsky, Online-Ausgabe: http://www.isgv.de/saebi/ (Zugriff am 28.03.2013).

15 | Verwiesen sei auf das Louise-Otto-Peters-Archiv der Louise-Otto-Peters-Gesellschaft Leipzig e. V., dessen Ziel in der Sammlung sämtlichen Schriftgutes von und über Louise Otto-Peters besteht. Vgl. zur Würdigung Schötz, Susanne: 20 Jahre Louise-Otto-Peters-Gesellschaft in Leipzig. In Dankbarkeit gewidmet Johanna Ludwig (26. Januar 1937–2. Au-

weder ein ausgefeiltes Urteil über die Schriftstellerin, Journalistin und Publizistin, noch über die Frauenpolitikerin Louise Otto-Peters, und schon gar nicht über den ADF als Ganzes.

Es ist deshalb im Folgenden lediglich möglich, einige Schlaglichter zu verdeutlichen, gegebenenfalls auf zu Erforschendes, Offenes zu verweisen, nicht aber, bereits eine umfassende Analyse frauenemanzipatorischer und gesellschaftspolitischer Konzepte sowie sich darin spiegelnder geistiger Einflüsse und Werte vorzulegen. Mein besonderes Augenmerk gilt Louise Otto-Peters, die von 1865 bis kurz vor ihrem Tod 1895 an der Spitze des ADF stand. Sie war nicht nur die Initiatorin und langjährige Vorsitzende des ADF, sie war auch dessen wichtigster theoretischer Kopf und entwickelte nicht zuletzt konkrete Frauenpolitik. Das passierte zu einer Zeit, da Frauen rein rechtlich weitgehend von politischer Partizipation ausgeschlossen blieben. Sie besaßen bis 1918 kein Wahlrecht und konnten daher weder in Stadt- und Länderparlamenten noch im Reichstag mitarbeiten. Bis 1908 durften sie nicht einmal politischen Parteien oder Vereinen mit politischer Ausrichtung angehören.[16]

Im Unterschied zu ihren Mitstreiterinnen an der Spitze des ADF konnte Louise Otto-Peters auf einen großen Erfahrungsschatz in der Auseinandersetzung mit der Frauenfrage zurückgreifen, setzte sie sich mit dieser doch bereits seit dem Vormärz und der Revolution von 1848/49 auseinander. So übernahm sie zielstrebig die Herausgabe des Vereinsblattes »Neue Bahnen«, zunächst mit Jenny Hirsch, dann bis zu ihrem Tode gemeinsam mit Auguste Schmidt.[17] Damit war es ihr möglich, in hohem Maße meinungsbildend auf die sich formierende Frauenbewegung zu wirken. Auch wenn die konkrete Rezeption ihrer Auffassungen innerhalb und außerhalb des ADF ein weitgehendes Forschungsdesiderat darstellt, dürfte wohl vieles für die Auffassung von Ruth-Ellen Boetcher Joeres sprechen, dass

> »möglicherweise [...] die ganze Frauenbewegung ohne die Otto kaum vorstellbar war – oder präziser gesagt, daß sie sich ohne sie ganz anders entwickelt hätte. Die Otto beeinflußte alles, was mit der Bewegung zusammenhing, selbst die Sprache: Sie gab Begriffen wie Selbsthilfe, Pflichten und Rechte, Freiheit, Selbständigkeit jene Bedeutung, die aus der historischen Perspektive für die ganze bürgerliche Frauenbewegung des 19. Jahrhunderts so charakteristisch ist.«[18]

---

gust 2013), in: JahrBuch für Forschungen zur Geschichte der Arbeiterbewegung 12 (2013), Nr. III, S. 157–168.

16 | Vgl. U. Gerhard: Unerhört, S. 73, 280, sowie Gelieu, Claudia von: Vom Politikverbot ins Kanzleramt – Ein hürdenreicher Weg für Frauen, Berlin 2008.

17 | Vgl. L. Otto-Peters: Vierteljahrhundert, S. 12 f.

18 | Vgl. R.-E. Boetcher Joeres: Anfänge, S. 21.

Welche Auffassungen und Visionen Louise Otto-Peters hatte, das soll im ersten Teil dieses Beitrages hauptsächlich auf der Grundlage ihrer Schriften »Das Recht der Frauen auf Erwerb. Blicke auf das Frauenleben der Gegenwart« von 1866 und »Frauenleben im Deutschen Reich. Erinnerungen aus der Vergangenheit mit Hinweis auf Gegenwart und Zukunft« von 1876 dargestellt werden. Der zweite Teil versucht eine Würdigung ihrer Vorstellungen vor dem Hintergrund der existierenden Geschlechterordnung und des dominierenden Geschlechterdenkens.[19] Teil 3 interessiert sich für die Legitimierung ihrer Visionen und untersucht dazu wichtige, doch längst nicht alle feststellbaren Argumentationslinien und Sinngebungen. Soweit das möglich ist, wird dabei die Genese ihrer Vorstellungen verfolgt. Schließlich komme ich mit einigen Überlegungen auf die eingangs gestellten Fragen zurück.

1. VISIONEN VON EMANZIPATION, GEMEINSINN UND GESELLSCHAFTSREFORM

Die Schrift »Das Recht der Frauen auf Erwerb« kann als programmatische Schrift des ADF verstanden werden. Sie war von Louise Otto-Peters im Winter 1865/66 verfasst worden, um einmal ausführlicher die Motive für die Gründung des ADF, seine Ansichten und Ziele sowie den Verlauf der ersten Frauenkonferenz darzulegen. Mitgeteilt wurden darin auch die von der Frauenkonferenz einstimmig verabschiedete Resolution sowie das Vereinsstatut. So sollten »weitere Kreise« für die Bestrebungen des neu gegründeten Vereins gewonnen werden.[20] Das geschah mit Sicherheit in Übereinstimmung, wenn nicht im Auftrag des ADF-Vorstandes.

Die zweite Schrift von 1876, »Frauenleben im Deutschen Reich«, hat einen etwas anderen Charakter. Hier legte Louise Otto-Peters zehn Jahre nach der ADF-Gründung noch einmal einen großen Entwurf ihrer Auffassungen zur Frauenfrage unter den neuen politischen Bedingungen des Kaiserreichs vor.

---

19 | Von einer Würdigung ihres konkreten praktischen Wirkens muss an dieser Stelle abgesehen werden. Vgl. dazu Schötz, Susanne: Leipzig und die erste deutsche Frauenbewegung, in: Detlef Döring (Hg.), Leipzigs Bedeutung für die Geschichte Sachsens, Leipzig 2014 [im Druck].
20 | Sie wollte die Schrift unter dem Titel »Das Recht der Frauen« veröffentlichen, konnte dafür aber keinen Verleger gewinnen. Der Hamburger Verlag Hoffmann und Campe publizierte sie schließlich 1866 unter dem genannten Titel. Vgl. hierzu Otto-Peters, Louise: Das Recht der Frauen, in: Dies., Das Recht der Frauen auf Erwerb. Wiederveröffentlichung der Erstausgabe aus dem Jahr 1866. Mit einer Reminiszenz der Verfasserin und Betrachtungen zu der Schrift aus heutiger Sicht, hgg. im Auftrag der Louise-Otto-Peters-Gesellschaft e. V. von Astrid Franzke, Johanna Ludwig und Gisela Notz unter Mitarbeit von Ruth Götze (= LOUISEum 7. Sammlungen und Veröffentlichungen der Louise-Otto-Peters-Gesellschaft e. V.), Leipzig 1997, S. 10 f.

Nach meinem derzeitigen Wissen handelt es sich dabei zugleich um ihre letzte umfassende Darlegung zur Frauenemanzipation. Anliegen dieses Buches war es, nachzuzeichnen, welche Veränderungen sich im Kulturleben der letzten 50 Jahre im technischen, ökonomischen und sozialen Leben vollzogen haben und wie diese das Frauenleben beeinflussten, sowie zu erörtern, welcher weitere Wandel daraus ihrer Auffassung nach resultieren wird.[21] Von besonderem Interesse ist dabei das letzte Kapitel mit der Überschrift »Zukunft«, in welchem sie im Abschnitt »Zukunftshoffnungen« eine komplexe Darstellung ihrer frauenemanzipatorischen und gesellschaftspolitischen Vision bot. Dieser Text hat bisher in den Forschungen zur Geschichte der ersten deutschen Frauenbewegung so gut wie keine Beachtung gefunden. Das ist deswegen erstaunlich, da Louise Otto-Peters hier, wo sie keine konkreten frauenpolitischen Forderungen für die Gegenwart erhob, sondern ein Bild des Frauenlebens in der Zukunft entwarf, ihre eigenen, ganz persönlichen Vorstellungen und Überzeugungen formulieren konnte, ohne Rücksichten nehmen zu müssen. Das gilt sowohl im Hinblick auf Vorstandsmitglieder und Mitglieder des ADF, die möglicherweise in einigen Punkten anderer Meinung waren, als auch im Hinblick auf die geltenden Vereinsgesetze für Frauen, denn es handelte sich ja um kein zu genehmigendes, politisch korrektes Vereinsprogramm, sondern um einen Zukunftsentwurf, eine Utopie. Ihr Kapitel »Zukunft«, prägnant eingeleitet mit der Dichtung »Drei Jahre. 1865, 1875, 1962«, ist ein Kunstgriff, ja ein kleines politisches Kabinettstück von Louise Otto-Peters, um ihre frauen- und gesellschaftspolitischen Visionen darstellen zu können. Aber welche Visionen, verstanden als Bild von Zukünftigem, werden in Auseinandersetzung mit den genannten Schriften deutlich?

1.1 Arbeit, Bildung, Emanzipation und Gesellschaftsreform

Bereits die Gründungsdokumente des ADF lassen als Dreh- und Angelpunkte aller Bestrebungen zur Verbesserung der individuellen und gesellschaftlichen Situation von Mädchen und Frauen die Befreiung weiblicher Arbeit, die Hebung weiblicher Bildung und das Prinzip der Selbsthilfe erkennen. So wurde als Bestimmung des Vereins in § 1 seines Statuts festgelegt: Der ADF »hat die Aufgabe, für die erhöhte Bildung des weiblichen Geschlechts und die Befreiung der weiblichen Arbeit von allen ihrer Entfaltung entgegenstehenden Hindernissen mit vereinten Kräften zu wirken«.[22] Als geeignete Mittel der Abhilfe sah man § 2 des Programms zufolge die

»Agitation durch Frauenbildungsvereine und die Presse, die Begründung von Produktiv-Assoziationen, welche den Frauen vorzugsweise empfohlen werden, die Errichtung von In-

---

21 | Vgl. Otto, Louise: Frauenleben im deutschen Reich. Erinnerungen aus der Vergangenheit mit Hinweis auf Gegenwart und Zukunft, Leipzig 1876, S. VIII.
22 | L. Otto-Peters: Vierteljahrhundert, S. 10 f.

dustrie-Ausstellungen für weibliche Arbeitserzeugnisse, die Gründung von Industrieschulen für Mädchen, die Errichtung von Mädchenherbergen, endlich aber auch die Pflege höherer wissenschaftlicher Bildung«

an.[23] Damit verstanden die Gründerinnen des ADF unter »weiblicher Arbeit« zunächst einmal die »Erwerbsarbeit« von Frauen. Die Förderung der Erwerbsfähigkeit und die Eröffnung breitester Erwerbsmöglichkeiten galten den Gründerinnen des ADF als ein übergreifendes Ziel »für alle« Frauen. Frauen sollten grundsätzlich in die Lage zur »Selbständigkeit« versetzt werden. »Selbständig kann schon dem Sprachgebrauch nach nur sein«, so Louise Otto-Peters, »wer selbst zu stehen vermag, d. h., wer sich selbst auf seinen eigenen Füßen und ohne fremde Beihilfe erhalten kann.«[24] Den Frauen durch eine Berufsausübung zu ökonomischer Selbstständigkeit zu verhelfen, hielt sie daher für »das Fundament weiblicher Selbständigkeit« und für den wichtigsten Schritt, aus dem gleichsam alles Weitere folgen würde.[25]

Allerdings begriff sie die Fähigkeit zur Selbstständigkeit durch Erwerbsarbeit nicht lediglich als einen Notbehelf bzw. als ein Mittel zur Existenzsicherung gegen die »Wechselfälle des Geschicks«[26] im Falle von Ehelosigkeit, Witwenschaft oder Erwerbsproblemen des Ehemanns. Für sie stellte eine existenzsichernde Erwerbsarbeit die Grundlage für ein Leben in Würde und Selbstentfaltung dar, »denn wer zu seinem Fortkommen in der Welt einzig und allein auf die Hilfe anderer angewiesen ist, kann ja niemals zum Vollgefühl der eigenen Kraft, noch der Würde der Unabhängigkeit und damit des wahren Menschthums kommen«.[27] Mädchen sollten deshalb ebenso wie Knaben zu einer Arbeit erzogen werden, die ihren Fähigkeiten und Neigungen entspricht; Töchter wie Söhne von den Eltern gefragt werden, »was sie gern lernen und werden möchten«.[28] »Sie müssen sich«, so Louise Otto-Peters, »einen Wirkungskreis suchen können, der ihrem Leben einen Inhalt gibt, ihre Existenz sichert und sie zu nützlichen Mitgliedern der menschlichen Gesellschaft macht.«[29] Für sie bedeutete es die »Hauptsache«, »die in den Frauen schlummernden Anlagen zu entwickeln, Charaktere zu bilden, ihr Leben inhaltvoll und nutzbar zu machen für sie selbst und für andere«.[30] Dies ist eine zweite, umfassendere Bedeutung des Begriffes »weibliche Arbeit«, die meines Erachtens grundsätzlich von den Frauen im Umfeld von Louise-Otto-Peters geteilt wurde.

---

23 | Ebd., S. 10.
24 | Dies.: Recht, S. 59.
25 | L. Otto: Frauenleben, S. 179.
26 | L. Otto-Peters: Recht, S. 48.
27 | L. Otto: Frauenleben, S. 179.
28 | Ebd., S. 171.
29 | L. Otto-Peters: Recht, S. 21.
30 | L. Otto: Frauenleben, S. 179.

Das Konzept weiblicher Erwerbsarbeit von Louise Otto-Peters enthält keine spezifischen Vorgaben bzw. Schranken für die Entfaltung von Begabungen, doch ist seine Genese noch genauer zu erforschen. In ihrer programmatischen Schrift von 1866 entwarf sie ein breites Spektrum weiblicher Erwerbsbereiche. Angefangen bei den bereits mehr oder weniger zugänglichen Berufen der Künstlerin und Schriftstellerin, der Lehrerin, Kindergärtnerin, der nun zahlreicher vorkommenden Ladenmädchen und Verkäuferinnen, der Fotografinnen und Lithografinnen, ging sie aufgrund der sich beginnenden Öffnung kaufmännischer und technischer Ausbildung für Frauen von deren Anstellung in den Kontoren von Kaufleuten, in Büros der Eisenbahnen, Telegrafen und Post sowie auf landwirtschaftlichen Gütern aus. Vor allem die 1865 fast überall eingeführte Gewerbefreiheit und die Aufhebung der Verbietungsrechte von Zünften und Innungen ließ sie über die eigenständige Geschäftseröffnung von Frauen in Handel und Handwerk nachdenken, wenn es diesen möglich wäre, sich die notwendige kaufmännische und handwerkliche Ausbildung anzueignen. Ebenso hielt sie das Medizinstudium von Frauen und weibliche Ärzte für möglich. Selbst »gehobene« Fabrikarbeit schloss sie für Frauen aus den Mittelschichten nicht aus und verwies dabei auf Beispiele aus Amerika, der Schweiz sowie auf in Leipzig bereits tätige Setzerinnen in einer Buchdruckerei.[31]

In ihren »Zukunftshoffnungen« von 1876 prophezeite[32] sie dann, dass Frauen an »allen den Dingen, die sie am nächsten angehen«, persönlich beteiligt sein werden, so an der Einrichtung, Beaufsichtigung und Führung von allen Arten von Anstalten für kleine Kinder, von Mädchenschulen, allen Rettungshäusern, Gefängnissen, Kranken- und Irrenhäusern, in denen sich weibliche Insassen befinden, in der Armenpflege, falls diese noch nötig ist.[33] Es werde auch weibliche Rechtsanwälte geben und weibliche Richter, die das Urteil sprechen.[34] Am umfassendsten ist ihre Vision zum Bereich der Mädchenbildung. Sie zeigt sich überzeugt, dass es an allen Einrichtungen der Mädchen- und Frauenbildung Lehrerinnen und Lehrer in gleicher Zahl geben werde, die in der Bezahlung völlig gleichgestellt sind. Ausdrücklich benennt sie Gymnasien und Universitäten als höchste Bildungsanstalten, zu denen Mädchen bzw. Frauen Zugang haben werden und an denen Frauen neben Männern unterrichten. Dabei werde es künftig weder für Frauen noch für Männer Vorschriften darüber geben, wie weit die Lern- und Leistungsfähigkeit gehen soll.[35] Und sie fährt fort:

---

31 | Vgl. L. Otto-Peters: Recht, insbesondere den letzten Abschnitt »Fortschritte und Aussichten weiblicher Erwerbstätigkeit«, S. 99–107.
32 | Sie spricht tatsächlich von Prophezeiungen, vgl. L. Otto: Frauenleben, S. 261.
33 | Ebd.
34 | Ebd., S. 263.
35 | Ebd. Erst Versuche könnten über diese Frage entscheiden, sie seien aber noch niemals gemacht worden.

»Ob dann in dieser Zukunft die Frauen Doctoren und Professoren hießen oder nicht, das ist sehr gleichgültig, sobald sie nur dieselbe Gelegenheit hatten, ihre Fähigkeiten zu entwickeln, wie die Männer und dieselben Rechte, sie auszuüben, so ist das Ziel, das uns vorschwebt ja erreicht.«[36]

Was sie hier formulierte, zielte nun nicht mehr nur auf die gleichberechtigte Partizipation von Frauen an Bildung und am Erwerbsleben, sondern auf den allgemeinen Anspruch individueller Selbstentfaltung persönlicher Fähigkeiten und Talente und auf die Berechtigung ab, sich damit in das gesellschaftliche Leben einzubringen. Das macht ein drittes, allumfassendes Verständnis von »weiblicher Arbeit« bzw. von Arbeit überhaupt aus. Es kulminiert in der Vision, über die menschliche Entfaltung und Vervollkommnung die menschheitliche Vollendung[37] zu erreichen, von ihr auch als »Herrschaft der alles besiegenden Humanität« bzw. »Ideal von der Harmonie der Menschheit« bezeichnet:

»Das Ziel ist die Harmonie der Menschheit und diese ist solange nicht hergestellt, so lange noch ein Mensch daran gesetzlich oder gesellschaftlich gehindert ist, sich selbst mit sich und seiner Umgebung in Harmonie zu setzen und er ist daran gehindert, so lange es ihm nicht möglich oder doch von anderen Menschen erschwert wird, sich selbst und seine Fähigkeiten zu entfalten und zu benutzen im Interesse seiner selbst in freier Selbstbestimmung wie des Allgemeinen in freiwilliger Unterordnung und Hingebung.«[38]

Diese Vision lässt sich als Verständnis von »Emanzipation« bei Louise Otto-Peters begreifen. Unterschiedlich geschichtsphilosophisch reflektiert, rückte der Begriff seit den 1840er Jahren zu einem Bewegungs- und Zielbegriff auf. Er beinhaltete Befreiung aus rechtlichen, sozialen und politischen oder ökonomischen Abhängigkeiten, deren Beseitigung ein Reich herrschaftsloser Freiheit hervorbringen würde.[39] Genau dies beschrieb Louise Otto-Peters in ihrem Ideal von der Harmonie der Menschheit. Ihre Vision von Emanzipation galt freilich für jedes menschliche Wesen. Frauenemanzipation bedeutete demnach, dass Frauen dieselben Rechte und Gelegenheiten haben sollten wie die Männer, ihre Fähigkeiten zu entwickeln, und dieselben Rechte und Gelegenheiten, sie auch zu nutzen. Sie

---

36 | Ebd., S. 253.
37 | Ebd., S. 256.
38 | Ebd., S. 254.
39 | Vgl. Grass, Karl Martin/Koselleck, Reinhart: Emanzipation, in: Otto Brunner/Werner Conze/Reinhart Koselleck (Hg.), Geschichtliche Grundbegriffe. Historisches Lexikon zur politisch-sozialen Sprache in Deutschland, Bd. 2: E-G, Stuttgart 1975, S. 153-197. Früher ein terminus technicus des Römischen Rechts, wurde der Begriff der Emanzipation Ende des 18. Jahrhunderts zu einem politischen Begriff mit antiständischem Inhalt, der implizierte, dass gruppenspezifische Rechte aufzuheben seien. Um 1830 war »Emanzipation« dann zu einem allgemein verwendeten Schlagwort geworden.

selbst verwendete im Hinblick auf die zu erkämpfenden Frauenrechte den Begriff der »Frauenfrage« in betonter und kritischer Absetzung von den sogenannten Emanzipierten der 1840er Jahre.[40]

Ihre Grundüberzeugung vom Sinn menschlichen Seins, durch Entfaltung der spezifischen eigenen Kräfte an der Vollendung der Menschheit mitzuwirken, gab keine Richtung vor, sie galt für alle Bereiche des menschlichen Lebens. Dort, wo jeder und jede es kann und will, soll Entfaltung der eigenen Talente um seiner bzw. ihrer selbst willen und im Dienste der Allgemeinheit möglich sein – in Ehe und Familie, im Erwerbsleben, im öffentlichen Leben und im Staatsleben. Ihre umfassende Emanzipationsvision schloss ausdrücklich alle Frauengruppen ein. Sie schrieb:

»Nur gewinnen kann in Zukunft das Leben in allen seinen Theilen! Das junge Mädchen verträumt die Zeit nicht mehr müssig [sic!], es hat seine Lern- und Vorbereitungsjahre, es macht sich nützlich und nur die Liebe führt es zum Traualtar und damit in einen neuen Pflichtenkreis, mit dem es oft genug auch noch den früheren Beruf verbinden kann, wie der Mann den seinen. Die Hausfrau, die auf eine genützte Jugend zurückblicken kann, macht nun ihr Haus zum Tempel der Zufriedenheit und des Schönen, die Mutter erzieht ihre Kinder für das Vaterland und die Menschheit und pflegt jedes Ideal in ihnen – die Unvermählte, die Wittwe [sic!], die ältere Frau: sie alle sind nicht unbefriedigt; sie haben einen Wirkungskreis, entweder in einem Beruf, der sie zugleich ernährt oder doch in der Gemeinde, im Staatsleben.«[41]

Deutlich wird der Entwurf eines sinnvollen, nützlichen, gleichermaßen am Eigen- und Gemeinwohl orientierten Lebens. Darin kommt Arbeit im Sinne von Lernen und sinnvoller Betätigung die Schlüsselrolle zu; Beruf im Sinne von Erwerbsfähigkeit und -tätigkeit verbindet alle Frauengruppen. Erwerbstätigkeit wird

---

40 | Zu diesen äußerte sie sich mehrfach kritisch, sie bezeichnete deren Emanzipationsversuch als »Schwindel«. Das Überschreiten von Schranken der sogenannten Emanzipierten der 1840er Jahre betraf ihrer Meinung nach nur die äußeren Gewohnheiten und Sitten und bestand »nicht im Ernst des Strebens und der Arbeit«. Rein äußerlich, so Louise Otto-Peters, suchten diese Emanzipierten es den Männern gleichzutun, trugen bisweilen männliche Kleidung und ahmten vor allem die Unsitten des männlichen Geschlechts nach, beispielsweise um die Wette rauchen und trinken, die Tage und Nächte in öffentlichen Lokalen verbringen usw. Vgl. L. Otto-Peters: Recht, S. 48, 67. Unabhängig davon, ob diese Bewertung den Bestrebungen der St. Simonisten oder einer Louise Aston, mit der sich Louise Otto-Peters wiederholt kritisch auseinandersetzte, gerecht wird, tritt damit doch ihr eigenes Verständnis von Frauenemanzipation deutlicher hervor, in welchem dem Ringen um Teilhabe und Selbstentfaltung sowie der Mitarbeit am Gemeinwohl zentrale Bedeutung zukam.

41 | L. Otto: Frauenleben, S. 266.

auch für die verheiratete Frau, deren Pflichten stark in Ehe und Familie liegen, als etwas zugleich Mögliches gedacht.

Auch die Teilhabe der Frauen am öffentlichen Leben und am Staatsleben wird in den »Zukunftshoffnungen« als selbstverständlich beschrieben. Das ist innerhalb einer Utopie von der freien Entfaltung individueller Fähigkeiten und Begabungen auch nicht anders möglich – sie schließt die selbstverständliche Berechtigung der Frauen zur vollen politischen Partizipation ein. Louise Otto-Peters beschreibt daher eine Zeit, »in welcher man es gar nicht mehr für möglich halten wird, dass man einst vom ›Volk‹ gesprochen [...] aber darunter nur die Männer verstanden hat«, und wo man ein allgemeines Stimmrecht erteilt habe, die eine Hälfte des Volkes, die Frauen, dabei aber leer ausgehen ließ.[42] In der Zukunft werde der Wahlmodus, wie auch immer er beschaffen sein werde, ein für Männer und Frauen ganz gleicher sein. Eines auf die Prinzipien des Menschheitsideals begründeten Staates sei es würdig, dass Frauen ihre weiblichen Ansichten und ihren weiblichen Willen »zur gesetzlichen Geltung bringen neben dem männlichen«.[43]

Unter Anspielung auf den erstarkenden Militarismus im Kaiserreich nennt sie einen »auf die Spitze des Schwertes« gestellten Frieden und ein Volk in Waffen, »das zumeist nach Gewinn und Genuß trachtet«, als Zustände, die nicht »dem Ideal von der Harmonie der Menschheit entsprechen«.[44] Auch der noch immer herrschende Ausschluss der einen Hälfte des Volkes, der Frauen, von den meisten Bildungsmitteln und bürgerlichen Rechten belege, »wie wenig weit es die Menschheit gebracht hat in ihrer Entwicklung, ins besondere in der Entwicklung Allen zu Gute kommender humaner Zustände«.[45] Solche Verhältnisse besäßen für sie keinen Anspruch auf ewige, nicht einmal auf lange Dauer.

»Warum sollen wir da nicht prophezeihen [sic!] können, daß eine Zeit kommt, wo die ganze unselige und unmenschliche Kriegswirtschaft aufhört mit all ihrer Barbarei und all ihrem Jammer? wo die Völker friedlich nebeneinander wohnen und wo etwaige Streitigkeiten [...] durch Völkerschiedsgerichte, nicht aber durch das rohe Faustrecht entschieden werden?«[46]

Habe die Weltgeschichte bislang gezeigt, »wie weit oder vielmehr wie wenig weit es die Menschheit gebracht hat in ihrer Entwicklung, ins besondere in der Allen zu Gute kommender humaner Zustände ohne die selbstbewußte und gesetzliche Mitwirkung der Frauen«, warum solle da nicht einmal der Versuch gemacht werden zu sehen, wie weit man mit ihr komme?[47]

---

42 | Ebd., S. 258.
43 | Ebd., S. 262.
44 | Ebd., S. 257.
45 | Ebd.
46 | Ebd.
47 | Ebd.

Hier wird der Zusammenhang von Frauenemanzipation und Gesellschaftsreform im Denken von Louise Otto-Peters besonders deutlich. Eine Gesellschaft, deren Ideal in der freien Entfaltung aller Mitglieder und im friedlichen Zusammenleben aller Völker besteht, ist ohne Teilhabe der Frauen undenkbar. Sie ist nur durch »das gemeinsame Wirken von Mann und Weib, nur durch die Gleichberechtigung beider Geschlechter in allen Dingen« erreichbar.[48] Damit ist die Beteiligung der Frauen an der Lösung gesellschaftlicher Probleme nicht nur das Ziel, sondern bereits ein Weg dahin, ein Weg zur Gesellschaftsreform.

Sie schließt dem ihre Vision von Ehe und Familie und den Geschlechterverhältnissen in der Zukunft an. Es ist das Bild gleichberechtigter Verhältnisse – so einer Ehe, die von vollständig gleichberechtigten Partnern ausschließlich aus »Liebe und Seelensympathie«, nicht aber aus »berechnenden Nebenabsichten« geschlossen wurde. Die Eheleute sind nicht durch den Zwang der Verhältnisse aufeinander angewiesen, sondern durch Liebe und ein »gemeinsames Weiterstreben« miteinander verbunden. Frauen werden dann gern als ihre nächsten Pflichten die gegen ihre Familie betrachten. Insgesamt aber wird dadurch, dass sich Frauen und Männer nicht nur im geselligen Verkehr begegnen, sondern im kollegialen und politischen Verkehr des öffentlichen Lebens einander kennenlernen, das Verhältnis der Geschlechter »reiner und edler«, es wird nicht mehr bei jeder Gelegenheit mit Erotik durchmischt sein. Der Austausch weiblicher und männlicher Seelen in Wissenschaft und Kunst, Politik und Religion oder ihr Streben nach einem gemeinsamen Ziel wird gegenseitig die geistige Entwicklung fördern und das Leben edler gestalten.[49]

Allerdings setzte Louise Otto-Peters die Teilhabe der Frauen nicht mit einer bloßen Nachahmung des Tuns der Männer gleich.[50] Frauen würden sich in der Zukunft zu »einer edlen Weiblichkeit« durchgearbeitet haben; sie würden den Männern in allen ihren Bestrebungen zum Heil der Menschheit »als Hüterinnen und Priesterinnen des Ideals« helfen.[51]

Diese Vorstellung findet sich auch schon im »Recht der Frauen auf Erwerb« von 1865, ja sie lässt sich weit zurückverfolgen. Im »Recht der Frauen auf Erwerb« spricht Louise Otto-Peters vom »wahrhaft Weiblichen« bzw. »Ewig-Weiblichen«, das den Frauen zum Bewusstsein und in der Menschheit zur Geltung gebracht werden müsse, »damit es nicht nur die einzelnen, sondern die ganze Menschheit hinanziehe zu höheren Standpunkten, zum Ziel der Vollendung.«[52] Genau das könne nur erreicht werden, wenn man die Frauen nicht gebannt halte im kleinen, beschränkten Raum, »in dem sie verkümmern und ihre edelsten Kräfte niemals selbst kennen und üben lernen, noch weniger sie zur Geltung zu

---

48 | L. Otto-Peters: Recht, S. 71.
49 | L. Otto: Frauenleben, S. 265.
50 | Vgl. ebd., S. 261.
51 | Vgl. ebd., sowie S. 268.
52 | L. Otto-Peters: Recht, S. 72.

bringen vermöchten«. Die Frau sei daher, so die Vision einer spezifischen Frauenrolle von Louise Otto-Peters, »nicht allein am häuslichen Herd, sondern am Opferaltar im Tempel des Vaterlandes die priesterliche Hüterin der heiligen und heiligenden Flammen der Begeisterung [...], ohne welche die ganze Menschheit verloren ist!«[53] Bleibe es dem männlichen Geschlecht unbenommen »durch körperliche Kraft und Stärke wie durch die Schärfe seines Verstandes und strengere Logik seines Denkens die Welt zu regieren«, sei das »weibliche Geschlecht gerade um seines Gemütslebens, seiner Empfänglichkeit für alles Große und Schöne, seiner erregbaren Phantasie und seiner emporstrebenden idealen Richtung willen zur *Mitregentschaft*« zuzulassen.[54]

Angesichts einer derart gewandelten, gleichberechtigten weiblichen Rolle ist es für Louise Otto-Peters klar, dass sich die Rechtsgrundlagen der Gesellschaft wandeln, die bürgerlichen Gesetze »modeln müssen«, beruhen sie doch auf überwundenen Anschauungen.[55] Allmählich, Schritt um Schritt, »nicht durch brutale Willkür, sondern durch den gereiften Volkswillen« würden alle Schranken, die »jetzt noch die Frauen in ihrer Selbständigkeit, in ihren Rechten beschränken«, beseitigt werden, so ihre Hoffnung.[56] Die hier geäußerte Vorstellung vom evolutionären Wandel durch Reformen findet ihre Ergänzung in den Auffassungen von Louise Otto-Peters über Selbsthilfe.

1.2 Selbsthilfe, Gemeinsinn, Gesellschaftsreform

In ihren »Zukunftshoffnungen« von 1876 findet die Thematik der Selbsthilfe keine Erörterung. Das erübrigt sich auch von der Logik der Darstellung her, setzt ihr Ideal von der freien Entfaltung der Fähigkeiten doch eigenes Tun, den tätigen Menschen voraus.

Dafür nimmt in ihrer programmatischen Schrift »Das Recht der Frauen auf Erwerb« von 1866 das Kapitel »Selbsthilfe« breiten Raum ein. Sie leitet es mit den Worten ein: »Wer sich nicht selbst helfen will, dem ist auch nicht zu helfen, ja er verdient nicht einmal, daß ihm geholfen werde! *Nur was man durch eigene Kraft erringt, hat einen Wert.*«[57] Sie setzt es mit einem Gedanken fort, der ihr bereits im April 1849 angesichts der Erfahrung verwehrter politischer Teilhaberechte für Frauen wie überhaupt von Frauenrechten durch die Revolutionäre zur Überzeugung geworden war. Damals hatte sie in der ersten Nummer der von ihr herausgegebenen »Frauen-Zeitung« nahezu wortgetreu geäußert:

---

53 | Ebd., S. 71.
54 | Ebd. [Hervorhebung im Original].
55 | Ebd., S. 59, 73.
56 | Ebd., S. 59 f.
57 | Ebd., S. 76 [Hervorhebung im Original].

»Die Geschichte aller Zeiten und die unsrige ganz besonders lehrt es, daß diejenigen auch vergessen wurden, welche an sich selbst zu denken vergaßen – welche nicht entschieden eintraten für ihre Rechte, welche untätig stehenblieben, indes die anderen um sie her rüstig arbeitend im Dienst des Fortschrittes weiter und weiter schritten.«[58]

Für Louise Otto-Peters war die Auffassung, dass sich weibliche Emanzipation nur durch ein Zusammenspiel von individueller und kollektiver Selbsthilfe der Frauen verwirklichen lassen würde, gleichsam eine Quintessenz ihres gesamten bisherigen Lebens. Selbsthilfe begann für sie bei jedem Mädchen, jeder Frau »an sich selbst«. Sich selbst zu der Anschauung zu bringen, auch außerhalb von Ehe und Familie einen Selbstzweck zu haben, deshalb lernen und sich vorbereiten zu müssen, »um nicht nur in einem Fall, der vielleicht gar nicht eintritt, sondern auf alle Fälle ein nützliches, niemanden zur Last fallendes Mitglied der menschlichen Gesellschaft zu werden«,[59] das hielt sie für den alles entscheidenden Ausgangspunkt weiblicher Selbsthilfe. Es bedeutete, das eigene Schicksal nicht mehr dem Zufall zu überlassen.[60]

Da es sich aber grundsätzlich um Probleme handelte, die aufgrund der herrschenden Anschauungen, der bestehenden Gewohnheiten und der rechtlichen Situation das Schicksal des gesamten weiblichen Geschlechts betrafen, war es in ihrem Verständnis notwendig, sich gemeinsam über die drängendsten Problem zu verständigen und dann gemeinsam zu handeln. Selbsthilfe und Gemeinsinn verbanden sich so in ihrem Denken. Sie war zutiefst überzeugt, dass eine wirkliche Lösung der Frauenfrage nur »durch die Frauen selbst, durch ihren eigenen Willen und ihre eigene Kraft« gefunden werden könne.[61] Frauen müssten selbst darüber entscheiden, was sie für richtig und falsch hielten, was zu tun sei und was nicht.

Als von großer Wichtigkeit bezeichnete sie deshalb die Gründung des ADF. Mit ihm war aus ihrer Sicht das entscheidende Mittel zur Förderung gemeinsamer Bestrebungen und zur Wahrung gemeinsamer Interessen entstanden.[62]

Jede Frau, die sich bisher vergeblich »nach einem Wirken für das Allgemeine« sehnte, sei aufgerufen, so warb Louise Otto-Peters, den ersten Schritt zu tun und sich dem ADF anzuschließen: »Sie wird dadurch ein Glied in der großen Kette eines Ganzen, sie tritt damit ein in eine Gemeinschaft, in der es ihr leicht wird, sich und anderen zu nützen und ihre Kräfte in Verbindung mit denen anderer doppelt nutzbar zu machen.«[63] Sie betonte zeit ihres Lebens, dass der ADF unter

---

58 | Ebd.
59 | Ebd., S. 82.
60 | Ebd.
61 | Ebd., S. 99.
62 | Ebd., S. 96.
63 | Ebd., S. 96f.

dem Losungswort »Alle für Eine und Eine für Alle« gehandelt habe – als solidarische, klassenübergreifend gedachte Frauenorganisation, die das Prinzip der Selbsthilfe durch Selbstorganisation umsetzte.[64]

Rein praktisch bedeutete das, dass Männer im ADF nicht Mitglied werden konnten. Das hatte nichts mit Männerfeindlichkeit zu tun, sondern war der Überzeugung geschuldet, dass es Frauen zunächst einmal lernen müssten, »ihren eignen Kräften etwas zuzutrauen« und »die Kraft, die bisher meist nur in der Häuslichkeit diente, zu einem segensreichen Wirken für das Allgemeine zu entwickeln«.[65] Männern war es lediglich möglich, die Ehrenmitgliedschaft zu erlangen, die von den Frauen verliehen wurde. Als Ehrenmitglied besaßen sie nach Paragraf 2 des Vereinsstatuts aber nur beratende, nicht entscheidende Stimme.[66] Die Pionierinnen des ADF schlossen demnach prinzipiell keinesfalls die Zusammenarbeit mit Männern aus, machten sie jedoch vom konkreten Zweck und Anliegen und natürlich von den konkreten Männern abhängig.[67] Auch hierin drückte sich ihr Bekenntnis zum Prinzip der Selbstständigkeit und Selbsthilfe aus. Um den genannten Paragrafen, der geradezu die herrschende Realität der verwehrten Mitgliedschaft für Frauen in den meisten Vereinen ins Gegenteil verkehrte, hatte es allerdings stürmische Auseinandersetzungen nicht nur während der ersten deutschen Frauenkonferenz 1865, sondern auch noch auf der ersten Generalversammlung des ADF zu Pfingsten 1867 in Leipzig gegeben.[68]

---

64 | L. Otto-Peters: Vierteljahrhundert, S. VIII.
65 | Zitiert nach Neue Bahnen 3 (1868), Nr. 23, S. 182.
66 | L. Otto-Peters: Vierteljahrhundert, S. 11.
67 | Vgl. den empirisch-systematischen Überblick zum GründerInnen-Kreis des ADF bei S. Schötz: Bausteine.
68 | Vgl. L. Otto-Peters: Vierteljahrhundert, S. 11, 14. Henriette Goldschmidt beispielsweise lehnte es zunächst ab, in einem Verein mitzuarbeiten, in dem ihr Gatte nicht ebenfalls Mitglied sein konnte. Sie trat dem ADF wie auch dem Leipziger Frauenbildungsverein jedoch 1866 bei und gehörte seit 1867 dem Vorstand des ADF an. Nach dem Tod von Louise Otto-Peters wurde sie 1895 seine zweite Vorsitzende, Auguste Schmidt übernahm den Vorsitz. Vgl. Schmidt, Auguste: Henriette Goldschmidt, in: Neue Bahnen 30 (1895), Nr. 23, S. 185 ff., hier S. 186, sowie Fassmann, Irmgard Maya: Jüdinnen in der deutschen Frauenbewegung 1865-1919, Hildesheim/Zürich/New York 1996, S. 164.

2. Würdigung der Visionen Louise Otto-Peters' vor dem Hintergrund der existierenden Geschlechterordnung und des dominierenden Geschlechterdenkens

Die umrissenen Auffassungen und Visionen von Emanzipation, Gemeinsinn und Gesellschaftsreform von Louise Otto-Peters standen in starkem Gegensatz zur gesellschaftlichen Realität im 19. Jahrhundert, in der Frauen auf keinem Gebiet die gleichen Rechte zustanden – weder in Ehe und Familie noch im Bildungsbereich und Erwerbsleben oder in staatsbürgerlicher Beziehung. Mit Blick auf die Gegenwart ist vieles, doch längst nicht alles erreicht: Nach dem herrschenden Ehe- und Familienrecht zu Lebzeiten von Louise Otto-Peters hatte der Ehemann in allen Angelegenheiten das Letztentscheidungsrecht. Bestand nicht Gütertrennung, verfügte er zudem über das Eigentum seiner Frau. Daran änderte auch die Einführung des Bürgerlichen Gesetzbuches im Jahr 1900 nichts. Die von Louise Otto-Peters skizzierte gleichberechtigte Partnerschaft wurde erst nach 1945 im deutschen Recht umgesetzt, zuerst in der DDR. Etwas schneller wurde ihre Vision im Bildungsbereich wenigstens teilweise Wirklichkeit. Dank des großen Engagements der deutschen Frauenbewegung konnten 1896 die ersten Mädchen in Berlin das Abitur mit Ausnahmegenehmigung ablegen, ab 1908 wurde es dann in Preußen regulär möglich. Die Universitäten begannen sich für Frauen im Jahr 1900 zu öffnen; von der gleichen Zahl an Professorinnen und Professoren und der gleichen Bezahlung sind wir aber noch immer weit entfernt. Der Erwerbsbereich begann sich bereits zu Lebzeiten von Louise Otto-Peters stark zu wandeln, woran die Pionierinnen der deutschen Frauenbewegung mit ihren vielen Initiativen zur Verbesserung der Mädchen- und Frauenbildung bzw. -ausbildung großen Anteil hatten. Nach geltendem EU-Recht darf es heutzutage für Frauen keine Erwerbsdiskriminierung in Form von nicht zugänglichen Bereichen geben, doch existiert eine Vielzahl sogenannter Frauen- und sogenannter Männerberufe mit der Tendenz der schlechteren Bezahlung in sogenannten Frauenberufen. Die staatsbürgerliche Gleichberechtigung von Frauen und Männern wurde 1919 erlangt; dass gegenwärtig eine Frau im Kanzleramt regiert, verdeutlicht den starken Wandel im Bereich der politischen Partizipation. Weit entfernt scheinen wir dagegen noch immer von Louise Otto-Peters' Vision des friedlichen Zusammenlebens der Völker und der nicht-militärischen Konfliktlösung durch Völkerschiedsgerichte, auch wenn seit 1945 mit der Schaffung der UNO und verschiedenen internationalen Vertragswerken Schritte in diese Richtung unternommen wurden.

Das von Louise Otto-Peters vertretene Konzept des »Ewig-Weiblichen« und ihre grundsätzliche Orientierung an einem System der Zweigeschlechtlichkeit sind in die Kritik gekommen. Transgender, Intersex, ein von den möglichen Ausprägungen her schwer fassbares »drittes Geschlecht« haben unsere Vorstellungen und Überzeugungen deutlich verändert. Die Emanzipationsvision von Louise Otto-Peters, die auf die freie Entfaltung der individuellen Fähigkeiten jedes Menschen mit dem Ziel, an der Höherentwicklung und Vervollkommnung der Menschheit teilzuhaben, abzielt, ist dagegen nicht überholt. Sie hat dort, wo allgemeine Menschen- und Bürgerrechte verfassungsgemäß verankert sind, eine Rechtsgrundlage – das ist noch längst nicht überall auf der Welt der Fall. Den damit verbundenen Anspruch einzulösen bleibt allerdings eine scheinbar unendliche Aufgabe – individuell wie kollektiv.

Wie herausfordernd und brisant, zugleich jedoch innovativ die Visionen von Louise Otto-Peters im 19. Jahrhundert wirkten, lässt sich nur ermessen, wenn man sich die seinerzeit unermüdlich propagierte bürgerliche Geschlechter- und Familienideologie vergegenwärtigt.

Nach dieser galt für Frauen das Wirken im inneren Kreis des Hauses – der sogenannte weibliche Beruf der Gattin, Hausfrau und Mutter – als angemessen, während Männern die Außenwelt des Erwerbs, des allgemeinen öffentlichen Lebens, der Wissenschaft und Politik zukommen sollte.[69] Hier begann sich zwar manches zu ändern; Künstlerinnen, Schriftstellerinnen, Kindergärtnerinnen, Lehrerinnen und Gouvernanten wurden allmählich etwas zahlreicher,[70] und einige liberale Politiker begannen die prekäre Situation unverheirateter bürgerlicher Frauen als sogenannte Frauenfrage zu diskutieren[71] – am grundsätzlichen Geschlechterdenken aber änderte sich wenig.

Begründet wurden die bürgerlichen Geschlechtervorstellungen mit einer aus dem Fortpflanzungszweck abgeleiteten sogenannten entgegengesetzten natürlichen Beschaffenheit der Geschlechter in physischer und psychischer Hinsicht. Solche Auffassungen waren nicht neu. Sie gewannen jedoch, wie insbesondere Claudia Honegger zeigte, mit dem »Aufschwung der naturalistischen Wissenschaften« in der zweiten Hälfte des 18. Jahrhunderts und im 19. Jahrhundert neue Bedeutsamkeit und modifizierten ältere theologische Begründungen der angeb-

---

69 | Vgl. zum bürgerlichen Geschlechterideal vor allem Frevert, Ute: Bürgerliche Meisterdenker und das Geschlechterverhältnis. Konzepte, Erfahrungen, Visionen an der Wende vom 18. zum 19. Jahrhundert, in: Dies. (Hg.), Bürgerinnen und Bürger. Geschlechterverhältnisse im 19. Jahrhundert, Göttingen 1988, S. 17–48; Gerhard, Ute: Verhältnisse und Verhinderungen. Frauenarbeit, Familie und Recht der Frauen im 19. Jahrhundert, Frankfurt a. M. 1978; Duden, Barbara: Das schöne Eigentum. Zur Herausbildung des bürgerlichen Frauenbildes an der Wende vom 18. zum 19. Jahrhundert, in: Kursbuch 48 (1977), S. 125–140; Hausen, Karin: Die Polarisierung der »Geschlechtscharaktere«. Eine Spiegelung der Dissoziation von Erwerbs- und Familienleben, in: Werner Conze (Hg.), Sozialgeschichte der Familie in der Neuzeit Europas, Stuttgart 1976, S. 363–393.
70 | Vgl. zur Beschreibung der Situation Mitte der 60er Jahre des 19. Jahrhunderts L. Otto-Peters: Recht, Kapitel II: Die Unzulänglichkeit der gegenwärtigen weiblichen Erwerbszweige, S. 33–45.
71 | Vgl. H.-U. Bussemer: Frauenbewegung.

lich schöpfungsbedingten Zweitrangigkeit und Minderwertigkeit von Frauen.[72] Ärzte und Medizinphilosophen erhoben nun den Anspruch, die menschliche Natur aus der Perspektive des »objektiven Tatsachenblicks« wissenschaftlich zu erfassen. Die Methode des anatomischen Vergleichs nutzend, hielten sie sich für berechtigt, aus der unterschiedlichen körperlichen Organisation von Mann und Frau auch geistig-moralische Verschiedenheiten ableiten zu können – also beispielsweise kräftigeren Knochenbau, straffere Muskeln, größere Schädel und folglich stärkeren Verstand, erhöhte Tatkraft und mehr Mut beim Mann; dagegen zierlichere Gestalt, »weicheres Fleisch« und damit mehr Gefühl, Empfindsamkeit, Passivität und geringeres Selbstvertrauen bei der Frau. Daraus ergaben sich dann sozusagen logisch die genannten unterschiedlichen Frauen- und Männerräume. Diese für weise und gerecht gehaltene Anordnung der Geschlechter war allerdings nicht nur polar entgegengesetzt, sondern auch hierarchisch gedacht. Männern sollte aufgrund ihrer spezifischen Physis und Psyche auch in der bürgerlichen Gesellschaft die Rolle des Familienoberhaupts zukommen, wie es in der Vormoderne der Fall gewesen war.

Solche Auffassungen waren zählebig, sie verflüssigten sich nicht einfach im Laufe der Zeit; im uns interessierenden Zeitraum erlangte die 1872 publizierte Schrift des Mediziners Theodor von Bischoff »Das Studium und die Ausübung der Medicin durch die Frauen« einige Berühmtheit, weil Bischoff hier seiner Ansicht nach wissenschaftlich, nämlich anhand von Ergebnissen der vergleichenden Schädel- und Hirnanatomie, die grundsätzliche Unfähigkeit von Frauen zum Studium der Medizin wie zur Berufsausübung als Ärztin »nachwies«. Er hatte unter anderem aus Unterschieden in der Schädel- und Gehirnbildung, aus kleineren Größen bei Frauen, die geistige Inferiorität der Frauen gefolgert. Zudem hielt er Frauen aufgrund ihrer, wie er meinte, spezifischen weiblichen Charaktereigenschaften – er betonte etwa Furchtsamkeit, Nachgiebigkeit, Sanftheit, Willensschwäche, Beherrschung durch das Gefühl statt Verstand, Oberflächlichkeit oder Schamhaftigkeit – für nicht geeignet zum Studium und zur Pflege der Wissenschaften und insbesondere der Medizin.[73] Seine Schrift musste von allen Andersdenkenden geradezu als Kampfansage begriffen werden. Louise Otto-Peters bewertete sie 1893 rückblickend als »einen der gewichtigsten Keulenschläge [...] welche man je gegen das weibliche Geschlecht in Europa erfolgen ließ«.[74]

Wer demnach für das Recht der Frauen auf Selbstentfaltung und gesellschaftliche Teilhabe eintrat, der musste sich mit den Vorstellungen der »Meisterdenker«, die die Realitäten in allen Lebensbereichen beeinflussten, auseinanderset-

---

72 | Vgl. Honegger, Claudia: Die Ordnung der Geschlechter. Die Wissenschaft vom Menschen und das Weib 1750-1850, Frankfurt a. M. 1991.

73 | Vgl. Glaser, Edith: »Sind Frauen studierfähig?« Vorurteile gegen das Frauenstudium, in: Elke Kleinau/Claudia Opitz (Hg.), Geschichte der Mädchen- und Frauenbildung, Band 2: Vom Vormärz bis zur Gegenwart, Frankfurt a. M. 1996, S. 299-309, hier S. 301 ff.

74 | Vgl. Otto-Peters, Louise: Bücherschau, in: Neue Bahnen 28 (1893), Nr. 20, S. 159.

zen. Wie argumentierten vor diesem Hintergrund die Pionierinnen des ADF, um ihren Partizipationsanspruch zu legitimieren? Hier lassen sich verschiedene Argumentationslinien ausmachen, von denen ich lediglich einige knapp skizzieren kann. Im Mittelpunkt steht wiederum Louise Otto-Peters mit den bereits genannten Schriften.

3. Argumentationen und Sinngebungen

Für Louise Otto-Peters und ihre Mitstreiterinnen ist es charakteristisch, dass sie zunächst einmal bejahend an das bürgerlicher Ideal der aus Liebe geschlossenen Ehe und den sogenannten weiblichen Beruf der Gattin, Hausfrau und Mutter anknüpften – allerdings nur, um dann zu zeigen, dass dieses Ideal aus verschiedenen Gründen der Modifikation bedurfte.

3.1 Die Realität als Argument: Grenzen der Realisierbarkeit des bürgerlichen Geschlechter- und Familienideals

Eines der häufigsten Argumente bestand im Nachweis der Unvereinbarkeit oder der nur partiellen Vereinbarkeit des bürgerlichen Frauenideals mit den tatsächlichen Lebensverhältnissen breiter Bevölkerungsschichten. So bezeichnete Louise Otto-Peters zwar das Gattin- und Muttersein als den schönsten und gewissermaßen leichtesten, »weil von der Hand der Natur selbst einfach vorgezeichneten Beruf der Frauen«. Dass es aber der einzige Beruf der Frauen sei, das hielt sie nicht nur für eine »Verwirrung der Begriffe«, sondern auch für »in grellem Gegensatz mit der Realität stehend«.[75]

Diesen »grellen Gegensatz« stellte sie zum einen im Hinblick auf die wachsende handarbeitende Lohnarbeiterschaft fest. Im »Recht der Frauen auf Erwerb« formuliert sie:

»Unter den Proletariern muß jeder arbeiten, der nicht verhungern will. Es heißt zwar immer und überall: Der Mann ist der Ernährer der Familie, der Erwerber, die Frau hat nur zu erhalten – aber wo, wie in den untersten Ständen, der Mann oft kaum genug verdienen kann, das eigene Leben zu fristen, da muß auch die Frau für das ihrige selbst sorgen und die Kinder – Knaben wie Mädchen – auch wieder«.[76]

Sie hielt demnach Frauenerwerbsarbeit, ja selbst Kinderarbeit, in den Unterschichten aus existenziellen Gründen für unverzichtbar; das bürgerliche Geschlechter- und Familienideal stieß hier an offenkundige Grenzen seiner Realisierbarkeit.

---

75 | Dies.: Recht, S. 19.
76 | Ebd., S. 34.

Die verbreitete Notwendigkeit, durch Erwerbsarbeit den Lebensunterhalt entweder vollständig selbst zu bestreiten oder in irgendeiner Form zum Familieneinkommen beizutragen, konstatierte sie darüber hinaus nicht nur bei vielen Witwen, sondern auch bei nicht wenigen verheirateten Frauen und erwachsenen Töchtern aus mittleren Gesellschaftsschichten, so von Beamten, Pastoren, Advokaten, Künstlern, Privatgelehrten und kleinen Kaufleuten. Hier reichten ihrer Beobachtung nach Pensionen im Witwenstand, wenn sie denn überhaupt vorhanden waren, bzw. die Gehälter der Ehemänner und Väter oftmals nicht aus, um die Bedürfnisse der Familien befriedigen zu können.[77] Für die grundsätzliche Ursache hielt sie die aus dem technischen und sozialökonomischen Wandel der letzten Jahrzehnte resultierenden Veränderungen im Frauen- und Familienleben.[78] Früher habe die Hausfrau »allerdings viel zu tun« gehabt und »weibliche helfende Hände« waren in jedem Hausstand willkommen, um die unzähligen Bedürfnisse einer Hauswirtschaft befriedigen zu können. Was man früher selbst herstellte, produziere jetzt jedoch die Industrie, nahezu der gesamte Haushaltsbedarf werde gegen Geld erworben.[79] Damit erwies sich die standesgemäße Versorgung erwachsener Töchter, aber auch von unverheirateten weiblichen Familienangehörigen, die einst ihren Platz im Haushalt von Verwandten gehabt hatten und ihre Arbeitskraft in der einen oder anderen Weise einbrachten, zunehmend als Problem – insbesondere für die Angehörigen des beamteten oder nur angestellten, nicht sonderlich gut bezahlten Bildungsbürgertums. Genau diese Frage, »wohin nun mit diesen Allen, die sonst das Haus beschäftigte«,[80] ist von liberalen Politikern seit Mitte der 1860er Jahre eine Zeitlang als »Frauenfrage« intensiv debattiert worden. Einige von ihnen initiierten Projekte zur Förderung der Erwerbsfähigkeit unverheirateter Frauen aus den Mittelständen, um weibliche Angehörige der eigenen Sozialgruppe durch Integration in den Arbeitsmarkt statusadäquat zu versorgen und ihren sozialen Abstieg zu verhindern.[81]

Für Louise Otto-Peters reduzierte sich die »Frauenfrage« in sozialer Hinsicht indes nicht auf kleinbürgerliche oder von sozialem Abstieg bedrohte bürgerliche Frauen. Ihr Denken bezog lebenslang Arbeiterinnen ein, genau genommen ging es von ihren Lebensbedingungen sogar aus. Bereits 1840 war für sie die Begeg-

---

77 | Vgl. ebd., S. 43.

78 | Das sieht die moderne Familiengeschichtsforschung nicht anders. Vgl. Mitterauer, Michael: Sozialgeschichte der Familie. Kulturvergleich und Entwicklungsperspektiven, Wien 2009; Gestrich, Andreas: Geschichte der Familie im 19. und 20. Jahrhundert, München 2010.

79 | Vgl. L. Otto-Peters: Recht, S. 56.

80 | L. Otto: Frauenleben, S. 154.

81 | Vgl. H.-U. Bussemer: Frauenbewegung, S. 195 ff. Adolf Lette, der Vorsitzende des Preußischen Centralvereins für das Wohl der arbeitenden Klassen, hatte in Berlin 1866 die Gründung eines Vereins zur Förderung der Erwerbsfähigkeit des weiblichen Geschlechts in die Hand genommen.

nung mit dem Elend der Klöpplerinnen und der fabrikindustriellen Spinnerinnen im Erzgebirge zum Schlüsselerlebnis im Erkennen sozialer Missstände, unter denen Frauen und Kinder besonders litten, geworden. Seitdem hatte sie sich für die Erwerbsverhältnisse von handarbeitenden Frauen interessiert und verschiedentlich dazu publiziert. In der Revolution von 1848/49 trat sie mit ihrer berühmten Adresse eines Mädchens an den sächsischen Innenminister Martin Gotthard Oberländer und die sogenannte Arbeiterkommission mit der Forderung hervor, bei der Organisation der Arbeit die arbeitenden Frauen nicht zu vergessen.[82] Als sie 1860 nach der langen Phase der Repression im »Leipziger Sonntagsblatt« wieder offen zu Frauenthemen zu publizieren begann, stand im Zentrum erneut die Frage weiblicher Erwerbsarbeit. Diesmal geriet auch die Problematik weiblicher Erwerbsarbeit in den »höheren Ständen« stärker in ihren Blick; in ihrer Artikelfolge nahm sie gedanklich vieles vorweg, was sie dann 1865 im »Recht der Frauen auf Erwerb« ausführte. So befasste sie sich unter anderem bereits mit dem Los von Erzieherinnen sowie mit Frauen aus den Mittelschichten, die mit unterschiedlichen Erwerbsarbeiten zum Familienbudget beitrugen, dies jedoch zu verheimlichen suchten. Sie wollten für reicher gehalten werden, als sie es waren, und hielten es für »unwürdig« zu arbeiten, weil dies ihrer »Bestimmung« nicht entspräche.[83] Ebenfalls im Fokus ihrer Auseinandersetzung standen die Problematiken der Versorgungsehe und einer völlig vernachlässigten und verfehlten weiblichen Erziehung. Wenn diese überhaupt auf irgendetwas hinausliefe, dann darauf, einem Mann zu gefallen, von ihm geheiratet und versorgt zu werden und Hausfrau und Mutter zu sein. Könnte dieses Ziel aber aus irgendeinem Grund nicht erreicht werden, sei die Lage der Frauen eine »verzweiflungsvolle«.[84] Eben deshalb bestanden wesentliche Ziele des ADF darin, sich angesichts der wenigen Berufe, die Frauen und insbesondere bürgerlichen Frauen offenstanden, für die Öffnung neuer Erwerbszweige für Frauen einzusetzen, aber auch auf einen Wandel in der Mädchenerziehung zur Selbstständigkeit hinzuwirken und die Schaffung von Bildungs- und Ausbildungsmöglichkeiten für die Mädchen und Frauen aller Klassen bzw. Schichten voranzutreiben. Bessere Bildung und Ausbildung sollte bessere Erwerbschancen eröffnen und zu einer geachteten selbstständigen Stellung verhelfen; sie sollte damit zugleich vor dem leichtfertigen Eingehen von Versorgungsehen und dem Abdriften in die Prostitution bewahren.

---

82 | Vgl. Ludwig, Johanna: »Auch die Rechte der Frauen bedenken«. Louise Otto (1819-1895) in der Revolution von 1848/49, in: Helmut Bleiber/Walter Schmidt/Susanne Schötz (Hg.), Akteure eines Umbruchs. Männer und Frauen der Revolution von 1848/49, Berlin 2003, S. 493-514.

83 | Laute aus den »stillen Jahren«. Artikelfolge »Den Frauen« von Louise Otto im »Leipziger Sonntagsblatt«, wiederabgedruckt in: Johanna Ludwig/Rita Jorek (Hg.), Louise Otto-Peters. Ihr literarisch-publizistisches Werk. Katalog zur Ausstellung, Leipzig 1995, S. 65-75, hier S. 75.

84 | Vgl. L. Otto-Peters: Recht, S. 29.

3.2 Die besonderen weiblichen Eigenschaften als positives Argument

Argumentationen, sogenannte spezifische weibliche Eigenschaften in irgendeiner Weise zugunsten der weiblichen Jugend oder zugunsten von Frauen und damit im Dienste des Allgemeinwohls außerhalb der Familie zu nutzen, entfalteten im Laufe des 19. Jahrhunderts Plausibilität. Sie griffen den herrschenden Diskurs von der Differenz der Geschlechter auf, doch besetzten sie die sich angeblich aus der weiblichen Natur ergebenden sogenannten weiblichen Geschlechtseigenschaften positiv. Sie nutzten sie, um Handlungsspielräume von Frauen in die Gesellschaft hinein zu erweitern.

Das ist vor allem für Henriette Goldschmidt, Vorstandsmitglied des ADF, gezeigt worden.[85] Sie unterbreitete in der Tat über die Jahrzehnte hinweg auf den Generalversammlungen des ADF viele konkrete Vorschläge zur Erweiterung des weiblichen Wirkungsbereichs, so zur Verbesserung der Ausbildung und Stellung von Volksschullehrerinnen, zur Anstellung von Frauen in Gemeindeämtern, zur Einrichtung von Fortbildungsschulen für Frauen, zur Ausbildung von Fröbelkindergärtnerinnen, aber auch zur wissenschaftlichen Ausbildung von Ärztinnen und Lehrerinnen.[86] Ausgehend von den Theorien Friedrich Fröbels, der Frauen eine besondere, aufgrund ihrer Gebärfähigkeit angeblich naturgegebene Eignung für die Erziehung von Kindern zuschrieb, trug sie seit 1870 wesentlich zur Ausformung des Konzeptes der »geistigen« oder »organisierten Mütterlichkeit« bei.[87] Diese mittelfristig erfolgreiche Strategie nutzten in modifizierter Form aber auch Helene Lange und Mathilde Weber am Ende der 1880er Jahre zur Begründung des universitären Zugangs von Frauen zum höheren Lehramt und zum Fach Medizin.[88]

Dieses Anknüpfen an den Diskurs der Geschlechterdifferenz, doch in der Lesart sich daraus ergebender Gleichwertigkeit und folglich Gleichberechtigung beider Geschlechter, wird auch in den vielfachen Bezugnahmen von Louise Otto-Peters auf die Philosophie K. F. C. Krauses sowie auf Vertreter der Krauseschen Philosophie zwischen 1868 und 1871 deutlich. Krause hielt den Gegensatz

---

85 | Vgl. H.-U. Bussemer: Frauenbewegung, S. 199 ff.
86 | Vgl. die vielen Belege in: L. Otto-Peters: Vierteljahrundert.
87 | Vgl. A. Schaser: Geschichte, S. 28 f.; U. Gerhard: Unerhört, S. 124 f., sowie Kemp, Annerose: »Wir haben Väter der Stadt, wo bleiben die Mütter?« Zum Wirken von Henriette Goldschmidt, in: Hans-Martin Moderow (Hg.), Bildung, Studium und Erwerbstätigkeit von Frauen in Leipzig im 19. und 20. Jahrhundert, Beucha 2002, S. 63-74. Der Begriff »geistige Mütterlichkeit« wurde 1865 zuerst von Henriette Schrader-Breymann, der Nichte Friedrich Fröbels, benutzt. Vgl. H.-U. Bussemer: Frauenbewegung, S. 204.
88 | Vgl. Schötz, Susanne: »Gleiches Gehirn, gleiche Seele, gleiche Rechte!« Der Allgemeine Deutsche Frauenverein im Ringen um die Öffnung der Universitäten für Frauen, 1865 bis 1890, in: Detlef Döring/Jonas Flöter (Hg.), Schule in Leipzig. Aspekte einer achthundertjährigen Geschichte, Leipzig 2011, S. 347-373, insbesondere S. 360-365.

von Mann und Frau für den ursprünglichsten, für »ewig und unveräusserlich«.[89] Er ging von spezifischen männlichen und weiblichen »Eigentümlichkeiten« aus, die er jedoch nicht hierarchisch-patriarchalisch, sondern gleichwertig-komplementär anordnete. Der Mann setze vornehmlich auf Erkenntnis, die Frau auf Gefühl, beide »Eigentümlichkeiten« aber seien von »gleicher, alleineigenthümlicher Schönheit«. »Daher stehen Mann und Weib sich als gleich würdige Wesen neben einander gegenüber, nicht das Weib unter dem Manne, oder der Mann unter dem Weibe«.[90] Beide haben deshalb völlig gleiche Rechte, sind gleichberechtigt – ein Gedanke, den kein anderer Vertreter der klassischen deutschen Philosophie derart entschieden vertrat.[91] Krause hielt die Verschiedenheit bei gleichzeitiger Ebenbürtigkeit für den alles entscheidenden Grund dafür, dass Männer und Frauen unter Nutzung dieser spezifischen Fähigkeiten zusammen wirken sollten, um – gleichsam als unvollkommene Hälften eines größeren, edlen Ganzen – eine humanere und bessere Gesellschaft zu schaffen. Frauen sollten deshalb von keinem Gebiet ausgeschlossen werden.

Hermann von Leonhardi, Philosophieprofessor in Prag und vielleicht wichtigster Schüler und Anhänger Krauses, war seit 1868 in persönlichem Kontakt zu Louise Otto-Peters und dem ADF. Er hatte damals Frauen ausdrücklich als gleichberechtigte Teilnehmerinnen zum von ihm in Prag veranstalteten Philosophenkongress eingeladen; 1869 hielt er dann ein Grußwort auf der Generalversammlung des ADF in Kassel, worin er die Frauen nachdrücklich zum Studium der Krauseschen Philosophie aufforderte.[92] So wundert es nicht, wenn Louise Otto-Peters in der Rubrik »Büchertisch« der »Neuen Bahnen« von 1869 den Leserinnen das Studium Krauses empfahl, »weil dies fast der einzige Philosoph ist, welcher ›das Weibliche‹ richtig erklärt und Frauen als vollständig gleichberechtigt mit den Männern betrachtet«.[93] Wie sie 1869 in einem Brief äußerte, sei das, was Krause als Philosoph formuliert habe, für sie nichts Neues, es bestätige vielmehr selbst Geglaubtes und Erkanntes.[94]

In der Tat lässt sich im »Recht der Frauen auf Erwerb« von 1865 ein sehr ähnliches Denken von Louise Otto-Peters feststellen – dort, wo sie ihre Vision vom »wahrhaft Weiblichen« bzw. »Ewig-Weiblichen« und der Notwendigkeit seiner Entfaltung im Dienste der Menschheitsvollendung entwickelte. Wie Krause thematisierte Louise Otto-Peters hier einen angenommenen Gegensatz zwischen männlichem Verstand und weiblichem Gefühl. Sie hielt die »Fähigkeit zur Be-

---

89 | Zitiert nach Wollgast, Siegfried: Louise Otto-Peters und Karl Christian Friedrich Krause als ihre philosophische Quelle, in: Louise-Otto-Peters-Jahrbuch I (2004), S. 39–57, hier S. 47.
90 | Ebd.
91 | So Siegfried Wollgast in ebd.
92 | Vgl. hierzu S. Schötz: Bausteine, S. 157 f., sowie S. Wollgast: Louise Otto-Peters.
93 | Vgl. Neue Bahnen 4 (1869), Nr. 6, S. 48.
94 | Vgl. S. Wollgast: Louise Otto-Peters, S. 45.

geisterung, die Empfänglichkeit für das Große und Schöne, eine erregbare Phantasie und eine emporstrebende ideale Richtung« für das »Ewig-Weibliche«. Von einer den Frauen eigenen starken Liebe[95] oder einer spezifischen weiblichen Erziehungs- oder Pflegevision, wie sie andere Protagonistinnen der Frauenbewegung vertraten, ging sie 1865 offensichtlich nicht aus, ein solches Denken ist auch im »Frauenleben im Deutschen Reich« von 1876 nicht erkennbar. Im »Recht der Frauen auf Erwerb« bemerkte sie ganz im Gegenteil, dass es gewiss viele Mädchen gäbe, »die andere Fähigkeiten und ein anderes Streben in sich tragen, als sich mit Kindern zu beschäftigen«, und fragte, warum man sie mit Gewalt zu etwas zwingen wolle, was ihnen nicht liege.[96] Für sie galt es, das »Ewig-Weibliche« als das dem Weibe vom Schöpfer, »von der Gottheit als Erbe« Übergebenes in die Entfaltung diverser spezifischer Begabungen einzubringen.[97] Religiöse und philosophische Sinngebungen ergänzten sich bei ihr also.

Im Unterschied zu anderen Deutungen halte ich das Konzept des »Ewig-Weiblichen« von Louise Otto-Peters für einen Bestandteil ihrer umfassenden Emanzipationsvision, in der den Frauen zukommt, eine ihnen eigene Wesensspezifik zur Vervollkommnung nicht lediglich der Männer, sondern der ganzen Menschheit einzubringen – wie auch die Männer das ihnen Eigene einbringen müssen. Sie reagiert damit auf die dominierende bürgerliche Vorstellung von der Unterschiedlichkeit von Männern und Frauen nicht nur in körperlicher, sondern auch psychischer Hinsicht und knüpft insbesondere an die unterschiedlichen Zuordnungen von Verstand und Gefühl an. Dabei sind die von ihr herausgestellte »Fähigkeit zur Begeisterung, Empfänglichkeit für das Große und Schöne, erregbare Phantasie und eine emporstrebende ideale Richtung« allerdings Eigenschaften, die sich prinzipiell in jedem Bereich des privaten, gesellschaftlichen und staatlichen Lebens nutzen lassen. Sie stützen damit ihre umfassende Emanzipationsvision von der freien Entfaltung der eigenen Kräfte im Dienste der Menschheit, ohne Frauen auf irgendetwas festzulegen. Es handelt sich weder um ein Konzept von Weiblichkeit als etwas Überlegenem zur Veredelung des Menschen[98] noch um ein Konzept von Weiblichkeit, das aufgrund der biologischen Fähigkeit zur Mutterschaft einen Urgrund für Altruismus, Mitleid und Liebe annimmt und so die weibliche Seite zur besseren, humaneren erklärt, wie das spätere Theoretikerinnen der Frauenbewegung wie Helene Lange taten.[99] Es ist deshalb schwierig, Louise

---

95 | Diese Auffassung vertritt Yamada, Teruko: Louise Otto-Peters und die deutschkatholische Bewegung. Die bürgerliche Frauenbewegung des Vormärz und der Revolutionszeit, in: Louise-Otto-Peters-Jahrbuch II (2006), S. 90–114, hier S. 109.
96 | Vgl. L. Otto-Peters: Recht, S. 80.
97 | Ebd., S. 72.
98 | So deutet Barbara Greven-Aschoff das »Ewig-Weibliche« bei Louise Otto-Peters. Vgl. Dies.: Die bürgerliche Frauenbewegung in Deutschland 1894–1933, Göttingen 1981, S. 40.
99 | Ebd.

Otto-Peters' Vorstellung vom »Ewig-Weiblichen« als wichtigen Ausgangspunkt für die Theoriengebäude der Differenz und des Dualismus der Geschlechter unter der Begrifflichkeit der »Kulturaufgabe der Frau« in der späteren deutschen Frauenbewegung zu bezeichnen.[100] Sollte sie in diesem Sinne rezipiert worden sein, wäre das eine Fehlinterpretation.

Wie das Konzept des »Ewig-Weiblichen« von ihren Mitstreiterinnen im Vorstand des ADF aufgenommen wurde, ob es eine Rolle spielte, ob es je Austausch über die unterschiedlichen Weiblichkeitsvorstellungen zwischen Henriette Goldschmidt und Louise Otto-Peters gegeben hat, darüber wissen wir bislang nichts. Hier bietet sich ein weites Forschungsfeld, bezieht man auch noch andere einflussreiche Aktivistinnen der sich formierenden Frauenbewegung innerhalb und außerhalb des ADF in die Untersuchung von Weiblichkeits- bzw. Geschlechterkonzepten ein.

Wann und unter welchen Einflüssen sich die Vorstellung vom »Ewig-Weiblichen« bei Louise Otto-Peters herausbildete, ist ebenfalls weitgehend offen. Ihr in diesem Zusammenhang zitierter Aufsatz »Das Ewig-Weibliche« in der »Frauen-Zeitung« aus dem Jahr 1851 stellt eher einen Endpunkt, das ausgereifte Produkt, dar; er ist auch keine gemäßigte Antwort auf die Frage nach dem »Wie weiter?«, nachdem »eine radikale Tätigkeit« von Frauen in der Revolution von 1848/49 zu keiner Verbesserung ihrer rechtlichen Situation geführt hatte.[101] Es wäre eine lohnende Aufgabe, auf der Grundlage autobiografischer Schriften, handschriftlicher Nachlassteile, der Publizistik und der literarischen Produktionen die Genese ihres Geschlechtsrollenverständnisses und des Konstrukts des »Ewig-Weiblichen« in den 1840er Jahren zu verfolgen. Autobiografischen Erinnerungen aus dem Jahr 1871 zufolge war es ihr späterer Ehemann August Peters, der bei ihrem persönlichen Kennenlernen im Januar 1849 erstmals aussprach, was sie sich »wohl schon dachte, aber noch nicht öffentlich zu sagen getraute«: dass das »Ewig-Weibliche« in der Menschheit zur Geltung gebracht werden müsste, da nur so wahrer Fortschritt zum Ziele der Humanität möglich sei.[102] Hat sie den auf das Ende von Goethes Faust II zurückgehenden Begriff des »Ewig-Weiblichen« also von August Peters übernommen?

3.3 Der Menschenrechte- und Humanitätsdiskurs

In den bisherigen Forschungen zur Geschichte der Frauenbewegungen wird deren Anknüpfen an die Prinzipien der Aufklärung und des Liberalismus heraus-

---

100 | Ebd., S. 43.
101 | Dieser Ansicht ist Diethe, Carol: The life and work of Germany's founding feminist Louise Otto-Peters (1819–1895), New York 2002, S. 4.
102 | Vgl. Otto, Louise: Erinnerungsbilder eines deutschen Frauenlebens, X. Die erste deutsche Frauen-Zeitung, in: Politische Frauen-Zeitung (1871), Nr. 60, S. 604.

gestellt.¹⁰³ Seit 1789, so Ute Gerhard, ging es in dieser Geschichte immer um den gleichen Widerspruch – um das Versprechen oder die Denkmöglichkeit der Freiheit und Gleichheit der Frauen und um die Nichteinlösung oder nicht hinreichende Verwirklichung von Frauenrechten.¹⁰⁴

In den Quellen ist in der Tat bei vielen sich im ADF zu Wort meldenden Frauen – aber auch unter den Männern, die seine Bestrebungen unterstützten – ein Anknüpfen an das Naturrecht und an den Menschenrechte- und Humanitätsdiskurs der Aufklärung und Klassik feststellbar. Gemeinsam ist ihnen die Grundüberzeugung der vollständigen natürlichen Gleichberechtigung von Frauen und Männern als Gattungswesen. Vor allem die Idee der Freiheit des Individuums, die jedem Menschen als vernunftbegabtem Wesen unveräußerlich eigen sei und als notwendige Grundlage für seine Selbstentfaltung begriffen wurde, sowie die Idee der Menschenwürde und der rechtlichen Gleichheit, die es jedem Menschen ermöglichen sollte, mit Talent, Fleiß und Glück seine soziale Position zu verbessern,¹⁰⁵ boten großes Potential zur Rechtfertigung frauenemanzipatorischer Ansprüche. Mit Rekurs auf die Ideen der Aufklärung konstatierten die im ADF Diskutierenden immer wieder die Unmündigkeit und Abhängigkeit sowie fehlende Rechte von Frauen. Im Einklang mit der Programmatik der bürgerlichen Gesellschaft plädierten sie deshalb für die Zuerkennung gleicher Rechte für beide Geschlechter. Denn wenn im Namen der Menschenrechte gegen eine ständische, auf Geburt und Herkommen beruhende Gesellschaft gestritten wurde und die formale Gleichheit aller Rechte zu den Grundprinzipien der neuen Ordnung gehörte, dann müsste legitimerweise auch die Rechtsungleichheit von Frauen und Männern beseitigt werden. Grundsätzlich schloss das für die meisten ADF-Mitglieder wohl auch politische Teilhaberechte ein, die in Deutschland jedoch vorerst nicht einklagbar waren.

Bereits in der Rede von Auguste Schmidt auf der Gründungskonferenz des ADF waren nicht nur religiöse, sondern auch aufklärerisch-naturrechtliche Bezüge angeklungen, als sie »in längerer Rede die *natürliche Berechtigung der Frauen*, sich aus der bisherigen Unterordnung zu der ihnen gebührenden Gleichberechtigung neben dem Manne emporzuheben«, entwickelt hatte.¹⁰⁶ Genau mit diesem Anspruch, für die natürliche Berechtigung der Frauen zur vollständigen Gleichberechtigung mit den Männern zu werben, ist »Das Recht der Frauen auf Erwerb« als programmatische Grundlage des ADF von Louise Otto-Peters verfasst worden. Wie wir sahen, legitimierte sie ihre Auffassungen und Vorstellungen argumentativ sehr unterschiedlich. Vor allem bei der Begründung des Prinzips der Selbstständigkeit und Selbsthilfe werden jedoch unmittelbare Anleihen an den Menschenrechtediskurs der Aufklärung deutlich. So kommentierte sie

---
103 | Vgl. B. Greven-Aschoff: Frauenbewegung, S. 37.
104 | Vgl. U. Gerhardt: Frauenbewegung, S. 8.
105 | U. Frevert: Meisterdenker, S. 20.
106 | L. Otto-Peters: Vierteljahrhundert, S. 8f. [Hervorhebung im Original].

beispielsweise ihre Überzeugung, dass eine wirkliche Lösung der Frauenfrage nur durch die Frauen selbst, durch ihren eigenen Willen und ihre eigene Kraft gefunden werden könne, mit dem Satz: »Das *Recht der freien Selbstbestimmung* ist das heiligste und unveräußerlichste jedes vernunftbegabten Wesens«.[107] Dieses »einfachste Recht der Menschenwürde« könne niemand den Frauen vorenthalten,

»und wo es versucht werden sollte, da müssen sie mit dem ganzen Bewußtsein ihrer sittlichen Würde sich solange widersetzen, bis dann endlich doch der Sieg der Humanität zu einem allgemeinen wird«.[108]

Immer wieder ist von ihr die Grundüberzeugung geäußert worden, dass es die Aufgabe des ADF sei,

»den Wirkungskreis der Frauen zu erweitern – nicht nur einseitig, sondern in Bezug auf alle ihnen verliehenen Anlagen und der unbeschränkten Behauptung derselben in allen Lebensverhältnissen, in der Familie, in der Gemeinde, im Staate, in der ganzen Menschheit«.[109]

»Das zu erringen, was jedes Wesens unveräußerliches Recht: Freie Entfaltung seiner Anlagen und Kräfte«, darum bemühe sich der ADF, so argumentierte sie auf der Generalversammlung 1872 in Eisenach.[110] Wie wir sehen werden, stellte sie das Recht auf freie Selbstentfaltung im »Recht der Frauen auf Erwerb« als ein vom Schöpfer jedem Geschöpfe zugeteiltes Recht dar.[111] Philosophische und religiöse Sinngebungen ergänzten sich also wiederum bei Louise Otto-Peters.

Der Menschrechte- und Humanitätsdiskurs von Aufklärung und Klassik kann als gemeinsames Band der Werteorientierung der Pionierinnen des ADF begriffen werden; als ein Band, das sie über alle sonstigen Differenzen hinweg einte. Louise Otto-Peters drückte das 1868 folgendermaßen aus:

»Wir Frauen stehen [...] mit unserm Streben auf dem Standpunkt der reinen Humanität, oder wenn man will, des Naturrechts, wir fragen, wo es sich darum handelt, unserm Ziele: menschenwürdiges Dasein für Alle, auch für Frauen, näher zu kommen, nach keinem philosophischen oder religiösen, nach keinem politischen, nationalen oder sozialen Bekenntnis«.[112]

---

107 | Dies: Recht, S. 99 [Hervorhebung im Original].
108 | Ebd., S. 77.
109 | Dies.: Vierteljahrhundert, S. 24.
110 | Ebd.
111 | Dies.: Recht, S. 71.
112 | Dies. (gez. L. O.): Menschenwürdiges Dasein für Alle!, in: Neue Bahnen 3 (1868), Nr. 16, S. 122.

Dieses Bekenntnis zu Teilhaberechten für Frauen und Humanität verband offensichtlich auch über Differenzen im Verständnis von Weiblichkeit hinweg, sonst wäre beispielsweise die jahrzehntelange Zusammenarbeit von Louise Otto-Peters und Henriette Goldschmidt im Vorstand des ADF nicht möglich gewesen.

Louise Otto-Peters selbst war bereits unter den Bedingungen der sich entfaltenden deutschen Nationalbewegung im Vormärz stark politisiert worden. Politische Überzeugungen, die auf den Ideen der Aufklärung beruhten und sich in der erstarkenden liberalen, vor allem aber in der stärker die soziale Frage der arbeitenden Klassen einbeziehenden demokratischen Bewegung manifestierten, übten auf sie große Anziehungskraft aus. Von der historischen Genese her entfalteten derartige politische Überzeugungen wohl am zeitigsten Bedeutsamkeit für die Herausbildung ihres frauenemanzipatorischen Denkens. Sie dürften sich aber sehr bald, spätestens seit 1845 unter dem Einfluss der reformierten religiösen Deutungen des Deutsch-Katholizismus, symbiotisch ergänzt haben.

Wie Louise Otto-Peters später immer wieder betonte, wurde ihr politisches Interesse bereits im Elternhaus geweckt, wo der Vater den Töchtern regelmäßig die Zeitung vorlas und das eine oder andere politische Ereignis mit ihnen besprach. Zur Weckung eines allgemeinen politischen Interesses dürfte auch die gemeinsame Lektüre von klassischer Literatur, von Werken der Romantiker und des »Jungen Deutschland« beigetragen haben. Bevor sie überhaupt lesen konnte, kannte sie ganze Balladen und Gedichte von Friedrich Schiller auswendig, und sie betonte später, wie wichtig seine freiheitlichen, gegen Vorurteile gerichteten Texte und Frauengestalten für sie gewesen seien.[113]

In ihrem Aufsatz »Die Theilnahme der weiblichen Welt am Staatsleben« im von Robert Blum herausgegeben »Volkstaschenbuch Vorwärts« von 1847 bezeichnete sie als allgemeine Quellen des erwachenden politischen Interesses von Frauen in den 1840er Jahren zuerst die politische Poesie, insbesondere die Jungdeutschen Dichter, sodann die politischen Auseinandersetzungen in den Landtagen, zu denen Frauen in Sachsen als Zuschauerinnen zugelassen waren, und schließlich die religiöse Bewegung des Deutsch-Katholizismus. Dies alles dürfte auch auf sie selbst zugetroffen haben – neben den meines Erachtens eminent wichtigen autodidaktischen Studien.[114] Dabei spielte für die junge Louise Otto am Beginn ihrer schriftstellerischen Laufbahn neben freundschaftlichen Beziehungen zu Robert Blum und Ernst Keil vor allem die Bekanntschaft und Freundschaft mit sozialkritischen österreichischen Dichtern eine wichtige Rolle.[115] Die jungen Österreicher waren nach Konflikten mit der österreichischen Zensur und mit polizeilichen Behörden in die sächsische Buch-, Verlags- und Messestadt

---

113 | Vgl. Hundt, Irina: Die autodidaktischen Studien »eines deutschen Mädchens« um 1840, in: Louise-Otto-Peters-Jahrbuch I (2004), S. 29-38.
114 | Ebd.
115 | Vgl. Dies.: Eine »wahre« Sozialistin? Louise Otto und ihre österreichischen Freunde im Vormärz, in: Louise-Otto-Peters-Jahrbuch II (2006), S. 115-133.

Leipzig gewechselt. Zu ihnen gehörte Karl Beck, einer der populärsten deutschsprachigen politischen Dichter jener Zeit. Schon 1840 begeisterten Louise Otto die von ihm proklamierten Ideen der Gleichheit und Freiheit, die Anprangerung sozialer Not, die Hoffnung auf baldige politische Reformen und seine Leidenschaft für moderne Technik.[116] Auch Karl Herloßsohn, in dessen »Komet« sie publizierte, gehörte zu diesem Kreis, ebenso Hermann Rollett, den sie als persönlichen Freund und politisch Gleichgesinnten bezeichnete. Rollett publizierte 1848 in mehreren Auflagen ein »Republikanisches Liederbuch«, war ein bekannter und nach der niedergeschlagenen Revolution von 1848/49 verfolgter Demokrat und gehörte später zu den Mitarbeitern ihrer »Frauen-Zeitung«. Des Weiteren zählten Eduard Mautner und Alfred Meißner dazu. Letzteren schätzte sie als Freiheitsdichter höher als Robert Prutz, Georg Herwegh oder Ferdinand Freiligrath.[117] In dieser politisch regen vormärzlichen literarischen Szene wurden auch Frauen gewisse Teilhaberechte eingeräumt. Der Demokrat Robert Blum jedenfalls fragte in den vom ihm herausgegebenen »Sächsischen Vaterlandsblättern« 1843 danach, in welcher Weise Frauen ihre Teilnahme am Staatsleben zu äußern hätten, wenn alle Menschen zur Teilnahme an der Gemeinde und dem Staatsleben aufgerufen seien. Die Leserin Otto antwortete auf seine Frage und begann mit einer Artikelfolge zu diesem Thema ihre publizistische Laufbahn unter eigenem Namen – diese Artikelserie wird von einigen Historikerinnen als Beginn der Geschichte der deutschen Frauenbewegung gewertet.[118]

Es ist hier nicht möglich, die nähere Ausformung ihres Verständnisses von politischer Teilhabe und ihr eigenes politisches Agieren von den 1840er Jahren über die Revolution von 1848/49 bis zur ADF-Zeit zu verfolgen. Herausragend bleibt ihr Mut in der Revolution 1848/49, wo sie insbesondere mit der bereits genannten »Adresse eines Mädchens« und mit der Herausgabe der »Frauen-Zeitung« unter dem Motto »Dem Reich der Freiheit werb' ich Bürgerinnen« in das politische Geschehen eingriff. Ihr Demokratieverständnis war wesentlich breiter als das der meisten Demokraten. So sprach sich Louise Otto-Peters bereits 1848 in der von Luise Dittmar herausgegebenen Zeitschrift »Sociale Reform« für das Stimmrecht der Frauen aus.[119] Auch aus der Enttäuschung heraus, dass ansonsten freiheitlich und demokratisch auftretende Revolutionäre die Einforderung von Frauenrechten 1848/49 vergessen hatten, war von ihr die »Frauen-Zeitung« als ein Organ zur Artikulierung von Fraueninteressen gegründet worden. Eine aus einem umfassenden Verständnis von Freiheits- und Demokratierechten resultierende feministische Perspektive war für sie charakteristisch.

---

116 | Ebd., S. 120.
117 | Alle Angaben ebd.
118 | U. Gerhardt: Unerhört, S. 16.
119 | Vermutlich war sie die erste Frau, die das in Deutschland öffentlich tat. Vgl. Ludwig, Johanna: Rechte, S. 504.

Dass die ADF-Gründung im Verständnis der Zeitgenossen im Kontext des Menschenrechtediskurses der Aufklärung, ja grundlegender liberaler und demokratischer Werte stand und genau so verstanden wurde, verdeutlicht der in der »Mitteldeutschen Volks-Zeitung« von Julius Mühlfeld publizierte Bericht über die ADF-Gründung. Als langjähriger persönlicher Freund von Louise Otto-Peters und als Anhänger der Frauenemanzipation schloss er ihn mit folgenden Worten nahezu beschwörend ab:

»Unsere herzlichen Wünsche und Sympathien [...] begleiten das schöne und große begonnene Werk. Selbst *unwürdig* der Freiheit ist der, welcher ein Freiheitsstreben bekämpft, selbst verächtlich der, welcher im Dienst des Vorurteils und Egoismus das Recht der freien *Menschenwürde*, der freien *Arbeit* und Selbstbestimmung anderer verachtet und unterdrückt. Das mögen die letzten Gegner der wahren, würdigen und zum Wohl und Heil der Menschheit und kommender Geschlechter *notwendigen* Emanzipation der Frauen zur geistigen und sozialen Unabhängigkeit *neben* den Männern nicht vergessen!«[120]

Hier drückt sich das Wissen um den zu erwartenden breiten Widerstand gegen die sich formierende Frauenbewegung nicht nur im Lager der Konservativen, sondern auch der Liberalen und Demokraten aus. Auch 1865 gab es unter den Demokraten nur eine sehr kleine Minderheit, die das Menschenrechte-Programm der Aufklärung für Frauen mitdachte.

Man könnte meinen, dass sich die Pionierinnen des ADF mit der Einforderung allgemeiner Menschenrechte für Frauen auf einem phasenverschobenen Weg des Nachholens befanden und nun Ideen für sich entdeckten, die die Männer bereits Jahrzehnte zuvor beschäftigt hatten. Das scheint mir allerdings problematisch. Soweit wir wissen, ist das allgemeine Naturrecht für Frauen nicht mitgedacht worden. Bis auf wenige Ausnahmen – eine war K. C. F. Krause – dachten die großen Meisterdenker wie Rousseau, Campe, Kant oder Fichte, wenn sie allgemein über menschliche Bestimmung philosophierten, über männliche Bestimmung nach und hoben für Frauen immer zugleich ihren sogenannten natürlichen Beruf der Gattin, Hausfrau und Mutter hervor. Es ist deshalb treffender zu formulieren: Die Pionierinnen der Frauenbewegung interpretierten die Texte der Philosophen neu. Sie besaßen, ganz im aufklärerischen Verständnis von Immanuel Kant, den Mut, sich ihres eigenen Verstandes zu bedienen und den Zustand der Unmündigkeit und Fremdbestimmung zu überwinden. Sie nahmen die niedergeschriebenen allgemeinen Menschenrechte in tiefster Überzeugung für sich selbst in Anspruch. Auguste Schmidt formulierte am Eröffnungsabend der ersten deutschen Frauenkonferenz 1865 in Leipzig sehr treffend: »Menschen werden wollen die Frauen und teilnehmen am Kranz der Arbeit und des Sieges.«

---

120 | L. Otto-Peters: Recht, S. 119 [Hervorhebung im Original].

4. Religiöse Sinngebungen

Religiöse Sinngebungen sind mit Blick auf die frauenemanzipatorischen Visionen von Louise Otto-Peters bisher kaum thematisiert worden.[121] Das steht in deutlichem Gegensatz zum Vorhanden-, ja Durchtränktsein mancher Teile ihrer größeren frauenemanzipatorischen Schriften mit solchen. Auch auf ihre programmatische Schrift »Das Recht der Frauen auf Erwerb« von 1865 trifft das zu, auf die sich die häufigsten Bewertungen der frauenpolitischen Positionen von Louise Otto-Peters in den Forschungen zur Geschichte der Frauenbewegung beziehen. Bislang wurden religiöse Legitimierungen des Anspruchs auf Gleichberechtigung und Emanzipation offensichtlich überlesen – auch von mir –, weil nicht nach ihnen gefragt wurde. Die bisher für das Denken von Louise Otto-Peters ausgemachten Einflüsse, vor allem der Menschenrechtediskurs der Aufklärung, aber auch ihr Anknüpfen an den Diskurs der Verschiedenheitspostulate, schienen den eigenen Erwartungen gemäß befriedigende Erklärungen zu geben. Den historischen Akteurinnen wird dies allerdings nicht ausreichend gerecht: Louise Otto-Peters argumentierte nachweislich auch als protestantische Christin.

Im »Recht der Frauen auf Erwerb« plädierte sie für das für sie so grundlegende Prinzip der Selbsthilfe mit Bezug auf die höchste Instanz, auf Gottes Wille:

»Nur die eigene Kraft vermag den Menschen zu adeln, zu erheben, die eigene Kraft, deren Entfaltung und Stärkung Gottes Wille ist, welcher jedes Wesen dazu schuf, daß es alle Fähigkeiten entfalte, die in ihm schlummern, daß es nach freier Entfaltung und sittlicher Vollendung strebe.«[122]

Wer in Trägheit und Stumpfheit verharre, ohne sich selbst zu bemühen, versündige sich nicht nur gegen seine Mitmenschen, die sich seiner annehmen, ohne dass er es verdient, sondern noch mehr an Gott selbst.[123] Der tätige, nach Vervollkommnung strebende Mensch ist für Louise Otto-Peters der von Gott gewollte Mensch. Dies gilt für sie selbstverständlich für Männer wie für Frauen in ihren jeweils spezifischen Wesenseigentümlichkeiten.

Um ihrer Vorstellung von der Entfaltung des »Ewig-Weiblichen« im Dienste der Menschheitsentwicklung Plausibilität zu verleihen, setzte sie sich ausführlich mit Befürchtungen auseinander, dass sich gerade die schönsten weiblichen Eigenschaften verlieren könnten, wenn Mädchen und Frauen zu mehr Selbststän-

---

121 | Einige Hinweise auf ihre Religiosität finden sich in: Otto, Christine: Variationen des »poetischen Tendenzromans. Das Erzählwerk von Louise Otto-Peters, Pfaffenweiler 1995, S. 266 ff.; Deich, Ingrid: Annäherungen an Louise Otto-Peters' Buch »Genius der Natur«, in: Louise-Otto-Peters-Jahrbuch I (2004), S. 58–75, hier S. 65–68; S. Wollgast: Louise Otto-Peters.
122 | L. Otto-Peters: Recht, S. 76.
123 | Ebd., S. 76 f.

digkeit und zur Teilhabe am Staatsleben erzogen würden. Zur Verteidigung ihrer Vorstellung argumentierte Louise Otto-Peters, dass der Schöpfer jedem Geschöpf das Recht zugestehe, der angeborenen Eigentümlichkeit seines Wesens Raum und Freiheit zur vollständigen Entfaltung zu geben; eben dieses Recht nehme jetzt nur »das Weib für sich in Anspruch und muß es tun, will es nicht den Zweck des Schöpfers verfehlen«.[124] Und sie fährt fort:

»Mann und Weib sind aus der Hand der Gottheit oder der Schöpfung [...] als zwei ebenbürtige Geschöpfe hervorgegangen; aber die Verschiedenheit der Eigentümlichkeit macht sich auch im Seelenleben geltend. Die Ausgleichung dieser Verschiedenheit ist gegeben in der Vereinigung beider. Der Mann an sich und das Weib an sich sind gleichbedeutende Einzelheiten, erst wenn beide vereinigt, bilden sie ein Ganzes. So wollte es die Weißheit [sic!] der Schöpfung, die keines dem andern unterordnet.«[125]

Die Ähnlichkeit der Gedanken mit denen des Philosophen Krause ist frappierend – kannte Louise Otto-Peters seine Schriften oder die seiner Schüler möglicherweise doch schon vor 1868? Und da die Formulierungen im Aufsatz über das »Ewig-Weibliche« von 1851 fast identisch sind: Kannte sie die Krausesche Philosophie bereits damals?

Mit dem Verweis auf Gott selbst, der die Menschen als Männer und Frauen unterschiedlich, doch ebenbürtig, also gleichwertig eingerichtet habe, argumentierte sie 1865 allerdings mit der höchstmöglichen Instanz, während sie ab 1868 den Philosophen Krause als wissenschaftliche Autorität zitierte. Im »Recht der Frauen auf Erwerb« fährt sie fort:

»Was dem Weibe von der Gottheit als Erbe übergeben worden, in seiner Macht und Heiligkeit zur Geltung zu bringen, gegen die Übermacht einer entweder kalten oder brutalen Kraft, das sollte kein vergebliches Streben sein bei der allgemeinen Entwicklung.«

Eben dieses »Ewig-Weibliche« müsse den Frauen zum Bewusstsein und in der Menschheit zur Geltung gebracht werden zum Ziel der Vollendung.[126] Damit sich Frauen und Männer »in würdiger Vereinigung in der Ehe miteinander und außer ihr *neben*einander [...] beteiligen an der Arbeit des Jahrhunderts«, fordere der ADF eine veränderte und selbstständige Stellung des weiblichen Geschlechts.[127]

Interessant ist an dieser Argumentation, dass sie die über viele Jahrhunderte üblichen Interpretationen der Schöpfungsgeschichte, nach denen die Zweitrangigkeit des weiblichen Geschlechts aus der späteren Schaffung Evas aus der Rippe

---

124 | Ebd., S. 71.
125 | Ebd., S. 71 f.
126 | Ebd., S. 72.
127 | Ebd. [Hervorhebung im Original].

von Adam bzw. aus der Eva-Sünde resultiere,[128] völlig unbeachtet lässt, als existierten sie nicht. Für Louise Otto-Peters war im obigen Fall offensichtlich eine andere Glaubensvorstellung relevant – die der Heiligkeit der vom Schöpfer Mann und Frau verliehenen Verschiedenartigkeit und Ebenbürtigkeit. Lucian Hölscher beschreibt diese Anpassung der Glaubensvorstellungen an die Bedürfnisse des Ortes und der Zeit als eine für die protestantische bürgerliche Religiosität im 19. Jahrhundert typische Reflexionskultur.[129] Hegels Interpretation der Reformation hatte dazu geistesgeschichtlich entscheidend beigetragen. Ihm zufolge war mit dem Prinzip des Protestantismus die Freiheit des Subjekts in die Welt getreten, denn an die Stelle kirchlicher Autorität trat die Bibel, aus der sich jeder selbst belehren und sein Gewissen bestimmen sollte.[130] Der Glaube konnte nur in der Selbstreflexion des Subjekts fundiert werden und war angesichts der Herausforderungen des Lebens auch immer wieder auf die persönlich wichtigen religiösen Wahrheiten hin zu prüfen. Kannte Louise Otto-Peters solche Überlegungen aus ihren Hegel-Studien? Oder war sie in ihrer religiösen Unterweisung als Kind und Jugendliche in diesem Geist erzogen worden? Dafür spricht einiges, denn dass sie sich mit großer Ernsthaftigkeit um Erkenntnis bemühte, verdeutlichen ihre autodidaktischen Studien der Jahre 1841/43.[131] Damals interessierte sie sich ganz besonders für die Wechselbeziehungen zwischen Religion und Philosophie, Religion und Natur, zwischen Gott und einem denkenden Menschen.[132] Wann allerdings religiöse Überzeugungen Bedeutsamkeit für das frauenemanzipatorische Denken von Louise Otto-Peters entfalteten, ist schwer zu sagen. Wie Johanna Ludwig zeigt, maß Louise Otto-Peters in späteren autobiografischen Äußerungen ihrer Konfirmation und insbesondere ihrem Konfirmationsspruch eine große Rolle bei. Sie war mit dem Bibelspruch gesegnet worden: »Sei getreu bis in den Tod, so will ich dir die Krone des ewigen Lebens geben.« Louise Otto-Peters schilderte diese Szene nachträglich mehrfach, immer hervorhebend, wie ergriffen sie gewesen sei und wie sehr sie diese Worte als Leitspruch ihres Lebens annahm. Im »Genius des Hauses« formulierte sie 1869:

»Erhabene Schauer kamen in diesem Augenblick über mich – das Leben lag vor mir als ein großer, weiter Kampfplatz und ich betete voll flammender Andacht, nicht etwa darum, daß mir der Kampf e r s p a r t würde, sondern gerade darum, daß er k o m m e n möge – kommen mit aller Stärke, damit ich mich dann als würdige Kämpferin bewähre, damit ich wirk-

---

128 | Vgl. zu solchen Argumentationen Lundt, Bea: Zur Entstehung der Universität als Männerwelt, in: Elke Kleinau/Claudia Opitz (Hg.), Geschichte der Mädchen- und Frauenbildung. Bd. 1: Vom Mittelalter bis zur Aufklärung, Frankfurt a. M. 1996, S. 103–118.
129 | Vgl. L. Hölscher: Religiosität, S. 209.
130 | Vgl. U. Baumann: Protestantismus, S. 20 ff.
131 | Vgl. I. Hundt: Studien.
132 | Vgl. ebd., S. 35.

lich eine Siegeskrone verdienen möge. Hier, vor dem Throne Gottes, war ja Alles gleich, ob Mann oder Weib – das Schwert zu diesem Kampfe durfte auch die zitternde Mädchenhand aufnehmen und schwingen.«[133]

Nach dieser Schilderung begriff sich Louise Otto-Peters bereits als 15-Jährige aufgrund ihrer religiösen Bildung und Erziehung als vor Gott mit den Männern Gleiche. Sie beanspruchte deshalb ein Leben des Kampfs und der Auseinandersetzung, um das von Gott in sie gesetzte Vertrauen zu rechtfertigen und sich ihm würdig zu erweisen. Es lässt sich kaum feststellen, inwieweit diese Schilderung eine nachträgliche Stilisierung war, um zu verdeutlichen, wie stark ihre Überzeugung von der Gleichwertigkeit und Gleichberechtigung von Mann und Frau sich von frühester Jugend an auf ihren Glauben gründete, der Glauben selbst also Quelle ihrer Motivation war. Vermutlich war sie als Konfirmandin von der grundsätzlichen Heilsfähigkeit aller Menschen und ihrer Pflicht überzeugt, sich Gott würdig zu erweisen, Gutes zu tun und um eigene Vervollkommnung zu ringen. Dass sie darin allerdings frauenemanzipatorisches Potential erkannte oder dass sie sich 1834 für die Frauenfrage interessierte, ist wenig wahrscheinlich.

Meines Erachtens wurde ihr ihre religiöse Grundüberzeugung, dass Mann und Frau vor Gott gleich sind, nicht durch die protestantische Unterweisung ihrer Kindheit und Jugend, sondern erst durch den Deutsch-Katholizismus vermittelt. Ihre autobiografischen Studien und ihr seit 1840 zunehmendes politisches Interesse, vor allem beeinflusst durch die politische Lyrik, werden dazu ein Übriges beigetragen haben. 1847 schrieb sie im von Robert Blum herausgegebenen »Volkstaschenbuch Vorwärts«: »Mit dem Deutschkatholizismus war die Loosung gegeben einer allgemeinen geistigen Gleichheit vor Gott, von Priestern und von Laien, Gelehrten und Unwissenden, Männern und Frauen.«[134] Doch schon 1845 hatte sie im »Wandelstern« enthusiastisch über eine Predigt von Johannes Ronge in Dresden berichtet. Der Begründer des Deutsch-Katholizismus befand sich damals auf einer Werbereise quer durch Deutschland. Sie bezeichnete die miterlebte Predigt Ronges als die »weihevollste Stunde« ihres Lebens, als eine Stunde, die »ein Stück aus der Weltgeschichte« gewesen sei.[135]

Drei Gedanken hob sie besonders hervor: Erstens habe Ronge es als die Aufgabe der Reformation des 19. Jahrhunderts bezeichnet, das Christentum zu erfül-

---

133 | Zitiert nach Ludwig, Johanna: Eigener Wille und eigene Kraft. Der Lebensweg von Louise Otto-Peters bis zur Gründung des Allgemeinen deutschen Frauenvereins 1865. Nach Selbstzeugnissen und Dokumenten, S. 26 [im Druck, Hervorhebung im Original]. Ich danke der Autorin für die Möglichkeit der Einsichtnahme in das Manuskript.
134 | Otto, Louise: Die Theilnahme der weiblichen Welt am Staatsleben, in: Robert Blum (Hg.), Volkstaschenbuch Vorwärts, Leipzig 1847, S. 46.
135 | Dies.: Auch ein Wort, über den 30. November in Dresden, in: Wandelstern (1845), Heft 52, S. 1054–1058, hier S. 1057 f. 1846 hatte sie eine persönliche Begegnung mit Johannes Ronge in Breslau. Vgl. R.-E. Boetcher-Joeres: Anfänge, S. 54.

len, denn die Reformation habe seit drei Jahrhunderten keine Fortschritte mehr gemacht. Die Reformation werde die sittliche Weltordnung und die menschliche Bestimmung erkennen und wieder einführen in der Weltgeschichte. Beides beruhe auf zwei Worten von Christus: »Werdet vollkommen wie euer Vater im Himmel, und liebet Euch unter einander«.[136] Zweitens, so Ronge, forderten auch Frauen ihren Teil am Kampf der Weltgeschichte:

»Und so soll es sein, und so sollen auch die Frauen in ihrer Weise mit bauen helfen an unserm heiligen Werk und sollen nicht zurückbleiben wo es für Volk und Vaterland und die heiligsten Menschenrechte zu wirken gilt.«[137]

Der Deutsch-Katholizismus schaffe als »Glauben der Freiheit und Liebe [...] ein priesterlich Volk aus lauter Hohenpriestern und Hohenpriesterinnen«. Aber nicht nur die Gedanken der gleichberechtigten Teilhabe von Frauen an dieser religiösen Erneuerungsbewegung sowie des Rechtes eines jeden Menschen, so auch der Frauen, auf Vervollkommnung waren für Louise Ottos eigenes Denken äußerst wichtig. In ihrem Bericht über seinen Auftritt in Dresden hob sie noch einen dritten Grundgedanken Ronges hervor – seine Antwort auf den Vorwurf, die neue Bewegung bedenke zu sehr das irdische Leben: Christus, der Kranke heilte und Arme speiste, so Ronge, habe nicht gewollt, dass man »Millionen hinabstieß in Knechtschaft und Elend und ihnen ihre Menschenrechte nahm und dafür den Himmel öffnen wollte«. Die Deutsch-Katholiken lehrten Liebe zu den Menschen wie er, sie seien in Liebe um ihn vereinigt, ein Christus.[138] Dieser Gedanke nun bedeutete religiöse Ermächtigung für ein Programm der innerweltlichen Lebensführung, das auf gemeinsames, solidarisches Handeln gegen die Missstände der Gegenwart und für die Menschenrechte ausgerichtet war. Es war damit entschieden am Gemeinwohl orientiert und in der demokratischen Bewegung verortet.

Fügt man alle drei Gedanken aus frauenemanzipatorischer Perspektive zusammen, ergibt sich eine durch religiöse Vorstellungen legitimierte Teilnahme der Frauen an der Verbesserung der Welt und ein durch religiöse Vorstellungen legitimiertes Recht der Frauen auf Teilhabe an Menschenrechten, dessen erstes das auf persönliche Selbstentfaltung zur Vervollkommnung war. Genau dieses Programm bestimmte die frauenemanzipatorischen Visionen, die Louise Otto-Peters in ihren Schriften »Das Recht der Frauen auf Erwerb« und »Frauenleben im Deutschen Reich« entfaltete. Es bestimmte aber noch mehr: ihre nicht nur die Frauen, sondern alle Menschen umfassenden »Zukunftshoffnungen« von 1876.

---

136 | L. Otto: Wort, S. 1056.
137 | Ebd., S. 1056 f.
138 | Ebd., S. 1057.

Louise Otto-Peters entwickelte, wie sie 1848 in einem Artikel formulierte, in ausdrücklicher Absetzung vom »orthodoxen christlichen Standpunkt«, eine christliche Position, »wo Christenthum und Humanität gleich bedeutend sind«.[139] Dies war offensichtlich im Rahmen ihrer Kirche möglich, denn Deutsch-Katholikin wurde sie trotz aller religiösen Nähe und vieler naher Bekannter im persönlichen Umfeld nicht.[140] Das Programm der von ihr 1849 herausgegebenen »Frauen-Zeitung« lässt dann von der Religiosität des Deutsch-Katholizismus beeinflusste – religiöse neben politischen und sozialökonomischen – Sinngebungen erkennen, deren eingehende Darstellung an dieser Stelle zu weit führen würde.[141] Schon damals betonte sie jedoch, dass »wahre Freiheit« unteilbar sei – das heißt, dass politische, soziale und religiöse Freiheit nur als Einheit wirkliche Freiheit bedeuten kann und dass Freiheitsrechte für Männer nur Rechte der einen Hälfte der Menschheit sind.[142] Auch hier verschränkten sich bereits politische, soziale und religiöse Sinngebungen.

Paul Hohlfeld, ein Krause-Schüler, berichtete 1869 nach einem Besuch bei Louise Otto-Peters in einem Brief an Hermann von Leonhardi, dass diese ihrem religiösen Standpunkt nach Rationalistin sei.[143] Das trifft es vermutlich gut: Verschiedene der von Lucian Hölscher betonten Merkmale einer vom Rationalismus der Aufklärung bestimmten Religiosität finden in ihren Visionen Niederschlag – etwa der Glaube an einen allgemeinen Weltplan der Verbesserung und Vervollkommnung, der den Glauben an die Perfektibilität des Menschen und an den innerweltlichen kulturellen, moralischen und wissenschaftlichen Fortschritt einschloss; der Glaube an das göttliche Prinzip der Vernunft und an die Erkennbarkeit von Gottes Walten in Natur und Geschichte; die Vorstellung von Gott als liebendem Vater, der letztlich alle seine Kinder annimmt; Gefühle der Demut und Dankbarkeit gegenüber Gott und Gefühle der Liebe und Humanität gegenüber der Menschheit, aus denen sich ein weites Feld der Betätigung ergab.[144] Indem die Religiosität von Louise Otto-Peters jedoch ausdrücklich den Glauben vollständig gleicher von Gott den Frauen gegebener Rechte beinhaltete, wäre es noch treffender, sie als feministische Rationalistin zu bezeichnen. Für die Vertreter des

---

139 | Sie forderte in dem Artikel die Emanzipation der Juden. Vgl. Otto, Louise: Zur Judenfrage. Ein Wort zur Versöhnung, in: Der Volksfreund. Sächsische Blätter für alle Interessen des Volkes, Nr. 8 vom 24. Mai 1848, S. 59 ff., hier S. 61.
140 | Das waren beispielsweise Robert Blum, Emil Adolph Roßmäßler, Franz Wigard und Auguste Scheibe.
141 | Sie verwendete unter anderem das Gleichnis von »Martha und Maria«, Lukas 10, 38–42; die Mitarbeiterinnen der Frauen-Zeitung sollten sich als Nachfolgerinnen jener edlen Jungfrau aus Bethanien verstehen, so der Wunsch Louise Ottos. Vgl. Otto, Louise: Programm, in: Frauen-Zeitung, Nr. 1 vom 21. April 1849, S. 2.
142 | Vgl. Dies.: Die Freiheit ist unteilbar, in: ebd., S. 2 f.
143 | Vgl. S. Wollgast: Louise Otto-Peters, S. 57.
144 | Vgl. L. Hölscher: Religiosität, S. 210.

aufgeklärten Rationalismus wie des Protestantismus im Allgemeinen lässt sich ein verbreiteter Glaube an gleiche Frauenrechte nämlich nicht beobachten. Für sie lieferte neben anderen Bibelstellen nach wie vor die Schöpfungsgeschichte den entscheidenden Grund für die untergeordnete, nicht gleichberechtigte Stellung der Frauen: der Mann sei vor dem Weib und zur Selbstständigkeit geschaffen, er sei Herr, sie Gehilfin und ohne ihn nicht denkbar.[145]

Dass bei Auguste Schmidt, der langjährigen Stellvertreterin von Louise Otto-Peters im ADF, ebenfalls religiöse Sinngebungen das frauenemanzipatorischen Denken beeinflussten, blitzte in ihrer Rede zur Eröffnung der ersten deutschen Frauenkonferenz 1865 in Leipzig auf. Dennoch ist es derzeit eine offene Forschungsfrage, inwiefern spezifische religiöse Vorstellungswelten für die Mitstreiterinnen von Louise Otto-Peters im ADF eine Quelle ihres frauenemanzipatorischen Engagements waren. Das gilt umso mehr, als die erste Phase der Vereinsentwicklung zwischen 1865 und dem Beginn der 1890er Jahre durch das Zusammenwirken von Protestantinnen, Jüdinnen und freireligiösen Frauen geprägt war – jedenfalls im Vorstand und Ausschuss des ADF. Das spiegelt sich unter anderem in der Zusammenarbeit von Louise Otto-Peters, Auguste Schmidt, Henriette Goldschmidt und Marianne Menzzer wider, die jahrzehntelang dem Leipziger Vorstand angehörten; die beiden Ersteren als Protestantinnen, Henriette Goldschmidt als Jüdin und Ehefrau des Rabbiners der jüdischen Gemeinde in Leipzig und Marianne Menzzer als Anhängerin der Freien Gemeinden.[146]

Es könnte weiterführend sein danach zu fragen, wann, in welchen Konstellationen und Kontexten und in welchen Medien diese Frauen ihre spezifischen religiösen Überzeugungen äußerten. Nach einem ersten, allerdings flüchtigen, Überblick finden sich in den »Neuen Bahnen«, dem 14-tägig erscheinenden ge-

---

145 | Vgl. U. Baumann: Protestantismus, S. 56-66.
146 | Vgl. zur Biografie von Auguste Schmidt: Ludwig, Johanna/Nagelschmidt, Ilse/Schötz, Susanne unter Mitarbeit von Berndt, Sandra (Hg.): Leben ist Streben. Das erste Auguste-Schmidt-Buch. Reden, Vorträge und Dokumente der Ehrungen zum 100. Todestag der Pädagogin, Publizistin und Frauenrechtlerin Auguste Schmidt am 10./11. Juni 2002 in Leipzig, Leipzig 2003; zu Marianne Menzzer: Stolze, Elke: Ins Licht gerückt: Marianne Menzzer (27. 11. 1814-5. 6. 1895), Ehrenmitglied des Allgemeinen deutschen Frauenvereins, in: Johanna Ludwig (Hg.), Auf den Spuren frauenbewegter Frauen. Berichte vom 12. Louise-Otto-Peters-Tag 2004 [= LOUISEum 23. Sammlungen und Veröffentlichungen der Louise-Otto-Peters-Gesellschaft e. V. Leipzig], Leipzig 2005, S. 25-30, sowie Scholz, Sylvia: Marianne Menzzer – Ein biografisches Porträt. Unveröffentlichte Bachelorarbeit im Studiengang Geschichte, Dresden 2008; zu Henriette Goldschmidt: Kemp, Annerose und Horst: Henriette Goldschmidt – ein Glücksfall für Leipzig, in: Johanna Ludwig/Gerlinde Kämmerer/Susanne Schötz (Hg.), Henriette Goldschmidt und die Hochschule für Frauen zu Leipzig. Berichte vom 19. Louise-Otto-Peters-Tag 2011 [= LOUISEum 32. Sammlungen und Veröffentlichungen der Louise-Otto-Peters-Gesellschaft e. V. Leipzig], Leipzig 2012, S. 8-29.

meinsamen Vereinsblatt des ADF, relativ selten religiöse Überzeugungen, die als handlungsleitend formuliert wurden. Es gibt Beiträge über die Bedeutung von Martin Luther und der Reformation für die Schulbildung von Mädchen oder kurze Berichte über Frauenaktivitäten in freireligiösen Gemeinden. In Letzteren scheinen die von Sylvia Paletschek, allerdings für den Vormärz, festgestellten Verbindungen von religiöser Emanzipation und Frauenemanzipation auf.[147] Auch der Kulturkampf findet in den »Neuen Bahnen« wenig, in Ablehnung von Papsttum und Jesuiten aber zustimmenden Niederschlag. Ebenfalls marginal sind Berichte über »Judenhetze« oder Judenemanzipation.

Meiner These nach herrschte im durch Louise Otto-Peters geprägten ADF religiöse Toleranz sowie ein übergreifender interkonfessioneller oder interreligiöser Konsens, dass Religion Privatsache sei. Dieser schloss ein, sich öffentlich auf eigene religiöse Überzeugungen zu beziehen, ohne Andersgläubige zu brüskieren, was bereits Iris Schröder für den ADF der 1870er Jahre feststellte.[148] Im Mittelpunkt des Vereinsblattes standen jedoch eindeutig frauenemanzipatorische Aktivitäten. Frauen unterschiedlicher religiöser, politischer und sozialer Ausrichtung gestalteten den ADF als einen Raum zur Erörterung und Umsetzung eigener, grundsätzlich gleicher Interessen, weil ihre rechtliche Stellung grundsätzlich gleich war. Der ADF bot ihnen ein gemeinsames Dach frauenemanzipatorischen Handelns, das für die beteiligten Frauen in keinem anderen Lebenszusammenhang gegeben war. Das sollte sich am Ende des 19. Jahrhunderts ändern, als sich die Kirchen für bestimmte »Frauenthemen« öffneten und die konfessionelle Frauenbewegung entstand.

Im Vorwort ihrer Schrift »Weihe des Lebens« von 1873 äußerte Louise Otto-Peters, dass sie in der »Dreiheit von Arbeit, Streben und Begeisterung« lebe. »Im Aufblick zu Gott und im Durchdrungensein von der menschlichen Aufgabe« aber liege für sie die Weihe des Lebens. Ausführlicher heißt es:

»Wenn man mich aber fragt: wie und wodurch ich auch in den schwersten Lebensstunden vor Untergang und Verzweiflung mich frei erhielt? Wie ich nie müde werden konnte zu arbeiten, nie verzagen im Streben, nie versiechen [sic!] fühlen den Strom der Begeisterung – so habe ich nur eine Antwort: Weil ich wußte, dass Gott über mir war und ist, dass ich sein Kind, Geist von seinem Geiste, auf dieser Erde wandle, nicht allein um ihre Güter zu genießen, sondern um alle meine Kräfte anzustrengen, so viel als mir möglich, die Menschheit mit vollenden zu helfen.«[149]

Es folgen Gebote und Verbote der Menschlichkeit und Kapitel über Gott, Vernunft, Natur, die Menschheit, Jahreswechsel und die Leitsterne des Lebens. Im

---

147 | Vgl. S. Paletschek: Frauen.
148 | Vgl. I. Schröder: Arbeiten.
149 | Otto, Louise: Weihe des Lebens. Ein Buch zur Erhebung und Erbauung des Geistes und Herzens, Leipzig 1873, S. III f.

Kapitel »Die Menschheit« äußert sie, dass jeder Mensch sein Individuell-Göttliches über, in und mit sich trage – schon allein deshalb sei es töricht, allen Menschen denselben Glauben aufdrängen zu wollen.[150] Liebe zur Menschheit bedeute Liebe zu allen ihren Gliedern, Kräften und Werken. »Lieben wir die Menschheit, so werden wir auch alle Menschen, ohne Ausnahme eines Einzigen lieben«.[151] Da Louise Otto-Peters im Vorwort nun allerdings betonte, in diesem Buch eine freie Bearbeitung von Lehrstücken ihres Lieblingsphilosophen K. C. F. Krause zu bieten, kann an dieser Stelle gefragt werden: Wo liegt die Quelle ihrer religiösen Toleranz? Ist es die Bibel, die Philosophie Krauses, der Grundrechtediskurs der Aufklärung, die als notwendig erkannte praktische Zusammenarbeit aller an Emanzipation interessierten Frauen im ADF oder irgendwie alles zusammen?

5. Fazit und Ausblick

Blicken wir auf die den Beitrag inspirierenden Fragen zurück, so besteht ein erster Befund darin, dass der feministische Anspruch der Gleichberechtigung von Mann und Frau von den sich im ADF um Louise Otto-Peters sammelnden Frauen geteilt wurde. Arbeit kam bei der Umsetzung ihres Anspruchs in dreifacher Hinsicht eine Schlüsselrolle zu: erstens als Erwerbsarbeit, um im Falle von prekärer Witwenschaft, Erwerbsproblemen des Ehemanns/Vaters oder des Nicht-Heiraten-Könnens oder -Wollens eine Grundlage für ökonomische Selbstständigkeit zu besitzen. Sich selbst – und gegebenenfalls Kinder, Eltern etc. – ernähren zu können, nicht auf Almosen angewiesen zu sein und in gewisser Weise selbstbestimmt leben zu können, war hier das vorgestellte Ziel. Zweitens verband sich mit Arbeit die Idee der schöpferischen Entfaltung der eigenen Talente und Kräfte, der Selbstverwirklichung im Dienste der Menschheit. Es sollte sich um eine für die Gesellschaft nützliche Arbeit handeln. Selbstentfaltung und Gemeinwohlorientierung waren hier untrennbar verknüpft. Diese Arbeit konnte, musste aber nicht Erwerbsarbeit sein; sie konnte auch in der eigenen Familie, etwa bei der Erziehung der Kinder, oder im Ehrenamt, beispielsweise im Frauenverein, geleistet werden. Diese Position scheint mir unter den Begründerinnen des ADF, in dem ledige, verheiratete und verwitwete Frauen zusammen arbeiteten, stark verbreitet gewesen zu sein. In welchen gesellschaftlichen Bereichen diese Selbstentfaltung im Dienst an der Menschheit erfolgen sollte, hing dabei stark vom spezifischen Weiblichkeitsverständnis, aber auch von politischen und religiösen Überzeugungen der Einzelnen ab – bei Louise Otto-Peters gab es keine vorgegebenen Grenzen.

Drittens konnte Arbeit auch als ein allumfassender Anspruch eines jeden Menschen auf Selbstentfaltung und Teilhabe an gesellschaftlicher Entwicklung hin zu einer besseren Welt verstanden werden. Eine derartig umfassende,

---

150 | Ebd., S. 74 f.
151 | Ebd., S. 77.

klassen- und geschlechterübergreifend gedacht, aber auch von der nationalen und religiösen Zugehörigkeit her offene Emanzipationsvision konnte für Louise Otto-Peters nachgewiesen werden. Ob ihre Mitstreiterinnen sie teilten, ja ob es 1876 überhaupt eine zweite Frau in Deutschland mit einer derartig freiheitlich-demokratischen Zukunftsvorstellung gab, vermag ich derzeit nicht zu sagen. Ebenso offen ist, ob Louise Otto-Peters Vorstellungen darüber entwickelte, wie eine solche Zukunft von den Eigentumsverhältnissen her sozialökonomisch ausgestaltet werden müsste, um funktionieren zu können – oder ob sie es bei einem idealen Entwurf beließ.

Damit ist bereits etwas über das angestrebte neue Verhältnis der Geschlechter und die angestrebte neue Gesellschaft gesagt. Je nachdem, ob vorrangig der gleichberechtigte Zugang zum Erwerbsleben, Verwirklichung in der Berufstätigkeit und ökonomische Selbstständigkeit von Frauen das Ziel waren, ob die mögliche Teilhabe von Frauen an allen Bereichen des gesellschaftlichen Lebens vorgestellt oder die freie, selbstbestimmte Teilhabe aller Menschen im Dienste der Humanität gedacht wurde, musste sich die neue Gesellschaft unterschiedlich stark von der alten unterscheiden. Wandeln musste sie sich in jedem Fall. Für die gleichberechtigte Teilhabe aller Frauen am Berufsleben musste zunächst einmal die Öffnung bislang versperrter Bereiche wie beispielsweise der akademischen Berufe erreicht werden. Dazu bedurfte es einer grundlegenden Reform des Mädchenschulwesens, damit Mädchen die Eingangsvoraussetzung zum Studium, das Abitur, erwerben konnten. Gleiches trifft für sämtliche bis dahin für Mädchen und Frauen kaum zugängliche Erwerbsbereiche zu. Freier Zugang zur Berufstätigkeit für Frauen bedeutete aber auch Beseitigung privatrechtlicher Schranken, so die Beseitigung der ehemännlichen Vormundschaft und der väterlichen Vormundschaft über noch nicht volljährige Frauen. Freie Entfaltung der eigenen Talente in sämtlichen Bereichen des privaten und gesellschaftlichen Lebens aber bedurfte des Wandels der gesamten Rechtsordnung – nicht nur im Bildungs- und Erwerbsbereich, auch im Ehe- und Familienrecht und in den staatsbürgerlichen Rechten. Rechtliche Gleichstellung bedeutet allerdings noch nicht tatsächliche Gleichberechtigung, erforderlich ist auch ein grundsätzlicher Wandel der Sozialisationen, Sitten, Bräuche und Gewohnheiten im tagtäglichen Zusammenleben der Geschlechter. Umfassende Teilhabe aller Menschen am Menschheitsfortschritt bedeutet entsprechenden Wandel der Rechtsordnungen und Gewohnheiten für die Angehörigen aller sozialen Klassen und Schichten, Ethnien, Religionen, Altersgruppen etc.

Unabhängig davon, wie weit Emanzipation gedacht wurde, herrschte doch Einigkeit über den Weg der friedlichen Reform nach Utopia. Beginnend an sich selbst und in gegenseitiger Hilfe und Unterstützung der Frauen sollte sich die bestehende Gesellschaft zu wandeln beginnen. Louise Otto-Peters und ihre Mitstreiterinnen begriffen dabei den bürgerlichen Verein als das entscheidende organisatorische Mittel auch für Frauen, um über den eigenen, mehr oder weniger eng gezogenen persönlichen Rahmen hinaus als benachteiligte gesellschaftliche

Gruppe aktiv zu werden und eigene Anliegen nicht nur in die öffentliche Diskussion einzubringen, sondern auch für deren Umsetzung zu sorgen. Eine vom Anspruch her solidarische, klassenübergreifend gedachte Frauenorganisation zu sein, unterschied den ADF von allen anderen Vereinen. Das organisatorische Prinzip der Selbsthilfe hatte große persönlichkeitsbildende Konsequenzen, denn die Beteiligten erwarben durch eigenständige Meinungsbildung und eigenständiges Handeln Selbstvertrauen, Durchsetzungsvermögen und gegebenenfalls Führungsqualitäten. Dies war bereits ein Stück alternatives Leben jetzt. Sie kreierten dabei eine spezifische weibliche Vereinskultur, die solidarisches Miteinander und Frauenfreundschaften begünstigte. Perspektivisch sind damit Lebensformen, in denen Eigeninitiative, Schwesterlichkeit und Solidarität unter Frauen eine Rolle spielten, gestärkt worden.

Insgesamt wird eine außerordentlich starke Prägung von Louise Otto-Peters und ihren Mitstreiterinnen durch den »bürgerlichen Wertehimmel« deutlich. Was sie entwarfen, war ein innerweltliches Programm der Lebensführung und Sinnstiftung, ein weltlicher Zukunftsentwurf. Er kreiste um bürgerliche »letzte« Werte wie Arbeit, Bildung, Selbstständigkeit, Selbsthilfe und Fortschritt, wie sie für männliche Lebensentwürfe gedacht wurden.[152] Im Glauben an ihren Wert für die Entfaltung und permanente Selbstverbesserung der eigenen Persönlichkeit, des Selbst, in Übereinstimmung mit dem Fortschritt der Menschheit wurden sie regelrecht überhöht und sakralisiert.[153] All das war, um einen Ausdruck von Louise Otto-Peters aufzugreifen, auch von ihr »selbst Geglaubtes und Erkanntes«.[154] Allerdings mit einem deutlichen Unterschied: Ihr galten die Leitsterne des bürgerlichen Lebens zur Neujustierung des weiblichen Lebensentwurfs. Ihre Visionen stellten insofern einen alternativen bürgerlichen Geschlechter- und Gesellschaftsentwurf in Konkurrenz zu dominierenden bürgerlichen Vorstellungen dar. In ihm war die gleichberechtigte Teilhabe von Frauen der grundsätzlich andere, in den ursprünglichen Konzepten fast sämtlicher Meisterdenker nicht enthaltene Ansatz.

Die Prägung durch den »bürgerlichen Vorstellungshimmel« wird bei den Gründerinnen des ADF aber auch darin deutlich, dass sie von der Verschiedenheit von Männern und Frauen ausgingen. Sie knüpften mit ihren Weiblichkeitsvorstellungen an den herrschenden Geschlechterdiskurs der Differenz an. Im

---

152 | Vgl. Hettling, Manfred/Hoffmann, Stefan-Ludwig (Hg.): Der bürgerliche Wertehimmel. Innenansichten des 19. Jahrhunderts, Göttingen 2000. Vgl. insbesondere die Einleitung der Herausgeber sowie die Aufsätze von Hettling, Manfred: Die persönliche Selbstständigkeit. Der archimedische Punkt bürgerlicher Lebensführung, in: ebd., S. 57–78, hier S. 15, und Kessel, Martina: »Der Ehrgeiz setzte mir heute wieder zu ...«. Geduld und Ungeduld im 19. Jahrhundert, in: ebd., S. 129–148, hier S. 141.
153 | Vgl. Nipperdey, Thomas: Deutsche Geschichte 1866–1918, Bd. 1, München 1990, S. 521.
154 | Vgl. S. Wollgast: Louise Otto-Peters, S. 45.

Unterschied zu diesem waren sie jedoch davon überzeugt, dass die Geschlechter, trotz ihrer different vorgestellten psychischen Beschaffenheit und daraus resultierenden unterschiedlichen Fähigkeiten, gleichwertig seien. Abhängig davon, wie stark nun die Einzelnen sogenannte natürliche psychische Unterschiedlichkeiten der Geschlechter veranschlagten, unterschieden sich ihre Überlegungen, ob es Bereiche gäbe, für die Frauen eher geeignet wären als für andere. Einige schlussfolgerten aus der biologischen Fähigkeit zur Mutterschaft bestimmte spezifische weibliche Charaktereigenschaften. Sie hielten im Rahmen des Konzeptes »organisierter Mütterlichkeit« erzieherische, pflegerische und fürsorgliche Bereiche für besonders geeignet und stritten für die Öffnung entsprechender Berufe und Ehrenämter für Frauen. Hierfür steht Henriette Goldschmidt. Dagegen bedeutete das von Louise Otto-Peters vorgestellte »Ewig-Weibliche« in seiner Bedeutsamkeit für alle Bereiche menschlichen Seins keinerlei Einschränkung für Frauen – es korrespondierte mit ihrer umfassenden Emanzipationsvision. Ob es daneben – innerhalb oder außerhalb des ADF – in der sich formierenden Frauenbewegung auch Positionen gab, die biologische Differenz nicht mit psychischer Differenz verbanden, sondern von grundsätzlicher psychischer Gleichheit ausgingen, wäre weiter zu erforschen. Unter den mir näher bekannten Personen habe ich sie bislang nicht identifizieren können.[155] Letztlich handelte (und handelt?!) es sich dabei immer um Glaubensvorstellungen, insofern lässt sich Geschlecht als konstruierte Unverfügbarkeit oder als transzendente Ordnungsressource[156] zur Legitimierung der gewünschten Geschlechterordnung vorstellen.

Um für die alle einende Idee der Gleichberechtigung von Mann und Frau zu werben, bedienten sich die Gründerinnen des ADF unterschiedlicher Argumentationslinien und Sinngebungen. Charakteristisch für Louise Otto-Peters ist, dass sie eine vielseitig interessierte, außerordentlich gut belesene Persönlichkeit war, die sich autodidaktisch eine beachtliche Sachkenntnis angeeignet hatte. Sie entwickelte ein hohes Maß an kritischer Reflexivität und schätzte scharfsichtig sozialökonomische, religiöse, politische und andere Entwicklungen ein.

In den hier nachgezeichneten Argumentationslinien wurde ihre Auseinandersetzung mit dem gravierenden technischen und sozialökonomischen Wandel in seinen Auswirkungen auf das Familienleben verdeutlicht, des Weiteren ihre Auseinandersetzung mit den sogenannten natürlichen weiblichen Geschlechtseigenschaften, ihre Auseinandersetzung mit dem Menschenrechtediskurs der

---

155 | Herrad-Ulrike Bussemer hält solche egalitären Positionen im ADF vor 1870 für dominierend, danach dann das Konzept der »geistigen Mütterlichkeit«. Mir ist unklar, wer als Vertreterin der ersten Richtung gelten soll. Vgl. H.-U. Bussemer: Frauenbewegung.
156 | Ich benutze hier eine Begrifflichkeit, die Nele Schneidereit in die Diskussion eingebracht hat. Vgl. hierzu Scherer, Annette: Tagungsbericht zu »Das Geschlecht der Transzendenz – Bilder, Narrative, Werte.« 29. 11. 2012, Dresden, in: H-Soz-u-Kult, 19. 02. 2013, http://hsozkult.geschichte.hu-berlin.de/tagungsberichte/id=4651 (Zugriff am 20. 03. 2013).

Aufklärung und mit der religiösen Reform- oder Erneuerungsbewegung des Deutsch-Katholizismus.

Mit Blick auf ihre Schrift »Das Recht der Frauen auf Erwerb« lässt sich die Verschränkung unterschiedlicher Argumentationslinien feststellen, unterschiedliche Sinngebungen wirkten so gleichsam verstärkend, auf ein Ziel hinlaufend. Immer wieder ergänzten sich in den Argumentationen philosophische und religiöse Sinngebungen, sie waren teilweise austauschbar. Wissenschaft und Religion, Erkenntnis und Glauben waren für Louise Otto-Peters keine streng getrennten Bereiche. Geglaubtes und Erkanntes galten ihr als gleichbedeutend, weltliche und religiös-transzendente Sinngebungen konnten so verknüpft werden. Naturtranszendierung wurde dort deutlich, wo sie an das Naturrecht und die Idee der natürlichen Gleichheit und der gleichen Menschenwürde aller Menschen anknüpfte. Religiöse Transzendierung fand dort statt, wo Gott selbst Mann und Frau verschiedenartig, doch ebenbürtig geschaffen hat. Bei ihr trafen sich philosophische, also wissenschaftliche, und religiöse Deutungen in der Annahme, dass Gott selbst Männern und Frauen ihre natürliche Disposition gegeben habe. Der Geist der Aufklärung mit seinem Menschenrechtediskurs war insofern ein Vordringen zum Kern des Christentums jenseits kirchlicher Dogmen, bedeutete Annäherung an Gott doch Gotteserkenntnis.

Neben den hier nachgezeichneten verdienen weitere Argumentationslinien Berücksichtigung, so der Rekurs auf die Geschichte im Hinblick auf frauenemanzipatorisch bedeutsame Persönlichkeiten, Ereignisse und Entwicklungen, der Rekurs auf Literatur, Musik und Kunst, auf Entwicklungen im Ausland sowie auf die moderne Wissenschaft und neue Expertenmeinungen über das Wesen der Geschlechter.[157] Es ist insofern schwierig, darauf eine Antwort zu geben, ob religiösen Sinngebungen eine besondere Rolle zur Legitimierung bzw. Transzendierung des frauenemanzipatorischen Denkens von Louise Otto-Peters zukam. Vor dem Hintergrund großen gesellschaftlichen Wandels würde ich von einer lebenslangen Suchbewegung nach einer persönlichen religiösen Weltanschauung sprechen, in der sich ihre spezifische Erfahrungswelt als Frau auf individuelle, unverwechselbare Weise mit der Rezeption politischer, religiöser, sozialer und anderer Zeitströmungen verband.[158] Bestand hatte in dieser sich aus Geglaubtem und Erkanntem zusammenfügenden Vorstellungswelt nur, was ihr Halt und Kraft im Streben nach einem »menschenwürdigen Dasein für Alle, auch für Frauen« geben konnte. In diesem Streben aber sah sie ihre Bestimmung.

---

157 | Vgl. hierzu derartige Argumentationslinien und Sinngebungen im Kampf um die Öffnung der Universitäten und die Einführung des Frauenstudiums bei Schötz, Susanne: Gehirn.

158 | Das hatte sie mit vielen anderen Bildungsbürgern des 19. Jahrhunderts gemeinsam. Vgl. L. Hölscher: Religiosität, S. 194.

Sozialreformerische Frauenpolitik in Galizien um 1900: Mission als Praxis, Metapher und Metonym

Dietlind Hüchtker

In dem Berichtsband über den Kongress der polnischen Frauenbewegung von 1913 bilanzierte ein Beitrag die »Sozialarbeit von Frauen auf dem galizischen Dorf«,[1] eine Reihe von damals neuen sozialreformerischen sowie (aus-)bildungspolitischen Projekten: Bibliotheken, Lesesäle, Vorträge, Kindergärten, Ferienkolonien und Ausbildungskurse für Mädchen. Eingeleitet wurde die Darstellung mit folgenden Worten:

»Zweifellos – im Herzen der polnischen Frau wohnte neben den Idealen der Religion und der Nation immer die Nächstenliebe, ihr Feld der Arbeit war das Liebesopfer [...]. Aber das Gebiet und die Ausdehnung dieser Verpflichtungen [...] waren früher nicht so klar [..., die Einzelnen] wussten nicht, dass [...] dieses [...] eine unabdingbare *soziale Notwendigkeit* ist«.[2]

Das Zitat verweist zunächst auf die enge Verknüpfung zwischen Religion und Nation. Liebe zu Gott und Liebe zur Nation erscheinen eng miteinander verwoben. Aus der Perspektive der polnischen oder auch der ostmitteleuropäischen Historiographie überrascht die Verknüpfung nicht. Religion und Konfession gelten

---

1 | Berezowska, M.: Praca społeczna kobiet na wsi w Galicyi [Sozialarbeit von Frauen auf dem galizischen Dorf], in: Pamiętnik zjazdu kobiet polskich odbytego w dniach 11, 12 maja 1913, Kraków 1913.
2 | »Niewątpliwie – w sercu kobiety polskiej, obok ideałów religijnych i narodowych – było zawsze ukochanie najbliższego jej pola pracy była ofiarna miłość [...] Ale sfera i rozciągłość tych obowiązków [...] nie były dawniej zbyt jasno uświadomione [... jednostka ...] często nieświadome, że to [...] jest nieodzowaną *społeczną powinnością*«. Ebd., S. 99 [Hervorhebungen im Original].

gemeinhin als wichtige Faktoren »nationaler Identifikationsprozesse«.[3] Mit dem Erstarken nationaler Bewegungen im imperialen, polyethnischen und multireligiösen Ostmitteleuropa seien, so die etwas verallgemeinerte Annahme, Religion und Konfession zu nationalen Zeichen geworden. Dies hat auch für das habsburgische Kronland Galizien gegolten. Im Zuge der österreichisch-ungarischen Nationalitätenpolitik wurde Nation zu einem zentralen Differenzkriterium und Politikum, insbesondere im Hinblick auf die polnisch-ukrainische Konkurrenz: Römisch-katholisch und polnisch, griechisch-katholisch und ukrainisch wurden zu politisierten Kampfbegriffen.[4]

Liest man weiter, so erweist sich jedoch nicht die Verwobenheit von Nation und Religion als zentral. Diese erscheint eher als historische Voraussetzung. Wichtig war auch die Verbindung von Weiblichkeit und Nächstenliebe. Als neue Erkenntnis aber wurde hervorgehoben, dass Nächstenliebe eine »soziale Notwendigkeit« sei. Die bedeutende Rolle der Frauenbewegungen für die Entwicklung moderner Sozialarbeit und Wohlfahrtspflege ist vielfach aufgezeigt worden. Die Bewegungen etablierten mit ihren vereinsgetragenen, sozialreformerischen und bildungspolitischen Initiativen neue Ansätze und professionalisierten Wohltätigkeit.[5] Ihr soziales Engagement resultierte weniger aus »weiblicher Zuständigkeit« für und Nähe zu Familienarbeit, wie in der Forschung immer wieder zu lesen ist, als vielmehr aus einem politischen Diskurs über gesellschaftlichen Wandel, Partizipation, Professionalität und Deutungskompetenz. Darauf verweist sowohl die Begrifflichkeit des Berichts, »Sozialarbeit«, als auch der Tempuswechsel von vergangenen Opfern zur gegenwärtigen Notwendigkeit sowie vor allem die aufgeführten Initiativen selbst. Kindergärten, Ferienkolonien und Fortbildungskurse für Mädchen können als zentrale Bereiche der »modernen Sozialfürsorge« gelten.[6] Sie gehörten zu den neuesten, europaweit diskutierten und praktizierten

---

3 | Vgl. Jaworski, Rudolf: Konfession als Faktor nationaler Identifikationsprozesse in Ostmitteleuropa im 19. und zu Beginn des 20. Jahrhunderts, in: Moritz Csáky/Klaus Zeyringer (Hg.), Pluralitäten, Religionen und kulturelle Codes, Innsbruck 2001, S. 131–147.

4 | Die ukrainischsprachige Bevölkerung Galiziens gehörte der unierten oder griechisch-katholischen Konfession an, die dem Papst unterstand, aber dem orthodoxen Ritus folgte. Sie hatte sich im Zuge der Kirchenunion von Brest 1596 herausgebildet. Vgl. Subtelny, Orest: Ukraine. A History, Toronto/Buffalo/London 1994, S. 99–102. Vgl. zur Bedeutung der Kirche und der Geistlichkeit für den Prozess des »nation building« im ukrainischen Kontext Himka, John-Paul: The Greek Catholic Church and Ukrainian Society in Austrian Galicia, Cambridge 1986; Ders.: Religion and Nationality in Western Ukraine. The Greek Catholic Church and Ruthenian National Movement in Galicia, 1867–1900, Montreal 1999.

5 | Vgl. zuletzt beispielsweise Bergler, Andrea: Von Armenpflegern und Fürsorgeschwestern. Kommunale Wohlfahrtspflege und Geschlechterpolitik in Berlin und Charlottenburg 1890 bis 1914, Stuttgart 2011.

6 | Vgl. Nitsch, Meinolf: Private Wohltätigkeitsvereine im Kaiserreich. Die praktische Umsetzung der bürgerlichen Sozialreform in Berlin, Berlin/New York 1999; Thane, Pat: Wohl-

Reforminitiativen politischer Bewegungen und (zivilgesellschaftlich) engagierter Bürgerinnen und Bürger. Sozialreform sollte auf Profession im Sinne von Erwerbsarbeit sowie im Sinne von fundiertem Wissen (Verwissenschaftlichung) beruhen. Mit Bezug auf sozialen und ökonomischen Wandel verstand sie sich als Vermittlung zwischen wirtschaftlichen Interessen und Gemeinsinn. Die Frauenbewegungen nahmen genau diese doppelte Konnotation in Anspruch, wenn sie sich für »Sozialarbeit« engagierten – die Etablierung von Frauenberufen und die Verbesserung ihrer Erwerbschancen sowie die Kompetenz zur Gestaltung der gesamten Gesellschaft.[7]

An den Reforminitiativen nahmen auch religiös orientierte Gruppen teil, die sich den Frauenbewegungen zugehörig fühlten oder deren Argumentation nutzten, um ihre Handlungsmöglichkeiten neu zu gestalten.[8] Entsprechend wiesen viele der in dem eingangs genannten Bericht vorgestellten vereinsgetragenen Initiativen direkte Beziehungen zur Institution Kirche auf. Sie waren über die Mitgliedschaft von Pfarrern an die Kirche gebunden, Bischöfe fungierten als Ehrenvorsitzende, es gab eine Reihe aktiver Kongregationen. So wurde von einer Kongregation von Gutsbesitzerinnen (Kongegracja Ziemianek) berichtet, die Ferienkolonien (Kinderlandverschickung) für arme Mädchen aus der Stadt initiierte und eine Wirtschaftsschule, Kurse für Mädchen sowie eine zentrale Informationsstelle unterstützte. Darüber hinaus organisierte sie, so der Bericht, jährliche »Missionen« für ein Bergdorf:

»Die erste Tat, mit der die Kongregation unter das Volk ging, waren *Missionen*, die jedes Jahr in *Synowidzko* durchgeführt wurden, einem ruthenischen [ukrainischen] Bergdorf, wo in den jüdischen Sägemühlen zahlreiche Polen arbeiteten, die aus Mangel an einer Kirche in der nächsten Umgebung ohne jedes Licht und religiöse Hilfe waren«.[9]

---

fahrt und Geschlecht in der Geschichte: Ein partieller Überblick zu Forschung, Theorie und Methoden, in: L'Homme. Zeitschrift für feministische Geschichtswissenschaft 5 (1994), S. 5–18.

7 | Vgl. Hettling, Manfred: »Gemeinsinn« in der bürgerlichen Gesellschaft, Halle o. J., S. 7.

8 | Vgl. beispielsweise Meiwes, Relinde: »Arbeiterinnen des Herrn«. Katholische Frauenkongregationen im 19. Jahrhundert, Frankfurt a.M./New York 2000.

9 | »Pierwszem takiem dziełem, z którem Kongregacya poszła między ludzi – były *Missye*, urządzane co roku w *Synowdizku*, górskiej wsi ruskiej, gdzie w tartakach żydowskich pracują liczni robotnicy Polacy, z braku kościoła w najbliższym promieniu, pozbawieni wszelkich świateł i pomocy religijnej«. M. Berezowska: Praca społeczna kobiet, S. 104 [Hervorhebung im Original]. Die ukrainischsprachige Bevölkerung bezeichnete sich in Galizien vielfach als ruthenisch (rus'kyj). Ukrainisch war ein politischer Begriff, mit dem die jungruthenische Nationalbewegung ihre Verbundenheit zu den Konnationalen in Russland ausdrückte und der die Option einer genuin ukrainischen Nation stützte. Die altruthenische und später russophile Fraktion dagegen ging von einer Zugehörigkeit zum Russischen aus. Erst im 20. Jahrhundert etablierte sich Ukrainisch als generelle Bezeichnung. Da in diesem Aufsatz die

Das Dorf hatte vermutlich sehr wohl eine Kirche, aber eine griechisch-katholische. Die Kongregation schickte einen römisch-katholischen Priester für die römisch-katholischen Arbeiter.

Durch den Begriff »Mission« bekommt der Einsatz eines Pfarrers eine über die Seelsorge hinausgehende Bedeutung. Das Dorf erscheint als entkirchlichter und damit im galizischen Kontext als entnationalisierter Ort und der Einsatz des Priesters als »Zivilisierung« (cywilizacja). Der Begriff rekurrierte auf die enge Verwobenheit von »Innerer« und »Äußerer Mission«: auf die Rückgewinnung säkularisierter, religionsloser Milieus und die Gewinnung von »Heiden« für die christliche Gemeinschaft.[10] Mission bedeutete die Aufnahme in eine Gemeinschaft, gemeint war aber auch Erziehung, (Aus-)Bildung sowie soziale und wirtschaftsbezogene Reformprojekte. Religiöse und politische Ziele waren eng miteinander verbunden.[11]

Wie Mission war Sozialarbeit nicht nur »Dienst am Nächsten«, Hilfe für andere, für das galizische Dorf. Sie gehörte zu den Praktiken der polnischen Frauenbewegung, sie war Teil eines umfassenden Gesamtprojekts einer geschlechtergerechten Gesellschaft, Teil einer »Mission«. Daher umfassten die Reforminitiativen sowohl auf den Arbeitsmarkt ausgerichtete Ausbildungskurse (Wirtschaftsschulen), die Unterstützung genossenschaftlicher Zusammenschlüsse auf dem Dorf und die Etablierung von Frauenberufen, als auch Interventionen in die Familie.[12] Darin unterschied sich die polnische Frauenbewegung weder von anderen Frauen- noch überhaupt von den politischen und sozialen Bewegungen ihrer Zeit.

Ausgangspunkt der folgenden Überlegungen sind die Thesen zur Transformation des Religiösen im 19. Jahrhundert, also die Bedeutung von Religion als konstituierender Faktor des gesellschaftlichen Wandels, nicht als traditionelles Überbleibsel oder quasi natürlich gegebenes Merkmal.[13] Der Zusammenhang zwischen Nation und Religion wird seit langem kontrovers diskutiert: Nation als

---

komplizierten Differenzierungen keine zentrale Rolle spielen, spreche ich von Ukrainisch. Vgl. Himka, John-Paul: The Construction of Nationality in Galician Rus': Icarian Flights in Almost All Directions, in: Ronald G. Suny/Michael D. Kennedy (Hg.), Intellectuals and the Articulation of the Nation, Ann Arbor 2002, S. 109–164.

10 | Vgl. Habermas, Rebekka: Mission im 19. Jahrhundert – Globale Netze des Religiösen, in: Historische Zeitschrift 287 (2008), S. 629–679, hier S. 651.

11 | Vgl. Hölzl, Richard: Soziale Missionen, in: Werkstatt*Geschichte* 20 (2011) 57, S. 3–7, hier S. 4.

12 | Zum Zusammenhang von sozialen, bildungspolitischen und genossenschaftlichen Reformprojekten vgl. für Galizien Struve, Kai: Peasant Emancipation and National Integration. Agrarian Circles, Village Reading Rooms, and Cooperatives in Galicia, in: Torsten Lorenz (Hg.), Cooperatives in Ethnic Conflicts: Eastern Europe in the 19th and early 20th Century, Berlin 2006, S. 229–250.

13 | Vgl. Baader, Meike Sophie: Erziehung als Erlösung. Transformationen des Religiösen in der Reformpädagogik, Weinheim/München 2005, S. 27–43.

säkularer Ersatz oder politische Religion, Nation und Religion als auf das Diesseits und Jenseits bezogene Gegensätze, Nation und Religion als reziproke Phänomene – die Nationalisierung von Religion und die Sakralisierung der Nation.[14] Hans-Jürgen Bömelburg hat parallel zum »nation building« das Konzept des »church building« vorgeschlagen und rückte damit für das 19. Jahrhundert die Verschärfung religiöser und konfessioneller Differenzen in den Blick.[15] Die Verwobenheit von religiöser und antiklerikaler Rhetorik und Symbolik hat Andrzej Chwalba in seiner Studie zum Religiösen in den sozialistischen Parteien untersucht, wobei seine Bedeutung durchaus auch innerhalb des antiklerikalen sozialistischen Spektrums variierte.[16] Dass Säkularisierung vor allem ein Projekt für liberale Mittelschichtsmänner gewesen ist, hat Manuel Borutta am Beispiel des Antikatholizismus im Deutschland und Italien des 19. Jahrhunderts gezeigt. Gerade der antiklerikale, säkular argumentierende Liberalismus habe Frauen, Kinder und ländliche Gesellschaften dem Katholizismus überlassen.[17] Religion war mehr als ein Zeichen oder eine in einer von Gutswirtschaft geprägten peripheren Region und für eine auf das Land zielende Politik in Rechnung zu stellende Gegebenheit.

Statt Sozialarbeit als Mittel zu Modernisierung und Nationalisierung zu verstehen, schlage ich vor, Religion und Nation als Mittel gesellschaftlicher Reformpolitik zu interpretieren. Religion und Nation waren zwei miteinander verflochtene Skripte des Politischen, die der Neudefinition von Reform, Interessen und Gesellschaft dienten. Religion wird daher nicht als Begriff für Transzendenz, Wertesysteme oder (dörfliche) Lebenswelten vorausgesetzt, sondern religiöse

---

14 | Vgl. Schulze Wessel, Martin: Die Nationalisierung der Religion und die Sakralisierung der Nation im östlichen Europa, in: Ders. (Hg.), Nationalisierung der Religion und Sakralisierung der Nation im östlichen Europa, Stuttgart 2006, S. 7–14; Schattkowsky, Ralph: Kirche und Nation im 19. Jahrhundert. Ein Forschungsbericht unter besonderer Berücksichtigung des preußischen Ostens, in: Zeitschrift für Ostmitteleuropaforschung 54 (2005), S. 527–563; kritisch auch Bjork, James E.: Beyond the Polak-Katolik. Catholicism, Nationalism, and Particularism in Modern Poland, in: Urs Altermatt/Franziska Metzger (Hg.), Religion und Nation. Katholizismen im Europa des 19. und 20. Jahrhunderts, Stuttgart 2007, S. 97–117.

15 | Vgl. Bömelburg, Hans-Jürgen: »Church-building« im östlichen Europa. Ein komplementärer Ansatz zur Beschreibung von Vergemeinschaftung im östlichen Europa: Die »Volkskirchen« in Polen und den baltischen Ländern, in: Markus Krzoska (Hg.), Zwischen Glaube und Nation? Beiträge zur Religionsgeschichte Ostmitteleuropas im langen 19. Jahrhundert, München 2011, S. 11–34.

16 | Vgl. Chwalba, Andrzej: Sacrum i rewolucja. Socjaliści polscy wobec praktyk i symboli religijnych (1870–1918) [Das Sacrum und die Revolution. Religiöse Praktiken und Symbole bei polnischen Sozialisten], Kraków 2007, S. 278–286.

17 | Vgl. Borutta, Manuel: Antikatholizismus. Deutschland und Italien im Zeitalter der europäischen Kulturkämpfe, Göttingen 2011, S. 411.

Wirkmuster – Religion als Sprache und Praxis – werden analysiert. Ich diskutiere die Beziehungen zwischen Mission, Sozialreform und Religion am Beispiel zweier frauenpolitischer Projekte, zum einen ein an Frauen gerichtetes Zeitschriftenprojekt in der polnischen, sozialistisch ausgerichteten Bauernbewegung und zum anderen eine Kindergarteninitiative in der ukrainischen, ebenfalls im sozialistischen Umfeld agierenden Frauenbewegung. Anhand der damit in den Blick kommenden antiklerikalen Kontexte können die Wirkmuster umso deutlicher herausgearbeitet werden.

Mission wurde im zeitgenössischen religiösen Kontext als konkrete Praxis der (Rück-)Gewinnung von Menschen für das Christentum, im sozialreformerischen Kontext als Metapher für den umfassenden Anspruch der Politik und als Metonym für die gesamte Gesellschaft verwendet. Die doppelte Ausrichtung der Reform – Partizipation einer Basis und Aufstieg neuer Eliten – wurde durch die mehrdeutigen Konnotationen des Begriffs »Mission« konstituiert, so meine These: die Intervention in die Lebenswelten der anderen und ihre gleichzeitige Integration in die Gemeinschaft (der Christenheit, der modernen Gesellschaft, der Nation). Gerade in der Vereinbarung von Wirtschaft und Gemeinsinn liegt die Spezifik von Mission – oder eben Sozialreform, gedacht als notwendige Antworten auf sozialen und ökonomischen Wandel, als Weg zu und Entwurf von einer besser oder gerechter gedachten Gesellschaft.

ETHNOGRAPHISCHE MISSION

Die aus dem litauischen Generalgouvernement des Russischen Reichs stammende polnische Gutsbesitzertochter Maria Wysłouchowa (1858–1905)[18] engagierte sich im habsburgischen Kronland Galizien für eine »bessere« Gesellschaft. Zusammen mit ihrem Ehemann Bolesław Wysłouch (1855–1937) initiierte sie die auf Partizipation und Gleichberechtigung ausgerichtete und an sozialistischen Konzepten orientierte Bauernbewegung, die mit bildungspolitischen Initiativen auf dem Land startete, verschiedene Zeitschriften und Broschüren publizierte sowie Wahlvereinigungen bildete, um Bauern als Abgeordnete für den nach Kurien gewählten Wiener Reichstag und den galizischen Sejm durchzusetzen. 1894 wurde das Stronnictwo Ludowe (Bauernpartei) gegründet, ebenfalls vom Ehepaar Wysłouch. Wysłouchowa war als Frau zwar von politischen Parteien und Vereinen ausgeschlossen, wirkte aber publizistisch und in Bildungsprojekten.[19] Sie

---

18 | Vgl. zu Wysłouchowa Bryll, Irena: Maria Wysłouchowa. Pisarstwo dla ludu i zainteresowania ludoznawcze [Maria Wysłouchowa. Schreiben für das Volk und Interesse für Volkskunde], Opole 1984; Brock, Peter: Maria Wysłouchowa (1858-1905) and the Polish Peasant Movement in Galicia, in: Canadian Slavonic Papers III (1958), S. 89-102.
19 | Bader-Zaar, Brigitta: Bürgerrechte und Geschlecht. Zur Frage der politischen Gleichberechtigung von Frauen in Österreich, 1848-1918, in: Ute Gerhard (Hg.), Frauen in

engagierte sich insbesondere für Landfrauen und hatte Kontakt zur polnischen Frauenbewegung.

Zwischen 1899 und 1902 gab sie zwei Zeitschriften heraus, »Zorza« (Morgenröte) und »Przodownica« (Die Aktivistin), die sich beide in erster Linie an die Frauen vom Dorf richteten.[20] Um Weihnachten 1900 hieß es in einem Brief an die Leser/innen von »Zorza«:

»Heute hebt das Volk wirklich den über die Jahrhunderte gebeugten Kopf und schreitet selbst aus eigener Kraft zum Kampf um sein Recht, um seine Zukunft ... Geh! Der Stern von Bethlehem möge ihm [dem Volk] leuchten, möge der Stern es führen, der in der Nacht der Geburt Gottes, in der ›Nacht des Wunders‹, die gute Mär dem armen Volk verkündete ...«.[21]

Der Weihnachtsstern wurde zum Leitsymbol und Wegzeichen für ein starkes und emanzipiertes Volk – »lud« bedeutet auf Polnisch sowohl Volk als auch Bauern –, das sich für eine zukünftige Gesellschaft einsetzt, für Gleichberechtigung und Anerkennung. Die frohe Botschaft der Weihnachtsgeschichte war die frohe Botschaft von einer besseren Zukunft. Eine religiöse Sprache wurde zum Zeichen des politischen Kampfs.

In der sozialistischen Bauernbewegung, in der Wysłouchowa aktiv war, spielte Religion zumindest auf den ersten Blick keine große Rolle. Im von ihrem Ehemann verfassten Parteiprogramm wird sie nicht erwähnt.[22] Im Gegenteil: Für das Ehepaar und die demokratische »inteligencja« am Ende des 19. Jahrhunderts gehörte die Institution Kirche – wie die Gutsherrschaft – zu den als traditionalistisch und »volksverdummend« verschrienen konservativen Kräften, deren Eliten

---

der Geschichte des Rechts. Von der Frühen Neuzeit bis zur Gegenwart, München 1997, S. 547–562.

20 | Vgl. zu »Przodownica. Pismo dla kobiet wiejskich« (Die Aktivistin. Eine Zeitschrift für Frauen auf dem Land) Sokół, Zofia: »Przodownica« (1899–1912). Zarys monograficzny [»Die Aktivistin« (1899–1912). Monographische Skizze], in: Rocznik Naukowo-Dydaktyczny 78 (1982), S. 99–124. Vgl. zu »Zorza. Pismo miesięczne z obrazkami« (Morgenröte. Eine bebilderte Monatszeitschrift) Dies.: »Zorza« Marii Wysłouchowej (1900–1902) [»Zorza« von Maria Wysłouchowa (1900–1902)], in: Kwartalnik Historii Prasy Polskiej 23 (1984), S. 53–70. Wysłouchowa schied aufgrund von Meinungsverschiedenheiten nach einem Jahr aus der Redaktion der »Przodownica« aus und gründete »Zorza«, die sie allerdings 1902 wegen einer Herzkrankheit aufgeben musste.

21 | »Dziś lud naprawdę podnosi schylaną przez wieki głowę i sam, o własnych siłach, idzie do walki o swoje prawa, o swoją przyszłość ... Idzie! – Niech-że mu świeci, niech go prowadzi gwiazda betleemska, co zwiastowała w noc Bożego Narodzenia, w ›noc cudu‹, dobrą nowinę ludziom ubogim ...«. Redakcja »Zorzy«: Do Czytelników z miast i wiosek [An die Leser in Stadt und Land], in: Zorza 1 (1900) 8, S. 116 f., hier S. 117.

22 | Wysłouch, Bolesław: Szkice programowe [Programmatische Skizzen], in: Przegląd społeczny (1886) 1, S. 6.

insbesondere in Galizien als reformabstinent galten. Zusammenarbeit mit der Kirche war aus Sicht von Wyslouchowa fast so etwas wie Kollaboration.[23] Was veranlasste sie dennoch zu einer religiös konnotierten Sprache?

Wysłouchowa gehörte zu den wichtigsten Autorinnen und Rednerinnen der Bewegung. Sie verfasste eine Reihe von populärwissenschaftlichen Broschüren über die polnische Geschichte, die die Dorfbevölkerung erreichen sollten, war Dozentin an der Volksuniversität und reiste als Rednerin über Land. Ihr neo-romantischer Stil kann auf polnische Romantiker wie Adam Mickiewicz (1798–1855) zurückgeführt werden, den sie bewunderte und über dessen Biographie sie mehrere populäre Broschüren verfasste. Mickiewicz parallelisierte die Leiden Christi mit denen des polnischen Volks – Religion war nicht nur ein Kennzeichen der Nationalität, sondern auch ein Symbol für die (polnische) Nation.[24] Insofern verwundert die religiöse Sprache Wyslouchowas nicht. Ihre Haltung könnte man folglich als antiklerikal bezeichnen, sie richtete sich gegen die Institution Kirche und die kirchlichen Eliten, gegen konservative kirchliche Institutionen. Sie richtete sich aber nicht gegen die Praxis des Glaubens, gegen Religiosität, die als Instrument der Freiheit erschien und eine hohe symbolische Bedeutung hatte.[25] Ihre Sprache wäre ein Zugeständnis an die besondere Rolle der Religion im geteilten Polen: ein Ort zur Bewahrung des Polentums angesichts von anderssprachigen und im russischen und preußischen Fall auch anderskonfessionellen Teilungsmächten. Eine solche Interpretation berücksichtigt sicherlich wichtige Aspekte des Kontexts, in dem Wyslouchowa publizierte.

Das Konzept der Zeitschriften umfasste aber noch mehr, nämlich Partizipation. Besonderen Wert legte Wyslouchowa auf Leser/innenbriefe und auf eine ansprechende Rhetorik. Die Leserinnen wurden als Schwestern angesprochen, häufig wurde direkte Rede verwandt, um sie einzubeziehen und zu einem Wir – »wir Frauen«, »wir Polinnen« – zu vereinen. Darüber hinaus regte Wyslouchowa einen Austausch zwischen den Leser/innen an, beispielsweise über Bräuche und hauswirtschaftliche Praktiken.[26]

Der Brief einer Leserin vom Dorf beklagte, dass die harte Landarbeit Frauen mehr noch als Männer daran hindere, sich zu informieren. Stattdessen würden sie klatschen und abergläubische Ideen von verhexten Nahrungsmitteln verbreiten. Erst »Zorza« bringe »Licht« in dieses »Dunkel«,[27] erst die Zeitschrift, also ein durch Lesen erworbenes Wissen, biete einen Ausweg aus dem Aberglauben. Inwiefern die »verhexten Lebensmittel« aus dem Repertoire antikatholischer Rhe-

---

23 | Vgl. beispielsweise I. Bryll: Wysłouchowa, S. 95.
24 | Vgl. H.-J. Bömelburg: Church-Building, S. 18 f.
25 | A. Chwalba: Sacrum, S. 186.
26 | Hüchtker, Dietlind: Die Bäuerin als Trope: Sprache und Politik in der polnischen Frauen- und Bauernbewegung der Jahrhundertwende, in: Werkstatt*Geschichte* 13 (2004) 37, S. 49–63.
27 | Jarorzówna, Józefa: Listy do »Zorzy« [Briefe an »Zorza«], in: Zorza 1 (1900) 4, S. 62 f.

torik stammen, sei dahingestellt. Der Brief bedient in jedem Fall das Klischee von den besonders rückständigen Frauen und dem besonders rückständigen Land. Trotz der partizipatorischen Ziele blieb die intellektuelle Führung der Zeitschrift – und damit natürlich Wysłouchowas selbst – unbestritten:

»Wir selbst werden lernen, lesen, forschen, weil wir dazu mehr Zeit haben und es in den großen Städten leichter ist, Bildung [zu erwerben], und dann werden wir mit Freuden mit Euch das alles teilen, was wir erfahren haben«.[28]

Das neue Wissen konstruierte demnach auch eine neue Hierarchie im Dorf: die Deutungshoheit derjenigen mit Zugang zum modernen Wissen gegenüber denjenigen, die diesen Zugang nicht hatten. Das rhetorische Konzept Wysłouchowas signalisierte zweierlei: Partizipation und Führung, eine lernende Beziehung zwischen Bauern und »inteligencja«. Während die Institution Kirche als konservativ galt und der Klerus zur herrschenden Elite zählte, konnte Religion als Zeichen- und Symbolsystem romantisiert und zum ländlichen Brauchtum, zur Ethnographie des Landes umgedeutet werden.

Die »frohe Botschaft« eines Sozialismus auf dem Dorf bestand in einer Vereinigung von Wirtschaft und Gemeinsinn mit dem Versprechen auf eine »bessere« Gesellschaft, worunter zuallererst eine nationale verstanden wurde.[29] Die Bauern galten der von der »inteligencja« getragenen Bewegung in einer romantisierten Weise als Kern der Nation und als zu zivilisierende Objekte. Die Nation war gleichzeitig etwas Naturgegebenes, in einer langen Geschichte Verankertes und etwas, dessen Habitus (Bewusstsein) genau diejenigen, die als ihr Kern galten, erst (von der »inteligencja«) zu lernen hatten. Religiöse Muster waren daher mehr als nur ein Kennzeichen von ländlicher Traditionalität oder eines nationalen Polentums. Sie vermittelten eine doppelte Botschaft von der Partizipation am Ganzen und der Erziehung durch eine neue Elite. Den Widerspruch zwischen etwas Gegebenem und etwas zu Erlernendem oder zwischen wirtschaftlichen Interessen und altruistischer Moral löste die religiöse Rhetorik über die Landbevölkerung in einer ethnographischen Mission auf. Weitere Bedeutungen von Mission wird das folgende Beispiel zeigen.

---

28 | »Same będziemy uczyć się, czytać, badać, bo więcej na to mamy czasu i w wielkich miastach łatwiej o oświatę, a potem z radością serdeczną podzielimy się z Wami tem wszystkie, czego się dowiemy«. Komitet redakcyjny, Do sióstr z pod wiejskiej strzechy [Redaktionskomitee, An die Schwestern aus den Katen], in: Przodownica 1 (1899) 1, S. 1 f., hier S. 1.
29 | Dass das Konzept eines nationalen Ganzen zu massiven Konflikten und gewalttätigen Auseinandersetzungen führte, ist vielfach untersucht worden. Siehe beispielsweise Tokarski, Sławomir: Ethnic Conflict and Economic Development: Jews in Galician Agriculture 1868-1914, Warszawa 2003; Lorenz, Torsten: Introduction: Cooperatives in Ethnic Conflicts, in: Ders. (Hg.), Cooperatives in Ethnic Conflicts: Eastern Europe in the 19th and Early 20th Century, Berlin 2006, S. 9-44.

Kulturelle Mission

Natalja Kobryns'ka (1855–1920)[30] kam aus einer in der ukrainischen Nationalbewegung engagierten Familie der griechisch-katholischen Geistlichkeit und war eine ukrainische Schriftstellerin und Feministin. Ihr Vater engagierte sich als Reichstagsabgeordneter für die ukrainische Nation und unterstützte die Initiativen seiner Tochter für Frauenbildung. Die meiste Zeit ihres Lebens verbrachte Kobryns'ka auf dem Dorf. Sie heiratete den Priester und Musiker Teofil' Kobryns'kyj (1852–1882),[31] der jedoch früh verstarb. Als Witwe kehrte sie zu ihren Eltern zurück.

Kobryns'ka gehörte zum radikalen Flügel der ukrainischen Bewegung, der einen auf das Dorf ausgerichteten Sozialismus propagierte. In diesem Umfeld setzte sie sich für feministische Ziele ein, das heißt für eine unabhängige Frauenbewegung. Sie publizierte mehrere Almanache von und für Frauen mit politischen, literarischen, ethnographischen und historischen Texten über deren Situation und den Wandel weiblicher Erwerbsarbeit in Galizien sowie über die Frauenbewegungen in der Welt.[32] Darüber hinaus gründete Kobryns'ka einen Frauenverein in Stanislau (heute Ivano-Frankivs'k), der zum Ziel hatte, Frauen mit Hilfe von feministischen Publikationen für die Bewegung zu gewinnen. Sie forderte Bildungs- und Erwerbsmöglichkeiten für Frauen der ukrainischen »inteligencja«, vor allem für die Töchter, Ehefrauen und Witwen der Geistlichkeit, die für die Herausbildung einer ukrainischen Elite und im Laufe des 19. Jahrhunderts einer säkularen »inteligencja« zentrale Bedeutung hatten.[33] Ihre Argumentation entsprach damit der der anderen europäischen Frauenbewegungen, die die Erwerbsnot der Mittelschichtsfrauen zur Begründung ihrer Forderungen nach formal anerkannten Bildungspatenten von Abitur bis Universitätsabschluss

---

30 | Vgl. zu Kobryns'ka Knyš, Irena: Smoloskyp u temrjavi. Natalija Kobryns'ka j ukraïns'kyj žinočyj ruch [Eine Laterne in der Dunkelheit. Natalja Kobryns'ka und die ukrainische Frauenbewegung], Vinnipeg 1957; Bohachevsky-Chomiak, Martha: Natalia Kobryns'ka: A Formulator of Feminism, in: Andrei S. Markovits/Frank E. Sysyn (Hg.), Nationbuilding and the Politics of Nationalism. Essays on Austrian Galicia, Cambridge 1982, S. 196-219.

31 | Vgl. Labins'ka, H.: Natalja Kobryns'ka - »Borec' za prava žinky« [Ein Kämpfer für Frauenrechte], in: Mykola Žulyns'kyj u.a. (Hg.), Žinka v nauci ta osviti. Mynule, sučacnist', majbutnje. Materialy mižnarodnoï naukovo-praktičnoï konferenciï, Ukraïna, Kyïv, 3-4 hrudnja 1999, Kyïv 1999, S. 122ff., hier S. 120.

32 | Kobryns'ka, Natalija [Natalja]/Pčilka, Olena (Hg.): Peršyj vinok. Žinočyj al'manach [Der erste Kranz. Ein Frauenalmanach, 1887], New York 1984; Naša Dolja. Zbirnyk prac' riznych avtoriv [Unser Schicksal. Eine Sammlung von Arbeiten verschiedener Autoren], Stryj 1893/L'viv 1895 und 1896.

33 | Vgl. O. Subtelny: Ukraine, S. 219, 309; Rudnytsky, Ivan L.: The Ukrainians in Galicia under the Austrian Rule, in: Andrei S. Markovits/Frank E. Sysyn (Hg.), Nationbuilding and the Politics of Nationalism. Essays on Austrian Galicia, Cambridge 1982, S. 23-67.

machten und Geschlechtergleichheit forderten. Die Institution Kirche allerdings lehnte sie als konservativ und traditionell ab.[34]

Kobryns'ka setzte sich ungefähr zehn Jahre lang für die Gründung von Kindergärten (ochoronky) ein. Dazu verfasste sie mehrere Artikel und Aufrufe, entwarf eine Vereinssatzung, hielt Reden auf Kundgebungen und versuchte immer wieder, die Nützlichkeit des Projekts deutlich zu machen.[35] Ende des 19. Jahrhunderts gehörten Kindergärten zu den sozialreformerischen Projekten par excellence. Friedrich Fröbel (1782–1852) entwickelte in den 1840er Jahren ein institutionelles Konzept zur Förderung von Kleinkindern: eine Systematik ihrer Erziehung zwischen Geburt und sechstem Lebensjahr in eigenen Räumlichkeiten mit angeschlossenem Garten und ausgebildeten Erzieherinnen.[36] Im Laufe des 19. Jahrhunderts entstanden weltweit Vereine zur Professionalisierung von Kleinkindererziehung.

Auch in Galizien gab es neben Einrichtungen zur Beaufsichtigung von Kindern seit den 1870er Jahren erste Kindergartenvereine, die erzieherische Konzepte verfolgten und deren Erzieherinnen einen Fortbildungskurs mitgemacht hatten.[37] Die meisten waren polnischsprachig, einige wenige wurden von griechisch-katholischen Gemeinden betrieben. Kobryns'kas Ziel waren flächendeckende, vereinsgetragene Kindergärten in den ukrainischsprachigen Dörfern. Davon versprach sie sich Obhut für die Kinder, deren Mütter aushäusig erwerbstätig waren oder Zeit für Bildung und Kultur haben sollten. Mehrere von Kobryns'kas Aufrufen zur Kindergartengründung beginnen mit dramatischen Schilderungen von alleingelassenen, verunglückten Kindern, was sie durch einen strukturellen

---

34 | Vgl. M. Bohachevsky-Chomiak: Natalia Kobryns'ka, S. 199 f.

35 | Statut tovarystva »Ochoronka« [Statut des Vereins »Kindergarten«], in: Naša Dolja, 1893, S. 94–100. Vid redakcyï »Našoï Doli« Vidozva do ruskoho žinoctva v spravi ochoronok [Von der Redaktion »Naša Dolja«: Aufruf an die ruthenischen Frauen in Sachen Kindergärten], in: ebd., 1896, S. 138–142; Nahirna, Maryja: Ochoronky [Kindergärten], in: ebd., 1895, S. 51–54; Kobryn'ska, Natalija [Natalja] u.a.: Ruch žinočych tovarystv [Die Bewegung der Frauenvereine], in: ebd., S. 85–96, hier S. 94 f.; Promova Nataliï Kobryns'koï na zahal'nych zborach ruskoï ochoronky [Rede Natalja Kobryns'kas auf der allgemeinen Versammlung zur Frage der ruthenischen Kindergärten], L'viv 1901.

36 | Vgl. M. Nitsch: Wohltätigkeitsvereine, S. 57–69; Allen, Ann T.: Children Between Public and Private Worlds: The Kindergarten and Public Policy in Germany, 1840–Present, in: Roberta Wollons (Hg.), Kindergartens and Cultures. The Global Diffusion of an Idea, New Haven/London 2000, S. 16–41, hier S. 17ff.

37 | Vgl. Sandler, Bella: System Froebla w Galicji [Das Fröbel-System in Galizien], in: Rozprawy z Dziejów Oświaty 1 (1958), S. 199–223, hier S. 199, 211; Lorence-Kot, Bogna/Winiarz, Adam: Preschool Education in Poland, in: Roberta Wollons (Hg.), Kindergartens and Cultures. The Global Diffusion of an Idea, New Haven/London 2000, S. 166–194.

Wandel weiblicher Erwerbstätigkeit auf dem Land verursacht sah.[38] Darüber hinaus ging es ihr darum, den Einfluss der polnischen Institutionen zu begrenzen. Wichtig sei nicht, so ihre polemische Feststellung, dass die Kinder das Vaterunser lernten, sondern dass sie dies auf Ukrainisch täten.[39] Dazu reichten ein Raum und die Aufsicht durch erfahrene, Ukrainisch sprechende Frauen.

Zwar stand für Kobryns'ka der Aspekt der Professionalisierung der Erziehung und vor allem der Erzieherinnen nicht im Zentrum, ohne erzieherische Vorstellungen war ihr Konzept dennoch nicht:

»[U]nd es genügt, wenn die Kinder unter der Obhut älterer, ehrbarer Bäuerinnen stehen, die schon selbst Kinder großgezogen haben, und unter der Aufsicht irgendwelcher Frauen der inteligencja, die mit den Kindern sanfter und höflicher umgehen, als es in bäuerlichen Familien der Fall ist«.[40]

Mit Erfahrung und Ehrbarkeit der Bäuerinnen rekurrierte sie auf herkömmliche dörfliche Werte. Die außerdem zu beteiligenden Frauen der »inteligencja« waren für gehobene Sitten zuständig. Implizit spricht diese Idee davon, dass sie auf dem Land ungehobelt waren und dass Erziehung die Implementierung des Habitus der Gebildeten meinte. Wie Wysłouchowa stärkte auch Kobryns'ka den Anspruch der intellektuellen Bewegungselite – hier der weiblichen – auf Führungs- und Gestaltungskompetenz.

Über Kindererziehung hinaus versprach sich Kobryns'ka von den Vereinen, dass sie die Frauen zusammenbringen würden: »jede Ruthenin, die Frau des Priesters, des Beamten, des Handwerkers und die Dörflerin«.[41] Auch Männer sollten in die Vereine – nicht als Erzieher – einbezogen werden, »denn solche Institutionen wie Kindergärten sind nicht nur für eine Schicht oder ein Geschlecht von Nutzen, sondern ein Ansatz für die Gesellschaftsorganisation der Zukunft«.[42] Kindergärten waren aus Sicht Kobryns'kas nicht nur sozialreformerische Projekte, im Sinne der Lösung eines spezifischen gesellschaftlichen Problems. Sie überwanden vielmehr Gegensätze zwischen sozialen Gruppen und

---

38 | M. Nahirna: Ochoronky, S. 52 f.; Promova, S. 4. Zum Wandel der geschlechtsspezifischen Arbeitsteilung im 19. und 20. Jahrhundert vgl. Hausen, Karin: Wirtschaften mit der Geschlechterordnung. Ein Essay, in: Dies. (Hg.), Geschlechterhierarchie und Arbeitsteilung. Zur Geschichte ungleicher Erwerbschancen von Männern und Frauen, Göttingen 1993, S. 40–67.
39 | Promova, S. 6.
40 | »a wystarčyt', jak dity budut' pid opikoju staršoï považnoï seljanky, kotra vže sama vychovala dity, i pid nadzorom jakoï žinky z intelihencyi, ščoby z dit'my obchodženo sja lahidnijše i čemnijše, niž se buvaje v seljan'skych rodynach«. Ebd., S. 10.
41 | »kožda Rusynka […], urjadnyčka, remisnyčka čy seljanka«. Vidozva, S. 141.
42 | »pozajak taki instytucyï jak ochoronky na sut' lyš dlja vyhody odnoï verstvy abo pola ale zavjazkom suspil'nych orhanizacyj buduščyny«. Ebd.

vereinten Wirtschaft und Gemeinsinn, dienten der gesamten Gesellschaft, die zu gestalten das Ziel war: »[M]it der Gründung und Unterstützung von Kindergärten würde man wirklich *eine große kulturelle Mission* erfüllen«.[43] Kindergärten, Zulassung zu Patenten höherer Bildung, Ausbildungskurse ergänzten sich zu einer umfassenden Gesellschaftsreform.

Religion – die Geistlichkeit, das Gebet – war Teil der dörflichen Gesellschaft, aber die Institution Kirche und die religiöse Praxis galt es, neu zu verbinden und an Zivilisationsprojekten zu beteiligen. Kindergärten eigneten sich für diese doppelte Konnotation einer Mission: die Initiativen der Pfarrer, der Ehefrauen, der Männer für eine neue Gesellschaft und die Konstituierung einer zu missionierenden Gruppe, hier der Dorffamilien und insbesondere ihrer Kinder. Die religiösen Konnotationen reflektierten nicht nur Kobryns'kas Herkunft aus der Geistlichkeit sowie deren Rolle in der Herausbildung säkularer und national engagierter neuer Eliten. Abgesehen von diesem – man könnte vielleicht sagen: religiösen – Unterbau fungierte Mission bei Kobryns'ka als Metapher für Prozesse der Erziehung und Zivilisierung, die zu einer nationalen und zukünftig »besseren« Gesellschaft führen sollten. Die Forderung von ukrainischsprachigen in Abgrenzung zu polnischsprachigen Einrichtungen war als eine Art »Innere Mission« konzipiert, als Rückgewinnung gegen einen als »Entnationalisierung« (vynarodovlenja) empfundenen Prozess – dass damit gleichzeitig die (ukrainische) Nation im Sinne des »nation building« historisch konstruiert wurde, darauf sei hingewiesen.[44]

Die Reziprozität von Religion und Nation, so kann man festhalten, erschöpft sich nicht in Transzendenz und Sakralisierung. Nicht nur in der Heilserwartung bestehen Parallelen, sondern auch in der Vorstellung von Erziehung und Zivilisierung. Kobryns'kas »kulturelle Mission« ist also nicht nur als eine Metapher zu verstehen – im Sinne der Übertragung eines Begriffs von einem Bereich in einen anderen. Es ist auch ein Metonym: Mission steht für einen großen Zusammenhang der Transformation der gesamten Gesellschaft durch »Menschenformung«,[45] der Zivilisierung, Kulturalisierung und Erziehung, was die politischen Bewegungen Ende des 19. Jahrhunderts insgesamt anstrebten. Kobryns'ka selbst allerdings war mit ihren Initiativen nicht auf ganzer Linie erfolgreich. Die ersten

---

43 | »zavjazanjem i spyranjem ochoronok spovnyloby di'jstno *velyku kul'turny misyju*«. Ebd., S. 142.

44 | Man könnte die Re-Christianisierung der »Inneren Mission« als »invention« diskutieren, das »church building« auch als »church invention«.

45 | Vgl. Hettling, Manfred/Müller, Michael G.: Einleitung: Der neue Mensch – ein alter Traum, in: Dies. (Hg.), Menschenformung in religiösen Kontexten. Visionen von der Veränderbarkeit des Menschen vom Mittelalter bis zur Gegenwart, Göttingen 2007, S. 7–16, und besonders Baader, Meike Sophie: Menschenformung durch religiöse Erneuerung. Reformpädagogik um 1900, in: ebd., S. 113–132. Baader betont ebenfalls den doppelten Aspekt von Erziehung und Selbsterziehung. Vgl. ebd., S. 115 f.

neuen vereinsgetragenen ukrainischsprachigen Kindergärten entstanden nicht auf dem Dorf, sondern in der Stadt, namentlich in Lemberg.[46]

MISSION ALS PRAXIS, METONYM UND METAPHER

Mission fungierte als Sinngebungs- und Deutungssystem, das Partizipation versprach und neue Hierarchien etablierte. Der Begriff war Versprechen und Ordnungssystem gleichermaßen. Er hatte konkrete, auf Religiosität bezogene Bedeutung, nämlich die Gewinnung von Christinnen und Christen. Er hatte aber auch metaphorische Bedeutung, in dem Sinne, dass Mission erzieherische, bildungspolitische und sozialreformerische Initiativen meinte, und metonymische, in dem Sinne, dass Mission für den Entwurf einer zivilisierten Gesellschaft stand. Abgeleitet von »Innerer« und »Äußerer Mission« knüpfte der Begriff an das Sakrale einer besseren Ordnung – an Integration und Intervention – an.

Die Analyse des Begriffs »Mission« erschließt die Bedeutung von Religion und religiöser Sprache in den politischen Bewegungen, wo zwischen Kirche als Institution und religiösen Praktiken ein Spannungsverhältnis bestand. Die Mission der erzieherischen, bildungspolitischen und sozialreformerischen Initiativen kann als eine Praxis begriffen werden, die dieses Spannungsverhältnis austarierte: das Spannungsverhältnis zwischen Tradition, verstanden als Mangel an Zivilisation, und Tradition als Kern von Zivilisation respektive Nation. Mission und Sozialarbeit waren gleichzeitig ethisch motiviert und interessenorientiert, verbanden Wirtschaft und Gemeinsinn in einer Reform der gesamten Gesellschaft. Der Gemeinsinn von Bewegungen zielte auf neue Handlungsformen sowohl der Objekte ihrer Politik – in diesem Fall der ländlichen Bevölkerung und der Frauen – als auch der »inteligencja«.

Wysłouchowa und Kobryn'ska wandten sich beide dem Dorf zu. Ihre Adressat/innen differierten, aber beide erachteten die Institution Kirche als konservativ und einer fortschrittlichen Gesellschaft hinderlich. In ihren politischen Zielen und Initiativen kam Religion kaum vor. Dennoch reicht es nicht, sie als Vertreterinnen der antiklerikalen Säkularisierungsfraktion zu interpretieren. Religion war Teil ihrer Deutungsmuster der Gegenwart und ihrer Entwürfe für die Zukunft. Nach dem Ersten Weltkrieg gehörte Galizien zum wiedergegründeten Polen. Wie in den meisten anderen Staaten auch erhielten Frauen Wahlrecht, und

---

46 | Vgl. Bohachevsky-Chomiak, Martha: Feminists Despite Themselves: Women in Ukrainian Community Life, 1884-1939, Edmonton 1988, S. 91; Malančuk-Rybak, Oksana: Ideolohija ta suspil'na praktyka žinočoho ruchu na zachidnoukraïns'kych zemljach XIX - peršoï tretyny XX st.: typolohija ta jevropejs'kyj kul'turno-istoryčnyj kontekst [Ideologie und soziale Praxis der Frauenbewegung in der Westukraine vom 19. bis zum ersten Drittel des 20. Jahrhunderts: Ihre Typologie und der europäische kulturgeschichtliche Kontext], Černivci 2006, S. 406.

es wurden eine Reihe wohlfahrtsstaatlicher Gesetze erlassen und Institutionen geschaffen.[47]

---

47 | Salomon, Alice: Education for Social Work. A Sociological Interpretation based on an International Survey, Zürich/Leipzig 1937, S. 92 f.; Schulte, Dagmar: Die Geschichte der Sozialarbeit in acht osteuropäischen Ländern zwischen 1900 und 1960 – ein Überblick, in: Sabine Hering/Berteke Waldijk/Kurt Schilde/Dies., Helfer der Armen – Hüter der Öffentlichkeit. Die Wohlfahrtsgeschichte Osteuropas 1900–1960, Opladen & Farmington Hills 2006, S. 95–178, hier S. 128 ff.

»Heil mir, dass ich Ergriffene sehe ...«
Sinnsuche als Kernaufgabe der Moderne

Justus H. Ulbricht

Im Jahr 1999 äußerte sich einer der wichtigsten Religionssoziologen der Gegenwart, Peter L. Berger,[1] zum damals in ungeahnter Wucht auftretenden Fundamentalismus evangelikaler und islamistischer Gruppierungen. Er meinte, es sei kein Problem, iranische Mullahs, doch sehr schwer, amerikanische Universitätsprofessoren zu verstehen.[2]

Dieses Diktum ließe sich problemlos auch auf deutsche Universitätsprofessoren ausdehnen. Es zielt in ironischer Manier auf die Tatsache, dass sich jedes naive Sprechen über Religion inzwischen verbietet, weil einzelne Disziplinen sich auf derart verschiedene Weise dem Phänomen nähern, dass es oftmals schwer ist, überhaupt noch einen verbindlichen methodischen Zugang und ein klares Bild der »Religion«[3] in der »Moderne«[4] zu gewinnen. Schon ein flüchtiger Blick

---

1 | Seinerzeit bahnbrechend war Berger, Peter L.: Der Zwang zur Häresie. Religion in der pluralistischen Gesellschaft [engl. 1980], Frankfurt a. M. 1992. Die neuere Selbstrevision Bergers belegt Krause, Boris: Religion und die Vielfalt der Moderne. Erkundungen im Zeichen neuer Sichtbarkeit von Kontingenz, Paderborn u. a. 2012, S. 74 ff.

2 | Zitiert nach ebd., S. 21. Krauses ausgezeichnete Arbeit bietet in deren erstem Kapitel einen profunden Überblick über den aktuellen Stand der wissenschaftlichen Diskurse über »Religion«, »Kontingenz« und »Säkularisierung«.

3 | Man beachte den Hinweis von Burkhard Gladigow: »Auf der Ebene von Realdefinitionen ist die Bestimmung, was Religion ist und was nicht, vor allem ein *religiöses* Urteil, keine wissenschaftliche Aussage.« Vgl. Gladigow, Burkhard: Gegenstände und wissenschaftlicher Kontext von Religionswissenschaft, in: Hubert Cancik/Ders./Matthias Laubscher (Hg.), Handbuch religionswissenschaftlicher Grundbegriffe, Band 1, Stuttgart u. a. 1988, S. 26-40, hier S. 29 [Hervorhebung im Original]. Anregend ist das zweite Kapitel »Was ist Religion. Versuch einer Definition« in Pollack, Detlef: Säkularisierung - ein moderner Mythos? Studien zum religiösen Wandel in Deutschland, Tübingen 2003, S. 28-55.

4 | Hier sei aus Selbstschutzgründen jeglicher Nachweis zur Begriffsgeschichte und zur

in neuere religionshistorische und religionssoziologische Publikationen bestätigt den Befund: Basale Analyse-Kategorien wie »Religion«, »Moderne«, »Kontingenz« und nicht zuletzt »Säkularisierung«[5] haben inzwischen mehrfach ihr Gesicht und ihre Bedeutung gewechselt, werden verschieden akzentuiert, teils gar verworfen, verlieren dabei oftmals ihre klare Kontur – und sind folglich weder selbsterklärend noch evident.

Soviel steht allerdings im »common dissens« der Wissenschaften fest: Inzwischen versteht man »Religion« und »Moderne« nicht mehr als Gegensatzpaar, sondern denkt über die Verflochtenheit beider Begriffe und Bedeutungsfelder nach. Die meisten Forscher reduzieren Religion nicht mehr ausschließlich auf den funktionalen Aspekt der Kontingenzbewältigung. »Säkularisierung« ist – wenn nicht gar als Mythos der Moderne entlarvt – ein differenzierter Begriff geworden, dessen europäisch-okzidentale Entstehungsbedingungen und Gültigkeitsgrenzen präzise ausgelotet werden. Die wenigsten Religionsforscher verwerfen diesen Begriff komplett, doch ebenso wie man – im intellektuellen Kielwasser von Shmuel Eisenstadt – von »multiple modernities« spricht, so redet man unterdessen von Säkularisierungen; betont die Tatsache, dass diese in unterschiedlichen Gesellschaften und Zeiten je anders ablaufen; unterstreicht die historische Genese der Kategorie als Teil des Selbstbildes einer selbstgefälligen Moderne oder gar als Wunschprojektion entkirchlichter, aber dennoch sinnsuchender Intellektueller. Vor allem aber hat man sich in den letzten drei Jahrzehnten intensiver als vorher bemüht, das Konzept »Säkularisierung« empirisch zu fundieren[6] –

Geltung der Kategorie unterlassen. Einschlägig in unserem Kontext aber ist Baumann, Zygmunt: Moderne und Ambivalenz. Das Ende der Eindeutigkeit [1991], Frankfurt a. M. 1995; Ders.: Leben in der flüchtigen Moderne, Frankfurt a. M. 2007. Der Untertitel des erstgenannten Werkes verweist auf die ausufernde Forschungsgeschichte zur Moderne in höchst unterschiedlichen Disziplinen. Zur Grundorientierung vgl. Gumprecht, Hans Ulrich: »Modern«, »Moderne«, »Modernität«, in: Otto Brunner/Werner Conze/Reinhart Koselleck (Hg.), Geschichtliche Grundbegriffe. Historisches Lexikon zur politisch-sozialen Sprache in Deutschland, Band 4, Stuttgart 1978, S. 93–131.

5 | Auch dies ist ein weites Feld. Vgl. zur neueren Debatte Zachhuber, Johannes: Die Diskussion über Säkularisierung am Beginn des 21. Jahrhunderts, in: Christina von Braun/Wilhelm Gräb/Ders. (Hg.), Säkularisierung. Bilanz und Perspektiven einer umstrittenen Kategorie, Berlin 2007, S. 11–42; sowie den international orientierten Sammelband von Gabriel, Karl/Gärtner, Christel/Pollack, Detlef (Hg.): Umstrittene Säkularisierung: Soziologische und historische Analysen zur Differenzierung von Religion und Politik, Berlin 2012. Knapp und anregend ist auch Pollack, Detlef: Säkularisierungstheorie, in: Docupedia-Zeitgeschichte, http://docupedia.de/zg/ [eingesehen am 07.03.2013].

6 | Neben dem bekannten amerikanischen Religionssoziologen José Casanova ist für Deutschland vor allem auf Detlef Pollack zu verweisen. Vgl. dessen anregenden Aufsatz Religion und Moderne. Versuch einer Bestimmung ihres Verhältnisses, in: Peter Walter (Hg.), Gottesrede in postsäkularer Kultur, Freiburg/Basel/Wien 2006, S. 19–52.

mit erstaunlichen Befunden, die hier jedoch nicht ausführlich dargelegt werden können.[7]

Religion in der »klassischen Moderne« – Annäherungen

Bemerkenswert ist, dass bestimmte Konstellationen der Beziehung von »Religion« und »Moderne«, die man in unserer »postsäkularen Gesellschaft« – auch dies ein umstrittener Terminus[8] – analysiert hat, bereits in der vorletzten Jahrhundertwende wahrzunehmen sind. Die aktuelle Frage, ob wir es dabei mit einer »Säkularisierung« oder der »Wiederkehr der Götter«[9] zu tun haben, stellte sich schon in der Geburtsstunde der »klassischen Moderne«. Otto Kallscheuer hat darauf hingewiesen, dass alle Klassiker der modernen Gesellschaftstheorie, »ob Marx oder Durkheim, Weber oder Parsons«, die Moderne »auch durch ihr Verhältnis zur Religion definiert« hätten.[10] Man wird diese Einschätzung etwas abschwächen wollen, doch unverkennbar ist, dass in den Jahren zwischen etwa 1880 und 1920 eine breite Debatte über das Selbstverständnis der modernen Kultur und Gesellschaft geführt wurde; dass zur selben Zeit die neuen akademischen Disziplinen Soziologie und Religionssoziologie entstehen – und dass sich ein neues religiöses Feld jenseits verfasster Religion und Kirchlichkeit auftut, das Thomas Nipperdey 1988 mit dem Terminus »vagierende Religiosität« belegt hat.[11] Und dies geschah im selben Jahr, als sich erstmals nach 1945 ein Soziologentag intensiv mit dem Thema Religion befasst hat.

Im Blick auf die Schöpfer und Adepten jener religiösen Welle um 1900 hat Peter Sloterdijk von den »Religionsvirtuosen des Jugendstil-Jahrzehnts«[12] gesprochen. Ein zeitgenössischer Beobachter, der protestantische Grenzgänger,

---

7 | Vgl. den globalen Überblick bei Joas, Hans/Wiegandt, Klaus (Hg.): Säkularisierung und die Weltreligionen. Frankfurt a. M. 2007; mit zahlreichen empirischen Belegen: Casanova, José: Die religiöse Lage in Europa, in: ebd., S. 322-357.
8 | Vgl. hierzu P. Walter: Gottesrede, sowie darin den Aufsatz von D. Pollack: Religion.
9 | Gabriel, Karl: Jenseits von Säkularisierung und Wiederkehr der Götter, in: Aus Politik und Zeitgeschichte 52 (2008), S. 9-15. Der Titel dieses knappen, präzisen Aufsatzes bezieht sich auf D. Pollack: Säkularisierung, sowie Graf, Friedrich Wilhelm: Die Wiederkehr der Götter. Religion in der modernen Kultur, München 2004.
10 | Kallscheuer, Otto (Hg.): Das Europa der Religionen. Ein Kontinent zwischen Säkularisierung und Fundamentalismus, Frankfurt a. M. 1996, S. 213.
11 | Nipperdey, Thomas: Religion im Umbruch. Deutschland 1870-1918, München 1988, S. 143.
12 | Sloterdijk, Peter: Der mystische Imperativ. Bemerkungen zum Formenwandel des Religiösen in der Neuzeit, in: Ders. (Hg.), Mystische Zeugnisse aller Zeiten und Völker, gesammelt von Martin Buber [erschienen erstmals 1909 unter dem Titel »Ekstatische Konfessionen«], München ²1994, S. 9-42, hier S. 15.

Nietzsche-Verehrer und kurzzeitige Vorsitzende des Deutschen Monistenbundes, Albert Kalthoff, hat 1905 in seinem bis heute äußerst lesenswerten Buch »Die Religion der Modernen« treffend bemerkt: »Auch in der Religion will der Mensch seinen eigenen Stil haben.«[13] Die Individualisierung und Privatisierung des Religiösen – Jahrzehnte später sind das analytische Kategorien Thomas Luckmanns in dessen Konzept der »unsichtbaren Religion«[14] geworden –, also die Intimisierung religiöser Gehalte, Denkfiguren und Praxen hat seinerzeit zu einem denkbar breiten Spektrum an neuen Verheißungen geführt. Zahlreiche religiöse Neukonzeptionen erfüllen den Status der Intellektuellen-Religion oder gehören ins weite Feld der kunstreligiösen Entwürfe in der klassischen Moderne.

Max Weber, dessen Soziologie großer Weltreligionen gerade den Intellektuellen einen bedeutenden Stellenwert eingeräumt hatte,[15] konnte mit den Neureligiösen seiner eigenen Zeit allerdings wenig anfangen. Sein Verdikt klingt unmissverständlich:

»Das ›Opfer des Intellekts‹ bringt rechtmäßigerweise nur der Jünger dem Propheten, der Gläubige der Kirche. Noch nie aber ist eine neue Prophetie dadurch entstanden [...], dass manche moderne Intellektuelle das Bedürfnis haben, sich in ihrer Seele sozusagen mit garantiert echten, alten Sachen auszumöblieren, und sich dabei dann noch daran erinnern, dass dazu auch die Religion gehört hat, die sie nun einmal nicht haben, für die sie aber eine Art von spielerisch mit Heiligenbildchen aus aller Herren Länder möblierter Hauskapelle als Ersatz sich aufputzen oder ein Surrogat schaffen in allerhand Arten des Erlebens, denen sie die Würde mystischen Heiligkeitsbesitzes zuschreiben und mit der sie – auf dem Büchermarkt hausieren gehen.«[16]

---

13 | Kalthoff, Albert: Die Religion der Modernen, Jena/Leipzig 1905, S. 9.
14 | Luckmann, Thomas: Die unsichtbare Religion [1967]. Mit einem Vorwort von Hubert Knoblauch, Frankfurt a. M. 1991. Knoblauchs Vorwort »Die Verflüchtigung der Religion ins Religiöse« (ebd. S. 7–41) war bereits vor Jahren eine wichtige Inspiration meiner religionshistorischen Erkundungen im Fin de siècle.
15 | Vgl. systematisch dazu Kippenberg, Hans G.: Die vorderasiatischen Erlösungsreligionen in ihrem Zusammenhang mit der antiken Stadtherrschaft. Heidelberger Max-Weber-Vorlesungen 1988, Frankfurt a. M. 1991, S. 72–84; Ders.: Intellektuellen-Religion, in: Peter Antes/Donate Pahnke (Hg.), Die Religion von Oberschichten. Religion – Profession – Intellektualismus, Marburg 1989, S. 181–201.
16 | Weber, Max: Wissenschaft als Beruf, in: Johannes Winckelmann (Hg.), Max Weber: Gesammelte Aufsätze zur Wissenschaftslehre, Tübingen [7]1988, S. 582–613, hier S. 611. Weber zielt hier eindeutig gegen die Verlagsreligion des Eugen Diederichs und dessen »Lagarde-Kapelle« auf der »Internationalen Buch- und Graphik-Ausstellung« in Leipzig 1914. Vgl. dazu Ulbricht, Justus H.: Wider das »Katzenjammergefühl der Entwurzelung«. Intellektuellen-Religion im Eugen Diederichs Verlag, in: Buchhandelsgeschichte (1996), H. 3, S. 111–120.

Die erwähnten »Hauskapellen« hat es übrigens wirklich gegeben; man denke nur an die in zahlreichen Autobiographien der Epoche geschilderten »Herrgottswinkel« in den Zimmern und Wohnungen von Künstlern und Intellektuellen, in denen die Bilder der jeweils verehrten neuen »Heiligen« zu finden waren. Oder – und dies hatte Weber vor Augen – an den »Lagarde-Tempel« des Eugen Diederichs Verlags auf der Internationalen Buch- und Graphik-Ausstellung 1914 in Leipzig.[17] – Auf Diederichs kann hier nur verwiesen werden; dieser Verleger aber gehört unverzichtbar in unseren Zusammenhang. Denn sein religiöses Verlagsprogramm[18] zählte zu den avanciertesten Ansätzen, der »transzendentalen Obdachlosigkeit«[19] (Georg von Lukacs) gerade der Gebildeten jener Epoche auf gedrucktem Wege zu entkommen.

Eine weitere zeitgenössische Stimme, die des heute weitgehend vergessenen Publizisten Carl Christan Bry,[20] verdient es in diesem Zusammenhang zitiert zu

---

17 | Die Bezeichnung »Lagardetempel« hat der Verleger selbst gewählt im Brief an Anna de Lagarde vom 28. Mai 1914. Vgl. Strauß und Torney-Diederichs, Lulu von (Hg.), Eugen Diederichs Leben und Werk. Ausgewählte Briefe und Aufzeichnungen, Jena 1936, S. 234. Die auf der »Internationalen Buch- und Graphikausstellung« von Karl Lamprecht konzipierte kulturhistorische Abteilung fand ihren Abschluss und Höhepunkt in einem vom Jenaer Architekten Oskar Rohde für Diederichs gestalteten Raum mit Verlagsprodukten, Autorenporträts und den Stifterfiguren des Naumburger Domes als Blickfang. Dieses Projekt galt dem Verleger als »die größte Anerkennung, die es überhaupt für mein Wirken geben konnte«. Vgl. Diederichs, Eugen: Lebensaufbau. Skizze zu einer Selbstbiographie. Geschrieben Juni 1920 bis März 1921, ungedrucktes Manuskript, S. 172.

18 | Dazu hat der Verfasser mehrfach und ausführlich publiziert. Vgl. J. H. Ulbricht: Entwurzelung; Ders.: »Meine Seele sehnt sich nach Sichtbarkeit deutschen Wesens«. Weltanschauung und Verlagsprogramm von Eugen Diederichs im Spannungsfeld zwischen Neuromantik und ›Konservativer Revolution‹, in: Gangolf Hübinger (Hg.), Versammlungsort moderner Geister. Der Eugen Diederichs Verlag – Aufbruch ins Jahrhundert der Extreme, München 1996, S. 335–374; Ders.: Durch »deutsche Religion« zu »neuer Renaissance«. Die Rückkehr der Mystiker im Verlagsprogramm von Eugen Diederichs, in: Moritz Baßler/Hildegard Chatellier (Hg.), Mystik, Mystizismus und Moderne in Deutschland um 1900, Strasbourg 1998, S. 165–186; Ders.: »Theologia deutsch«. Der Diederichs-Verlag und die Suche nach einer modernen Religion für Deutsche, in: Justus H. Ulbricht/Meike G. Werner (Hg.), Romantik, Revolution und Reform. Der Eugen Diederichs Verlag im Epochenkontext 1900 bis 1949, Göttingen 1999, S. 156–174.

19 | Vgl. dazu Ulbricht, Justus H.: »Transzendentale Obdachlosigkeit«. Ästhetik, Religion und »neue soziale Bewegungen« um 1900, in: Wolfgang Braungart/Gotthart Fuchs/Manfred Koch (Hg.), Ästhetische und religiöse Erfahrungen der Jahrhundertwenden, Band II: Um 1900, Paderborn 1998, S. 47–67.

20 | Bry, Carl Christian: Verkappte Religionen. Kritik des kollektiven Wahns [1924], Nördlingen 1988.

werden, formulierte dieser doch 1924 eine ironisch – aber treffend – vorgetragene Einschätzung der religiösen Zeitsituation:

»Der Spielraum der verkappten Religionen ist unendlich weit [...] [sie] verfügen [...] über Gemeinden von heißen Fanatikern, die erfüllt und streitbar für ihr Weltbild kämpfen. [...] Aber durch ein ästhetisches Abseitsstellen wird man ihnen nicht gerecht; ihr Feld ist viel weiter. Es reicht von der Abstinenz bis zur Zahlenmystik, aber es reicht auch von der Astrologie zum Zionismus oder von den Antibünden [...] bis zum Yoga oder vom amor fati bis zur Wünschelrute oder von Atlantis bis zum Vegetarianismus. Dieses Hexenalphabet besetzt jeden Buchstaben doppelt und dreifach. Ein paar, längst nicht alle Gebiete: Esperanto, Sexualreform, rhythmische Gymnastik, Übermenschen, Faust-Exegese, Gesundbeten, Kommunismus, Psychoanalyse, Shakespeare ist Bacon, Weltfriedensbewegung, Brechung der Zinsknechtschaft, Antialkoholismus, Theosophie, Heimatkunst, Bibelforschung, Expressionismus, Jugendbewegung [...] endlich das weite Feld des Okkultismus«.[21]

Nicht alles, was hier aufgezählt wird, würden heutige Theologen, Religionswissenschaftler und Religionssoziologen umstandslos »Religion« nennen. Brys religiöses Panorama macht aber deutlich, wie eng die neuen religiösen Formen seiner Zeit verbunden waren mit dem gesamten Spektrum bildungsbürgerlicher Reformbewegungen, mit höchst differenten politischen Positionen und Weltanschauungen und schließlich auch mit wissenschaftlichen Diskursen. Nicht zu vergessen bildende Kunst und Literatur, denen wir zahlreiche neue Gottes- und Heiligenbilder bzw. ästhetische Neufassungen traditioneller Religion verdanken.[22] In Kalthoffs bereits erwähntem Buch zur »Religion der Modernen« treffen wir in der Rolle religiöser Impulsgeber etwa auf Lessing, Schiller, Goethe, den uns eher unbekannten Friedrich von Sallet und Paul Heyse,[23] Letzterer ein Prot-

---

21 | Ebd., S. 28.
22 | Vgl. die zeitgenössische Stimme von Hartlaub, Gustav Friedrich: Kunst und Religion. Ein Versuch über die Möglichkeit neuer religiöser Kunst, Berlin 1919. Die Rückkehr religiöser Gehalte in die Kunst der Zeit zeigte sich nicht zuletzt an den zahlreichen Christus-Gestalten der Epoche. Vgl. dazu Kaffanke, Eva-Maria: Der deutsche Heiland. Christusdarstellungen um 1900 im Kontext der völkischen Bewegung, Frankfurt a. M. 2001; Bonnet, Anne-Marie/Cepl-Kaufmann, Gertrude/Drenker-Nagels, Klara/Grande, Jasmin (Hg.): Christus. Zur Wiederentdeckung des Sakralen in der Moderne, Düsseldorf 2012. Zur Literatur vgl. exemplarisch Hoffmann, Daniel: Die Wiederkunft des Heiligen. Literatur und Religion zwischen den Weltkriegen, Paderborn 1998; Spörl, Uwe: Gottlose Mystik in der deutschen Literatur der Jahrhundertwende, Paderborn 1997.
23 | Anschaulich ist Moisy, Sigrid von (Hg.): Paul Heyse. Münchner Dichterfürst im bürgerlichen Zeitalter. Ausstellung in der Bayerischen Staatsbibliothek, Ausstellungskatalog, München 1981. Eine jüngere literaturwissenschaftliche Würdigung Heyses stammt von Bonter, Urszula: Das Romanwerk von Paul Heyse, Würzburg 2008.

agonist der etablierten literarischen Bürgerkultur des Wilhelminismus, zudem auf die zeitgenössischen »Kultautoren« der Moderne, Zola, Ibsen[24] und Tolstoi[25] – vor allem aber auf Nietzsche, den Kalthoff unter die »Pfadfinder des neuen Menschen«[26] rechnete. Nietzsches Wirkung auf die Gebildeten in den Jahrzehnten um die Jahrhundertwende dürfte kaum zu überschätzen sein, ebenso übrigens wie die von Richard Wagner und Stefan George. Doch deren Rezeption im neureligiösen Feld wäre ein eigenes Thema.

Nietzsche – mehr als ein Stichwortgeber

Vier von Nietzsche stammende bzw. von ihm in radikaler Deutlichkeit artikulierte Positionen sind für uns von besonderem Interesse, denn sie haben gerade im Bereich moderner Religion ihre Spuren hinterlassen. Dabei ist hier nicht von Aspekten Nietzsche'scher Philosophie im heutigen Verständnis zu reden, sondern von dem damals zeitgemäßen Nietzsche-Verständnis, das sich erst im Nachhinein vielfach als mal bewusste, mal unabsichtliche Fehlinterpretation herausgestellt hat – getreu dem Bonmot Kurt Tucholskys: »Sage mir, was du brauchst, und ich will dir dafür ein Nietzsche-Zitat besorgen.«[27]

Nietzsche kündete seiner Zeit den »Tod Gottes« und die Heraufkunft des »Nihilismus«, damit wurde er – so Karl Löwith – der »Vollender des Atheismus«.[28] Selbst wenn man nicht bis zum Tode Gottes denken wollte, so stellte doch Nietzsches Philosophie das gesamte Spektrum christentumskritischer Argumentationsfiguren bereit, das bald darauf Allgemeingut bildungsbürgerlicher Antichristlichkeit werden sollte. Die radikale Entwertung christlicher Jenseitsvorstellungen korrespondierte bei Nietzsche und seinen Jüngern mit der ebenso

---

24 | Ein guter Überblick zur Ibsen-Rezeption in Deutschland vor 1933 findet sich bei Englert, Uwe: Magus und Rechenmeister. Henrik Ibsens Werk auf den Bühnen des Dritten Reiches, Tübingen/Basel 2001, S. 31-42. Zur religionshistorisch bedeutsamen Wirkung Ibsens vgl. Faber, Richard/Høibraaten, Helge (Hg.): Ibsens »Kaiser und Galiläer«. Quellen – Interpretationen – Rezeptionen, Würzburg 2011.
25 | Vgl. Hanke, Edith: Prophet des Unmodernen. Leo N. Tolstoi als Kulturkritiker in der deutschen Diskussion der Jahrhundertwende, Tübingen 1993.
26 | A. Kalthoff: Religion, S. 3. Zu Nietzsches religionshistorisch fassbarer Wirkung vgl. als ersten Überblick Aschheim, Steven A.: Nach dem Tode Gottes. Varianten nietzscheanischer Religion, in: Ders., Nietzsche und die Deutschen. Karriere eines Kults, Stuttgart/Weimar 1996, S. 219-250.
27 | Tucholsky, Kurt: Fräulein Nietzsche, in: Mary Gerold-Tucholsky/Fritz J. Raddatz (Hg.), Gesammelte Werke, Reinbek 1960, Band 10, S. 9-15, hier S. 14.
28 | Vgl. Löwith, Karl: Nietzsches Philosophie der ewigen Wiederkehr des Gleichen [1935], Hamburg ³1978.

emphatischen Aufwertung des »Lebens« als kulturellem Kampfbegriff sowie des Leibes und der Körperlichkeit des Menschen und seiner Willenskräfte.[29]

Nietzsches »fünftes Evangelium« – so nannte er selbst den »Zarathustra« – und dessen zentrale Botschaft vom »Tod Gottes« wurde allerdings weder damals noch bisweilen heute in Gänze zur Kenntnis genommen. Denn dort, wo vom Tode Gottes gesprochen wird, steht auch der Satz:

»Gott ist todt! Gott bleibt todt! Und wir haben ihn getötet! Wie trösten wir uns, die Mörder aller Mörder?«[30]

Kein Triumphalismus artikulierte sich hier, sondern eher die durchaus bange Frage, wie es nun weitergeht in einer entgötterten Welt:

»Wohin bewegt sie sich nun? Wohin bewegen wir uns? Fort von allen Sonnen? Stürzen wir nicht fortwährend? Und rückwärts, seitwärts, vorwärts, nach allen Seiten? Gibt es noch ein Oben und ein Unten? Irren wir nicht wie durch ein unendliches Nichts? Haucht uns nicht der leere Raum an? Ist es nicht kälter geworden?«[31]

Solche Sätze verweisen auf spätere Beobachtungen anderer Denker, etwa auf Max Webers Angstbild von den »letzten Menschen« als Bewohnern des »stahlharten Gehäuses der Hörigkeit«[32] oder das berühmte Diktum Max Horkheimers und Theodor W. Adornos: »[...] die vollends aufgeklärte Erde strahlt im Zeichen triumphalen Unheils.«[33] Die existentielle Problematik moderner Menschen hat sich also vermutlich durch den »Tod« des alten Gottes eher verschärft denn entspannt. Mannigfaltige Formen neuer, »unsichtbarer Religion«[34] oder »populärer

---

29 | Mit Blick auf die Literatur vgl. insbesondere Martens, Gunter: Vitalismus und Expressionismus. Ein Beitrag zur Genese und Deutung expressionistischer Strukturen und Motive, Stuttgart 1971, S. 32-108. Zur zeitgenössischen Lebensphilosophie vgl. den Überblick bei Fellmann, Ferdinand: Lebensphilosophie. Elemente einer Theorie der Selbsterfahrung, Reinbek 1993, S. 35-141.
30 | Nietzsche, Friedrich: Die fröhliche Wissenschaft, Drittes Buch, Nr. 125, in: Giorgio Colli/Mazzino Montinari (Hg.), Friedrich Nietzsche: Sämtliche Werke. Kritische Studienausgabe in 15 Bänden, Band 3, München 1988, S. 480 ff., hier S. 481.
31 | Ebd.
32 | Vgl. das Kapitel »Die ›letzten Menschen‹« in Peukert, Detlev J. K.: Max Webers Diagnose der Moderne, Göttingen 1989, S. 27-543.
33 | Horkheimer, Max/Adorno, Theodor W.: Dialektik der Aufklärung. Philosophische Fragmente [1947], Frankfurt a. M. 1980, S. 7.
34 | Vgl. Anm. 14.

Religion«[35] verweisen ihrerseits auf die Möglichkeiten und Abwege einer Religion nach dem Tode Gottes und den aktuellen »Warenmarkt der Transzendenz«.[36]

Doch richten wir unser Interesse noch einmal auf die Zeit um 1900. Nietzsches seinerzeit höchst wirkmächtige Christentumskritik[37] zog die radikale Konsequenz eines lange vor ihm begonnenen und nach ihm weiter laufenden Prozesses. Ein Aphorismus in der »Morgenröte« findet folgende Worte dafür:

»Die historische Widerlegung als die endgültige. – Ehemals suchte man zu beweisen, dass es keinen Gott gebe, – heute zeigt man, wie der Glaube, dass es einen Gott gebe, entstehen konnte und wodurch dieser Glaube seine Schwere und Wichtigkeit erhalten hat: dadurch wird ein Gegenbeweis, dass es keinen Gott gebe, überflüssig.«[38]

Der Theologe Thomas Ruster hat am Beispiel des Katholizismus eindrücklich zeigen können, was geschieht, wenn der »Historismus die Theologie« erobert und damit das »Wort Gottes« in Gefahr gerät, zum Geistergespräch zu verkommen.[39] Nietzsche wiederum beobachtete zu seiner Zeit, »dass [...] der religiöse Instinkt mächtig im Wachsen ist, – dass er aber gerade die theistische Befriedigung mit tiefstem Misstrauen ablehnt.«[40] Damit aber brachte der Philosoph den religiösen Geschmack gerade von Intellektuellen – also den »Gebildeten unter den Verächtern«[41] der traditionellen Religionen und Konfessionen, die immer weniger

---

35 | Knoblauch, Hubert: Populäre Religion. Auf dem Weg in die spirituelle Gesellschaft, Frankfurt a. M. 2009.
36 | Ulbricht, Justus H.: »Warenmarkt der Transzendenz«. Religion, Religiosität und Glauben in der Moderne, in: Dresdner Hefte 29 (2011), H. 106, S. 89-99.
37 | Nietzsches Generalabrechung »Der Antichrist« wurde erst einige Jahre nach dem geistigen Tode des Philosophen in zensierter Form veröffentlicht, nämlich 1895. Zur Interpretation dieser Schrift vgl. die in Umfang wie Qualität beeindruckende Studie von Sommer, Andreas Urs: Friedrich Nietzsches »Der Antichrist«. Ein philosophisch-historischer Kommentar, Basel 2000.
38 | Nietzsche, Friedrich: Morgenröthe, 1. Buch, Aphorismus 95, in: Giorgio Colli/Mazzino Montinari (Hg.), Friedrich Nietzsche: Sämtliche Werke. Kritische Studienausgabe in 15 Bänden, Band 3, München 1988, S. 86.
39 | Ruster, Thomas: Die verlorene Nützlichkeit der Religion. Katholizismus und Moderne in der Weimarer Republik, Paderborn 1994.
40 | Nietzsche, Friedrich: Jenseits von Gut und Böse, Drittes Hauptstück: Das religiöse Wesen, Aphorismus Nr. 53, in: Giorgio Colli/Mazzino Montinari (Hg.), Friedrich Nietzsche: Sämtliche Werke. Kritische Studienausgabe in 15 Bänden, Band 5, München 1988, S. 73.
41 | Bekanntlich richtete auch Friedrich Schleiermacher seine, für die Religionsgeschichte der Moderne höchst einflussreiche Schrift »Reden über Religion« gerade an diejenigen, die hoch gebildet und in wachsende Distanz zur verfassten Kirchlichkeit ihrer Zeit gegangen waren. Zu Schleiermacher vgl. Lanwerd, Susanne: ›So ein kurzer Cursus der Schriftstellerei‹. Friedrich Schleiermachers Reden »Über die Religion« (1799), in: Karl-Heinz Grözinger/

christlich und kirchlich gebunden waren, aber auf andere Art gläubig bleiben wollten – auf einen Begriff. In diesen Zusammenhang gehört die unübersehbare Renaissance mystischen Denkens um 1900.[42] Ernst Troeltsch schrieb der Mystik eine »Wahlverwandtschaft zur Autonomie der Wissenschaft« zu und sah in ihr »das Asyl für die Religiosität wissenschaftlich gebildeter Kreise.«[43] Von den alten Mystikern inspiriert und vom Geist der Gnosis angeweht, machten sich in der Tat nicht wenige Gebildete auf, den Gott in der eigenen Brust zu suchen und sich dabei zugleich von den Kirchen und der Welt abzuwenden. Sie taten dies jedoch selten ganz allein, sondern lieber gemeinsam im Freundeskreis, der Kommune, dem Bund, dem Kreis und dem Konventikel. Manchen dieser Gruppenbildungen gestand selbst Weber zu,

»dass heute nur innerhalb der kleinsten Gemeinschaftskreise, von Mensch zu Mensch, im pianissimo jenes Etwas pulsiert, das dem entspricht, was früher als prophetisches Pneuma in stürmischem Feuer durch die großen Gemeinden ging und sie zusammenschweißte.«[44]

Die Formulierung vom »Zusammenschweißen« verweist auf einen weiteren wesentlichen Aspekt neuer Religionen, denen es darum ging, die Soziabilität von Menschen in zentrifugalen, pluralen und folglich auch desorientierenden Gesellschaften zu retten. Der Traum von »neuer Gemeinschaft«[45] beseelte nicht we-

---

Jörn Rüpke (Hg.), Literatur als religiöses Handeln? Berlin 2000, S. 275–290. Die religiöse Situation des Bürgertums skizziert Hölscher, Lucian: Die Religion des Bürgers. Bürgerliche Frömmigkeit und protestantische Kirche im 19. Jahrhundert, in: Historische Zeitschrift 250 (1990), S. 595–630; Ders.: Geschichte der protestantischen Frömmigkeit in Deutschland, München 2005.

42 | Vgl. J. H. Ulbricht: Religion; Ders.: Theologia.

43 | Zitiert nach Marhold, Wolfgang: Kirche, Sekte, Mystik. Ernst Troeltschs Idealtypen religiöser Vergesellschaftung, in: Karl Gabriel/Hans-Richard Reuter (Hg.), Religion und Gesellschaft. Texte zur Religionssoziologie, Paderborn ²2010, S. 117 f. Die Formulierungen stammen aus Troeltschs Werk »Die Soziallehren der christlichen Kirchen und Gruppen« aus dem Jahr 1912. Troeltschs sensiblen, fairen und kenntnisreichen Umgang mit außerkirchlicher Religiosität würdigt Krech, Volkhard: Zwischen Historisierung und Transformation von Religion: Diagnosen zur religiösen Lage um 1900 bei Max Weber, Georg Simmel und Ernst Troeltsch, in: Ders./Hartmann Tyrell (Hg.), Religionssoziologie um 1900, Würzburg 1995, S. 323–349.

44 | M. Weber: Wissenschaft, S. 612. Zu Webers eigenem Heidelberger Kreis vgl. Essen, Geza [Gesa] von: Max Weber und die Kunst der Geselligkeit, in: Richard Faber/Christine Holste (Hg.), Kreise – Gruppen – Bünde. Zur Soziologie moderner Intellektuellenassoziationen, Würzburg 2000, S. 239–264.

45 | Vgl. die legendäre Intellektuellen- und Künstlerkommune »Neue Gemeinschaft«, deren Namen eine zentrale Sehnsucht ihrer bürgerlichen Bewohner wie der gesamten Epoche auf den Punkt brachte. Siehe dazu Bruns, Karin: »Wir haben mit den Gesetzen der Mas-

nige, die mit der Individualisierung, also auch der Anonymisierung, »Atomisierung« (so ein zeitgenössischer Begriff) und der Einsamkeit der eigenen Existenz zu kämpfen hatten. Emile Durkheim hatte einst die sozialintegrative Funktion von Religion akzentuiert, theoretisch erfasst und dabei vermutlich überbetont. Gerade um die eigene wie gesamtgesellschaftliche soziale Integration aber ging es vielen Bürgern des »nervösen Zeitalters«,[46] die sich fragten, ob es nicht allein einer neuen Religion gelingen könne, die zentrifugalen Tendenzen einer Gesellschaft distinkter Klassen, Schichten, Milieus und Lebensstile aufzufangen, die Unübersichtlichkeit einer Kultur antagonistischer und ungleichzeitiger Wertorientierungen zu ordnen und damit bleibende existentielle Orientierung zu vermitteln.

Nietzsche und andere beschworen zwar das »Zeitalter des Nihilismus«, legten zugleich jedoch dar, dass Normen und Werte nicht zuletzt das Ergebnis von individuellen Willensakten sind, dass man sich also auch entschließen könne, »neue Werte« zu schaffen, zumal in kulturellen Krisensituationen. Nahm man Nietzsches Impuls ernst, es gelte, neue Werte nicht zu beschwören, sondern sie im wahrsten Wortsinne darzustellen, sie zu verkörpern,[47] dann fand man vielleicht zu neuen Formen glücklich erlebter eigener Leiblichkeit oder überhöhte diese religiös. Das theoretische Schrifttum der Lebensreform- und Freikörperkultur-Be-

---

se nichts zu tun.« Organisationsstrukturen und -konzepte in der »Neuen Gemeinschaft«, in: Richard Faber/Christine Holste (Hg.), Kreise – Gruppen – Bünde. Zur Soziologie moderner Intellektuellenassoziationen, Würzburg 2000, S. 353–371. Stichwortgeber der Gemeinschaftssehnsucht war Ferdinand Tönnies mit seinem 1887 erstmals erschienenen und vielfach neu aufgelegten Klassiker »Gemeinschaft und Gesellschaft«. Vgl. hierzu Bickel, Cornelius: Ferdinand Tönnies Weg in die Soziologie, in: Otthein Rammstedt (Hg.), Simmel und die frühen Soziologen. Nähe und Distanz zu Durkheim Tönnies und Max Weber, Frankfurt a. M. 1988, S. 86–162, sowie den Überblick bei Clausen, Lars/Schlüter, Carsten (Hg.): Hundert Jahre »Gemeinschaft und Gesellschaft«. Ferdinand Tönnies in der internationalen Diskussion, Opladen 1991. Auf Tönnies antwortete 1924 Helmuth Plessner mit seinem Werk »Grenzen der Gemeinschaft«, vgl. dazu Eßbach, Wolfgang/Fischer, Joachim/Lethen, Helmut (Hg.): Plessners »Grenzen der Gemeinschaft«. Eine Debatte, Frankfurt a. M. 2002.

46 | Vgl. die einschlägigen Gesamtdarstellungen von Ulrich, Volker: Die nervöse Großmacht 1871–1918. Aufstieg und Untergang des deutschen Kaiserreiches, Frankfurt a. M. 1997; Radkau, Joachim: Das Zeitalter der Nervosität. Deutschland zwischen Bismarck und Hitler, München 1998.

47 | Friedrich Nietzsche: Jenseits von Gut und Böse. Achtes Hauptstück: Völker und Vaterländer, Aphorismus 253, in: Giorgio Colli/Mazzino Montinari (Hg.), Friedrich Nietzsche: Sämtliche Werke. Kritische Studienausgabe in 15 Bänden, Band 5, München 1988, S. 196 ff., hier S. 197: »Zuletzt haben sie [die »hochgearteten und abseits fliegenden Geister«; J. H. U] mehr zu thun, als nur zu erkennen – nämlich etwas Neues zu *sein*, etwas Neues zu *bedeuten*, neue Werthe *darzustellen*!« [Kursivierung im Original gesperrt].

wegung war davon ebenso affiziert[48] wie das – sprachlich auf höherem Niveau agierende – poetische Denken Georges, bei dem man im Gedicht »Templer« den Vers finden kann: »den leib vergottet und den gott verleibt.«[49]

Zu diesem Sichtbarwerden des Göttlichen, das man sodann glaubte, im wahrsten Wortsinne besser begreifen zu können, passt der kulturhistorische Befund, dass Literatur und Kunst jener Jahrzehnte von Erlöser- und Heiligengestalten nur so wimmeln und dass auch die Avantgarde sich konkreten Heiligen-, Gottes- und Christusbildern wieder zuwandte.[50] Manchmal trug gar das Selbstbild der Künstler christologische Züge und offenbarte so die anhaltende kulturelle Präge- und Deutungsmacht christlicher Tradition.

Christentumskritik, Nihilismus-Problematik und Wertediskussion waren eng verbunden mit Nietzsches Traum von einer »neuen Mythologie« und der Apotheose der Kunst als Schöpferin, Hüterin und Medium kulturell stabilisierender Normen:

»Ohne Mythus aber geht jede Cultur ihrer gesunden schöpferischen Naturkraft verlustig: erst ein mit Mythen umstellter Horizont schließt eine ganze Culturbewegung zur Einheit ab.«[51]

Diese Vorstellung, bereits seit der Frühromantik ein Traum zahlreicher Künstler und Dichter,[52] hat im kulturellen Bewusstsein der Zeitgenossen der Moderne umfassende Wirkung entfaltet.[53] Das erklärt die zentrale Position ästhetischer

---

48 | Zahlreiche textliche Belege und bildliche Anschaulichkeit bei Buchholz, Kai/Latocha, Rita/Peckmann, Hilke/Wolbert, Klaus (Hg.): Die Lebensreform. Entwürfe zur Neugestaltung von Leben und Kunst um 1900, 2 Bände, Darmstadt 2001.

49 | Stefan George: Templer, in: Ders.: Der Siebente Ring, in: Ders.: Werke. Ausgabe in zwei Bänden, Düsseldorf/München 1958, S. 255f., hier S. 256.

50 | Vgl. dazu A.-M. Bonnet/G. Cepl-Kaufmann/K. Drenker-Nagels/J. Grande: Christus, sowie den Katalogband Verein August-Macke-Haus e. V. (Hg.): Christus an Rhein und Ruhr. Zur Wiederentdeckung des Sakralen in der Moderne 1910–1930, Bonn 2009.

51 | Friedrich Nietzsche: Die Geburt der Tragödie aus dem Geiste der Musik [1872], in: Giorgio Colli/Mazzino Montinari (Hg.), Friedrich Nietzsche: Sämtliche Werke. Kritische Studienausgabe in 15 Bänden, Band 1, München 1988, S. 9–156, hier S. 145.

52 | Den besten Überblick liefert noch immer Frank, Manfred: Der kommende Gott. Vorlesungen über die Neue Mythologie, Frankfurt a. M. 1982; Ders.: Gott im Exil. Vorlesungen über die neue Mythologie II. Teil, Frankfurt a. M. 1988. Mit Blick auf die Gegenwart vgl. Ders.: Brauchen wir eine ›neue Mythologie‹?, in: Ders., Kaltes Herz. Unendliche Fahrt. Neue Mythologie. Motiv-Untersuchungen zur Pathogenese der Moderne, Frankfurt a. M. 1989, S. 93–118.

53 | Anregend sind nach wie vor die Bände von Bohrer, Karl-Heinz (Hg.): Mythos und Moderne. Begriff und Bild einer Rekonstruktion, Frankfurt a. M. 1983; Kemper, Peter (Hg.): Macht des Mythos – Ohnmacht der Vernunft?, Frankfurt a. M. 1989.

Theorie und Praxis, die Adaption existierender Mythen sowie schließlich auch die Kreation synthetischer Mythen im Feld neuer Religionen. In der Nachfolge Nietzsches, Wagners und der Romantik kommt es zur affirmativen, höchst eklektizistischen Rezeption mythologischen Materials, seien es nun Sagen und Märchen des deutschsprachigen Kulturkreises oder die mit den Chiffren »Thule« und »Atlantis« bezeichneten Texte, die seit 1900 wiederum der Eugen Diederichs Verlag den begierigen Lesern in ästhetisch anspruchsvollen, aber dennoch erschwinglichen Ausgaben bereitstellte.[54] Bei aller, seit der deutschen Klassik üblichen Idealisierung des antiken Griechenland,[55] für die unter anderem Nietzsche seiner Zeit entscheidende Stichworte geliefert hatte – »Hellas ewig unsere Liebe« kann man bei Stefan George lesen[56] –, war es besonders die Sehnsucht nach dem »Norden«, die im kulturellen Seelenhaushalt moderner Deutscher ihren Niederschlag fand.[57] Das kleine, jedoch hoch differenzierte Feld neuheidnischer, deutschgläubiger und deutschreligiöser Gruppierungen[58] partizipierte an mannigfaltigen Formen von Nordkult und Edda-Frömmigkeit.[59] Dies aber wurde selbst in der politischen völkischen Bewegung als allzu exotisch wahrgenommen, daher oftmals belächelt und systematisch ausgegrenzt. Auch

---

54 | Vgl. dazu Uther, Hans-Jörg: Märchen und Sagen im Eugen Diederichs Verlag, in: Gangolf Hübinger (Hg.), Versammlungsort moderner Geister. Der Eugen Diederichs Verlag – Aufbruch ins Jahrhundert der Extreme, München 1996, S. 376–407; Schier, Kurt: Die Literaturen des Nordens, in: ebd., S. 411–449, sowie Zernack, Julia: Geschichten aus Thule. Islendingasögur in Übersetzungen deutscher Germanisten, Berlin 1994, S. 11–96.
55 | Vgl. dazu als neuere Arbeiten Sünderhauf, Esther Sophia: Griechensehnsucht und Kulturkritik. Die deutsche Rezeption von Winckelmanns Antikenideal 1840–1945, Berlin 2004; Stiewe, Barbara: Der ›Dritte Humanismus‹. Aspekte deutscher Griechenrezeption vom George-Kreis zum Nationalsozialismus, Berlin 2011.
56 | George, Stefan: Teppich des Lebens VII., in: Ders.: Werke. Ausgabe in zwei Bänden, Düsseldorf/München ³1976, S. 176: »Eine kleine schar zieht stille bahnen / Stolz entfernt vom wirkenden getriebe / und als losung steht auf ihren fahnen: / Hellas ewig unsre liebe.«
57 | Vgl. dazu Zernack, Julia: Anschauungen vom Norden im deutschen Kaiserreich, in: Uwe Puschner/Walter Schmitz/Justus H. Ulbricht (Hg.), Handbuch zur »Völkischen Bewegung« 1871–1918, München 1996, S. 482–511.
58 | Vgl. den Überblick bei Ulbricht, Justus H.: Deutschchristliche und deutschgläubige Gruppierungen, in: Diethart Kerbs/Jürgen Reulecke (Hg.), Handbuch der deutschen Reformbewegungen 1880–1933, Wuppertal 1998, S. 499–511.
59 | Vgl. Zernack, Julia: Germanische Restauration und Edda-Frömmigkeit, in: Richard Faber (Hg.), Politische Religion – religiöse Politik, Würzburg 1997, S. 143–160, sowie Ulbricht, Justus H.: »Veni creator spiritus« oder: »Wann kehrt Baldr heim?« Deutsche Wiedergeburt als völkisch-religiöses Projekt, in: ebd., S. 161–172.

im Nationalsozialismus sind die Neuheiden und »Nordisch-Religiösen« nie richtig angekommen.[60]

Das in Nietzsches Denken mehrfach auftauchende Wort vom »Sokratismus« als dem Feind jeder wahren Kunst und Mythologie zeigt, dass Kunstapotheose und Rationalitätskritik eng verschränkt waren. Bei weniger differenzierten Denkern, wie etwa dem »Rembrandtdeutschen« Julius Langbehn, wurde die Dichotomie »Bild versus Buchstabe« zur radikalen Wissenschaftsfeindlichkeit gesteigert. Im Namen »deutscher Kunst« zog man gegen die westliche Rationalität zu Felde. Diese, politisch wie ästhetisch letztlich fatale Sehnsucht nach Tiefe fand ihre Anhänger vielfach bei Gebildeten, die das Opfer des Intellekts als Befreiung verstanden – eben dieses Opfer aber war für Max Weber, der es selbst im Übrigen nicht zu bringen bereit war, die Voraussetzung, dass aufgeklärte Menschen überhaupt noch positiv gläubig sein könnten. Schon Heine hatte einst sarkastisch vom »Salto mortale« in die Religion gesprochen. Albert Kalthoff nannte Glauben den »Todessprung des Menschen in Gott«; meinte damit jedoch den Tod des »alten Adam«, der ihm als zwingende Voraussetzung der Entstehung eines »neuen Menschen« galt.[61]

Nietzsches Kritik herrschender Bildung fiel vor diesem Hintergrund auf fruchtbaren Boden, nicht nur bei Schulkritikern und Reformpädagogen,[62] sondern auch bei den Schülern der höheren Lehranstalten, also den künftigen Lehrern, Pfarrern, Intellektuellen und Künstlern. Ein integraler Bestandteil der nietzscheanischen Bildungskritik aber war die Abwehr eines Zuviel an historischer Bildung als reiner Tradition und damit der Aufruf, sich der Überlieferung nicht zu unterwerfen, sondern sich dieser aktiv und schöpferisch zu bemächtigen. Der Philosoph lieh der »antihistoristischen Revolution«[63] großer Teile des Bildungsbürgertums seine Stimme, der es darum ging, dem Wertrelativismus-Problem historistischen Denkens ein für allemal zu entkommen. Die Suche nach bleibenden, gesamtkulturell verbindlichen, gesellschaftlich stabilisierenden und

---

60 | Vgl. dazu umfassend Puschner, Uwe/Vollnhals, Clemens (Hg.): Die völkisch-religiöse Bewegung im Nationalsozialismus. Eine Beziehungs- und Konfliktgeschichte, Göttingen 2012.

61 | Gottfried Küenzlen hat die Idee des »neuen Menschen« treffend als Teil der »säkularen Religionsgeschichte der Moderne« skizziert. Vgl. Küenzlen, Gottfried: Der Neue Mensch. Eine Untersuchung zur säkularen Religionsgeschichte der Moderne, München ²1994.

62 | Als Überblick vgl Niemeyer, Christian/Drerup, Heiner/Oelkers, Jürgen/Pogrell, Lorenz von (Hg.): Nietzsche in der Pädagogik? Beiträge zur Rezeption und Interpretation, Weinheim 1998; Niemeyer, Christian: Nietzsche, die Jugend und die Pädagogik. Eine Einführung, Weinheim/München 2002.

63 | Nowak, Kurt: Die »antihistoristische Revolution«. Symptome und Folgen der Krise historischer Weltorientierung nach dem Ersten Weltkrieg in Deutschland, in: Troeltsch-Studien 4 (1987), S. 133–167.

individuell orientierenden Werten »ewiger Gültigkeit« prägte das Antlitz neuer Religion um 1900 maßgeblich – und programmierte ebenso deren Scheitern.

Abschließend sei darauf hingewiesen, dass das hier umrissene neureligiöse Feld aus den Zeiten der klassischen Moderne manch parallele Erscheinung mit heutigen Sinnsuch-Bewegungen aufweist. Neue Religionen waren und sind – neben den weiterhin geglaubten, traditionellen religiösen Überzeugungen sowie neben den Verheißungen von Wissenschaft und Politik – nur eine mögliche Spielart der Sinnstiftung. Ende des 19. Jahrhunderts und in der ersten Hälfte des »Zeitalters der Extreme« blieben »Arbeit«, »Familie«, »Kultur«, »Bildung« und »Nation« – um nur die wesentlichen zu nennen – heilige Bezirke innerweltlicher Frömmigkeit[64] und lebensweltlicher Orientierung. Der seit Beginn des 19. Jahrhunderts gewachsene Nationalprotestantismus[65] sowie Spielarten eines sakralen Nationalismus erwiesen sich ebenfalls als wirkmächtige Sinnstifter.

Darauf verweist nicht zuletzt der Titel dieses Beitrags. Er stammt aus dem ersten der »Fünf Gesänge« Rainer Maria Rilkes, die dieser in einem kurzen, aber heftigen Anfall von Augustfieber im Sommer 1914 gedichtet hat.[66] Dort heißt es gegen Ende des »Ersten Gesangs«: »Endlich ein Gott. Da wir den friedlichen oft / nicht mehr ergriffen, ergreift uns plötzlich der Schlacht-Gott, / schleudert den Brand. Und über dem Herzen voll Heimat / schreit, den er donnernd bewohnt, sein rötlicher Himmel.« Und dann folgt die Sentenz: »Heil mir, dass ich Ergriffene sehe ...«[67]

Rilke selbst hat diese Form von Ergriffenheit alsbald bedauert und zurückgenommen; andere Künstler, Dichter und Intellektuelle feierten noch eine Weile den Ersten Weltkrieg als »geistige Mobilmachung«[68] und als »große Katharsis«.[69] Der Philosoph Theodor Lessing hingegen begann damals sein Werk »Geschichte

---

64 | Ich stütze mich an dieser Stelle auf Plessner, Helmuth: Die verspätete Nation. Über die politische Verführbarkeit bürgerlichen Geistes [1935], Frankfurt a. M. 1974, S. 73 ff.

65 | Als Überblick vgl. Haupt, Heinz-Gerhard/Langewiesche, Dieter (Hg.): Nation und Religion in der deutschen Geschichte, Frankfurt a. M. 2001; Gailus, Manfred (Hg.): Nationalprotestantische Mentalitäten. Konturen, Entwicklungslinien und Umbrüche eines Weltbildes, Göttingen 2005.

66 | Stephens, Anthony: Das »gleiche tägliche Entsetzen« und die Stimme des Dichters: Rilke 1914-1918, in: Uwe Schneider/Andreas Schumann (Hg.), Krieg der Geister. Erster Weltkrieg und literarische Moderne, Würzburg 2000, S. 153-169.

67 | Rilke, Rainer Maria: Fünf Gesänge. August 1914, in: Ders.: Ausgewählte Werke. Zwei Bände, Leipzig 1938, S. 322-328, hier S. 323.

68 | Flasch, Kurt: Die geistige Mobilmachung. Die deutschen Intellektuellen und der Erste Weltkrieg, Berlin 2000.

69 | Fries, Helmut: Die große Katharsis. Der Erste Weltkrieg in der Sicht deutscher Dichter und Gelehrter, 2 Bände, Konstanz 1994/1995.

als Sinngebung des Sinnlosen«,[70] dessen Motto lautete: »Der Glaube ist die Zuversicht der Hoffenden«. Karl Kraus beschwor in einem Drama »Die letzten Tage der Menschheit«, und die erste wichtige, bis heute berühmte Nachkriegs-Anthologie expressionistischer Lyrik nannte sich »Menschheitsdämmerung«.

»Vernunft und Vernichtung« lautet ein Buchtitel des heute lebenden Soziologen Johannes Weiß.[71] Mir scheint, damit sind die Extrem-Pole möglicher Existenz in der Moderne treffend bezeichnet, zwischen denen wir uns einzurichten haben.

---

70 | Lessing, Theodor: Geschichte als Sinngebung des Sinnlosen. Mit einem Nachwort von Rita Bischof, München 1983.
71 | Weiß, Johannes: Vernunft und Vernichtung. Zur Philosophie und Soziologie der Moderne, Opladen 1993.

Sozialenergetik und Menschenökonomie
Säkularistische Modelle gesellschaftlicher (Neu-)Ordnung um 1900

Katharina Neef

Der Wilhelminismus war eine Zeit schnellen bzw. als zu schnell empfundenen sozialen Wandels. Dieses Empfinden setzten einige Zeitgenossen in krisenhafter Wahrnehmung um (fin de siècle), andere wiederum sahen diesen Wandel als Chance für einen gesellschaftlichen Neuanfang. Das weitläufige Spektrum säkularer, monistischer, dezidiert antireligiöser Organisationen, Bünde und Gemeinschaften, das nach 1900 eine Blüte erlebte, gehört dabei mehrheitlich zur optimistischen, positiv in die technische Zukunft blickenden Gruppe. Man sah sich als weltanschauliche Avantgarde der Moderne und verband mit seiner postulierten Neuartigkeit einen Holismus: Das ganze Leben, die gesamte Gesellschaft sollten modernisiert, verwissenschaftlicht, restlos dargestellt werden.[1] Der ethischen Bewegung eng verwandt, war eine moderne, säkulare, transzendenzlose und wissenschaftlich generierte Ethik selbstverständlich ein Ziel der reformerischen Bemühungen des Milieus.

Diese Affiliation erklärt auch, warum die Frage nach der Wirtschaftsethik dieses Milieus keine Antworten in Form von praktischen Ansätzen einer solchen Ethik zeitigen konnte: Im Gegensatz zu christlichen, patriarchalen Konzepten, die in diesem Band ebenfalls thematisiert werden, fehlt es an Empirie, also der Umsetzung prononciert antireligiöser Ethik in das Wirtschaftsleben. Das ist nicht verwunderlich, wenn man zum einen die trotz aller Entkirchlichungsphänomene dominierende christliche Formation der wilhelminischen Gesellschaft und zum anderen die Normalform wirtschaftlichen Arbeitens in differenzierten Gesellschaften in Rechnung stellt, die sich eben durch den Rückzug religiöser Wertzusammenhänge aus dem ökonomischen Subsystem auszeichnet – und

---

1 | Vgl. Krajewski, Markus: Restlosigkeit. Weltprojekte um 1900, Frankfurt a. M. 2006.

gerade den christlichen Unternehmer zu einem potenziellen Forschungsgegenstand in einem gesellschaftlichen Subsystem macht, das gewöhnlich als areligiös rekonstruiert wird.[2]

Dieser Umstand erfordert es weiterhin, areligiös und antireligiös zu differenzieren: In diesem Kontext sind areligiöse Wirtschaftsethiken wenig interessant, da sie den Standard definieren; es sind die religiösen und damit auch dezidiert antireligiösen Ansprüche an die Ökonomie, die in modernen Gesellschaften auffallen. Alternative Begründungszusammenhänge sind somit offenzulegen – unabhängig davon, ob ihr weltanschaulicher Bezugspunkt transzendent oder immanent ist. Obwohl sich wenig Empirie im Sinne eines monistisch geführten Unternehmens finden lässt, erweist sich die säkularistische Szene des »schreibwütigen Wilhelminismus« als reichhaltig, was Publikationen zu den Themen Wirtschaft und Wirtschaftsethik angeht.[3] Sowohl finden sich wirtschaftswissenschaftliche wie wirtschaftstheoretische Ansätze als auch praktische Forderungen.[4]

Es gilt damit, die ethischen – und speziell die wirtschaftsethischen – Über- und Darlegungen des antireligiösen Feldes aus Verlautbarungen, nicht aus der Praxis zu rekonstruieren. Dabei sei der Zugang über eine Scharnierfigur für das gesamte Milieu, den Chemiker Wilhelm Ostwald (1853–1932), und über den von ihm vertretenen Deutschen Monistenbund (DMB) gewählt. Der DMB wurde 1906 unter Vorsitz Ernst Haeckels in Jena zur Sammlung der deutschen Freidenker gegründet.[5] Sinkende Kasualienfrömmigkeit und Entkirchlichung sah man als

---

2 | Zur Verbreitung religiöser Arbeitsethiken um 1900 vgl. Steinberg, Swen: Christliche Unternehmen in der ländlichen Industrie Sachsens. Überlegungen zu einem Analysekonzept, in: Veronique Töpel/Eva Pietsch (Hg.), Mehrwert, Märkte und Moral – Interessenkollision, Handlungsmaximen und Handlungsoptionen in Unternehmen und Unternehmertum der modernen Welt, Leipzig 2013, S. 249–274.
3 | Vgl. Bolle, Fritz: Darwinismus und Zeitgeist, in: Hans-Joachim Schoeps (Hg.), Zeitgeist im Wandel. Das Wilhelminische Zeitalter, Stuttgart 1967, S. 235–287, hier S. 241; Braune, Alexander: Fortschritt als Ideologie. Wilhelm Ostwald und der Monismus, Leipzig 2009, S. 21.
4 | Vgl. Neef, Katharina: Sozialwissenschaft unter energetischer Flagge. Soziologische Diskurse in den Annalen der Naturphilosophie zwischen 1902 und 1909, in: Pirmin Stekeler-Weithofer/Heiner Kaden/Nikolaos Psarros (Hg.), An den Grenzen der Wissenschaft. Die Annalen der Naturphilosophie und das natur- und kulturphilosophische Programm ihrer Herausgeber Wilhelm Ostwald und Rudolf Goldscheid (= Abhandlungen der Sächsischen Akademie der Wissenschaften zu Leipzig, Philologisch-historische Klasse, Band 82/1), Leipzig 2011, S. 295–331, hier S. 311–315.
5 | Vgl. einführend Weber, Heiko/Breidbach, Olaf: Der Deutsche Monistenbund 1906 bis 1933, in: Arnher E. Lenz/Volker Mueller (Hg.), Darwin, Haeckel und die Folgen. Monismus in Vergangenheit und Gegenwart, Neustadt am Rübenberge 2006, S. 157–205; Simon-Ritz, Frank: Die Organisation einer Weltanschauung. Die freigeistige Bewegung im Wilhelminischen Deutschland, Gütersloh 1996, S. 133–153. Zu unterschiedlichen Aspekten und Deutungen des DMB vgl. Jentsch, Lars: Evolution der Religion? Der Deutsche Monisten-

Signa einer individuellen Säkularisierung der Deutschen und ging von einer weiten Verbreitung freidenkerisch-atheistischen Gedankenguts aus – der Bund sollte kulturelle Instanz und politischer Repräsentant dieser »stillen Menge« sein. Das Projekt scheiterte: Der Bund zählte zu seinen besten Zeiten 6 000 Mitglieder, also ein Promille der deutschen Gesamtbevölkerung. Trotzdem erlangten die Monisten eine Präsenz, die sie zu einem zwar verfemten, aber anerkannten und als progressiv apostrophierten Diskurspartner wilhelminischer Öffentlichkeit machte. Zugleich zeigt sich diese Präsenz im Begriff selbst: Monismus war um 1900 ein populärer philosophischer wie umgangssprachlicher Terminus, der sich vor allem als Konterpart zum Dualismus formierte. Die wissenschaftliche Revolution des 19. Jahrhunderts ließ von einer restlosen Erforschung der Welt träumen – Monismus stand für die einheitlich darstellbare, positivistische Ordnung der Welt, wohingegen Dualismus in diesem Duktus für den (»dogmatischen«) Anspruch auf ein transzendentes Refugium – etwa in Dichotomien von Materie und Geist, Welt und Überwelt oder Körper und Geist – stand.[6]

---

bund zwischen Kulturkampforganisation und Religionsgesellschaft am Vorabend des Ersten Weltkrieges, in: Arnher E. Lenz/Volker Mueller (Hg.), Darwin, Haeckel und die Folgen. Monismus in Vergangenheit und Gegenwart, Neustadt am Rübenberge 2006, S. 275–296; Weikart, Richard: »Evolutionäre Aufklärung«? Zur Geschichte des Monistenbundes, in: Mitchell G. Ash/Christian H. Stifter (Hg.), Wissenschaft, Politik und Öffentlichkeit. Von der Wiener Moderne bis zur Gegenwart, Wien 2002, S. 131–148; Sobczynska, Danuta/Czerwinska, Ewa: Szientismus in der Praxis. Das Wirken Wilhelm Ostwalds im Deutschen Monistenbund, in: Philosophisches Jahrbuch 105 (1998), S. 178–194; Krauße, Erika: Wissenschaftliche Weltauffassung – wissenschaftliche Weltgestaltung – Wissenschaftsreligion. Wilhelm Ostwald (1853–1932) und der Monistenbund, in: Mitteilungen der Wilhelm-Ostwald-Gesellschaft zu Großbothen e. V. 2/2 (1997), S. 42–64; Drehsen, Volker/Zander, Helmut: Rationale Weltveränderung durch »naturwissenschaftliche« Weltinterpretation? Der Monistenbund – eine Religion der Fortschrittsgläubigkeit, in: Volker Drehsen/Walter Sparn (Hg.), Vom Weltbildwandel zur Weltanschauungsanalyse. Krisenwahrnehmung und Krisenbewältigung um 1900, Berlin 1996, S. 217–238.

6 | Die konkrete Form der monistischen Weltanschauung wurde rege und ohne Einigung diskutiert: Einander gegenüber standen – neben anderen Monismen – materialistischer Substanzmonismus, energetischer Monismus (eine Darstellung natürlicher Prozesse als energetische Transformationen) und/oder Psychomonismus (Erfassung der Welt über Wahrnehmungsmöglichkeiten). Diese oft kritisierte inhaltliche Unklarheit deuteten die Monisten zur Stärke um: Man war sich über die Einheit der Welt einig und bot nur Möglichkeiten der Darstellung; das adäquateste Modell erweise sich erst in der weiteren wissenschaftlichen Forschung. Vgl. dazu Weber, Heiko: Der Monismus als Theorie einer einheitlichen Weltanschauung am Beispiel der Positionen von Ernst Haeckel und August Forel, in: Paul Ziche (Hg.), Monismus um 1900. Wissenschaftskultur und Weltanschauung (= Ernst-Haeckel-Haus-Studien, Band 4), Berlin 2000, S. 81–127, hier S. 81 f.

Wilhelm Ostwald war zwischen 1911 und 1915 Präsident des DMB und öffnet Zugänge zu mehreren Ebenen des säkularistischen Netzwerks. Er war einer der bekanntesten und renommiertesten Protagonisten dieser Szene: Bis 1906 Ordinarius für Physikalische Chemie in Leipzig, erhielt er für seine Verdienste um die Katalyseforschung 1909 den Nobelpreis für Chemie. Darüber hinaus war er als Wissenschaftsphilosoph etabliert; er hatte sich publikumswirksam als Anhänger Ernst Machs und August Comtes und damit als Vertreter eines antimetaphysischen Positivismus hervorgetan. Zudem war Ostwald ein Organisationstalent: Als er sich 1911 bereit erklärte, den Vorsitz des Monistenbundes zu übernehmen, blickte er auf eine Reihe von Gesellschaften, die unter seinem Zutun gegründet worden waren bzw. in denen er repräsentative oder führende Funktionen innehatte.[7] Überdies hatte er mehrere Zeitschriften begründet und damit die Absicht verbunden, nicht etablierte Forschungsfelder wissenschaftlich urbar zu machen.[8] Der Wissenschaftstheoretiker war sich der Wirkung einer gut redigierten Zeitschrift bewusst und machte in diesem Sinne in den eigenen wie auch als Autor in fremden Zeitschriften Politik für seine Belange.[9]

---

7 | Zu Ostwalds Netzwerksituation vgl. Remane, Horst: Wilhelm Ostwald und die Organisation der geistigen Arbeit, in: Nachrichten aus der Chemie 54 (2006), S. 645–649; Krug, Klaus (Hg.): Wissenschaftstheorie und -organisation. Vorträge zum 150. Geburtstag von Wilhelm Ostwald (= Mitteilungen der Wilhelm-Ostwald-Gesellschaft zu Großbothen e. V., Sonderheft 19), Großbothen 2004; Groschopp, Horst: Dissidenten. Freidenkerei und Kultur in Deutschland, Berlin 1997.
8 | Das Bild stammt von Ostwald selbst, 1901 schrieb er im Editorial der »Annalen der Naturphilosophie« (im Folgenden AN): »Als ein solches an treibenden Kräften und Entwicklungsbedürfnis reiches Gebiet lässt sich der mehr oder weniger breite Streifen Land bezeichnen, welcher sich zwischen den seit langer Zeit regelmäßig bestellten Feldern der einzelnen Wissenschaften und dem mehr als zweitausendjährigen Walde der Philosophie hinzieht. Zwar sind jene Felder auch einstmals Zeile des Waldes gewesen und fast überall hat nur das praktische Bedürfnis den Anlass gegeben, dass sie in Ackerpflege genommen worden sind. Aber zwischen ihnen und dem Urwalde hat vielfach der Zusammenhang aufgehört; undurchdringliches dialektisches Buschwerk von der einen Seite, Halden von unbearbeiteten Steinblöcken von der anderen hindern den Verkehr herüber und hinüber und lassen vielfach vergessen, dass derselbe Boden sie trägt und dieselbe Sonne ihnen Energie schenkt, die sie beide in dauernde Formen zu übertragen beschäftigt sind.« Ostwald, Wilhelm: Zur Einführung, in: AN 1 (1902), S. 1–4, hier S. 1 f. Online verfügbar unter www.ub.uni-leipzig.de/projekte/digitale-annalen-der-naturphilosophie.html.
9 | Nur zur Sozialenergetik seien aufgeführt Ostwald, Wilhelm: Der energetische Imperativ, Leipzig 1912; Ders.: Energetik und Kulturgeschichte, Luxemburg 1909; Ders.: Energetische Grundlagen der Kulturwissenschaft (= Philosophisch-soziologische Bücherei, Band 16), Leipzig 1909; Ders.: Die wissenschaftsgeschichtliche Stellung der Energetik,

Für (wirtschafts-)ethische Diskurse sind zwei Periodika, die »Annalen der Naturphilosophie«[10] und das »Monistische Jahrhundert«, von Interesse. Dies ermöglicht einen dichotomen Zugang, da die beiden Periodika trotz Konvergenzen verschiedene Diskursbereiche repräsentieren: die »Annalen« ein weitgehend akademisches und letztlich theorieinteressiertes, philosophisches Publikum, das »Jahrhundert« eine mittelständisch-bildungsbürgerliche und reformerisch aktive Leserschaft. Es lassen sich also sowohl theoretische als auch praktisch orientierte Vorstöße zum Thema »Neue Ethik« ausmachen, ebenso wie sich Verknüpfungen beider Ansätze zeigen.[11]

SOZIALENERGETIK

Ostwald begründete die »Annalen der Naturphilosophie« in der Nachfolge seiner 1901/02 an der Universität Leipzig gehaltenen Vorlesung über Naturphilosophie[12] und propagierte ein positivistisches und monistisches Wissenschafts- und Weltverständnis: Die Wissenschaft könne eine umfassende und restlose Weltbeschreibung geben. Dazu nutzte Ostwald die Energetik, die er von einem antimaterialistischen physikalischen Modell zur Darstellung (physiko-)chemischer Prozesse zu einem weltanschaulichen Modell fortentwickelt hatte. Die Energetik wollte damit Philosophie und soziales Leben beschreiben, revolutionieren und modernisieren:

»Wir erfahren von der Außenwelt nur ihre Energieverhältnisse, und daher können wir auch alles, was wir von ihr wissen, in Gestalt von Energiebeziehungen ausdrücken. [...] Die Energie verhält sich somit ganz wie ein bestimmtes, konkretes Ding, das verschiedene Formen

---

in: AN 10 (1911), S. 1-4; Ders.: Energetik und Bodenreform. 91. Predigt, in: Ders., Monistische Sonntagspredigten. Vierte Reihe, Leipzig 1914, S. 225-240; Ders.: The modern theory of energetics, in: The Monist 17 (1907), S. 481-515; Ders.: Zur modernen Energetik, in: Rivista di Scientia 1 (1907), S. 16-46.

10 | AN 1-14 (1902-21), herausgegeben von Wilhelm Ostwald. Die Bände 12 und 13 (1913/14 und 1914/17) erschienen unter der Mitarbeit Rudolf Goldscheids als »Annalen der Natur- und Kulturphilosophie«.

11 | Vgl. Neef, Katharina: Soziologie in monistischen, reformerischen und optimistischen Kreisen. Soziologische Diskurse in den Annalen der Naturphilosophie zwischen 1910 und 1921, in: Pirmin Stekeler-Weithofer/Heiner Kaden/Nikolaos Psarros (Hg.), An den Grenzen der Wissenschaft. Die Annalen der Naturphilosophie und das natur- und kulturphilosophische Programm ihrer Herausgeber Wilhelm Ostwald und Rudolf Goldscheid (= Abhandlungen der Sächsischen Akademie der Wissenschaften zu Leipzig, Philologisch-historische Klasse, Band 82/1), Leipzig 2011, S. 332-372.

12 | Ostwald, Wilhelm: Vorlesungen über Naturphilosophie, Leipzig 1902.

annehmen kann, aber nur nach ganz bestimmten Verhältnissen, und zuletzt sich in die ursprüngliche Menge der ersten Form verwandeln lässt, also einen Betrag oder Wert durch diese verschiedenen Formen immer unverändert beibehält.«[13]

Die »Annalen« sollten sich in der Folge der »Pflege und Bebauung [des] gemeinsamen Bodens zwischen der Philosophie und den einzelnen Wissenschaften« widmen.[14] Dabei lassen sich im Publikationsverlauf Wandlungsprozesse aufzeigen: So begann die Zeitschrift als philosophisches, disziplinär ungebundenes Periodikum, bewegte sich aber im Laufe der Jahre auf den Rand der akademischen Gemeinschaft zu und verschwand letztlich hinter deren Wahrnehmungsgrenze. Diese Veränderung hing maßgeblich mit der lebensweltlichen Veränderung ihres Herausgebers Ostwald zusammen, der sich 1906 – erst 53-jährig – emeritieren ließ, um als Privatgelehrter zu leben. Mit diesem Zurücktreten aus der Mitte der Gelehrtenrepublik ging ein Eintreten in nicht universitär verankerte, sozialreformerische Kreise einher. Diese Verortung spiegelt sich in der Auswahl der Autoren und ihrer Artikel wider: Während sich bis 1906 regelmäßig Professoren unter den Autoren finden, verpflichtete der Privatier Ostwald mehrheitlich weniger prestigiöse Autoren, wenn es sich dabei auch um renommierte sozialreformerische Akteure handelte.

So enthalten die »Annalen der Naturphilosophie« – angelehnt an den akademischen Duktus der Zeitschrift – prononciert kultur- oder wirtschaftswissenschaftliche Überlegungen und nicht selten ethische Fragen bzw. Fragen sozialen und damit auch wirtschaftlichen Zusammenlebens. Einen Schwerpunkt bildeten dabei sozialenergetische Texte, die Ostwalds naturphilosophischer Forderung folgten und seine naturwissenschaftliche Energetik zu einem kulturwissenschaftlichen Modell transformierten. Damit meinte man, die Wissenschaften, denen es an Nomothetik mangele, positivistisch fundieren zu können; letztlich zielte man damit auf die empiristische, diskursfeste Verankerung der »Neuen Ethik«. Während einige Autoren direkt auf Ostwalds Anregungen rekurrierten, finden sich auch sozialenergetische Ansätze, die unabhängig formuliert wurden und die das Forum der »Annalen« nutzten: Die Arbeiten des Belgiers Ernest

---

13 | Ders.: Grundlagen, S. 9 f.
14 | Ders.: Einführung, S. 2. Zur Programmatik der »Annalen« vgl. Stekeler-Weithofer, Pirmin/Schmidt, Christian: Zur Einleitung: Die »Annalen der Naturphilosophie« (1901–1921), in: Pirmin Stekeler-Weithofer/Heiner Kaden/Nikolaos Psarros (Hg.), Ein Netz der Wissenschaften? Wilhelm Ostwalds Annalen der Naturphilosophie und die Durchsetzung wissenschaftlicher Paradigmen (= Abhandlungen der Sächsischen Akademie der Wissenschaften zu Leipzig, Philologisch-historische Klasse, Band 81/4), Leipzig 2009, S. 9-22.

Solvay (1838–1922),[15] des Polen Zygmunt Heryng (1854–1931),[16] des Tschechen Johann Žmavc (1871–1956)[17] oder des österreichischstämmigen Amerikaners Oskar Nagel (geb. 1874)[18] verdeutlichen die zeitgenössische Präsenz und Plausibilität quantifizierender Denkmodelle auch jenseits der Naturwissenschaften. Bei diesen Vorstößen sozialenergetischer Reform stand mehrfach die Wirtschaft bzw. die energetisch zu fundierende Wirtschaftswissenschaft im Mittelpunkt. Hier sah man den größten oder direktesten Einfluss auf die gesellschaftlichen Zustände: Gesellschaftsreform begann für diese Autoren bei der Reform der wirtschaftlichen Zustände. Dabei verblieb man keineswegs im Theoretischen, da sich unter der monistischen Fahne gerade Autoren sammelten, die keinen Unterschied zwischen Theorie und Praxis, zwischen Wissenschaft und Politik sahen

---

15 | Der belgische Sodafabrikant Ernest Solvay formulierte als Autodidakt ein sozialenergetisches Modell, das aus seinen Erfahrungen als Chemiker und Unternehmer resultierte. Er engagierte sich stark sozial- und wirtschaftspolitisch. Vgl. Solvay, Ernest: Soziale Energetik und positive Politik, in: AN 9 (1910), S. 105–119; Ders.: Industrie und Wissenschaft (Biogenie und Soziologie), in: AN 10 (1911), S. 241–255; Ders.: Über die positiven bio-psychischen und energetisch-produktivistischen Grundlagen der sozialen Entwicklung, in: AN 13 (1914), S. 88–102. Vgl. hierzu auch K. Neef: Flagge, S. 311–315.

16 | Der polnische Sozialist Zygmunt Heryng hatte bereits 1896 in Polen eine energetisch-kausal fundierte »Logik der Ökonomie« publiziert und war 1909 Kandidat für eine Professur für politische Ökonomie in Lemberg – seine Berufung wurde allerdings von der österreichisch-ungarischen Administration nicht genehmigt. Vgl. Heryng, Zygmunt: Die Logik der sozialen Ökonomie. Analyse der ökonomischen Grundbegriffe vom energetischen Standpunkte, in: AN 10 (1910/11), S. 20–58. Vgl. zudem Sikorska-Kowalska, Marta: Zygmunt Heryng (1854–1931). Biografia lewicowego intelektualisty, Łódź 2011.

17 | Der Prager Bibliothekar Johann Žmavc ist ein weiterer Sozialenergetiker, der die Anwendung der Naturwissenschaft auf soziale Phänomene forderte, um ihrer Herr zu werden. In Ostwalds Energetik erkannte er eine praktikable Grundlage für die Quantifizierung sozialer und speziell ökonomischer Prozesse: Vgl. Žmavc, Johann: Die zwei Hauptprobleme der Wirtschaftswissenschaft, in: AN 5 (1906), S. 111–118; Ders.: Über das Grundgesetz der neuen und der alten Ethik, in: AN 8 (1909), S. 53–57; Ders.: Vorbemerkungen zu einer Neugrundlegung der Wirtschaftswissenschaft, in: AN 4 (1905), S. 386–402. Vgl. zudem Halek, Jan: Ivan Žmavc (1871–1956), in: Akademicky bulletin 12 (2006), Online unter http://abicko.avcr.cz/archiv/2006/12/09/ (05.02.2013); K. Neef: Flagge, S. 316–320.

18 | Der Wiener Chemiker Oskar Nagel emigrierte um 1900 in die Vereinigten Staaten und war dort als Ingenieur in der chemischen Industrie, Journalist und Übersetzer tätig. Vgl. Nagel, Oskar: Evolution und Energie, in: AN 7 (1908), S. 251–256; Ders.: Politische Ökonomie und Energetik, in: AN 7 (1908), S. 417–428; Ders.: Das Geschäft als Wissenschaft, in: AN 8 (1909), S. 399–412. Vgl. zudem K. Neef: Flagge, S. 321–325; Mocek, Reinhard: Wilhelm Ostwalds Sozialtheorie im Wandel der Zeit, in: Mitteilungen der Wilhelm-Ostwald-Gesellschaft zu Großbothen e. V. 8/4 (2003), S. 27–47.

und Wissenschaft ebenso zum Mittel der Praxis machten, wie sie die Politik als Zuträger und Umsetzer wissenschaftlicher Erkenntnis sahen.

Der sozialreformerische Zugang über die Wirtschaft zeigte eine naheliegende Wahlverwandtschaft der Sozialenergetiker an: zum dialektischen Materialismus und zu den zeitgenössischen sozialistischen Debatten. Es ist wenig verwunderlich, dass Solvay eng – wenn auch nicht immer konfliktfrei – mit den belgischen Sozialisten zusammenarbeitete und Heryng und Žmavc nach 1918 Karriere in den sozialistischen Parteien ihrer Heimatstaaten machten: Heryng war 1919 bei der Schaffung des Sozialversicherungswesens der polnischen Republik beteiligt und erfolgreich zum Professor berufen worden. Žmavc war kurze Zeit Professor für Nationalökonomie in Ljubljana, ehe er nach Prag zurückkehrte und in der Universitätsbibliothek wirkte; er pflegte Kontakt zum Präsidenten der tschechischen Republik Tomáš G. Masaryk. Der Ingenieur Nagel machte keine politische Karriere, was wiederum zu seinem berufsständischen Ethos der Apolitizität passte.[19]

Ursprünglich unabhängig voneinander und durch die gemeinsame Publikation in den »Annalen« miteinander bekannt gemacht, verfolgten alle die von Ostwald eingeforderte Positivierung im Sinne einer Verwissenschaftlichung ökonomischen Denkens und Arbeitens – dieses Ziel wollten sie durch die energetische Fundierung der Ökonomie erreichen. Die Zeitschrift fungierte hier als Prisma, das lokal und inhaltlich autonome Ansätze bündelte – und überhaupt erst eine Diskursgemeinschaft aus bis dahin disparaten Publikationen schuf. »Energetische Ökonomie« beschrieb durchweg wirtschaftliche Prozesse als Prozesse von Energiegewinnung, Energienutzbarmachung und Energietransformation: Die Herstellung einer gegebenen Ware, etwa eines Hammers, bestehe aus der Rohstoffgewinnung von Metallerz, seiner Veredlung und letztlich Formung zum Werkzeug; für jeden Schritt werde mechanische, thermische oder chemische Energie aufgewandt, die sich quantifizieren lasse. Gleichzeitig sollten die Gewinne, die sich durch die Benutzung der Ware erzielen ließen, quantifiziert werden: Die Nutzung eines Hammers anstelle der bloßen Hand effektiviere die Arbeit maßgeblich.[20]

---

19 | Braun, Hans-Joachim: Konstruktion, Dekonstruktion und der Ausbau der technischen Systeme zwischen 1914 und 1945, in: Ders./Walter Kaiser (Hg.), Energiewirtschaft, Automatisierung, Information. Seit 1914 (= Propyläen Technikgeschichte, Band 5), Berlin ²1997, S. 9–279, hier S. 255: »In der deutschen Literatur des Kaiserreichs herrschte eine starke technikoptimistische Tendenz vor, in welcher der Ingenieur als Genius der neuen Menschheit angesehen wurde.« Vgl. dazu auch Hänseroth, Thomas: Die Konstruktion ›verwissenschaftlichter‹ Praxis. Zum Aufstieg eines Paradigmas in den Technikwissenschaften des 19. Jahrhunderts, in: Ders. (Hg.), Wissenschaft und Technik. Studien zur Geschichte der TU Dresden, Köln 2003, S. 15–36.
20 | W. Ostwald: Grundlagen, S. 79 f.

Resultat einer solchen Darstellung war die Beschreibung der Energiegehalte und Energiepotenziale, die jeder produzierten Ware zugestanden wurde: Sowohl die zur Herstellung verwandten wie auch die bei der Nutzung erzielten oder eingesparten Energien seien quantifizierbar. Die Sozialenergetiker wollten also aus den energetischen Werten den objektiven Wert von Waren ermitteln. Diese Vision verband sich bei allen Theoretikern mit einer Kritik an den gängigen Wertermittlungsverfahren und bezog sich dabei besonders auf den überkommenen, aber nicht empirischen Nexus von Kapital und Produktionsmitteln. Abgesehen von den Anschaffungskosten der Produktionsmittel habe, so die Vertreter dieser Deutungsrichtung, der Unternehmer keinen Anteil am Wertschöpfungsprozess; er bestimme letztlich aber die Preise und erhalte als Kapitals- und Firmeneigner den größten Anteil des Gewinns, wohingegen die tatsächlichen Investoren der Energie – mechanisch arbeitende Arbeiter und geistig rege Ingenieure – fast leer ausgingen.[21] Die Wahlverwandtschaft zur Sozialdemokratie tritt hier nicht nur in der Wortwahl deutlich zutage: Mit der objektiven Berechnung von Warenwerten wird jegliche Form von Spekulation ausgegrenzt, da Angebot und Nachfrage keine Größen im Wertbestimmungsprozess sind.

Dabei führte die Wahlverwandtschaft nicht zwangsläufig zur Identifikation mit den Sozialisten: Zwar lehnte man sich an Marx' Mehrwerttheorie an und negierte den kapitalistischen Anteil am Wertschöpfungsprozess, doch führte die Aufwertung des Arbeiters nicht zu seiner Überbewertung. Dem Ethos der technischen Intelligenz verpflichtet, der man im weitesten Sinne selbst angehörte (Solvay, Nagel, Heryng), und damit ganz ständisch, schätzte man den Anteil der Ingenieursleistung in der Produktion deutlich höher ein als den Wert der von den Arbeitern verrichteten, rein mechanischen Arbeit.[22]

Im Grunde maßen die Autoren dem Unternehmer keinerlei Anteil bei der Wertschöpfung eines ökonomischen Gutes bei, da er keine Arbeit verrichte, die das Energiepotenzial vergrößere: Er vermittle, (ver-)kaufe und organisiere, aber er schöpfe keinen Wert. Hier scheint eine Geringachtung des Wirtschaftsbürgertums vonseiten des technischen Mittelstands bzw. des Bildungsbürgertums auf, die besonders bemerkenswert ist, da mit Solvay eigentlich ein Unternehmer vertreten war – der sich aber offenbar weniger als Manager, denn als Produzent

---

21 | Vgl. etwa J. Žmavc: Hauptprobleme; E. Solvay: Grundlagen, S. 95: »In einer theoretischen Gesellschaft, wie diejenige, die wir im Sinne haben, kann das Kapital nur als unmittelbares Ergebnis der Arbeit bestehen. Es gilt da als angehäufte Arbeit, d. h. als angehäufte Energie. [...] Die ›Arbeit‹ dagegen, wie man sie gewöhnlich in der Industrie versteht, erscheint nicht in derselben Einfachheit. Sie stellt sich immer dar als ein Produkt der intellektuellen und physischen Leistungen mit der Zeit ihrer Nutzbarmachung.«
22 | Bemerkenswerterweise ging man von einer direkten Quantifizierbarkeit dieser Leistung aus. Gleichzeitig verrät sich das ständische Denken des technischen Mittelstands, das der Bibliothekar Johann Žmavc 1905 so beschrieb: »am kostbarsten ist [...] geistige Arbeit«. J. Žmavc: Vorbemerkungen, S. 401.

und Chemiker sah und sich eher dem Ethos des Ingenieurs als dem des Ökonomen verpflichtet fühlte.

MONISTISCHE ETHISCHE PRAXIS

Als Ostwald 1911 die Präsidentschaft des Deutschen Monistenbundes übernahm, erbat er auch die Übernahme der Herausgeberschaft der Bundeszeitschrift »Der Monismus«, die er binnen eines Jahres grundlegend umstrukturierte: Aus dem verbandsinternen, monatlich erscheinenden Blatt wurde das an die breite Öffentlichkeit gerichtete, vierzehntägige »Monistische Jahrhundert«;[23] Ostwald forcierte die Öffentlichkeitsarbeit und machte aus dem Bund ein Zentrum der zeitgenössischen sozialreformerischen Bewegungen. Bis 1914 avancierte das »Jahrhundert« zu einem »Umschlagplatz« reformerischer Ideen: Hier plädierten Sozialdemokraten für wissenschaftliche (monistische) Politikberatung,[24] Frauenrechtler forderten Rechte für unverheiratete Mütter, uneheliche Kinder und Frauen überhaupt,[25] Abstinenzler und Temperenzler forderten die Gesundung der alkoholisierten Massen,[26] konkret wurde über die Reform des Wahlrechts[27] ebenso wie über das Recht auf aktive Sterbehilfe[28] diskutiert. Der Fokus der thematisierten Ideen differierte also von Gesamtgesellschaft bis Partikularreform; dabei standen Fragen der Ethik im Zentrum der zu diskutierenden Reformansätze.

---

23 | Das monistische Jahrhundert. Zeitschrift für wissenschaftliche Weltanschauung und Kulturpolitik 1-4 (1912-15), herausgegeben von Wilhelm Ostwald (im Folgenden zitiert als MJ).
24 | Vgl. Potthoff, Heinz: Monismus, Volkswirtschaft und Menschenökonomie, in: MJ 1 (1912), S. 399-403; Peus, Heinrich: Monismus und Sozialdemokratie, in: MJ 2 (1913), S. 25-29.
25 | Vgl. Stöcker, Helene: Mutterschutz und Sexualreform, in: MJ 2 (1913), S. 14-18; Dies.: Ehe und Fortpflanzung, in: MJ 2 (1913), S. 461-466; Schreiber, Adele: Beruf und Ehe, in: MJ 2 (1913), S. 933-937.
26 | Vgl. Juliusburger, Otto: Die Alkoholfrage, in: MJ 2 (1913), S. 181-186; Vogel, Martin: Monismus und Alkoholfrage, in: MJ 2 (1914), S. 1213-1220; Juliusburger, Otto: Zum Schutze der Frauen vor ihren trunksüchtigen Männern, in: MJ 3 (1914), S. 148-154.
27 | Vgl. Potthoff, Heinz: Vom allgemeinen, gleichen Wahlrechte, in: MJ 3 (1914), S. 129-136; Unold, Johannes: Monismus und Politik. Erwiderung auf Heinz Potthoffs Aufsatz »Vom allgemeinen, gleichen Wahlrechte«, in: MJ 3 (1914), S. 253-259; Staudinger, Franz: Berufsverfassung oder Personenverfassung. Besinnliches an Prof. Unold, in: MJ 3 (1914), S. 414-419. Zur Verortung der Debatte vgl. Panesar, Rita: Medien religiöser Sinnstiftung. Der »Volkserzieher«, die Zeitschriften des »Deutschen Monistenbundes« und die »Neue Metaphysische Rundschau« 1897-1936, Stuttgart 2006.
28 | Gerkan, Roland/Ostwald, Wilhelm: Euthanasie, in: MJ 2 (1913), S. 169-174. An den Artikel schloss sich eine intensive Debatte in der Zeitschrift an.

Während die »Annalen« trotz ihrer inhaltlichen Marginalisierung ihren akademischen Duktus beibehielten,[29] war das »Monistische Jahrhundert« populär wie praktisch angelegt und konnte damit durchaus Abonnenten jenseits der Bundesgrenzen ansprechen; trotz personeller und thematischer Interferenzen in den Jahren 1911 bis 1917 repräsentieren die beiden Periodika zwei verschiedene Aspekte der ethischen Debatten: in den »Annalen« theoretische Artikel, im »Monistischen Jahrhundert« Artikel mit politischem oder aktivistischem Impetus. Diese Trennung ist allerdings artifizieller Natur, wie Rita Panesar hervorhob: »Monistische Praxis bestand auch in der Veröffentlichung wissenschaftlicher Beiträge.«[30]

Die Monisten als Vertreter eines wortwörtlich »einheitlichen« Weltbildes verbanden mit ihrer Praxis nicht nur wissenschaftlichen Habitus, sondern auch den Anspruch, politische oder ethische Fragen positivistisch aus der wissenschaftlichen Arbeit beantworten bzw. Wertungen wissenschaftlich und eindeutig vornehmen zu können.[31] Die monistische Funktionärs- und Multiplikatorenebene rekrutierte sich maßgeblich aus nicht-philosophischen, nomothetischen Akademikern, vornehmlich aus Naturwissenschaftlern und Medizinern. Nicht zufällig war Ostwald Mitglied des Leipziger Positivistenkränzchens, dessen Protagonisten sich durchweg in methodologischen Disputen ihrer jeweiligen Disziplin befanden.[32] »Einheit der Welt« setzte sich hier ganz konkret in die These um, dass es eben keinen grundlegenden Unterschied zwischen den Wissenschaften gebe

---

29 | Ab 1912 finden sich regelmäßig Anzeigen für die »Annalen« im »Jahrhundert« und auch in den Buchausgaben der »Monistischen Sonntagspredigten«. Vgl. MJ 2 (1913), S. 335, 1065; Ostwald, Wilhelm: Monistische Sonntagspredigten. Erste Reihe, Leipzig 1911, S. 418. Inwiefern diese Reklame bei der monistischen Klientel erfolgreich war, lässt sich mangels Abonnentenlisten nicht recherchieren. Doch ist der Anteil sozialreformerisch einschlägiger Autoren in den »Annalen«-Jahrgängen mit Goldscheids Beteiligung (1913-1917) signifikant.
30 | R. Panesar: Medien, S. 148.
31 | Zum Szientismus vgl. Schmidt-Lux, Thomas: Wissenschaft als Religion. Szientismus im ostdeutschen Säkularisierungsprozess (= Religion in der Gesellschaft, Band 22), Würzburg 2008, S. 186: »Die monistischen und freidenkerischen Vereine einer weltanschaulichen Interpretation wissenschaftlicher Themen und Methoden stellten somit gleichsam die radikalste Variante allgemeiner gesellschaftlicher Entwicklungen der damaligen Zeit dar.«
32 | Chickering, Roger: Das Leipziger »Positivisten-Kränzchen« um die Jahrhundertwende, in: Rüdiger vom Bruch/Gangolf Hübinger/Friedrich Wilhelm Graf (Hg.), Kultur und Kulturwissenschaften um 1900, Band II: Idealismus und Positivismus, Stuttgart 1997, S. 227-245, hier S. 235 ff.: Neben Ostwald als Vorkämpfer der physikalischen Chemie und Gegner materialistischer Atomtheorien traten hier der Psychologe Wilhelm Wundt, der Fechners psycho-physischen Parallelismus verteidigte, der Geograf Friedrich Ratzel, der mit der Anthropogeografie die gesetzmäßige und weitverbreitete Diffusion kultureller Züge behauptete, sowie der Historiker Karl Lamprecht und der Ökonom Karl Bücher auf, die ahistorisch Mentalitäts- bzw. Wirtschaftsgeschichte betrieben.

und dass die exakten Methoden und Modelle der Naturwissenschaften als Vorbild für kultur-, wirtschafts- und sozialwissenschaftliche Disziplinen zu gelten hätten. In einem zweiten Schritt, der weniger von den Professoren des Kränzchens als ihren Anhängern im reformerischen Milieu vollzogen wurde, negierte man die Differenz wissenschaftlicher Erkenntnis von Sein und Sollen: Szientistisch nahm man an, es gebe wissenschaftlich akkurate Methoden, um Werte und Ziele – im persönlichen wie im kollektiven sozialen Rahmen – zu bestimmen; mit dieser Bestimmung verband sich demnach auch die wissenschaftliche Abschätzung empfehlenswerter und ungünstiger Wege zu diesen Zielen. Als Folge dieser Schlüsse betrieben die Denker dieser Richtung aktiv die »Verwissenschaftlichung« bisher nicht positivierter Lebensbereiche: Wirtschaft, Kultur, internationale Zusammenarbeit – womit Pazifismus gemeint war –, Gesellschaft und letztlich Ethik. Als Politikberater suchten sie Anschluss an die administrativen und parteipolitischen Kreise des Wilhelminismus und fanden diesen vor allem bei den Linksliberalen und den Sozialdemokraten, wenn sie bei Letzteren auch als revisionistische Splittergruppe marginal blieben.[33]

MONISTISCHE SOZIOGRAFIE MIT BESONDEREM BLICK AUF DAS WIRTSCHAFTSBÜRGERTUM

An dieser Stelle seien weitere Bemerkungen zur Trägerschicht gemacht, die den eingangs erwähnten Mangel an Empirie an monistisch oder antireligiös geführten Unternehmen verdeutlichen und erhellen. Bislang stehen keine Archivalien zur Verfügung, die ein quantitatives Bild der Anhängerschaft bieten können – etwa Mitgliederverzeichnisse –, und die direkten Materialien, die auf diese Zusammenhänge Hinweise geben können, sind stark zu relativieren: Listen von Ortsgruppen und deren Vorständen zeigen zwar eine deutlich bildungsbürgerliche und freiberufliche Führungsschicht, die Vorstände waren mit Doktoren (Ärzte, Anwälte, Schriftsteller) besetzt, doch spricht einiges dafür, in der Breite eher eine mittelständische Trägerschicht anzunehmen. Denn sowohl der Wunsch nach externer Repräsentation als auch vereinsinterne Prestige- und Hierarchiegefälle replizierten sich allgelegentlich in der Funktionärswahl: Die soziale Spitze eines Vereins findet sich also häufig auch in den Funktionärsebenen wieder; naheliegende Mechanismen zur Auswahl sind von Bourdieus Habituskonzept zur Genüge beschrieben worden.[34] Es kommt hinzu, dass Freiberufler im Gegensatz zu

---

33 | Heinrich Peus (1862-1937) war seit 1890 Mitglied der SPD und Autor des »Vorwärts«, seit 1891 Redakteur des Dessauer »Volksblattes für Anhalt« und mehrfach Reichstags- bzw. Landtagsmitglied in Anhalt. Vgl. Scheiffele, Walter: Bauhaus – Junkers – Sozialdemokratie. Ein Kraftfeld der Moderne, Berlin 2003.

34 | Vgl. Bourdieu, Pierre: Die feinen Unterschiede. Kritik der gesellschaftlichen Urteilskraft, Frankfurt a. M. 2010.

Arbeitern und Angestellten über genügend zeitliche Freiräume verfügten, um ein solches Amt auszufüllen.

Bereits 1907 verkündete der Assistent Ernst Haeckels und Geschäftsführer des DMB nach 1906, Heinrich Schmidt, dass der Bund Mitglieder »aus den verschiedensten Gesellschaftsschichten« anziehe und führte eine sozial umfangreiche Liste von Berufen an, denen die Bundesmitglieder nachgingen: »Ingenieure, Ärzte, Arbeiter, Kaufleute, Postbeamte, Lehrer und Lehrerinnen, Richter, Offiziere, Künstler, Literaten, Gelehrte, Regierungsräte, Reichstagsabgeordnete usw.«[35] Diese Phalanx ist einerseits repräsentativ für die gesellschaftlichen Teile, die man anzusprechen und zu integrieren hoffte: Arbeiter, neuer und alter Mittelstand und letztlich politische Eliten als Zugang zu sozialreformerischem Erfolg. Andererseits zeigt sich die Idealtypizität dieser Liste: Denn so harmonisch und Klassenunterschiede überwindend war der Bund realiter keinesfalls. Dem stand schon der jährliche Mitgliedsbeitrag in Höhe von sechs Mark (ab 1913 zehn Mark) entgegen. Der Zentralverband proletarischer Freidenker verlangte zwar mit fünf Mark jährlich nur unwesentlich weniger, aber die wöchentlichen Raten von zehn Pfennig ließen sich ungleich leichter aufbringen als die halbjährlichen Raten des Bundes.[36] Einen konkreten Blick auf die Klientel erlaubt auch eine Befragung, die man anlässlich des Internationalen Monistenkongresses in Hamburg 1911 anstellte: Von 750 Antwortenden waren

»Kaufleute (ca. 250), Ingenieure und Fabrikanten (ca. 45), etwa ebensoviel Ärzte (45), Schriftsteller und Wissenschaftler (etwa 35), ungefähr gleichviele Lehrer (32), »Rentiers« (27), Staatsbeamte (21), Künstler (19), Studenten (15), Chemiker und Apotheker (13), Rechtsanwälte (10). Der Rest [über 200 Befragte] verteilt sich auf kleinere Gruppen, Handwerker, Landwirte, Offiziere a. D., Pfarrer, Richter, Baumeister, Buchhändler, Gastwirte usw., oder erfolgte überhaupt ohne Berufsangabe.«[37]

Befragt wurden die gemeldeten Delegierten der Ortsgruppen – also Repräsentanten, Funktionäre oder Vertreter von Gewerken, in denen man sich für die Dauer des Kongresses freinehmen konnte. Die Aufzählung zeigt jedenfalls das enorme Gewicht der mittelständischen Kaufleute, die wohl größtenteils kaufmännische Angestellte waren, ebenso wie das Gros der »Ingenieure und Fabrikanten« wohl

---

35 | Beide Zitate nach F. Simon-Ritz: Organisation, S. 141.
36 | Vgl. Bloßfeldt, Willy (Hg.): Der Düsseldorfer Monistentag. 7. Jahreshauptversammlung des DMB vom 5.–8. September 1913, Leipzig 1914, S. 254. Vgl. ferner Neef, Katharina: Gottlose Kultur – Das atheistische Vereinswesen, in: Iris Edenheiser (Hg.), Von Aposteln bis Zionisten. Religiöse Kultur im Leipzig des Kaiserreichs, Marburg 2010, S. 227–237, hier S. 232 f.
37 | Bloßfeldt, Willy (Hg.): Der erste internationale Monisten-Kongreß in Hamburg vom 8.–11. September 1911. Unter Mitwirkung von Wilhelm Ostwald und Carl Rieß, Leipzig 1912, S. 156.

der ersten Gruppe angehörte. Auch, dass im Anschluss 750 Kongressteilnehmer im Charterzug nach Jena reisten, um den erkrankten Ernst Haeckel zu besuchen, erklärt das Fehlen von Vertretern der unteren Einkommensschichten – solch »Vergnügen« war schlicht zu teuer.

Doch nicht nur Arbeiter waren rar unter den Monisten, auch das Wirtschaftsbürgertum war im sozialreformerischen Milieu wenig vertreten. Zwar finden sich vereinzelt Unternehmer unter den Monisten und Sozialreformern, welche dann auch die Funktion von Mäzenen übernahmen. Der erwähnte Ernest Solvay etwa fungierte nach seinem Rückzug von der Führungsspitze seines Konzerns als Mäzen sozialreformerischer und wissenschaftlicher Unternehmungen und spendete hier mehrere Millionen belgischer Francs zur Gründung und zum Unterhalt wissenschaftlicher Institute.[38] Am bemerkenswertesten ist sicherlich die von ihm begründete Solvay Business School, deren Absolventen »den Fluss sowohl der Wirtschaft als auch der Gesellschaft überhaupt verstehen« sollten.[39]

Ebenso verstand es der Mitinhaber und Leiter der Schmirgel- und Schleifmaschinenfabrik Naxos-Union, Arthur Pfungst (1864–1912), als Geldgeber seinen Neigungen zu frönen – etwa durch die Herausgabe des Freidenkerblatts »Das Freie Wort« bzw. durch die Begründung des Neuen Frankfurter Verlags, in dem nicht nur freidenkerische, sondern auch neureligiöse Literatur erschien.[40] Darüber hinaus war Pfungst an den kulturellen Vergesellschaftungen (Friedrich Tenbruck) der Freidenker beteiligt: Er war sowohl 1892 Gründungsmitglied der Deutschen Gesellschaft für Ethische Kultur und Leiter von deren Frankfurter Ortsgruppe als auch Initiator des Weimarer Kartells, eines nach 1907 mehrfach gegründeten Dachverbands freidenkerischer Organisationen.[41] Dabei konzentrierten sich die Interessen des »Feingeistes« Pfungst auf buddhistische bzw. östliche Literatur und Frömmigkeit[42] sowie auf (volks-)aufklärerische Literatur im Sinne einer modernen Weltanschauung. Speziell dieses Interesse verband

---

38 | Vgl. Heger, Paul/Lefebure, Charles: Vie d'Ernest Solvay, Brüssel 1929; Bertrams, Kenneth/Coupain, Nicolas/Homburg, Ernst: Solvay. History of a Multinational Family Firm, Cambridge 2013, S. 97–118.

39 | Zitiert nach ebd., S. 139 [eigene Übersetzung, K. N.]. Das Zitat ist wiederum übernommen aus der 100-Jahr-Festschrift der Ecole von 2003.

40 | Zu Pfungst liegt keine Biografie vor, eine Skizze gibt H. Groschopp: Dissidenten, S. 28–32. Groschopp beschreibt Pfungst als »Sonderling, der selbst in Wirtschaftsverhandlungen eine Sanskrit-Grammatik aufschlug«. Ebd., S. 31.

41 | Gründungsanläufe für das Kartell gab es 1907, 1909 und 1911; der dritte Versuch erwies sich als der lebensfähigste. Vgl. F. Simon-Ritz: Organisation, S. 154. Vgl. ferner Henning, Max: Handbuch der freigeistigen Bewegung Deutschlands, Österreichs und der Schweiz, Frankfurt a. M. ²1914.

42 | So verlegte Pfungst beispielsweise deutsche Übersetzungen der von Max Müller herausgegebenen Sacred Books of the East und wirkte damit maßgeblich bei der Popularisierung des Buddhismus in Deutschland mit.

Pfungst auch mit den Monisten und deren Ziel einer wissenschaftlichen Weltanschauung. Hier findet sich auch einer jener seltenen Belegfälle, wie die szientistische Weltanschauung unternehmerisches Handeln direkt beeinflusste: Für seine Personalauswahl habe Pfungst dezidiert auf graphologische und physiognomische Gutachten zurückgegriffen.[43] Dieser Umstand findet seinen Kontext in der zeitgenössischen – und im Falle der Graphologie bis heute andauernden – Debatte um die Empirizität und damit die Wissenschaftlichkeit dieser Techniken. Pfungst als Vertreter der wissenschaftlichen Moderne beurteilte die Graphologie offenbar positiv und sah in ihrer Einführung die eigene Personalpolitik auf dem Weg der Verwissenschaftlichung und damit Optimierung.

Ein weiterer Vertreter des Wirtschaftsbürgertums im Freidenkermilieu ist der Degussa-Gründer Heinrich Rößler (1845–1924), der bereits 1875 eine Unfallversicherung und 1884 den Achtstundentag im Unternehmen einführte,[44] sich aber bereits 1901 aus dem aktiven Geschäft in den Aufsichtsrat zurückzog und sich als Frankfurter Lokalpolitiker, Mäzen und Intellektueller der Sozialpolitik – speziell der Menschenökonomie Goldscheids und dem Pazifismus – widmete.[45] Rößler war als Stadtverordneter beteiligt »an der Einführung von Lohntarifen, Arbeitszeitverkürzungen, Urlaub und sonstigen Vergünstigungen für die städtischen Arbeiter und Angestellten«.[46] Als Mäzen war er rege an der Diskussion um die Einrichtung einer freien Hochschule beteiligt; ein Interesse an der Volks- und Weiterbildung hatte er bereits in der Degussa und als Funktionär des Physikalischen Vereins gezeigt.[47]

Natürlich sind diese drei Unternehmer Ausnahmefälle, weitere Angehörige des Wirtschaftsbürgertums sind deutlich weniger finanzstark einzuschätzen: Ganz im Gegenteil zeigen gerade die zahlreichen Vertreter des Buchgewerbes in den Vereinen eher ein Interesse an der Exploration der Kaufkraft derselben als

---

43 | Vgl. H. Groschopp: Dissidenten, S. 31.
44 | Vgl. Wolf, Mechthild: Im Zeichen von Sonne und Mond. Von der Frankfurter Münzscheiderei zum Weltunternehmen Degussa AG, Frankfurt a. M. 1993, S. 72, 74.
45 | Vgl. Groschopp, Horst: Freidenker-Hochschule. Über den Versuch, um 1914 eine freie kulturwissenschaftliche Akademie zu gründen, in: Mitteilungen aus der kulturwissenschaftlichen Forschung 37 (1996), S. 242–255, hier S. 244; Wolf, Mechthild: Heinrich Roessler 1845–1924. Ein halbes Jahrhundert Degussa-Geschichte, Frankfurt a. M. 1984.
46 | Dies.: Zeichen, S. 80. Rößler war in Parteien (Süddeutsche Volkspartei, Fortschrittliche Volkspartei) engagiert, trat 1911 dem Verband für internationale Verständigung bei und übernahm 1913 den Vorsitz des Weimarer Kartells. Ab 1915 näherte er sich dem pazifistischen Bund Neues Vaterland. Vgl. F. Simon-Ritz: Organisation, S. 164 f.
47 | H. Groschopp: Hochschule, S. 244; M. Wolf: Zeichen, S. 77–82; Rößler, Heinrich: Eine Akademie des freien Gedankens, in: Das freie Wort 14 (1914), S. 455–458. Der Artikel erschien im »Freien Wort«, dem von Pfungsts Neuem Frankfurter Verlag verlegten Organ des Deutschen Freidenkerbundes. Zudem war Rößler im lokalen Kartell freigeistiger Vereine engagiert.

die Fähigkeit zur Unterstützung des Milieus als Mäzene. Bei der Gründung des DMB 1906 etwa buhlten zwei Verleger, der Haeckel-Schüler Wilhelm Breitenbach aus Brackwede und der Leipziger Verleger und Gründer des Leipziger Monistenbundes (1905) Arthur Teichmann, um die Konzession für die Bundeszeitung.[48] Nachdem Breitenbach diese erhielt, zog sich Teichmann enttäuscht aus dem Bund zurück – um den sehr kleinteiligen Verlag reformfreimaurerischer Zeitschriften zu besorgen.[49] Breitenbach hatte allerdings ebensowenig Glück, da ihm der Verlag der »Blätter des Deutschen Monistenbundes« aufgrund interner Streitigkeiten bereits 1907 entzogen wurde und der Bund fortan den »Monismus« selbst verlegte. Breitenbach gründete daraufhin 1908 den Humboldt-Bund für wissenschaftliche Weltanschauung, dessen Zeitschrift er herausgab.[50] Nach vier Jahren im Bundesverlag wechselte die Herausgeberschaft dann auf seinen ausdrücklichen Wunsch hin an Wilhelm Ostwald, der die Zeitschrift, die nunmehr (1912) »Das monistische Jahrhundert« hieß, ab 1914 auch im eigenen Verlag Unesma herausgab und die Monistica durch einige Monographien und die von seinen Verlagsvorgängern übernommene Reihe »Monistische Flugschriften« bzw. »Monistische Bibliothek« ergänzte, in der verschriftlichte Vorträge erschienen.[51]

---

48 | Vgl. H. Weber/O. Breidbach: DMB, S. 161; Mebes, Hans-Detlef: Zur Gründungs- und ersten Entwicklungsgeschichte eines »Allgemeinen Freimaurer-Bundes auf monistischer Weltanschauung«, des nachmaligen (Reform-)»Freimaurerbundes zur aufgehenden Sonne«, in: Paul Ziche (Hg.), Monismus um 1900. Wissenschaftskultur und Weltanschauung (= Ernst-Haeckel-Haus-Studien, Band 4), Berlin 2000, S. 129–154, hier S. 140 ff. Breitenbach und Teichmann waren nicht die einzigen im Januar 1906 bei der Gründung des DMB anwesenden Verleger bzw. Herausgeber: Hinzu kommen Walter Keller, Verleger von »Der Kosmos«, und Heinrich Ernst Ziegler, Herausgeber von »Die Jugend«. Vgl. F. Simon-Ritz: Organisation, S. 134 f.

49 | Zu Teichmann vgl. H.-D. Mebes: Gründung. Trotz seiner Mitgliedschaft und Verlegertätigkeit in reformfreimaurerischen Kreisen ist er von den verbandseigenen und -nahen Quellen nur schemenhaft erfasst: Eberhardt, A. P.: Von den Winkellogen Deutschlands – Freimaurerlogen neueren Datums im letzten Vierteljahrhundert, Leipzig 1914, S. 118–125. Zu seiner Verlegerkarriere vgl. Neef, Katharina: Die Entstehung der Soziologie aus der Sozialreform. Eine Fachgeschichte, Frankfurt a. M. 2012, S. 130.

50 | Breitenbach verlegte ferner für den DMB die Humboldt-Bibliothek, die es zwischen 1911 und 1914 auf immerhin zwölf Bände brachte. Vgl. Nöthlich, Rosemarie: Wilhelm Breitenbach (1856–1937). Zoologe, Verleger, Monist. Eine Analyse seines Wirkens (= Ernst-Haeckel-Haus-Studien, Band 11), Berlin 2009.

51 | Die Reihe erreichte ihre Blüte allerdings erst in den 1920er Jahren: Erschienen bis 1914 lediglich vereinzelte Hefte, meist in der Regie einzelner Ortsgruppen, so publizierte der Bund zwischen 1920 und 1930 reichsweit 49 (teilweise Doppel-)Hefte der Reihe. Die Autoren entstammten meistenteils den Reihen des Bundes, allerdings finden sich auch »Perlen«, etwa Russell, Bertrand: Das A-B-C der Relativität (= Monistische Bibliothek. Kleine Flugschriften des DMB, Nr. 41/41a), Hamburg 1927. Thematisch eröffnete die Reihe

Nicht nur aufgrund ihrer prekären Situation als Herausgeber eignen sich Verleger allerdings schlecht als Prototypen wirtschaftsethischen Handelns: Denn abgesehen von der teilweise direkten Abhängigkeit von ihrer weltanschaulichen Klientel disqualifizierte sie auch der Umstand, dass das Verlagswesen wenig personalintensiv war, dass also der Verleger schlecht zum »Patriarchen« taugt – auch weil seine Angestellten oft prekär beschäftigt waren und mitunter über einen deutlich höheren Bildungsgrad verfügten als vergleichbare Angestellte oder gar Arbeiter.[52] Schließlich kommt hinzu, dass Verlage tendenziell in urbanen Räumen angesiedelt sind, sodass die Konkurrenzsituation und diachrone Beschäftigungsstruktur der Angestellten (Fluktuation bzw. Loyalitätsverhältnis) sich von der Struktur anderer industrieller Gewerke maßgeblich unterscheiden, wenn sich auch durchaus Beispiele für patriarchale Strukturen gerade in den zeitgenössischen Großverlagshäusern aufzeigen lassen.[53]

Abgesehen von den bürgerlichen Vorständen ist dennoch in der Breite von einer mittelständischen Trägerschicht auszugehen (Lehrer, Beamte, Ingenieure, Buchhalter). Eva Barlösius hat die Signifikanz junger, unverheirateter, protestan-

---

einen weiten Bogen an Themen – von naturwissenschaftlichen Einführungen über Religionshistorisches bis hin zu ethischen Fragen. Vgl. Misar, Wladimir: Das Weltbild der heutigen Physik, 2 Bände (= Monistische Bibliothek. Kleine Flugschriften des DMB, Nr. 45/45a und 46/46a), Hamburg 1927; Kühl, August: Der Mensch und das Weltall (= Monistische Bibliothek. Kleine Flugschriften des DMB, Nr. 7), Hamburg 1920; Roretz, Karl: Religiöse Epidemien. Ein Versuch ihrer psychologischen Zergliederung (= Monistische Bibliothek. Kleine Flugschriften des DMB, Nr. 40/40a), Hamburg 1925; Siemsen, August: Von der Entwicklung alttestamentlicher Religion und Sittlichkeit (= Monistische Bibliothek. Kleine Flugschriften des DMB, Nr. 42/42a), Hamburg 1927; Manes, Georg: Wohlzeugung (Eugenik). Ein Weg zum Aufstieg der Menschheit (= Monistische Bibliothek. Kleine Flugschriften des DMB, Nr. 15/16), Hamburg 1920; Franck, Adolf: Monismus und Sozialismus. Die Kultur der Gesellschaft (= Monistische Bibliothek. Kleine Flugschriften des DMB, Nr. 26), Hamburg 1922; Höft, Gustav: Die weltliche Schule (= Monistische Bibliothek. Kleine Flugschriften des DMB, Nr. 27), Hamburg 1922; Lieder zur Wintersonnenwende (= Monistische Bibliothek. Kleine Flugschriften des DMB, Nr. 31), Hamburg 1922; Marcus, Paul: Das Recht auf Leben und Tod (= Monistische Bibliothek. Kleine Flugschriften des DMB, Nr. 48/48a), Hamburg 1930.

52 | Hinzu kommt, dass die Buchhandwerke – Drucker, Buchbinder und Setzer – klassische Rekrutierungsfelder der politischen Bewegungen waren, allen voran der Sozialdemokratie: Philipp Scheidemann, Otto Grotewohl und Friedrich Ebert waren gelernte Drucker und Setzer, Johann Most hatte das Buchbinderhandwerk gelernt. Vgl. Zentrum für Historische Sozialforschung: BIOSOP. Biographien Sozialdemokratischer Parlamentarier in den deutschen Reichs- und Landtagen 1867–1933, Köln 2008, Online unter: http://biosop.zhsf.uni-koeln.de/index.htm (20. 03. 2013).

53 | Keiderling, Thomas (Hg.): Die Firma F. A. Brockhaus, Mannheim 2005. Den Hinweis darauf verdanke ich Swen Steinberg (Dresden/Leipzig).

tisch primärsozialisierter Männer als Partizipanten der lebensreformerischen Szene in ihrer Studie zu den vegetarischen Vereinen um 1900 festgestellt und sie als Resultat der doppelten Statusinstabilität des sogenannten Neuen Mittelstands gedeutet: Lebensführungskonsequenz wird zur Abgrenzungsstrategie gegenüber dem Milieu, dem man durch Bildung entstiegen ist, und sie wird zum Habitus aufgrund des Fehlens jeglicher role models für die neuen Schichtangehörigen jenseits von Arbeiterschaft und Bürgertum, wobei man sich zwar an Letzterem orientierte, sich ihm aber durch die eigenen Bildungsinvestitionen letztlich überlegen fühlte.[54]

In dieser Abgrenzung findet sich ein weiteres Motiv für die Abwesenheit wirtschaftsbürgerlicher Kreise unter den Anhängern der neuen Weltanschauung, das bereits angedeutet wurde: Die Überhöhung von Bildungswerten verursachte gleichzeitig eine Geringschätzung des Erwerbslebens. Man konstruierte sich selbst als Träger bildungsbürgerlicher Werte bzw. einer technischen Ausbildung und damit als Träger von Kulturwerten – die letztlich diskursiv firme, »bleibende« Werte darstellten. Demgegenüber konstruierte sich die Erwerbswelt des Ökonomen als konjunkturabhängig und wankelmütig; korrespondierende ökonomische Werte werden im Aufschwung geschaffen und verlieren jeglichen Wert in der Krise.[55]

Diese Abgrenzungsstrategien wurden zudem gestützt durch die Kongruenz von beruflichem Ethos und dem Fortschrittstelos des monistischen Milieus: Gesellschaftlicher, positivistischer Fortschritt traf hier auf das Fortschrittsversprechen der Ingenieure oder das »Heilsversprechen« der Mediziner.[56] Monistische

---

54 | Vgl. Barlösius, Eva: Naturgemäße Lebensführung. Zur Geschichte der Lebensreform um die Jahrhundertwende, Frankfurt a. M. 1994, S. 100-137.

55 | Vgl. Lundgreen, Peter (Hg.): Sozial- und Kulturgeschichte des Bürgertums. Eine Bilanz des Bielefelder Sonderforschungsbereichs (1986-1997) (= Bürgertum. Beiträge zur europäischen Gesellschaftsgeschichte, Band 18), Göttingen 2000; Salewski, Michael: Bürgertum und Geistesgeschichte, in: Zeitschrift für Religions- und Geistesgeschichte 59/3 (2007), S. 193-211. Im Verhältnis von Bildungs- und Besitzbürgertum hat bereits Dirk Käsler den relativ hohen Anteil von Soziologen aus dem besitzbürgerlichen Milieu erklärt – als Emanzipations- bzw. Ausstiegswunsch und motiviert von einer tiefen »Verachtung für Geldmacher«, die man als kulturlos und skrupellos missbilligte. Käsler, Dirk: Die frühe deutsche Soziologie 1909 bis 1934 und ihre Entstehungs-Milieus. Eine wissenschaftssoziologische Untersuchung (= Studien zur Sozialwissenschaft, Band 58), Opladen 1984, S. 336 f.

56 | Speziell diesem Aspekt widmet sich auch das Teilprojekt M des SFB 804 »Das Fortschrittsversprechen von Technik und die Altruismusbehauptung der Ingenieure in der technokratischen Hochmoderne (ca. 1880-1970)«. Vgl. dazu Hänseroth, Thomas: Technischer Fortschritt als Heilsversprechen und seine selbstlosen Bürgen. Zur Konstituierung einer Pathosformel der technokratischen Hochmoderne in Deutschland, in: Hans Vorländer (Hg.), Transzendenz und die Konstitution von Ordnungen, Berlin 2013, S. 267-288.

Inhalte und Logiken sprachen also besonders Vertreter technischer bzw. Spezialkenntnisse erfordernder Berufe an: Handlungsmuster medizinischer Provenienz (Diagnostik, Therapeutik) oder das Ingenieursethos (mechanische Betreuung, Optimierung) ließen sich als generelle Handlungsmuster replizieren; als »Gesellschaftsärzte« oder »Sozialingenieure« weiteten sie lediglich ihre Zuständigkeitsbereiche aus.[57] Mediziner diagnostizierten Krankheiten der gesamten Gesellschaft bzw. einzelner gesellschaftlicher Teilbereiche und ersannen darauf gründende Therapien, die sie teilweise auf der Mikroebene erprobten.[58]

DIE WIRTSCHAFT IM MENSCHLICHEN ZUSAMMENLEBEN

Den sozialtechnologischen Entwürfen des säkularistischen Milieus fehlte eine belastbare Arbeitsgrundlage: ein Modell, das die Transformation der multiplen sozialen Wirklichkeit in quantifizierte und qualifizierbare Parameter erlaubte und – mögliche wie wünschenswerte – Entwicklungsrichtungen formulieren konnte. Hierfür bot sich die Sozialenergetik an – sie schrieb dem Streben nach ökonomischer Optimierung einen Zweck zu, der das Subsystem Ökonomie transzendierte: Die Energetik beschreibt ökonomische Prozesse als Energietransformationsprozesse. Wie in naturwissenschaftlichen Verfahren galt es damit als Verbesserung eines Prozesses, wenn dieser mit geringerem Energieaufwand zu gleichen Resultaten bzw. mit gleichem Aufwand zu quantitativ oder qualitativ besseren Ergebnissen kommt – wenn also der Wirkungsgrad erhöht wird. Der Zweck der Verfahrensoptimierung wird damit zum Ziel menschlichen Wirkens schlechthin; Kultur war für Denker wie Ostwald nichts anderes als die stetige Verbesserung der zivilisatorischen Mittel des Menschen:

»Denn die gesamte Kulturarbeit lässt sich als die Bemühung bezeichnen, einerseits die Menge der verfügbaren Rohenergie tunlichst zu vermehren, andererseits das Güteverhältnis ihrer Umwandlung in Nutzenergie zu verbessern. Da die Menge der Rohenergie begrenzt ist, so ist diese zweite Aufgabe mindestens ebenso wichtig, ja eigentlich noch wichtiger, wie die erste. Und dadurch, dass mit der Vermehrung der Menschheit auf der Erde die An-

---

57 | Eine dritte hier interessante Berufsgruppe sind die Lehrer. Am prominentesten ist dabei wohl der französische Soziologe Emile Durkheim: Zusammen mit seinen Schülern entwarf er die Idee des »Lehrers für die Gesellschaft«, der den Menschen Wissen um das Funktionieren der Gesellschaft vermittle und somit ihr Handeln reflektierter und besser mache. Durkheims Pariser Lehrstuhl war in der Pädagogik angesiedelt, durch seine Veranstaltungen gingen Generationen französischer Lehrer. Die Affiliation der Durkheimiens zum Sozialismus ist ebenfalls bekannt. Den Hinweis auf die Lehrermetapher im Umfeld Durkheims verdanke ich Judith Zimmermann (Leipzig).
58 | Vgl. hierzu Forel, August: Rückblick auf mein Leben, Zürich 1935.

sprüche an die Rohenergie immer mehr gesteigert werden, wird die Aufgabe der Verbesserung des Güteverhältnisses immer wichtiger.«[59]

Und an anderer Stelle fuhr er fort:

»Diese Aufgabe, die sich immer wiederholt, und deren richtige Lösung das Geheimnis des ökonomischen Erfolges (im weitesten Sinne) enthält, stellt sich mathematisch als die Lösung einer *Maximalaufgabe* dar. Ob es sich um die Anlegung eines Kabelnetzes für die Verteilung des elektrischen Stromes von einer Zentrale aus, oder um maßgebende Entschlüsse für die Gestaltung eines Schicksales, sei es eines Menschen oder eines Volkes, handelt: stets wird man das Problem auf eine solche Form bringen können, und die Schwierigkeit liegt immer nur darin, die maßgebenden veränderlichen Faktoren und ihren Einfluss auf das Ergebnis richtig abzuschätzen und in die Rechnung zu bringen.«[60]

Dabei waren sich die Sozialenergetiker durchaus der Differenziertheit möglicher Einflüsse auf gesellschaftliches Handeln bewusst, der Hinweis auf die Höherbewertung der geistigen Energie des Ingenieurs im Produktionsprozess zeigte dies bereits. Aber letztlich scheiterten sie an Versuchen der Darstellung solcher »Denkprozesse« als energetische Prozesse: Bibliotheken wurden »externe Werkzeuge«, verfügbare gesellschaftliche Wissensbestände führten zu »funktionellen Steigerungen« von Einzelenergien,[61] der motivierende und regenerierende Nutzen von Freizeitaktivitäten, Musikkonsum und Theaterbesuch oder von Sympathiebekundungen musste auch so darstellbar sein. Doch eben dieses Ziel scheiterte an der massiven Komplexivierung der Prozesse sozialen Handelns – Ergebnis war ein heilloses Durcheinander möglicher Energieformen mit undeutlichen, meist lediglich metaphorischen Quantitäten und Transfer- und Transformationswegen.[62]

---

59 | W. Ostwald: Grundlagen, S. 24 f.
60 | Ebd., S. 38 [Hervorhebung im Original].
61 | Ebd., S. 119, 122.
62 | Vgl. Engelmeyer, Peter: Kulturologische Studien, in: AN 13 (1914), S. 52-87, hier S. 81-87. Engelmeyer war ein russischer Ingenieur. Auch Ostwald nutzte solche recht metaphorischen Energietransfers: »Aus mindestens 600 Herzen [...], aus mindestens 600 Gehirnen, wie ich mich ausdrücken würde, bewegen sich Energiewellen des Wohlwollens auf mich zu und werden von mir absorbiert. [...] Nun kennen wir ja die physikalischen Umstände nicht genau genug. Vor allen Dingen scheint die Sache so zu sein, dass die so zugesandten Energien etwas vergänglicher Natur sind. Sie wirken auf kurze Zeit, geradeso wie irgendein Nahrungsmittel, nach 6 bis 8 Stunden ist ihre Wirksamkeit zu Ende.« Zitiert nach W. Bloßfeldt: Düsseldorf, S. 26 f. Gegen solche Argumentationen wandte sich auch Max Weber in seiner Kritik der Energetischen Grundlagen der Kulturwissenschaft von 1909. Vgl. Weber, Max: »Energetische« Kulturtheorien, in: Archiv für Sozialwissenschaft und Sozialpolitik 29 (1909), S. 575-598; R. Panesar: Medien, S. 157 f. Zum Thema der Objektivi-

MENSCHENÖKONOMIE

Die verbreitete, aus der Koinzidenz von Freidenkerei bzw. Kirchenkritik und linksbürgerlichem Intellektualismus resultierende Wahlverwandtschaft säkularistischer Akteure zur revisionistischen Flanke der SPD war zum einen die praktisch-pragmatische Form der Wahlbündnisse und -empfehlungen.[63] Zum anderen ruhte sie auf dem gemeinsamen Fundament einer materialistischen Weltsicht – sei sie nun marxistisch oder positivistisch; beide Richtungen sahen im Wirtschaftsleben eine maßgebliche Ursache gesellschaftlicher Wirklichkeitsformung und damit auch den Schlüssel für gesellschaftliche Wandlungsprozesse. Die Menschenökonomie war ein Produkt dieser Melange:[64] Rudolf Goldscheid wollte damit beispielsweise ethische und sozialpolitische Maßgaben ökonomistisch als Investitionen legitimieren, ihre buchhalterisch positive Bilanz erweisen

---

tät (resp. Positivismus) der Ästhetik vgl. Max Webers 1911 entstandene Musiksoziologie: Ders.: Die rationalen und soziologischen Grundlagen der Musik, Tübingen 1972.

63 | Zum Engagement der SPD-Mitglieder und Abgeordneten Eduard Bernstein, Eduard David, Adolph Hoffmann, Heinrich Peus und Ewald Vogtherr im Deutschen Freidenkerbund, dem Bund freireligiöser Gemeinden Deutschlands und/oder dem DMB vgl. F. Simon-Ritz: Organisation, S. 191 ff., 210.

64 | Vgl. Goldscheid, Rudolf: Entwicklungswerttheorie, Entwicklungsökonomie, Menschenökonomie. Eine Programmschrift, Leipzig 1908; Ders.: Höherentwicklung und Menschenökonomie. Grundlegung der Sozialbiologie (= Philosophisch-soziologische Bücherei, Band 8), Leipzig 1911; Ders.: Die Vergeudung menschlicher Arbeitskraft, in: Ders., Grundfragen des Menschenschicksals. Gesammelte Aufsätze, Leipzig/Wien 1919, S. 201–209; Ders.: Menschenökonomie als neuer Zweig der Wirtschaftswissenschaft, in: ebd., S. 108–131; Ders.: Monismus und Politik, in: Willy Bloßfeldt (Hg.), Der Magdeburger Monistentag. 6. Hauptversammlung des DMB vom 6. bis 9. September 1912, München 1913, S. 35–65; Ders.: Monismus und Menschenökonomie, in: MJ 1 (1912), S. 12–18; Ders.: Kulturperspektiven, in: AN 12 (1913), S. 3–27; Ders.: Höherentwicklung und Menschenökonomie, in: MJ 2 (1913), S. 94–99. Zur Menschenökonomie vgl. Bröckling, Ulrich: Menschenökonomie, Humankapital. Eine Kritik der biopolitischen Ökonomie, in: Mittelweg 36 12 (2003), Heft 1, S. 3–22; Witrisal, Georg: Der »Sozialamarckismus« Rudolf Goldscheids. Ein milieutheoretischer Denker zwischen humanitärem Engagement und Sozialdarwinismus, Diplomarbeit, Graz 2004, Online unter www.witrisal.at/goldscheid/rudolf_goldscheids_sozialamarckismus.pdf vom (05.02.2013); Ders.: Zur »Menschenökonomie« Rudolf Goldscheids: Ethisches Wirtschaftsmodell oder biologischer Totalitarismus?, in: Pirmin Stekeler-Weithofer/Heiner Kaden/Nikolaos Psarros (Hg.), An den Grenzen der Wissenschaft. Die Annalen der Naturphilosophie und das natur- und kulturphilosophische Programm ihrer Herausgeber Wilhelm Ostwald und Rudolf Goldscheid (= Abhandlungen der Sächsischen Akademie der Wissenschaften zu Leipzig, Philologisch-historische Klasse, Band 82/1), Leipzig 2011, S. 251–271.

und dem Theorem noch ein biologistisch-energetisches Fundament hinzufügen, das seine positivistische Wissenschaftlichkeit verbürgen sollte.

Der einzig mögliche Bezugsrahmen einer solchen Bilanz war für Goldscheid ganz im Sinne der internationalistischen und pazifistischen Bewegungen, mit denen er in regem Kontakt stand,[65] holistisch: Nur unter Einbeziehung der gesamten – natürlichen wie sozialen – Wirklichkeit sei eine reale Bilanzierung möglich. Dem lag eine monistische Weltsicht zugrunde: »Der geschlossene Kausalzusammenhang ist es, der, wie in der Wirklichkeit, so auch in der Erkenntnis, die Welt im Innersten zusammenhält.«[66] Der Fokus dieses weiten Rahmens war damit die Menschheit[67] bzw. – kleinteiliger – die existierenden nationalen Ökonomien. Dahinter stand etwa die von Goldscheid formulierte Kritik, dass die kapitalistische Bilanzpraxis zu stark verkürze: dass sie für die Produktion der Güter nur einen Teil der Kosten ausweise und die Folgekosten, etwa ungesunde Arbeitsbedingungen, nicht mit berechne.[68] Diese trügen der Staat und die Bevölkerung.

---

65 | Zur multiplen Verflechtung Goldscheids ins Reformermilieu vgl. Tönnies, Ferdinand: Rudolf Goldscheid (1870–1931), in: Kölner Vierteljahreshefte für Soziologie 10 (1932), S. 430–433; Stadler, Friedrich: Studien zum Wiener Kreis. Ursprung, Entwicklung und Wirkung des Logischen Empirismus im Kontext, Frankfurt a. M. 1997; Ders.: Spätaufklärung und Sozialdemokratie in Wien 1918–1938. Soziologisches und Ideologisches zur Spätaufklärung in Österreich, in: Franz Kadrnoska (Hg.), Aufbruch und Untergang. Österreichische Kultur zwischen 1918 und 1938, Wien 1981, S. 441–473; Mitchell G. Ash/Christian H. Stifter (Hg.): Wissenschaft, Politik und Öffentlichkeit. Von der Wiener Moderne bis zur Gegenwart, Wien 2002; Riehle, Bert: Eine neue Ordnung der Welt. Föderative Friedenstheorien im deutschsprachigen Raum zwischen 1892 und 1932, Göttingen 2009.

66 | R. Goldscheid: Monismus, S. 37. Es folgt ebenso programmatisch: »Aber es ist ebenso so unbestreitbar, dass wir die Gesamtsumme der Erfahrung als Einheit erleben, dass alle theoretische Scheidung in letzter Analyse künstlicher Natur ist«. Ebd., S. 38.

67 | Dabei bezog sich »Menschheit« letztlich nur auf die westlichen Kulturvölker. Die internationalistischen Netzwerke fokussierten europäisch-nordamerikanische Belange, Blicke nach Australien oder Südamerika thematisieren letztlich auch nur deren europäischstämmige Führungsschichten. Ausnahmen waren allein die progressiven Eliten Nordafrikas, Japans und Indiens, deren Orientierung an westlichen Diskursen aber kommentar- und zweifellos gesetzt wurde. Vgl. Dokumente des Fortschritts 1 ff. (1908 ff.); Saenen, Bregt: »Pour la diffusion des expériences sociales« – een onderzoek naar documents du progrès binnen de transnationale ruimte aan het begin van de twintigste eeuw, Masterarbeit, Gent 2008, Online unter http://lib.ugent.be/fulltxt/RUG01/001/376/209/RUG01-001376209_2010_0001_AC.pdf (05. 02. 2013).

68 | R. Goldscheid: Monismus, S. 44 f.: »Das gesamte Getriebe der Gegenwart, die gesamte politische und soziale Praxis des Alltags kann man nur begreifen, wenn man erkannt hat, dass unausgesetzt zielbewusst auf intellektuelle soziale Bilanzverschleierung hingearbeitet wird. Alle Rechnungslegung will man so gestaltet wissen, dass die Eintragungen auf der Habenseite nicht mit denen auf der Sollseite verglichen werden können, unser Haben und

Die Aufgabe der Menschenökonomie »sei es [daher], den *natürlichen* Preis der Waren und den der qualifizierten und unqualifizierten Arbeitskräfte gegenüberzustellen und mit dem Preis der Wirtschaft [...] ins Verhältnis zu setzen«.[69] Goldscheid ging es jedoch weniger um eine Stigmatisierung der Unternehmer oder ihre Beteiligung an sozialen Kosten; er argumentierte vielmehr, dass auch der Unternehmer ein Interesse daran habe, die Bilanzierung zu totalisieren: Auch er trüge unnötige Kosten – durch die Steuern, durch die Ausfallkosten kranker und schlecht ausgebildeter oder unmotivierter Arbeitnehmer, durch so entstehende Produktionseinbußen. Es sei letztlich lukrativer, Arbeiter gut und intensiv auszubilden und ihre Arbeitskraft langfristig zu nutzen, was einen pfleglichen Umgang mit seinem Arbeitnehmerstamm erfordere; Goldscheid sprach von der »Amortisierung« der Investition in die Arbeitskraft.[70] Der Aspekt der Amortisierung war gleichzeitig sein stärkstes pazifistisches Argument: Die kriegerische Mobilmachung sei letztlich der Einsatz gut ausgebildeter Spezialisten auf fachfremdem Terrain – dem Töten. Nicht nur, dass die Arbeiter in ihren Fabriken produktiver wären, sie würden dort und nicht im Felde ihre Ausbildungskosten amortisieren. Die ökonomische Bilanz der Gefallenen war für Goldscheid volkswirtschaftlich katastrophal.[71]

Geringere Arbeitszeiten, höhere Löhne, Rekreationszeiten und Bildungs- bzw. Unterhaltungsangebote pflegten das »organische Kapital« des Unternehmers, senkten den Verschleiß und optimierten die Betriebsabläufe; dieser Argumentationsstrang findet sich auch außerhalb Goldscheids Werk im internationalistischen Diskurs. 1904 berichtete beispielsweise Albert Kellner unter der Überschrift »Der Sozialingenieur« in der »Ethischen Kultur«, dem Verbandsorgan der 1892 gegründeten Deutschen Gesellschaft für Ethische Kultur, über verschiedene Maßnahmen zur Verbesserung der Arbeitsbedingungen im US-amerikanischen und britischen Raum und referierte mehrere Beispiele verbesserter Arbeits- oder Wohnbedingungen für Angestellte. Dabei wurde durchgehend auf die Erhöhung der Produktivität verwiesen, die sich direkt an der Produktion durch

---

unser Sollen, das müssen auch zwei ganz selbständige Welten sein, zwischen denen es keine Brücke gibt.«

69 | Fleischhacker, Jochen: Rudolf Goldscheid: Soziologe und Geisteswissenschaftler im 20. Jahrhundert. Eine Porträtskizze, in: Newsletter des Archivs für die Geschichte der Soziologie in Österreich 20 (2000), S. 3–15, hier S. 7 [Hervorhebung im Original].

70 | Konkret sprach Goldscheid von einer »organischen Amortisierungsquote«. R. Goldscheid: Monismus, S. 58; Ders.: Vergeudung, S. 202, Goldscheid meinte damit das Verhältnis von »Menschenverbrauch« und erreichtem kulturellen Wert. Vgl. Ders.: Monismus, S. 57.

71 | Ders.: Krieg, S. 441: »Sie [die Kritiker des Pazifismus] sehen nicht, wie unsere Kultur schon ein so kompliziertes Gebilde geworden ist, dass für uns durch einen Krieg weit mehr zu verlieren ist, als je in vergangenen Zeiten. Der Krieg ragt wie ein Anachronismus in unser Zeitalter der sozialen Arbeit hinein.«

höhere Stückzahlen oder bessere Qualität oder indirekt an geringeren Ausfallkosten Kranker ablesen ließ.[72] Das Motiv für die Verringerung der Arbeitszeiten, die Einführung von Pausen(räumen) etc. sei die »Einsicht, das für die Hebung der Lage der Angestellten ausgegebene Geld sei eine vorzügliche Kapitalanlage«.[73] Es wurde also innerhalb eines zweifelsohne kapitalistischen Zusammenhangs für sozialpolitische Innovation argumentiert. Das szientistische Moment tritt hinzu, wenn die »lohnende Philanthropie« professionalisiert wird: In den Beispielen gab es zwar Wettbewerbe und Vorschlagsmöglichkeiten für die Angestellten, doch die größte Aufmerksamkeit fand die Einrichtung von Koordinationsstellen, die die Verbesserungen planten und umsetzten, für die Kommunikation zwischen Geschäftsleitung und Arbeitern oder direkt für die Ansprache der Arbeitnehmer zuständig waren – hier schlug gewissermaßen die Stunde des »Sozialingenieurs«. Ihm – oder bemerkenswerterweise in den Beispielen auch ihr – kam eine Schlüsselrolle im neuen Jahrhundert zu:

»Die das letzte Jahrhundert kennzeichnenden großen Umwälzungen im Industriebetrieb wurzeln in der überlegenen Produktivität der durch Dampf getriebenen Maschinen. [...] Dem 20. Jahrhundert steht eine andere industrielle Umwälzung bevor, die aus der Erkenntnis der höheren Produktivität gut behandelter, menschlicher Arbeitskräfte hervorgeht«.[74]

Hier zeigte sich also nicht nur der investierende Kapitalist als Akteur, sondern auch der Techniker, der das Wirtschaftsleben optimierte, indem er den Arbeitskräften zu besseren Bedingungen verhalf – aber nicht primär aus moralischen Motiven, sondern weil es seine Aufgabe ist, die Abläufe zu optimieren.[75] Darum

---

72 | Eben dieses Argument bediente auch Heinrich Rößler, als er 1884 in der Degussa den Achtstundentag bei vollem Lohnausgleich einführte: »Die Leute arbeiten besser und intensiver als früher, und es wird dasselbe geleistet, ohne dass für Arbeitslöhne mehr ausgegeben werden muss«. M. Wolf: Zeichen, S. 72. Wolf verweist auf die zeitgenössische Debatte, in der der Achtstundentag beispielsweise vom Verein für Socialpolitik auch als Mittel zur Schaffung neuer Arbeitsplätze und damit als Mehrkostenfaktor diskutiert wurde. Ebd. In diesen Argumentationsstrang gehört auch Goldscheids Argument für die Sozialversicherungssysteme: Sie seien eher Einnahmen als Ausgaben, da mehr hinein- als herausfließe und sie durch die Milderung sozialen Elends Folgekosten in noch höherem Umfang ersparten. R. Goldscheid: Monismus, S. 58.
73 | Vgl. Kellner, Albert: Der Sozialingenieur, in: Ethische Kultur 12 (1904), S. 27 ff.
74 | Ebd., S. 27. Kellner zitierte einen Unternehmer: »Der soziale Ingenieur ist ein neuer Beruf, den den Industriellen lohnt, denn ein kräftigerer Arbeiter kann mehr, ein gewissenhafter gewissenhafter, ein intelligenter intelligenter arbeiten.« Ebd., S. 28.
75 | Vgl. dazu Luks, Timo: Der Betrieb als Ort der Moderne. Zur Geschichte von Industriearbeit, Ordnungsdenken und Social Engineering im 20. Jahrhundert, Bielefeld 2010. Den Hinweis verdanke ich Swen Steinberg (Dresden/Leipzig).

durfte der Verweis auf die Rentabilität der Maßnahmen nie fehlen: Sie war das Maß aller Dinge im Wirtschaftsleben und so auch für den Sozialingenieur.

Gleichzeitig offenbarte dieser Verweis den Adressaten der Überlegungen, der sich auch für die Menschenökonomie identifizieren lässt: Die expliziten wie impliziten Aufrufe richteten sich an den Unternehmer und an die öffentliche Administration. Goldscheid versuchte zweigleisig sowohl die staatlichen Entscheidungsträger (Politiker, Beamte) als Rahmengeber wirtschaftlichen Agierens mit sozialpolitischen Vorzügen zu überzeugen als auch die Unternehmer als Akteure im ökonomischen Feld mit den kapitalistischen Gewinnmöglichkeiten zu erreichen. Zu einer auf der Menschenökonomie basierenden Umsetzung eines Programms kam es nicht – weder war der Feingeist Goldscheid zu wirtschaftlichem Erwerb fähig oder willens noch fand sich ein befähigter Nachahmer.[76]

Auch Goldscheid hatte gebannt nach den Vereinigten Staaten geblickt: Er rezipierte Taylors Ideen des »scientific management«, wobei er eine Erweiterung der »wissenschaftlichen Betriebsführung« auf die sozialen Aspekte forderte; hiervon versprach er sich neben dem produktiven und organischen einen »seelischen Mehrwert«.[77] Und so warnte er bei aller Faszination auch vor den Folgen der technischen Regulierungs- und Optimierungsmaßnahmen, die »zum Segen oder zum Fluch geraten« könnten – es bedürfe der Ergänzung durch die Menschenökonomie und die »Biotechnik«.[78]

Goldscheid wurde als Utilitarist, Sozialdarwinist und Vorläufer totalitärer Gesellschafts- bzw. Staatskonzepte klassifiziert;[79] seine Nähe zur Sozialdemokratie und sein Engagement in der Wiener Rätedemokratie vereinfachten diese Rezeption. Diese Affiliation geht aber an den historischen Gegebenheiten vorbei: Zwar war die Menschenökonomie durchaus positivistisch und technizistisch. Allerdings war sich Goldscheid zum einen der negativen Entwicklungsmöglichkeiten einer Technisierung bewusst; diese Einsicht war eine Wurzel seines Pazifismus. Zum anderen wurden für solche Einschätzungen weder Goldscheids vielfältige Verbindungen ins sozialreformerische Milieu noch der Impetus seiner Menschenökonomie berücksichtigt. Denn Goldscheid betonte den Kostenfaktor

---

76 | Zum Einfluss Goldscheids auf die Sozialgesetzgebung im »Roten Wien« vgl. Fritz, Wolfgang/Mikl-Horke, Gertraude: Rudolf Goldscheid – Finanzsoziologie und ethische Sozialwissenschaft, Wien/Berlin 2007.
77 | R. Goldscheid: Vergeudung, S. 201 f. Vgl. ferner Ostwald, Wilhelm: Wissenschaftliche Betriebsleitung. 86. Predigt, in: Ders., Monistische Sonntagspredigten. Vierte Reihe, Leipzig 1914, S. 145–160.
78 | R. Goldscheid: Vergeudung, S. 208.
79 | Für die Rezeptionsgeschichte Goldscheids vgl. G. Witrisal: Sozialamarckismus, S. 125–141; Fleischhacker, Jochen: Wandel generativer Verhaltensmuster im 20. Jahrhundert. Eine Betrachtung der bevölkerungstheoretischen Diskurse des Soziologen Rudolf Goldscheid, in: Mitteilungen aus der kulturwissenschaftlichen Forschung 37 (1996), S. 54–68.

Mensch eben gerade nicht, um ihn zu quantifizieren und darauf zu reduzieren. Vielmehr reagierte er mit dieser Reduktion auf die um 1900 offensichtlich schon weit vorangeschrittene Ökonomisierung nicht-ökonomischer Lebensbereiche: Wenn wesentliche Teile der Gesellschaft nur noch in Termini von Kosten und Nutzen kommunizierten, bedeutete eine positive Bilanz des arbeitenden Menschen letztlich seine Rechtfertigung – als Teil des Arbeitsprozesses wie auch als Individuum jenseits dieser Sphäre. Mit der Menschenökonomie lässt sich damit auch zeigen, wie zeitig und wie umfassend die Argumentation des ökonomischen Subsystems die Grenzen dieses Systems überschritten hatte und die genuin ökonomische Logik als Rechtfertigungszusammenhang anderer gesellschaftlicher Subsysteme diente. Die sozialpolitische Intervention sollte so auch ökonomisch legitimiert werden – nicht nur als indirekte, problemvermeidende Maßnahme, sondern als direkte Investition.

EIN MONISTISCHES SOZIALEXPERIMENT: DIE SIEDLUNG UNESMA

Jenseits der Debatten in den monistischen Zeitschriften gab es einen kurzweiligen Versuch dezidiert monistischen Zusammenlebens und auch Wirtschaftens. Entstehung und Scheitern dieses Unternehmens zeigten deutlich die Hoffnungen wie auch die finanziellen und personellen Grenzen, aber auch die Kompetenzgrenzen des Milieus. Wilhelm Ostwald hatte am 10. März 1912 die »Monistische Sonntagspredigt«[80] »Ein monistisches Kloster« publiziert, die die Idee einer monistischen Siedlung anregte:[81] »Da der Monismus die Rolle der Religion übernommen« habe, stehe er vor der Aufgabe, zweckmäßige Instrumente bisheriger Religionen zu modernisieren und zu integrieren. Bei Klöstern sei dies denkbar: Sie ermöglichten es einigen Spezialisten, sich allein ihrem Beruf zu widmen; alltäglicher Sorgen enthoben könnten sie in geistig fruchtbarer Atmosphäre mit Gesinnungsgenossen noch produktiver kommunizieren. Ostwald sinnierte also über ein monistisches Kloster zur Verstetigung der monistischen Ideen, ihrer

---

80 | Kurz nach Übernahme der Präsidentschaft des DMB begann Ostwald zum April 1911 seine »Monistischen Sonntagspredigten«, die er als wöchentlich erscheinende, achtseitige Broschüren publizierte und in denen er sich mit tagespolitischen oder grundlegenden Themen unter monistischen Auspizien auseinandersetzte. Nach den ersten 52 Predigten, die bis März 1912 datieren, reduzierte man auf einen vierzehntägigen Turnus. Statt separat postalisch wurden sie nun als Beilage des »Monistischen Jahrhunderts« geliefert. Bis 1916 verfasste Ostwald insgesamt 136 Predigten, die sowohl als einzeln gebundene Predigten als auch als gesammelte Neuabdrucke in fünf Bänden vorliegen. Hinzu kommen neun Predigten aus dem Frühsommer 1914, die sich nicht in der fünften Reihe finden.
81 | Vgl. Ostwald, Wilhelm: Ein monistisches Kloster. 50. Predigt, in: Ders., Monistische Sonntagspredigten. Zweite Reihe, Leipzig 1912, S. 393–400. Auf S. 393 dieser Predigt findet sich auch das folgende Zitat.

Umsetzung in die Lebensführung und als Präsentation für die kritisch bis ablehnend eingestellte Umwelt. Eine solche Siedlung zu begründen war zu dieser Zeit unspektakulär, viele sozial- und lebensreformerische Vereinigungen »gründeten früher oder später ein kultisches Zentrum oder eine Siedlung zur praktischen Umsetzung ihrer meist hochgesteckten Ziele«.[82] Der Charme einer solchen Kolonie bestand offenbar im Versprechen »reine[r] Planungsrationalität« – der Idee, menschliches Zusammenleben in seiner sozialen Komplexität auf eine überschaubare und autarke Gemeinschaft zu reduzieren und so kontrollierbar und planbar zu machen.[83] Panesar verknüpft dieses Bedürfnis konkret mit der bürgerlichen Politikerfahrung des 19. Jahrhunderts, die sich durch politischen Kampf und gerade nicht durch die Durchsetzung des besseren Arguments auszeichnete und die in der Binnenperspektive von herben Rückschlägen geprägt war.[84]

Die Überlieferungen zum Verlauf des »Experiments«, wie Ostwald das Unternehmen ganz szientistisch nannte, sind recht vage; persönliche Aufzeichnungen der Siedler oder des Finanziers Ostwald konnten bislang nicht recherchiert werden. Das aus den Verlautbarungen im »Monistischen Jahrhundert« und in den »Sonntagspredigten« rekonstruierbare Bild ist recht überschaubar: Nach dem Anwurf im März 1912 befand sich das Siedlungsprojekt im September 1912 in der Planungsphase; auf der Jahreshauptversammlung des DMB in Magdeburg verkündete Ostwald den Kauf der Amtsschreibermühle im thüringischen Altmühltal bei Eisenberg, die er für die Etablierung einer solchen Siedlung zur Verfügung stelle.[85] Im Februar 1913 diskutierte Ostwald einen Satzungsentwurf und entwickelte die Siedlung als genossenschaftliches Eigentum der Bewohner: Durch Kapitaleinlagen, Jahresabschläge oder Arbeitsleistungen und »mindestens 500 Arbeitsstunden jährlich« sollte sich das Unternehmen erhalten und den Bewohnern und deren Kindern »freien Unterhalt, nämlich Wohnung in der genossenschaftlichen Siedlung, Beleuchtung und Heizung, sowie Lebensmittel« stel-

---

82 | R. Panesar: Medien, S. 156, verweist in diesem Zusammenhang auf Linse, Ulrich: Ökopax und Anarchie. Eine Geschichte der ökologischen Bewegungen Deutschlands, München 1989. Vgl. ferner Feuchter-Schawelka, Anne: Siedlungs- und Landkommunebewegung, in: Diethard Kerbs/Jürgen Reulecke (Hg.), Handbuch der deutschen Reformbewegungen 1880-1933, Wuppertal 1998, S. 227-244.

83 | Der Gedanke an Ferdinand Tönnies' »Gemeinschaft und Gesellschaft« ist hier angebracht: 1887 bei der Erstveröffentlichung ein Ladenhüter, avancierte es in der Zweitauflage 1912 zum Bestseller. Die Gegenüberstellung von anonymisierter, unverbindlicher Gesellschaft der Moderne und der direkt interaktiven und sozial integrativen Gemeinschaft wurde in den Reformgruppierungen rege rezipiert und umgesetzt – Vereine waren nicht selten »Heimat« und primäre »peer group« der urbanisierten, anfänglich habitusarmen Mittelschicht.

84 | R. Panesar: Medien, S. 156.

85 | Vgl. W. Ostwald: Monismus, S. 82 ff.

len; angestrebt war eine Erweiterung auf ärztliche Fürsorge, Rentenleistungen in der Gemeinschaft und Unterricht der Kinder.[86]

Im Mai 1913 vermeldete Ostwald den Einzug der ersten Siedler, »fünf Männer jüngeren Alters«.[87] Er bat, von weiteren Bewerbungen abzusehen – die subsistenziellen Möglichkeiten seien ausgelastet: Einleger von genossenschaftlichem Vermögen seien dagegen weiter willkommen. Das Unternehmen »atmete« im Mai noch den Enthusiasmus des Beginnens, auch kokettierte man noch mit ersten Hemmnissen: Die »städtisch rückständige[n] Muskeln [sind] der schweren Feldarbeit noch nicht gewachsen«[88] – man habe Knechte anstellen müssen, um das Arbeitspensum zu bewältigen und die nötigen Techniken zu erlernen. »Aber ein unverwüstlicher guter Wille beseelt alle Beteiligten [...]. Fröhliches Lachen lässt sich den ganzen Tag bei der Arbeit hören«.[89] Außer dieser Darstellung des monistischen Siedlungsidylls predigte Ostwald ferner seine mittelfristigen Pläne, die Siedlung solle weniger Agrarkommune bleiben als vielmehr zum sozialen Zentrum ausgebaut werden: Ein Logierhaus, eine Druckerei und ein Kinderheim sollten auf Unesma entstehen. Die Motive dieser Trias weisen über die Ökonomie ihrer Einrichtung hinaus: Während die Druckerei die monistische Publizistik zentralisieren und optimieren sollte, war die Pension eine effiziente Verdichtung monistischer Denker, die zur Diskussion und damit zum Fortschritt anregen würde; hier findet sich die anfängliche Klosteridee wieder. Ostwald träumte von einer stetigen Einrichtung zur Bildung monistischer Laien wie auch zur Ausbildung professioneller Redner und Schreiber.[90] Das »Kleinkinderpensionat« letztlich stellte eine Umsetzung pädagogischer und sexualmoralischer monistischer Ambitionen dar: Man konnte sowohl einen progressiven Umgang mit unehelli-

---

86 | Ders.: Die monistischen Siedelungen. 74. Predigt, in: Ders., Monistische Sonntagspredigten. Dritte Reihe, Leipzig 1913, S. 169–176, hier S. 172 ff. Die Predigt erschien am 15. Februar 1913, es handelt sich also nach wie vor um theoretische Überlegungen.

87 | Ders.: Kolonie Unesma. 80. Predigt, in: Monistisches Jahrhundert 2/7 (17.05.1913), Beilage, 8 S. (paginiert S. 49–64), hier S. 49. Bei der Herausgabe des vierten Sammelbands (enthaltend die Predigten von April 1913 bis März 1914) im Frühjahr 1914 war die Siedlung bereits aufgelöst worden, sodass diese Predigt im Sammelband durch eine andere ersetzt wurde. Die Unesma-Predigt ist also nur als Beilage des »Monistischen Jahrhunderts« erhalten, nicht aber in der Buchausgabe. Die Predigten sind auch in Broschur fortlaufend paginiert.

88 | Ebd., S. 51.

89 | Ebd.

90 | Zur Debatte um die Einrichtung einer unabhängigen Freidenkerhochschule vgl. H. Groschopp: Hochschule. Des Weiteren ist die Einrichtung der Pfingstkurse 1914 interessant, vgl. hierzu Neef, Katharina: Biografische Kontexte für Wilhelm Ostwalds Engagement im Deutschen Monistenbund, in: Mitteilungen der Wilhelm-Ostwald-Gesellschaft zu Großbothen e. V. 14/3 (2009), S. 36–46.

chen Kindern bzw. deren Müttern präsentieren als auch ein Feld reformpädagogischen Arbeitens bereitstellen.[91]

Das Pensionsprojekt wurde augenscheinlich umgesetzt: Im Juni 1913 wurde im »Jahrhundert« ein geplantes »permanentes monistisches Heim für alleinstehende, ältere Herren« und im Juli eine Pension annonciert (Abb. 1, 2). Im September 1913 bemerkte Ostwald auf der Jahreshauptversammlung in Düsseldorf,

> Es ist geplant,
> auf der Siedelung Unesma bei Eisenberg, S.-A.
> **ein permanentes monistisches Heim**
> für alleinstehende, ältere Herren, welche über etwas Vermögen verfügen, zu errichten. — Herren, welche sich für ein solches ruhiges, friedliches und sorgenloses Heim interessieren und einige Tausend Mark darin genossenschaftlich anlegen wollen, sind gebeten, sich an den Verlag Unesma, Leipzig, Kantstr. 17 zu wenden.

Abb. 1: MJ 2 (1913), S. 303.

> **Monistische Siedlung „Unesma"**
> eröffnet am 1. Mai **PENSION** für vorübergehenden und dauernden Aufenthalt ••• Pension von Mark 4.50 an ••• Anmeldungen rechtzeitig erbeten, da vorläufig nur beschränkte Räumlichkeiten vorhanden sind
> **Unesma-Verwaltung / Eisenberg (S.-A.)**
> Amtsschreibermühle

Abb. 2: MJ 2 (1913), Umschlaginnenseite.

dass Gruppen des Wandervogels kostenfrei Unterkunft erhielten.[92] Einen Monat später, am 25. Oktober, teilte Ostwald dann lapidar mit, »dass die erste Versuchsreihe abgeschlossen ist und die bisherigen Teilnehmer übereingekommen sind, sich zu trennen. Die Unternehmung wird auf wenig geänderter Grundlage fortgesetzt.«[93] Die Siedler selbst erwirkten eine im Januar 1914 abgedruckte »Berichtigung«: Sie hätten die Siedlung verlassen, nachdem der Verwalter der Siedlung

---

91 | Zur Affiliation des DMB zu reformpädagogischen Protagonisten und zum Bund für Mutterschutz bzw. der entstehenden Sexualwissenschaft vgl. Dies.: Soziologie, S. 88 ff.
92 | W. Bloßfeldt: Düsseldorf, S. 258. Die Bemerkung fiel in einer bildungspolitischen Debatte, wobei man um Kooperation mit der Jugendbewegung, speziell mit dem Wandervogel als bürgerlicher Bewegung, bemüht war.
93 | Ostwald, Wilhelm: Kolonie Unesma, in: MJ 2 (1913), S. 862. Die Auflösung wurde von der Zeitschrift des Zentralverbands proletarischer Freidenker, dem Atheisten, hämisch kommentiert: Ein neues Monistenkloster, in: Der Atheist 10 (1914), S. 61; Nachklänge aus

Otto von Zschock trotz ihrer Beschwerden in diesem Amt verblieben wäre – es war offenbar zu internen Zerwürfnissen gekommen. Als im Frühjahr 1914 die vierte Reihe »Monistischer Sonntagspredigten« erschien, fand die Predigt »Kolonie Unesma« vom Mai 1913 bereits keine Aufnahme mehr; für Ostwald war also entgegen seiner Ankündigung einer weiteren »Versuchsreihe« das Projekt gescheitert.[94] Auch in seinen Memoiren bewertete er 1927 das Unternehmen als völligen Misserfolg:

> »Die schwierigste Aufgabe ist in solchen Fällen immer die Wahl der Mitarbeiter, und ich muss bekennen, dass ich ihr in keiner Weise gewachsen war. Wirtschaftlich hatte ich mir die Sache so gedacht, dass ich den Siedlern zunächst freie Benutzung von Haus und Boden zugestehen wollte; für Nahrung, Kleidung usw. sollten die Erträge der Landwirtschaft dienen. [...] Schon dies muss ich jetzt als einen organisatorischen Grundfehler ansehen, da die Siedler dadurch den Eindruck erhielten, dass es auf ein genaues Wirtschaften nicht so sehr ankäme. Die allererste Aufgabe, die Siedlung wirtschaftlich selbständig zu machen, trat dadurch in den Hintergrund, und damit war eigentlich schon der Misserfolg besiegelt. [Man] nahm im übrigen ohne viel Prüfung auf, was sich um Aufnahme bewarb, auch wenn keine andere Begründung da war, als eine Notlage.«[95]

Zu einem kontinuierlichen Wirtschaftshandeln ist es also in der monistischen Siedlung Unesma nicht gekommen, über die Gründe ihres Scheiterns lassen sich vorerst nur tentative Schlüsse ziehen. Neben interne Reibereien und zwischenmenschliche Unzuträglichkeiten tritt zwar sicherlich der Mangel an Kenntnissen, doch war die Fülle der Mängel groß und nicht nur auf die betriebswirtschaftlichen Grundlagen beschränkt: Handwerkliches Geschick, landwirtschaftliches Wissen und körperliche Fähigkeiten fehlten den Kommunitariern mehr oder minder – was auf ihre urbane und mittelständische Herkunft ebenso hindeutet wie auf ihren und Ostwalds Enthusiasmus, solche aus der Spezialisierung der Arbeitswelt entstehenden Hürden rasch zu überwinden. Dahinter verbarg sich letztlich wohl auch die Geringschätzung der Komplexität bäuerlicher bzw. ländlicher Arbeitswelten, die zum einen ebenso arbeitsteilig und spezialisiert war wie vergleichbare städtische, industrielle Arbeitssphären, und in der zum anderen darüber hinaus die Ressource Erfahrung – etwa hinsichtlich der Witterung oder

---

dem verlassenen Monistenkloster, in: ebd., S. 85 f. Im ersten Artikel ist von einer Neugründung auf dem Balkan die Rede – eine Information, die quellenmäßig nicht nachvollziehbar ist.

94 | Ostwald; Wilhelm: Wahrer und falscher Monismus. 80. Predigt, in: Ders., Sonntagspredigten IV (1914), S. 49–64.

95 | Ders.: Lebenslinien. III. Groß-Bothen und die Welt 1905–1927, Berlin 1927, S. 252–255, Online unter www.db-thueringen.de/servlets/DerivateServlet/Derivate-15333/KNT_06c_text.pdf (25.03.2013).

Zeiteinteilung von Saat und Ernte – ungleich wichtiger war als in maschinellen Werkzusammenhängen.

AUF DEM ANZEIGENMARKT: »MONISMUS« ALS BINNENKOMMUNIKATIVER MARKER

Trotz des Misserfolgs monistischen Zusammenlebens auf kommunitarischer Grundlage waren die Bemühungen um die Installation einer monistischen »Neuen Ethik« auf interner kommunikativer Ebene nicht völlig vergebens: Mit Erscheinen des »Monistischen Jahrhunderts« ab April 1912 etablierte sich ein reger Kleinanzeigenmarkt, mit dem für Lebensreformer taugliche Pensionen, Lebensmittel und Apparaturen geworben wurde; aber auch Stellen wurden gesucht oder angeboten und Bekanntschaften angebahnt. Das zur monistischen Sozialstruktur Gesagte findet in den Anzeigen Bestätigung und Erweiterung: Vor allem Lehrer und besonders Reformpädagogen, Buchhalter, Schreibkräfte und Assistenten boten ihre Dienste an und wurden weniger gesucht. Seltener baten Anwälte um Assoziation oder Anstellung (Abb. 3).

Rechtsanwalt, Monist, wegen überhandnehmender Konkurrenz und der damit verbundenen Unzuträglichkeiten berufsunlustig, sucht bei kaufmännischem, industriellem oder literarischem ev. auch Versicherungsunternehmen lohnende Stellung, in der er seine juristischen Kenntnisse verwerten kann. Ev. Assoziierung od. Hilfsarbeiterschaft bei monistischem Anwalt erwünscht. Offerten unter „M. 64" an den Verlag Unesma, Leipzig, Kantstraße 17.

Abb. 3: MJ 2 (1913), S. 448, 472.

Bemerkenswert ist der Umstand, dass in den Anzeigen junge Frauen fassbar werden: Weder in den Funktionärslisten noch in den Zeitschriften als Autorinnen oder auf den monistischen Tagungen ist eine Beteiligung dieser Alters- und Geschlechtsgruppe greifbar – abgesehen von den bekannten Frauenrechtlerinnen Helene Stöcker und Adele Schreiber. Als Inserentinnen oder Adressatinnen traten sie dagegen häufig in Erscheinung: Als Arbeitssuchende (Privatsekretärin) oder gewünschter Lehrling (Abb. 4), als potentielle Partnerin (Abb. 5) oder selbst auf Partnersuche.

Fräulein kann in monistischer Familie Vegetarier-Haushalt erlernen. Ohne Vergütung. Voller Anschluß. Angebote erb. **Nicolaus, Bremen-Sebaldsbrück,** Chaussee 13.

Abb. 4: MJ 2 (1913), S. 568.

Darüber hinaus verraten die Inserate einiges über die Lebensführung der Monisten: Die monistische Familie, die eine Köchin suchte, lebte vegetarisch (Abb. 4) – ein Umstand, der in den Artikeln im »Jahrhundert« eher weniger Beachtung fand, der aber durch die regelmäßige Reklame für Reformlebensmittel und -artikel (Nusscreme, Darmbakterienpräparate, Pflanzenbutter, Luftbadzelte) durchaus seine empirische Fundierung erhält.[96] Idealtypisch sowohl im

---

96 | Vgl. Kleinanzeigenseiten in: MJ 1 (1912), S. 387; ebd. 2 (1913), S. 24, 168.

> Veg.-Mon. (25 J., gesund, ebenmäss. Körperentw., 1.65 m; höh. Schul- & umfas. gedieg. Eigenbild.) leidenschaftl. Naturfr. & -Kenner, äuss. feinsin. Beob. m. ausgepr. Sinn f. Kunstkritik i. allgem., u. besond. Interesse f. klass. Musik, wünscht m. ähnl. veranl. Weib ruhigbeständ. Karakters in idealer Ehe gleichen Schrittes zur Vollkommenheit empor zu gehn. Dieses als nutzbring. gemeins. Tätigk. gedachte Streben nach Höherentwickl. wäre jed. nur zu verwirkl., wenn Such. die ihm herzl. leid geword. entart. kaufm. Tätigkeit, die s. gewiss lebensbejah., prakt.-idealist. Richtung u. dadurch unmittelb. ihn selbst zu vernichten droht, mit ein. freien Beruf vertausch. könnte. Ein Wunsch, dess. Erfüll. von wirtschaftl. Sicherstell. im Interesse sorgenfr. Schaff. abhäng. i. u. von Such. leider als notwend. Vorbeding. f. eine ehel. Verbind. gestellt werden muß, was jed. bei sein. überaus einf. Lebensw. unschwer zu ermögl. i.-S. Idealbeschäft. würde neben gärtn. Tätigk. (Obstbau) u. u. U. auch Ausüb. d. Naturheilmet. bes. die Behandl. d. Sexual- (Doppelmoral), Schul-, Frauen-, Fried.- & veg. Frage i. mon. Sinne betr. — Nichtanon. Br. u. Nr. K. A. 245 a. Verlag Unesma, Leipzig, Kantstr. 17.

Abb. 5: MJ 2 (1913), S. 280, 448.

Hinblick auf die individual-biografische Verquickung der verschiedenen Reformbewegungen als auch auf die sozialtypologische Verortung (25 Jahre, alleinstehend, männlich, mittelständisch) kann die Anzeige des vegetarischen Monisten (Abb. 5) gelten, der persönlich wie beziehungstechnisch nach Höherentwicklung und Vervollkommnung strebte – das monistisch-szientistische Fortschritts- und (Selbst-)Entwicklungsparadigma also an sich exerzierte und damit historisch exemplifiziert.

Ihre Fortsetzung als internes soziales Forum fand die monistische Vereinspresse, wo sie zum Ort sozialer Verlautbarung wurde. Diese Entwicklung begann zaghaft mit Verlobungs- und Heiratsanzeigen[97] und fand ihre traurige Entfaltung nach Ausbruch des Weltkriegs: Die Anzeigen für gefallene Bundesmitglieder – entweder der Familie oder der Ortsgruppe – füllten die Inseratsspalten.[98] Es sei nur am Rande erwähnt, dass sich im Zuge dieser Anzeigen Ansätze einer eigenen Trauerikonografie finden lassen: Neben das Eiserne Kreuz trat das Bundeszeichen des DMB, die Feuerschale vor Nachthimmel.

In jedem Fall zeigt der diversifizierte Anzeigenmarkt des »Monistischen Jahrhunderts«, dass trotz des Umstands, dass man im Vereinsorgan inserierte und damit auf eine relativ homogene und weltanschaulich »sortierte« Leserschaft hoffen konnte, in vielen Fällen der eigene Monismus bzw. der Monismus des gesuchten Arbeits- oder Lebenspartners betont wurde. Monist(in) zu sein, fungierte als Gesinnungsausweis, als binnenkommunikative Versicherung der eigenen weltanschaulichen Festigkeit bzw. der kollektiven Zusammengehörigkeit. Dieses Bekenntnis sollte also – gerade bei Geschäftsanzeigen und Stellengesuchen – mehrere Emotionen evozieren: ein Solidaritätsgefühl, nach dem dem Bundesbruder zu helfen war; Vertrauen, denn Monisten waren ehrlich und gegen klerikale und andere »Verdunkelungen«; und schließlich die Annahme beruflicher Professionalität in Form eines Berufsethos.

---

97 | Vgl. MJ 2 (1913), S. 280; ebd. 4 (1915), S. 248.
98 | Vgl. ebd. Des ersten gefallenen Monisten wurde gar auf der Titelseite gedacht: »Heldentod eines jungen Wieners und tätigen Mitglieds des Monistenbundes in Österreich«. Vgl. ebd. 3 (1914), S. 572.

Beschluss

Die Debatten des monistischen, freidenkerischen Milieus zirkulierten um und nach 1900 zentral um die Frage nach der »Neuen Ethik« – man vertraute der überkommenen und »überlebten« Ethik nicht mehr: Das klassische Argument ihrer Gültigkeit durch den Rekurs auf transzendente Größen überzeugte in den szientistischen, monistischen und positivistischen Kreisen nicht. Hier galt gerade der Verweis auf die Wirklichkeit externer Imperative als argumentative Schwäche. Diese sollte durch die neue, monistische Ethik überwunden werden; die Merkmale und Argumentationszusammenhänge, die dafür herangezogen wurden, replizieren Items verschiedenster wissenschaftlicher Disziplinen und weltanschaulicher Bezugspunkte: Neben die physikochemische Logik der Energetik, die vor allem im Umfeld Ostwalds »blühte«, trat maßgeblich das biologische Parameter von Entwicklung – die Ethik sei ebenso der Entwicklung unterworfen wie alle anderen natürlichen und kulturellen Äußerungen des Menschen bzw. des Lebens.[99] Dieses Postulat stellte eine massive Umwertung des Ethikbegriffs dar: Es machte gerade ihre transzendental begründete Unverhandelbarkeit zu ihrem Manko und behauptete die Kopplung von Ethik und gesellschaftlicher Entwicklung; die Ethik wurde damit auch dem damals modernen Pragmatismus William James' unterworfen.[100] Die problematischen – etwa politischen und weltanschaulichen – Implikationen einer solchen Argumentation sahen die optimistischen Szientisten nicht. Und sahen sie sie doch, so wirkte die multiple Vernetzung in die internationalistische und pazifistische Szene diesen Bedenken entgegen: Der Rekurs auf die (Kultur-)Menschheit als relevanter Bezugsgröße immunisierte die »Neue Ethik« für ihre Vertreter gegen politische und nationalistische Indienstnahmen.

Der Mangel wirtschaftsethischer Entwürfe in diesem Milieu hing vor allem mit seinem Mangel an Wirtschaftsbürgern bzw. dem Übergewicht mittelständischer und bildungsbürgerlicher Akteure zusammen – weder fanden sich interessierte Unternehmer noch erfolgreiche Entrepreneurs für eine praktische Um-

---

99 | Vgl. etwa J. Žmavc: Grundgesetz, S. 53; Ostwald, Wilhelm: Die wissenschaftlichen Grundlagen der Ethik. 95. Predigt, in: Ders., Sonntagspredigten IV (1914), S. 289-304; Ders.: Monistische Ethik, in: Dokumente des Fortschritts 6 (1913), S. 258-264; R. Goldscheid: Monismus; Ders.: Zur Ethik des Gesamtwillens. Eine sozialphilosophische Untersuchung. Erster Band, Leipzig 1902.

100 | Nicht zufällig war Goldscheid gut mit dem Philosophen Wilhelm Jerusalem bekannt, der James' »Pragmatism« für Rudolf Eislers Philosophisch-soziologische Bücherei ins Deutsche übertrug. Alle drei waren Mitglieder der Wiener Soziologischen Gesellschaft und gehören ins spätaufklärerische Wiener Milieu (Friedrich Stadler). Eisler publizierte auch Ostwalds »Energetische Grundlagen« der Kulturwissenschaft – und es war William James' Fürsprache, die für Ostwalds Ernennung als Gastprofessor in Harvard 1905 sorgte. Vgl. K. Neef: Soziologie, S. 123, 212 f.

setzung der monistischen Grundsätze in Form der Menschenökonomie oder der Energetik. Daran scheiterte letztlich auch der präferierte Fokus der Sozialreformer: Man zielte auf die menschheitliche Reform – die Sozialreformer arbeiteten gerade nicht an einer Graswurzelrevolution; man suchte politische, wissenschaftliche und gesellschaftliche Unterstützung und plante gesamtgesellschaftliche Reformen: Schulreform, Universitätsreform, Reform der Sozialsysteme und eben der Ethik. Ein Vorgehen auf der praktischen Ebene – etwa durch die Umformung einzelner Betriebe – wirkte da unterdimensioniert und kräftevergeudend. Die Erfahrungen Ostwalds und der Monisten mit der Kolonie Unesma bestärkten solche Annahmen: Schließlich verbrauchte das Projekt nur finanzielle Mittel ohne einen ökonomischen, sozialen oder kulturellen Output.[101]

Die Versuche zur Formulierung und Umsetzung einer monistischen, das heißt dezidiert areligiösen Ethik reihen sich in ein ganzes Feld von Versuchen der Neuordnung menschlichen Zusammenlebens unter den Bedingungen der Moderne ein. Und wenig verwunderlich ist, dass auch diese Versuche – unbeschadet möglicher individueller Erfolge und Kontinuitäten – die Probleme menschlichen Zusammenlebens nicht zu lösen vermochten, da diese Konstanten eben jenes Zusammenlebens waren und auch bleiben werden: Kontingenzphänomene, die ambigue Intensionalität des Handelns anderer, das Spannungsfeld von Altruismus und Egoismus oder die Solidaritätsforderung, die Grundlage aller Sozialität ist.

---

101 | In den Lebenslinien sinniert Ostwald 1927, dass ein solches Projekt mindestens zwölf Jahre Laufzeit benötige, um in sicheres Fahrwasser zu geraten. Vgl. W. Ostwald, Lebenslinien, S. 256. Solche Zeiträume waren den »gipfelstürmenden« Sozialreformern aber definitiv zu lang.

Christentum und Marktwirtschaft

Werkstattaussiedlung, Ökodynamik und des Christen Zukunft

Die religiöse Ökonomie der Wirtschaft bei Eugen Rosenstock-Huessy

Knut Martin Stünkel

»Wenn das unsere Ökonomen von heute hören und unsere Universalhistoriker, daß ich hier wieder von einer Ökonomie des Heils spreche, dann fallen sie in Ohnmacht.«[1]

Unter den mannigfachen »konfessionellen« Versuchen im 19. und 20. Jahrhundert, Religion und Wirtschaft unter dem Stichwort der Ethik in Verbindung zu setzen und so eine entsprechende ökonomische Praxis zu generieren, ist das Werk des multiformen Wissenschaftlers Eugen Rosenstock-Huessy (1888–1973) eine der originellsten und herausforderndsten, in jedem Falle aber eine der »merk-würdigsten« Erscheinungen. Der gelernte Rechtshistoriker und protestantisch getaufte Jude[2] Rosenstock verstand sich nach der Erfahrung der »Urkatastrophe« des Ersten Weltkrieges vor allem als Soziologe, Andragoge und Ökonom – und dies als bewusster und als solcher handelnder Christ.[3] Mit seinem Freund und

---

1 | Das Motto entstammt Rosenstock-Huessy, Eugen: Die Gesetze der christlichen Zeitrechnung. Gastvorlesung an der theologischen Fakultät der Universität Münster/Westfalen Sommersemester 1958, hgg. von Rudolf Hermeier/Jochen Lübbers, Münster 2002, S. 506.
2 | Über den genauen Zeitpunkt der Taufe sind anschließend an Rosenstock-Huessys Selbstdarstellung viele nicht zutreffende Angaben in der Rosenstock-Huessy-Literatur aufzufinden. Es ist Fritz Herrenbrück gelungen, das genaue Taufdatum Rosenstock-Huessys, welches um einiges später verortet ist, als sonst angenommen, zu ermitteln. Vgl. Herrenbrück, Fritz: Eugen Rosenstocks Taufdatum und Tauftext, in: Knut Martin Stünkel (Hg.), Ins Kielwasser der Argo. Herforder Studien zu Eugen Rosenstock-Huessy, Würzburg 2012, S. 31–58.
3 | In einem Rundfunkinterview aus dem Jahre 1964 gab Rosenstock-Huessy an: »Ich habe seit meinem fünfzehnten Jahr Geistlicher werden wollen, aber immer gewußt, ich müßte das

»Widerwart« Franz Rosenzweig (1886–1929) ist er zusammen mit Martin Buber (1879–1965) einer der Hauptvertreter des sogenannten Sprachdenkens bzw. des »Neuen Denkens«.[4] Ab Anfang der 1920er Jahre des vorigen Jahrhunderts leistete er bedeutende theoretische, aber auch praktische Beiträge zur Industriesoziologie, so seine Bücher »Werkstattaussiedlung. Untersuchungen über den Lebensraum des Industriearbeiters« aus dem Jahre 1922[5] und »Vom Industrierecht« (1926). Hinzu kommen die Herausgabe der ersten Betriebszeitung Deutschlands, der »Daimler-Werkzeitung«, zwischen 1919 und 1920 sowie das Engagement in der Akademie der Arbeit in Frankfurt/M., deren erster Leiter er war.[6] Seine unter dem Titel »Soziologie« zusammengefasste Lebensarbeit entstand unter einer dezidierten, jedoch in vielerlei Hinsicht eigentümlichen christlichen Perspektive, die aber von Rosenstock als wirtschaftlich »notwendig« erachtet wurde.[7] Manifestiert wird sie in der zweibändigen »Soziologie« von 1956/58,[8] die unter ihrem von Rosenstock ursprünglich gewünschten Titel »Im Kreuz der Wirklichkeit« kürzlich in drei Bänden neu herausgegeben worden ist.[9]

---

als Laie werden. Das war eine sehr merkwürdige Geschichte. Weshalb ich das gewußt habe, weiß ich nicht. Ich habe gesagt: ich will Pfarrer werden, aber nicht als Theologe. Eigentlich nur, was der Pfarrer tat, hat mich interessiert, die Gemeindebildung.« Rosenstock-Huessy, Eugen: Das Gehirn kann nicht bereuen, in: Mitteilungsblatt der Eugen-Rosenstock-Huessy-Gesellschaft 1984, S. 2.

4 | Zur Beziehung Rosenstock-Huessys zu Rosenzweig vgl. Stünkel, Knut Martin: »Wider die voreilige Versöhnung. Die widerwärtige Freundschaft von Franz Rosenzweig und Eugen Rosenstock-Huessy«, in: stimmstein. Mitteilungsblätter der Eugen-Rosenstock-Huessy-Gesellschaft 13 (2011), S. 69-91.

5 | Ein Neudruck ist im Jahre 1997 erschienen als Rosenstock-Huessy, Eugen: Werkstattaussiedlung. Untersuchungen über den Lebensraum des Industriearbeiters, Moers 1997. Diese Ausgabe wird im Folgenden zitiert.

6 | Vgl. hierzu Jakobs, Hermann: »Das Verhältnis von Forschung und Lehre kehrt sich um.« Eugen Rosenstock als erster Leiter der Frankfurter Akademie der Arbeit 1921-1922, in: Armin Kohnle/Frank Engehausen (Hg.), Zwischen Wissenschaft und Politik. Studien zur deutschen Universitätsgeschichte, Stuttgart 2001, S. 345-386.

7 | Zu Rosenstock-Huessys soziologischem Ansatz vgl. Stünkel, Knut Martin: »Till Eulenspiegel ist der bessere Soziologe.« Eugen Rosenstock-Huessys Grundlegung der Soziologie, in: Rudolf Hermeier/Mark M. Huessy/Valerij Ljubin (Hg.), Globalisierte Wirtschaft und humane Gesellschaft. Ost-, West- und Südprobleme, Münster 2006, S. 215-229.

8 | Vgl. Rosenstock-Huessy, Eugen: Soziologie I. Die Übermacht der Räume, Stuttgart 1956; Ders.: Soziologie II. Die Vollzahl der Zeiten, Stuttgart 1958.

9 | Rosenstock-Huessy, Eugen: Im Kreuz der Wirklichkeit. Eine nach-goethische Soziologie, Band I: Die Übermacht der Räume, Band II: Die Vollzahl der Zeiten 1, Band III: Die Vollzahl der Zeiten 2, hgg. von Michael Gormann-Thelen/Ruth Mauthner/Lise van der Molen, Mössingen-Talheim 2008/2009. Zur Diskussion um diese Ausgabe vgl. Herrenbrück, Fritz:

Rosenstock bekannte sich gerade als Wissenschaftler[10] zu einer bestimmten protestantischen (paulinischen) Form des Christentums,[11] scheint aber – auch wegen seines Engagements in »interkonfessionellen« und »interreligiösen« Gesprächszusammenhängen und seines Eintretens für konfessionell eher randständige Personen – einer konfessionellen Borniertheit unverdächtig zu sein. Deutlich wird dieses Engagement insbesondere an seiner Mitarbeit im sogenannten Patmos-Kreis und dem hieraus hervorgegangenen Patmos-Verlag,[12] dem Zeitschriftenprojekt »Die Kreatur« (1927–1930) und an dem großen dreibändigen Werk »Das Alter der Kirche«, welches er mit dem zu diesem Zeitpunkt bei der Amts-

---

»Die Versuchung, an das Wissen zu glauben«. Zur Neuedition der »Soziologie« von Eugen Rosenstock-Huessy, in: stimmstein 13 (2011), S. 125–139.

10 | In »Der Atem des Geistes« heißt es hierzu apodiktisch: »Und dieser Glaube, ›es soll Wissenschaft geben‹, ist in sich selbst überhaupt keine wissenschaftliche Forderung. Er ist ein sozialer Imperativ der Religion.« Rosenstock-Huessy, Eugen: Der Atem des Geistes, Moers 1991, S. 203.

11 | Rosenstock-Huessy stellte die Forderung an Wissenschaftler wie Gläubige, den Apostel Paulus wieder als ersten modernen Wissenschaftler zu akzeptieren: »Paulus ist die Norm des wissenschaftlichen Denkens, denn er denkt für ein Totenliebespaar, für Christus und seinen Leib. Paulus ist von Albert Schweitzer für einen Mystiker ausgegeben worden; Paulus ist aber der erste normale, moderne Wissenschaftler. Er weiß, wem er dient, wem er geglaubt hat. Wenn wir die Mystik des Apostels Paulus nicht als die gesunde soziologische Wahrheit des Forschens anerkennen, so ist die Freiheit der Wissenschaft verloren.« Rosenstock-Huessy, Eugen: Heilkraft und Wahrheit. Konkordanz der politischen und der kosmischen Zeit, Moers 1991, S. 101 f. Es ging ihm wissenschaftlich in erster Linie um die »Wiederbelebung des paulinischen Amtes in nachkatholischen und nachprotestantischen Formen«. Diese Neubelebung des Amtes geschieht in einer Zugangsweise, die Rosenstock-Huessy als »datives« Denken bezeichnete. Für diese Art des »Neuen Denkens« galt: »Paulus allein hat die Wissenschaften zeugungsfähig erhalten, indem er sie 1900 Jahre lang vor den Phänomenologen, Idealisten, Positivisten, Semantizisten gerettet hat mit seiner Frage: Wem? – Wem? frage ich daher erneut.« Ebd., S. 10.

12 | In seinem »Rückblick auf »Die Kreatur« schrieb Rosenstock-Huessy: »Das geheime Dreieck der Konfessionen, das in der ›Kreatur‹ zur Sprache und Aussprache kam, hatte sich gegen Ende des ersten Weltkrieges schon vorgebildet. Weismantel, Rosenzweig, Barth, Hans und Rudolf Ehrenberg, Picht und ich hatten den Patmosverlag gegründet und von 1919 bis 1920 ›Die Bücher vom Kreuzweg‹ veröffentlicht. Hier bildete sich das johanneische Reich abseits der Kluft zwischen katholisch und protestantisch. Hans Ehrenberg hatte Karl Barth, den sicher unversöhnlich konfessionellen, dafür gewonnen. In diesen Büchern vom Kreuzweg brach die wirkliche *eine* Welt des ersten Glaubensartikels aus den Fiktionen der ›Staatenwelt‹, der ›christlichen‹ Welt, der kirchlichen Welt, der gesellschaftlichen Welt hervor.« Rosenstock-Huessy, Eugen: Rückblick auf »Die Kreatur«, in: Hans Dieter Zimmermann (Hg.), Die Kreatur. Anthologie einer ökumenischen Zeitschrift, Kempten 2003, S. 215–222, hier S. 215 [Hervorhebung im Original].

kirche in Ungnade gefallenen katholischen Dichter und Denker Joseph Wittig (1879–1949) publizierte.¹³ Dieses Engagement in interreligiösen Projekten hatte jedoch nichts mit religiöser Indifferenz zu tun. Nichtsdestoweniger bekannte er sich zu einem bestimmten Gottesdienst. Im Vorwort zur ersten Ausgabe seiner »Soziologie« aus dem Jahr 1956 schrieb er:

> »Ich verdanke dem Gottesdienst das Heraustreten aus dem Mythos der Zeitungen und des Geistes der Zeit. Jeder Soziologe hat einen solchen Gottesdienst vonnöten. Auch Karl Marx hat nur dank eines Gottesdienstes in den Verfasser des Kommunistischen Manifests hineinwachsen können, gar nicht zu reden von dem Kult der Gottlosen an Lenins Leiche. Darüber ist aber nun ein deutliches Wort vonnöten. Denn sonst wird diese ›Soziologie‹ als ein ›frommes‹ Buch abgetan. Dazu hat aber auch der Freigeist kein Recht. Denn was hier unter dem umfassenden Namen ›Gottesdienst‹ gemeint ist, das schließt alle Soziologen ein. Alle Soziologen kultivieren einen Gottesdienst. Ich gehe in den Evangelischen Gottesdienst.«¹⁴

Im Folgenden möchte ich Rosenstocks Auffassung des Verhältnisses von Religion und Wirtschaft und das aus diesem Verhältnis sich ergebende praktische Handeln, das Ethos der Ökodynamik und den aus ihr folgenden »Gemeinsinn« exemplarisch darstellen. Hierzu werde ich Rosenstocks eigene Tätigkeit im Umfeld der Industrie, also den Zeitraum der Herausgabe der »Daimler-Werkzeitung«, als Basis wie auch als praktischen Anwendungsraum der Theorie heranziehen, um so zu zeigen, dass sich die in vielerlei Hinsicht merk-würdige Theorie durchaus am praktischen Objekt und in praktischer Tätigkeit bewähren sollte.

DER THEORETISCHE RAHMEN: ÖKODYNAMIK

Die Nennung des theoretischen Ausgangspunktes von Rosenstocks ökonomischen Ausführungen mag zunächst überraschen. Das Ethos wirtschaftlichen Handelns entstammte nämlich nach ihm vor allem der Biologie. Es ist wichtig zu vermerken, dass Rosenstock den Begriff der Biologie hier keinesfalls nur metaphorisch gebrauchte. Die Biologie war ihm vielmehr eine Wissenschaft, in die Glaubensvorgänge radikal eingesenkt sind.¹⁵ Heilsgeschichte ist umgekehrt deshalb biologisch, da Gott es ist, welcher Stammbäume – Linien der Nachfolge – er-

---

13 | Rosenstock-Huessy, Eugen/Wittig, Joseph: Das Alter der Kirche, hgg. von Fritz Herrenbrück/Michael Gormann-Thelen, Münster 1998.
14 | E. Rosenstock-Huessy: Soziologie I, S. 10; Ders.: Kreuz der Wirklichkeit I, S. 383.
15 | Angedeutet sei an dieser Stelle hinsichtlich der ontologischen Bedeutung des (christlich) Religiösen nur Rosenstock-Huessys Überzeugung, dass die Wirklichkeit selbst »kreuzförmig« sei. Dieses »Kreuz der Wirklichkeit« ist entsprechend Hauptgegenstand seiner soziologischen Forschung. Vgl. etwa Rosenstock-Huessy, Eugen: Des Christen Zukunft oder Wir überholen die Moderne, München 1955, S. 247.

schafft.¹⁶ Rosenstock kennzeichnet seine grundsätzliche Intention entsprechend seinem biologischen Ansatz in Form einer »ökotopologischen« Fragestellung wie folgt:

»Hier wird nicht die Masse der im Betrieb befindlichen Arbeiter als ein Gesellschaftsfragment der ganzen Gesellschaft in den Vordergrund gerückt, sondern es wird nach Art des Verhältnisses von Einzelzelle zu Gesamtkörper in dem neu sich festigenden Betriebe nach Gliedern, in dem Fabrikraum nach Lebensräumen für einzelne Betriebsglieder gesucht.«¹⁷

Die von anderen christlichen Denkern angestrebte »Hebung« der Arbeiterschaft bezog sich somit bei ihm nicht auf eine religiöse Erziehung von außen, sondern auf die religiöse Gestaltung des industriellen Arbeitsplatzes. Es sei deswegen ein Fehler der gängigen Wissenschaft, den Menschen als ein unveränderliches und letztlich unbestimmbares, das heißt zeitlich und räumlich indifferentes Subjekt zu behandeln. Die neue Wissenschaft der »Ökodynamik« hingegen, die Rosenstock anstrebte, handelte von den »Konstanten«, das heißt von den formalen Beziehungen des Menschen zu sozialen Gestaltungen, die ihn tagtäglich umgeben.¹⁸ Der Mensch in der Industrie musste radikal räumlich und zeitlich kontextualisiert und von dieser Kontextualisierung her bestimmt werden. Die Ökodynamik trug den raumzeitlichen Faktoren menschlicher Existenz Rechnung, insofern Rosenstock davon ausging, dass der Mensch in einer bestimmten Raumgliederung lebt, dass er »Häuser baut« sowie, dass diese Häuser – die spezifische jeweilige Gliederung des Raumes – zeitlich bestimmt, also vergänglich und vorläufig sind.¹⁹ Die Ökodynamik stellte »den Menschen als Molekül und nicht als Atom«²⁰ dar. Anders gesagt: »Die Ökodynamik muß respektieren, daß der Mensch die Freiheit hat, sich zu binden, wie er will.«²¹ Ökodynamik wies darauf hin, dass die Ökonomie es mit Kräften zu tun hat und nicht mit Gütern.²² Wenn

---

16 | Vgl. E. Rosenstock-Huessy: Heilkraft, S. 53.
17 | Ders.: Werkstattaussiedlung, S. 154.
18 | An dieser Stelle nahm Rosenstock-Huessy die These des Biologen Adolf Portmann von der »physiologischen Frühgeburt« des Menschen und die Kompensation dieses Umstandes durch seine Sozialisation in der Gruppe auf. Der Mensch insbesondere erlebt »die entscheidenden Ausbildungsphasen seines Verhaltens und seiner Körperformung in enger Wechselwirkung von psychischen und körperlichen Geschehnissen außerhalb des Mutterleibes«. Tasch, Roland: Eugen Rosenstock-Huessy und die Sprachverkörperung der Gesellschaft, in: Zeitschrift für Religions- und Geistesgeschichte 64 (2012), S. 19–47, hier S. 26. Der Mensch ist so ein umweltbezogenes und sozial entfaltetes Wesen.
19 | Vgl. Rosenstock-Huessy, Eugen: Der unbezahlbare Mensch, Freiburg 1964, S. 68.
20 | Ebd., S. 64.
21 | Ebd., S. 67 f.
22 | Hermeier, Rudolf: Einleitung: Hat die Ökonomie Gottes etwas mit der Wirtschaft von uns Menschen zu tun?, in: Eugen Rosenstock-Huessy, Friedensbedingungen der plane-

der Arbeiter nicht mehr nur als Arbeiter des Unternehmers, sondern als Angehöriger eines Betriebes betrachtet werden könne, dann werde der Arbeitsraum zu einem Teil seines Lebensraumes, in welchen er über seine bloße Arbeitskraft hinaus auch weitere »Kräfte seines Lebens«[23] einbringen konnte und sollte. Diese Einsicht war insbesondere wichtig für die Betriebsführung: »Die Betriebsleitung leitet nicht die Menschen. Sie leitet kurzlebige, vergängliche Beziehungen zwischen Ingenieuren und Arbeitern, Menschen und Maschinen.«[24] Wirtschaft sei kein »Wirtschaftssystem«, kein autarkes Gebilde. Die Ökodynamik blieb Rosenstock lebenslang wichtig, auch in Zeiten seines amerikanischen Exils. In »Des Christen Zukunft oder Wir überholen die Moderne« aus dem Jahr 1955 – die Erstausgabe war 1946 unter dem Titel »The Christian Future or Modern Mind outrun« erschienen – beschrieb Rosenstock eine solche christliche Wissenschaft im Hinblick auf die Ökonomie.

Die ökodynamische Ausgestaltung des Arbeitsplatzes war dabei ein sowohl sprachliches als auch zeitliches Unternehmen. Rosenstock beschrieb insbesondere den zeitlichen Aspekt in seiner Schrift »Der unbezahlbare Mensch« (1955), zuerst 1946 als »The Multiformity of Man« erschienen, die »Biologie der industriellen Konstellation«, welche in einem »lebendigen Betrieb« gipfelt. Der lebendige Betrieb habe die Fähigkeit, sich fortzupflanzen[25] – also (sachliche)[26] Nachfolge zu ermöglichen. Dieser methodische Fokus wurde schon in Rosenstocks Untersuchungen über den Lebensraum des Industriearbeiters, welche im zeitlichen und sachlichen Kontext mit der »Daimler-Werkzeitung« standen, besonders hervorgehoben. In »Werkstattaussiedlung« hieß es hierzu schlicht: »Erst die Nachfolge sichert den Erfolg.«[27] Dies bezog sich nicht nur auf eine Nachfolge an der Betriebsspitze, sondern gerade auch auf Nachfolge auf der Ebene der Betriebsgruppen,[28] welche auch und gerade die einzelnen Arbeiter nachfolgefähig

---

tarischen Gesellschaft. Zur Ökonomie der Zeit, hgg. von Rudolf Hermeier, Münster 2001, S. 7–46, hier S. 28. Vgl. auch E. Rosenstock-Huessy: Gesetze, S. 338.

23 | Ders.: Werkstattaussiedlung, S. 8.

24 | Ders.: Mensch, S. 29. Vgl. hierzu auch ebd., S. 140: »Wir wollen ja auf die Konstellation im Betriebe hinaus. Diese Konstellation nun ist durchaus Bindung und Verbindung, seelische Einlassung. Aber sie ist nicht sakraler oder politischer Natur. Sie stammt nämlich aus der Technik selber und dem jeweiligen Stand der Technik, der Produktion.«

25 | Nach Rosenstock-Huessy hatte der lebendige Betrieb eine genuin biologische Eigenschaft, »die Eigenschaft nämlich, unausgesetzt neue Betriebe ins Leben zu rufen. Ohne diese Zeugungskraft aber ist die Industrie tot und die Wirtschaft hilflos.« Ebd., S. 167.

26 | Vgl. hierzu Ders.: Werkstattaussiedlung, S. 255.

27 | Ebd., S. 138.

28 | Vgl. hierzu ebd., S. 131, wo Rosenstock-Huessy von »Arbeitsgruppe und Werkstatteinheit« spricht, sowie Ders.: Friedensbedingungen, S. 109: »Im Betrieb ist die Einheit die Betriebsgruppe.« Vgl. auch Ders.: Mensch, S. 53: »In der industriellen Welt hat die Gruppe die Vorherrschaft, eben weil im Kalender der technisierten Natur ›drei gleich eins‹ ist.«

machte. Die »Erhebung der Arbeiter« bestand somit im Wesentlichen darin, sie nachfolgefähig zu machen.[29] Die Fähigkeit zur Nachfolge hatte der Betrieb dann, wenn seine einzelnen Betriebsgruppen sich in der Weise dezentralisiert organisierten, dass sie selbst als Keimzelle eines neuen Unternehmens dienen konnten. Rosenstock nannte dies die Zeugungskraft der Industrie, ohne die diese tot und die Wirtschaft insgesamt hilflos wäre.[30] Die Lebendigkeit der einzelnen Betriebs- oder Arbeitsgruppe – Rosenstock ging von zehn bis zwölf Personen aus – war Voraussetzung für die Lebendigkeit des sie umschließenden Betriebes.[31] Eine betriebliche Dezentralisierung im Sinne der Delegierung von Macht an eigene »Gewaltenträger« konnte dabei einhergehen mit einer Delokalisation, der Verlegung des Arbeitsplatzes aus der Fabrik, der »Werkstattaussiedlung«.[32] Von diesen Gruppen, und nicht vom Einzelnen noch vom Gesamtbetrieb aus, musste die Arbeit im Betrieb geplant werden.[33]

---

29 | Die überragende Bedeutung dieser Fähigkeit beschrieb Rosenstock-Huessy wie folgt: »Denn die Wirtschaft muß natürlich wirtschaftlich, sie muß produktiv bleiben trotz dieses Vorganges. Gelingt die Befestigung der Arbeitsstelle in nennenswertem Umfange, dann erst ist der vierte Stand aus einer kämpfenden, im Anmarsch befindlichen Klasse ein fortpflanzungsfähiger Teil des Volkskörpers geworden. Erst die Nachfolge bestätigt den Erfolg. Erst die Nachfolge zeigt, daß das Proletariat einen bahnbrechenden Kampf um das vernünftige Gesetz der Arbeit führt. Dem ehernen Lohngesetz der entwurzelten heimatlosen Ware Arbeitskraft wollte es das vernünftige Gesetz des arbeitenden Menschen entgegensetzen. Dies Gesetz läßt sich nur erhärten an seiner Geltung für mehr als eine Generation durch die Nachfolge in derselben Arbeit von Geschlecht zu Geschlecht. Als dem Arbeiter nur die Fortpflanzung blieb, er selbst und sein Fleisch und Blut nur noch eine Ware zu werden drohten, wandte er sich von der privaten Erbfolge ab. Es gilt heute für ihn, sein Gesicht hinüberzuwenden zur Nachfolge, damit der Zusammenhang in der Geschichte des Menschengeschlechts, d. h. die Kultur, von ihm fortgesetzt werde.« E. Rosenstock-Huessy: Werkstattaussiedlung, S. 152.
30 | Vgl. Ders.: Mensch, S. 167.
31 | Vgl. Ders.: Werkstattaussiedlung, S. 132.
32 | Ebd., S. 164 f., 167.
33 | Vgl. R. Hermeier: Einleitung, S. 22. Diese Neustiftung des Betriebes hatte immense Auswirkungen. In »Des Christen Zukunft« schrieb Rosenstock-Huessy selbstbewusst: »Wenn die Industrie Gruppenpachtverhältnisse für Facharbeiter in Perioden von fünf bis fünfzehn Jahren begründet hätte, wäre Deutschland möglicherweise der Hitlerismus erspart geblieben. Da diese Verbindung klar war, widmete ich meine Arbeit zwischen 1918 und 1933 solcher ›Dezentralisation‹ der Industrie. Männer und Frauen hätten alsdann den Abschnitten des Lebensweges so gegenübergestanden, wie Gott die Perioden erschaffen hat, d. h. als rhythmische Perioden, die uns in Übereinstimmung mit unserer Natur eine Zeitlang zu einer geweihten Gemeinschaft verbinden.« E. Rosenstock-Huessy: Zukunft, S. 309.

An dieser Stelle nun kam die Biologie in ihrer spezifischen Bedeutung ins Spiel. In dem Wort »Biologie« ist die ungewöhnliche Perspektive verborgen, die Rosenstock auf die Industrie anwendet, nämlich hinsichtlich des wesentlich zeitlichen Lebens (bios) und hinsichtlich der ihm zugehörigen Sprache (logos). Bewegt wurde der lebendige Betrieb durch eine andere Grammatik. Zeit und Sprache aber waren nach Rosenstock wiederum die besonderen Kennzeichen des Christentums, das heißt des Religiösen. Der Betrieb konnte nur lebendig sein, wenn der Mensch seiner grammatikalischen Multiformität als Angehöriger eines Betriebes gerecht wurde – er musste auch Mitglied einer im weitesten Sinne verstandenen christlichen Gemeinschaft sein. Die Biologie des Betriebes war abhängig von der Sprache.[34]

DIE »DAIMLER-WERKZEITUNG«: SYMBLYSMATIK UND STERBLICHKEIT

Rosenstocks Projekt war also ein primär Sprachliches. Wie ließ sich aber dieses Sprach-Projekt in der Praxis umsetzen? Sein Ansatz gründete nicht in den »Verwerfungen der Industrialisierung« als eines gesellschaftlich-geschichtlichen Großprozesses, obwohl diese seiner Meinung nach, gerade im Hinblick auf ihre Zeitlichkeit und deren Auswirkungen auf das menschliche Leben, noch kaum wissenschaftlich in den Blick geraten war.[35] Vielmehr war der Ansatzpunkt seiner Überlegungen ein konkretes Ereignis, nämlich die Katastrophe des Ersten Weltkriegs.

Nicht zufällig ging die sprachliche Praxis von einem bestimmten Datum aus. Den 9. November 1918 sah der Leipziger Universitätslehrer und Weltkriegsoffizier vor Verdun Eugen Rosenstock nicht nur für sich selbst als ein lebensentscheidendes Datum, das in seiner theoretischen wie praktischen Bedeutung gar nicht überschätzt werden kann. Es war ein Datum, welches die Wiederaufnahme des Gewohnten unmöglich machte und somit eine grundsätzliche Neuorientierung

---

34 | In seiner Münsteraner Vorlesung »Die Gesetze der christlichen Zeitrechnung« hieß es schlicht: »Und die Sprache ist das Glaubensbekenntnis der Menschen zu Gott.« E. Rosenstock-Huessy: Gesetze, S. 193.

35 | »Und der Druck auf fortwährende Produktion bedeutet, daß sogar diese Männer wie wir alle Sklaven ihres Terminkalenders werden. Schwankende Konjunkturen bedeuten weiterhin, daß weder die Fabrik noch die Beschäftigung eines einzelnen in ihr mit Sicherheit längere Zeit besteht. Die Fabrik zerhackt unser Leben in kleine Zeitabschnitte und diese werden von einer radikalen Unstetigkeit infiziert. Sie ist kein Heim oder Zuhause, in dem die Menschen zusammenarbeiten, spielen und essen und wo die Generationen aufeinander folgen, sondern eine ihrem Wesen nach unvollständige und vorübergehende Einrichtung.« E. Rosenstock-Huessy: Zukunft, S. 44. Vgl. hierzu auch Ders.: Mensch, S. 32 f.

und Neuordnung erforderte. In seiner Autobiographie beschrieb Rosenstock seine Auswirkungen wie folgt: »Wir waren nun bestimmt, nicht wieder zurückzugehen und den Rest unseres Lebens nicht der Rückkehr zur Normalität, sondern der Norm dieser außerordentlichen Erfahrung zu widmen.«[36] Von diesem Datum musste ein neues Denken und Handeln ausgehen, auch wenn es alte Gewissheit, Stand und Sicherheit über Bord warf. Rosenstocks lebenslange wissenschaftliche Maxime »respondeo etsi mutabor« ist beredter Ausdruck des Ernstnehmens dieser Erfahrung. Die Entscheidungssituation forderte ein neues, »datives«, das heißt den Empfänger anzeigendes Denken, welches Rosenstock in Nachfolge des Apostels Paulus als eigentlich wissenschaftliches Denken charakterisiert hat.

Diese Art des Denkens wurde von Rosenstock auch und gerade auf das ökonomische Denken übertragen. Im April 1919 veröffentlichte er im »Hochland« eine große Rezension des wohl meistdiskutierten Buches dieser Zeit, über Oswald Spenglers »Der Untergang des Abendlandes«.[37] In diesem vielleicht überraschenden Kontext schreibt er:

»Der Nationalökonom zergliedert das Bewußtsein des Wirtes. Aber er ahnt nicht, daß die gute Wirtschaft aus dem Satz entspringt: Trachtet am ersten nach dem Reich Gottes, so wird euch alles andre von selbst zufallen. Denn alles Wirtschaften ist Ergebnis des Glaubens, im einzelnen wie im sogenannten Wirtschaftskörper, das heißt eine Hingabe an eine Gelegenheit, an den Nächsten, an das Nächste, an das Ereignis. Nur die schlechte, die böse Wirtschaft fängt an mit der Ausrechnung, der Statistik und dem ›größt‹-möglichen Profit.«[38]

Die Ökonomie war demnach Sache des Ereignisses, der Gelegenheit. Im religiös-theologischen Zusammenhang war diese Idee bekannt unter dem Stichwort des Kairos. Mit seiner ökonomischen Kairologie war Rosenstock also theologisch auf der Höhe der Zeit, man denke etwa an die Kairologien Paul Tillichs

---

36 | Ders.: Ja und Nein, in: Rudolf Hermeier (Hg.), Unterwegs zur planetarischen Solidarität, Münster 2006, S. 209-308, hier S. 294.

37 | Zu Rosenstock-Huessys Verhältnis zu Spengler und seinem Buch vgl. Stünkel, Knut Martin: Urfragen und Antworten. Spenglers Sprachphilosophie: Das Neue Denken, in: Arne de Winde/Bart Philipsen/Sientje Maes (Hg.), Tektonik der Systeme. Neue Lektüren von Oswald Spengler, Göttingen 2013 (im Erscheinen).

38 | Rosenstock-Huessy, Eugen: Der Selbstmord Europas, in: Ders.: Die Sprache des Menschengeschlechts. Band II, Heidelberg 1964, S. 45-84, hier S. 74. Vgl. auch Ders.: Mensch, S. 97: »Eine Firma könnte ihren Gründer nicht überdauern, fände sich nicht eine Seele, die an sie glaubt und sich von ganzem Herzen für sie einsetzt.« Trotz solcher und ähnlicher Aussagen Rosenstock-Huessys über die Nationalökonomen haben sich verschiedentlich Nationalökonomen auf ihn bezogen. Rudolf Hermeier nennt etwa Wilhelm Röpke und Eduard Heimann. Vgl. R. Hermeier: Einleitung, S. 30 f.

(1886–1965),[39] des Freundes Franz Rosenzweig und auch des jungen Martin Heidegger (1889–1976).

In der Zeit nach dem Waffenstillstand versuchte Rosenstock im Sinne dieser »gläubigen Ökonomie« kairologisch zu handeln. Im Gegensatz zu vielen anderen boten sich dem Kriegsheimkehrer viele Möglichkeiten für die Zukunft, die durchaus seinen Talenten und Ansprüchen entsprachen, jedoch für ihn angesichts der außerordentlichen Erfahrung keine wirklichen zukunftsträchtigen Möglichkeiten bzw. kairologische Gelegenheiten, sondern lediglich existenzielle Unverbindlichkeiten darstellten. Mit ihnen würde man ohne Rücksicht auf das Ereignis lediglich das Vergangene perpetuieren und so weitermachen wie bisher. Also kehrte Rosenstock nicht an die Universität Leipzig zurück, noch nahm er eine Tätigkeit im preußischen Innenministerium als Unterstaatssekretär mit der Möglichkeit zur Mitarbeit an der Weimarer Verfassung oder als (Mit-)Herausgeber der katholischen Zeitschrift »Hochland« an. Stattdessen diente er sich mit einer Denkschrift einem großen Industriebetrieb an und gab von 1919 bis 1921 als Privatsekretär eines leitenden Ingenieurs, Paul Riebensahm (1880–1971), auf dessen Anregung hin bei Daimler-Benz in Untertürkheim die erste Betriebszeitung im Deutschen Reich heraus, die »Daimler-Werkzeitung«.[40] Riebensahm beabsichtigte, mittels der Zeitung »den durch politische Agitation aufgeworfenen Graben der Entfremdung zwischen den Sozialpartnern zuschütten zu helfen.«[41] Das Daimlerwerk war in den letzten Kriegstagen und der unmittelbaren Nachkriegszeit Gegenstand einer konzentrierten Aufmerksamkeit linker Parteien geworden, welches zu einer Spaltung der Belegschaft zwischen Gemäßigten und »Klassenkämpfern« führte, wobei Letztere allmählich die Oberhand gewannen.[42]

Rosenstocks persönliche Erfahrungen in und mit der Industrialisierung bezogen sich also konkret auf das Daimler-Werk in Untertürkheim und dessen spezifische Umstände. Auch für Rosenstock selbst war es eine besondere Lebenssituation. Die Zeit der Herausgabe der Zeitung war für ihn die einzige Zeit rück-

---

39 | Auf Tillich als Mitstreiter für das kairologische Denken verweist Rosenstock-Huessy im Vorwort zu seinem Buch »Heilkraft und Wahrheit«. Vgl. E. Rosenstock-Huessy: Heilkraft, S. 9.

40 | Zum Verhältnis zwischen Rosenstock-Huessy und Riebensahm, welches nicht zuletzt auf professoraler Kollegialität beruhte, vgl. Nübel, Otto: Paul Riebensahm, Eugen Rosenstock-Huessy und die Daimler-Motoren-Gesellschaft 1919–1920, in: DaimlerBenz AG (Hg.), Daimler Werkzeitung 1919/20, Moers o.J, S. XII–XXXI. Zu Inhalt und historischem Kontext der Zeitung vgl. Michel, Alexander: Von der Fabrikzeitung zum Führungsmittel. Werkzeitschriften industrieller Großunternehmen von 1890–1945, Stuttgart 1997, S. 168–184. Eine reichhaltige inhaltliche Besprechung der Zeitung findet sich Online im Daimler-Media-Center unter www.daimler.de/Projects/.../1706482_Daimler_Werkzeitung_lang_d.rtf (letzter Zugriff am 17.07.2013).

41 | O. Nübel: Riebensahm, S. XV.

42 | Vgl. ebd., S. XVII f.

haltloser, nicht institutionell-universitär gedeckter Praxis. Von der Deutung seiner Entscheidung ist zunächst jegliche persönliche Sozialromantik fernzuhalten. »In die Industrie« ging Rosenstock nicht aus Solidarität mit der Arbeiterklasse oder um die Erfahrungen der Arbeiter aus eigener Anschauung zu teilen, sondern aus Gründen, die gegen den Zeitgeist wenig mit Solidarität und Emanzipation zu tun zu haben scheinen. In seiner autobiographischen Schrift »Ja und Nein« heißt es hierzu:

»Das Glück zu dienen und zu gehorchen, erwählte ich 1919; als niemand in Deutschland gehorchen wollte, suchte ich mir einen Herrn, und es war ein wirklicher; ich durfte zum Beispiel den Hund der gnädigen Frau an der Leine spazierenführen und dabei über die nächste Nummer der Daimler-Werkzeitung nachdenken.«[43]

Das ökodynamisch frei gewählte Gehorchen kennzeichnete hier ein Hören auf einen Anspruch, welcher nicht unbedingt derjenige des gnädigen Herrn – dies mochte eine gute Übung hierfür sein –, sondern vielmehr ein viel allgemeineres Lebens- und Reflexionsprinzip darstellte. So gehorchen kann man nur ungebunden. Rosenstock bat sich für seine Tätigkeit Unabhängigkeit von den »leiblichen Trägern des Werkes« (Direktion, Angestellte, Arbeiter) mit einer Bezahlung auf Honorarbasis aus. Die Aufgabe, die ihm im Betrieb zukam und für die die Zeitung ein geeignetes Instrument war, hatte er in seiner Bewerbungsschrift »Über die geistige Sanierung des Daimlerwerks« gekennzeichnet, die im Folgenden kurz vorgestellt wird.

Rosenstock ging von der Diagnose einer allgemeinen sowohl politischen als auch wissenschaftlichen und ökonomischen Krankheit aus, für die er einen Therapievorschlag machte.[44] Die Kennzeichnung des Problems als Krankheit führte direkt in den biologischen Bereich. Menschliche Gesundheit kennzeichnete er in Übereinstimmung mit Marx durch das »Zueinanderstimmen« von »leiblichem, wirtschaftlichem Dasein« und »geistigem Selbstbewusstsein«. Wenn Menschen in einem »Wirtschaftskörper« zusammengeschlossen waren, so musste dieser eine »geistige Einheit« darstellen: Er musste über die Möglichkeit der Kommunikation, sprich eine eigene »Haussprache« verfügen, welche die verschiedenen Teile zu einer Einheit überhaupt erst verband. Gemeinsinn entstand nur durch Sozio-logie als dem Sprechen von Bundesgenossen. Diese einheitsstiftende Spra-

---

43 | E. Rosenstock-Huessy: Ja, S. 260.
44 | Von einer Krankheit spricht Rosenstock-Huessy auch in seiner Einleitung zu »Werkstattaussiedlung«, hier von der Krankheit des Maschinenzeitalters. Vgl. ebd., S. 5. Diese diagnostisch-ätiologisch-therapeutische Vorgehensweise ist für die Vertreter des Neuen Denkens typisch, auch Franz Rosenzweig hat beispielsweise die philosophische Krankheit der Zeit zu diagnostizieren und zu therapieren versucht. Vgl. Rosenzweig, Franz: Das Büchlein vom gesunden und kranken Menschenverstand, hgg. von Nathan Nahum Galtzer, Königstein/Ts. 1984.

che war nach Rosenstock in allen Bereichen, insbesondere aber in der Industrie verlorengegangen und traditionelle »Ersatzbindemittel« wie das Pflichtgefühl oder der Eigennutz (Lohnerhöhungen) hätten versagt; ja als untaugliche Hilfsmittel »dokterten« sie lediglich von außen an den Symptomen des grundsätzlichen Problems herum und verschärften gar noch die Krankheit.[45] Aber auch ein Heilmittel versagte seinen Dienst, wenn es unsachgemäß oder, wie in diesem Falle, bloß äußerlich angewandt wurde.

»Poetische Sentimentalität, Kunstgenuß, Religion oder Lebensmittel, technische oder berufliche Aufklärung überkleben den zentralen Riß durch bloße Pflaster. Denn sie bieten schon irgendwelche Einzelheiten, Nützliches oder Schönes, die nur Sinn bekommen auf die Einheit des erkrankten Körpers. Eben diese ist aber noch in Gefahr.«[46]

Von außen herangetragene Heilmittel wirkten dissoziierend, solange der erkrankte Körper nicht über ein in einer »Haussprache« manifestiertes eigenes Bewusstsein, ein Bewusstsein von sich selbst als ein Zusammenstimmen verschiedener Gruppen verfügte. Interne Kommunikation war dann unglaubwürdig, wenn die einzelnen Glieder des Körpers nur für sich selbst, in ihrer spezifischen Funktion (als Direktor, Angestellter, Arbeiter etc.), oder aber nur für den Betrieb insgesamt, sprachen.

Das Problem der Einheit war somit vor allem ein Sprach- bzw. ein Übersetzungsproblem einer Sprache in die andere. Rosenstocks Vorschlag und gleichzeitige Bewerbung war die folgende:

»Es trete jemand auf, der zu nichts anderem da ist, als diese Übersetzung der Parteien ineinander, die gemeinsame Werksprache, zu sprechen, dessen Beruf eben das und nur das, auch wirtschaftlich ist. Er maskiert sich weder als Arbeiter noch als Beamter. Er saniert die geistige Einheit des Werkes, indem er anfängt, aus ihr heraus zu sprechen.«[47]

»Anzufangen aus der Situation heraus zu sprechen« war die Umsetzung des kairologischen Prinzips und als solches auch ein Leitmotiv von Rosenstocks weiterer theoretischer und praktischer Tätigkeit. Es war dies insbesondere seine Tätigkeit als Soziologe, die Rosenstock in »Werkstattaussiedlung« wie folgt beschreibt: Der Soziologe

---

45 | In »Werkstattaussiedlung« heißt es hierzu: »Aber nicht auf Pfründen kommt es an, sondern auf die Schaffung eines Lebensspielraums.« E. Rosenstock-Huessy: Werkstattaussiedlung, S. 128.
46 | Ders.: Denkschrift: Über die geistige Sanierung des Daimlerwerks. Krankheitsdiagnose; Untaugliche Hilfsmittel; Vorschlag (A. Richtung B. Gestalt), in: DaimlerBenz AG (Hg.), Daimler Werkzeitung 1919/20, Moers o. J., S. XXXVII f., hier S. XXXVII.
47 | Ebd., S. XXXVIII.

»muß sich ausdrücklich versichern, daß er nicht unwahre Redensarten, filtrierte Begriffe oder veraltete Stimmen als originale Schächte des Verstandes benutzt. Er muß jedesmal einen eigenen ursprünglichen Schacht niederbringen in sein Objekt hinein, aus dem ihm die Sprache dieses seines Gegenstandes frisch und klar zuströme.«[48]

Diese Einstellung zeitigte eine neue Sprache, deren erster »Sprecher für die Werkeinheit« Rosenstock war, der »ja niemand anders sein [soll] als der erste, der die Werksprache spricht«. Es galt, auf diese Weise »ins Freie der Sprache zurückzufinden«.[49] Organ seiner Tätigkeit war die neu zu begründende Werkzeitung, die dazu dienen sollte, mit den Angehörigen des Betriebes ins Gespräch zu kommen, um so eine Vermittlungsleistung für das Gespräch der Betriebsangehörigen untereinander übernehmen zu können.

Nun war die Rede von einem Wirtschafts-Körper, in dem alle Teile ihre notwendige Funktion haben und deshalb harmonisch aufeinander abgestimmt sein sollten, eine alles andere als originelle Denkfigur, ist sie doch im religiösen Bereich spätestens seit Paulus für die Kennzeichnung der Kirche in Gebrauch, von der politischen Metaphorik einmal ganz zu schwiegen. Doch ist diese Assoziation nicht ganz zufällig: Nach Rosenstock hatte die Wirtschaft den universalen Platz eingenommen, der früher nur der Kirche zukam.[50] Die Besonderheit des Rosenstockschen Ansatzes lag auch in anderen Aspekten, und zwar dem Dezentral-Gruppenbezogenen und dem Sprachlichen. Seine in der Denkschrift ausgeführte Tätigkeitsbeschreibung nun ist insofern als religiös zu bezeichnen, als dass sie keine erbauliche äußere Anwendung von Religion zur Kaschierung der betrieblichen Einheitsmängel bedeutete, sondern vielmehr dazu diente, eine religiöse Idee strukturell in den polyzentrischen »Werkskörper« einzubauen bzw.

---

48 | Ders.: Werkstattaussiedlung, S. 11.
49 | Ders.: Denkschrift, S. XXXVIII.
50 | Vgl. R. Hermeier: Einleitung, S. 20. Rosenstock-Huessy selbst schrieb: »Daß es eine Ökonomie der Welt geben muß, aller Völker, ist ein Übersetzungsvorgang der weltweiten Vorstellung vom menschlichen Heil. Als Adam Smith ›The Wealth of Nations‹ schrieb, war er Moraltheologe und Moralphilosoph. (Alle weltlichen Denker sind in Wirklichkeit verkappte Religionsstifter!) Seitdem hat die Ökonomie die Rolle des Ökumenischen gespielt. Sie hat auf dem Gebiet der Wirtschaft versucht, uns ein Kräftespiel verstehen zu lernen, während die Kirchen es aufgegeben hatten, den Kosmos dieser Welt anders als böse und chaotisch zu empfinden. Unsere heutige Ökonomik trägt immer noch Züge der Übersetzung einer ökumenischen Vorstellung von der Berufung aller Denker und aller Menschen zu einem gemeinsamen Schicksalsweg. Praktisch ist es ja heute durch Elektrizität und Flugzeug so eindringlich geworden, daß es nur eine Ökonomik geben wird.« Rosenstock-Huessy, Eugen: Bestimmung der Wirtschaft in einer revolutionierten Welt, in: Ders., Friedensbedingungen der planetarischen Gesellschaft. Zur Ökonomie der Zeit, hgg. von Rudolf Hermeier, Münster 2001, S. 133–143, hier S. 133.

deren Vorhandensein deutlich aufzuzeigen. Und die entscheidende Struktur war die Sprache.

»Sprechen bedeutet nach Rosenstock Einlassen auf überindividuelle Kräfte«,[51] und zwar in zweierlei Hinsicht. Es war ganz wesentlich Unnatur, es öffnete den Sprecher zum Nächsten und verband ihn mit überindividuellen Konzepten. Sich selbst sah Rosenstock in seiner Denkschrift als vermittelnde Instanz eines übersetzenden Sprechens, welches zu einer gemeinsamen Sprache führte. Es war diese im Wort-Sinne (dia-)logische Tätigkeit im Grunde genommen die Tätigkeit des Parakleten, welche er für einen »Sprecher« in diesem Sinne in Anspruch nahm. Erst dessen Anwesenheit erlaubte ein im eigentlichen Sinne lebendiges Sprechen, eine Bio-logie im Sinne eines Sprechens (logos) vom Leben (bios). Lebendigkeit ist Begeisterung (Inspiration) durch Sprache. Rosenstock setzte »das Wort in den Mittelpunkt der Biologie«.[52] Für den Sprecher bedeutete dies eine besondere Verantwortung.[53] Da nach Rosenstock der Sprecher auch der erste Hörer seiner Worte war, war er auch als Erster durch sie gebunden (ihr gehörig).[54] Diese Haltung kennzeichnete den ethischen Aspekt seiner Idee: Gemeinsinn im Betrieb war das Ergebnis einer gemeinsam verantworteten Sprache.

Die Präsenz einer gemeinsamen Sprache und somit des Geistes in einem Werkskörper bzw. Betrieb wurde dokumentiert durch dessen grundsätzliche Fruchtbarkeit. Das gemeinsame fruchtbare Sprechen verschiedener Individuen war nach Rosenstock in späterer Zeit gar nicht zu unterschätzen.[55] In einem wichtigen Text aus seinem Buch »Der Atem des Geistes« nannte er diesen soziologischen Vorgang, in dem der Geist die Geister zum Überströmen ihrer Impulse und zum Zusammenklingen ihrer Stimmen motivierte, mit Anklängen an das Pfingstereignis »Symblysma«.[56] Ein solches Symblysma war Ergebnis der Anwesenheit und Tätigkeit des Heiligen Geistes, welcher sich hierdurch manifestiert. Symblysmatisches Sprechen und somit geistige Fruchtbarkeit zu erreichen war das transzendierende Ziel der Rosenstockschen Ökodynamik, die als solche mit

---

51 | R. Hermeier: Einleitung, S. 14.
52 | E. Rosenstock-Huessy: Atem, S. 9. Vgl. auch ebd., S. 10: »Sprechen ist ein Lebensvorgang, ohne den kein anderer Lebensvorgang verständlich ist. Biologen, die das Leben untersuchen, ohne die Wirkungen des Wortes auf alles Lebendige zu Grunde zu legen, legen einen falschen Grund.«
53 | Vgl. R. Hermeier: Einleitung, S. 10.
54 | Vgl. E. Rosenstock-Huessy: Atem, S. 68, 70.
55 | In »Des Christen Zukunft« heißt es: »Denn der Fluß lebendiger Rede ist das Zeichen lebendiger Christen. Er macht Pfingsten gegenwärtig mit seinem Geschenk der Zungen oder er hat aufgehört zu fließen.« E. Rosenstock-Huessy: Zukunft, S. 26.
56 | Vgl. Frese, Jürgen: Symblysma: Rosenstocks ›soziologische‹ Entfaltung der Lehre vom Heiligen Geist, in: Knut Martin Stünkel (Hg.), Ins Kielwasser der Argo. Herforder Studien zu Eugen Rosenstock-Huessy, Würzburg 2012, S. 59–70.

des Christen Zukunft übereinstimmte. In diesem Sinne forderte er im Jahre 1958 in einem Aufsatz für die Zeitschrift »Junge Wirtschaft« wider den tötenden Singular eines einheitlichen Wirtschaftsprinzips eine »polyglotte Wirtschaftslehre«:

> »Hier enthüllt sich also die Aufgabe der sozialen Theorie. Seit vierzig Jahren versuche ich, die einfache biologische Wahrheit zu verbreiten, daß die Theorie, daß die Theorie von der Wirtschaft fordern muß, polyglott zu werden. Da jeder technische Fortschritt eine Vielstimmigkeit zerstört, so muß jedesmal neue Vielstimmigkeit im Gegenstoß gegen die Technik hervorgerufen werden, oder wir sterben. Das Leben entschwindet, je umfassender die Märkte werden, es sei denn, die Theorie werde polyglott.«[57]

Diese Forderung nach einer polyglotten Wirtschaft gilt auch auf der Makroebene des Planeten. In seiner Denkschrift aus dem Jahre 1944 »Mad Economics or Polyglot Peace«, in der sich Rosenstock im amerikanischen Exil Gedanken über eine zukünftige (Nachkriegs-)Weltordnung machte, schrieb er in aller Deutlichkeit:

> »The nightmare of a ›one-way-only‹ economy, of one single economic system for the whole world, would explode. And I would dance and shout: thank God. Economics can achieve their ends in various ways. The ideal economy is a multiform economy. And the co-existence of England, Russia, U. S., Germany, and all the other countries, should be sufficient evidence that economy may have to function diversified.«[58]

Auch die Ökonomie hatte das biologische Faktum zu akzeptieren, dass lebendige Sachverhalte nicht monologisch-steril, sondern vielmehr wesentlich multiform und »unrein« (impure) sind, und dass es im Wesentlichen auf die sprachliche Koordination des Vielfältigen-Dezentralen in wechselseitiger Übersetzung ankommt.[59] Diese biologische Lektion war vor allem für eine tragfähige Weltfriedensordnung zu lernen:

---

57 | Rosenstock-Huessy, Eugen: Theorien von gestern – Praktiken von wann?, in: Ders., Friedensbedingungen der planetarischen Gesellschaft. Zur Ökonomie der Zeit, hgg. von Rudolf Hermeier, Münster 2001, S. 185–188, hier S. 188.
58 | Rosenstock-Huessy, Eugen: Mad Economics or Polyglot Peace, in: stimmstein 4 (1993), S. 24–68, hier S. 46.
59 | In »Des Christen Zukunft« hieß es: »Einförmigkeit in der Wirtschaft ist ebenso schlecht wie Einförmigkeit in irgendeinem anderen Bereich der Stoffe. Ein Herz und eine Seele ja – aber in vielen Leibern! Unser Glaube zwingt uns, einer Einheit auf einer allzu vergänglichen Ebene zu widerstehen. Da wir an *einen* Gott glauben, brauchen wir nicht an ein politisches Universalmittel oder an eine wirtschaftliche Monotonie zu glauben. Während die Diktatoren ein Jahrtausend dieses oder jenes ›ismus‹ verkünden, suchen wir in der Kraft unseres Glaubens die Einheit der Menschheit jenseits von Kapitalismus und Kommunismus.« E. Rosenstock-Huessy: Zukunft, S. 238.

»We would learn to be polyglot on the material world and its changes. We would speak in many languages which go with the many forms of work and production. A peace that is frankly polyglot in economics, could become a real world peace. It would prove that man is free to master his environment. A polyglot peace would deal the greatest possible blow to all doctrines about wars of the future and inescapable fate.«[60]

In dieser Weise zeitigte die christliche Religion in der Biologie des lebendigen Sprechens eine ethische Praxis, welche im konkreten Wirtschaftsleben einen tragfähigen Betriebsfrieden, in übergeordneter Perspektive aber letztendlich auch einen wirklichen, fruchtbaren Weltfrieden zum Ziel hatte. Das Ethos der Industriebiologie als lebendiges Sprechen richtete sich auf die Stiftung von Friedensschlüssen. Der im Betrieb zu etablierende Gemeinsinn manifestierte als ein Symblysma das Wirken des Heiligen Geistes.

Doch noch ein weiteres Faktum machte die Ökonomie zu einer eigentlich biologischen Disziplin. Die symblysmatischen Verbindungen, die der Mensch in ökodynamischer Weise einging, waren vergänglich, »Ökodynamik geht von Formen aus, die von Tod gezeichnet sind.«[61] Wenn das sprachlich manifestierte ökonomische Leben als Biologie darauf abzielte, eine Leiche zu produzieren, wie es die Definition der Biologie von Rosenstocks Freund, dem Physiologen Rudolf Ehrenberg (1884–1969) war,[62] dann war auch in der je eigenen Unternehmung mit einem solchen Ende zu rechnen, ja von diesem Ende her zu leben. Diese eschatologische Zeitlichkeit wiederum war das wesentliche zeitliche Zeichen des Christentums gegenüber der unendlichen sich wiederholenden Zeit des Heidentums.[63] Es war ein Kennzeichen der von Rosenstock geforderten Betriebsgruppen, dass sie insbesondere »unter das Siegel der Sterblichkeit gestellt sind«, was jedoch nach Rosenstock gegenüber einer Auffassung der Arbeiter als »Masse« ein wesentlich »gutes Element, ein heilendes Element« darstellte.[64] Der Grund

---

60 | Ders.: Economics, S. 50.

61 | Ders.: Mensch, S. 69. Diese Fixierung auf Sterblichkeit hat die Ökodynamik der gängigen Ökonomie voraus: »alles gibt es in der Ökonomie der Planer, aber nicht den fruchtbaren Tod. Der Tod wird nämlich in der Ökonomie der Ökonomen abgeschafft. Dafür gibt es Beerdigungsinstitute, die sich ausgezeichnet rentieren. Der Tod ist in der weltlichen Gesellschaft eine Einnahmequelle; aber in der gläubigen Gesellschaft ist er eine Quelle des Lebens, das ist wohl nicht ganz dasselbe.« Ders.: Ökonomen, in: Ders., Friedensbedingungen der planetarischen Gesellschaft. Zur Ökonomie der Zeit, hgg. von Rudolf Hermeier, Münster 2001, S. 206–220, hier S. 208.

62 | Rosenstock-Huessy spielte hierauf Ders.: Gesetze, S. 322, an. Vgl. hierzu auch Ders.: Zukunft, S. 205.

63 | Vgl. ebd., S. 110 f.

64 | Ders.: Der technische Fortschritt erweitert den Raum, verkürzt die Zeit und zerschlägt menschliche Gruppen, in: Ders., Friedensbedingungen der planetarischen Gesellschaft. Zur Ökonomie der Zeit, hgg. von Rudolf Hermeier, Münster 2001, S. 103–112, hier S. 109.

für diese Sterblichkeit ist im Titel des Manuskriptes genannt, das eine Tagung der Evangelischen Akademie Bad Boll einleitete, in der Rosenstock in Wiederaufnahme des Gespräches von 1920 im Jahre 1962 mit leitenden Mitarbeitern der Firma Daimler-Benz zusammentraf. Er lautete: »Der technische Fortschritt erweitert den Raum, verkürzt die Zeit und zerschlägt menschliche Gruppen.« Dieser Grundsatz beschrieb die dynamische zeit-räumliche Veränderung des »Lebensraumes« des Industriearbeiters, welchem Rosenstocks Interesse insbesondere in »Werkstattaussiedlung« galt. Neben seiner sprachlichen Strukturiertheit machte dieses Gesetz den Lebensraum sterblich und somit lebendig.

Dieser Satz gilt als ein Naturgesetz. Rosenstocks eigene Tätigkeit in der Industrie war entsprechend nicht von allzu langer Dauer. Nach der arbeitskampfbedingten Schließung des Werkes Untertürkheim wurde seine Zeitung nach dem 26. August 1920 eingestellt. Die Lebenszeit der symblysmatischen Zeitung war kurz bemessen und zeitigte doch ein gewichtiges Nachleben. Rosenstock selbst fand sich danach recht schnell in den engen Mauern, aber auch unter dem schützenden Dach der vorgeblich ungeliebten Universität wieder. Die grundlegende Idee jedoch, die in der Werkzeitung zum Ausdruck kommen sollte, bildete auch im Folgenden die Basis der soziologischen Ideen dieses in vielerlei Hinsicht merkwürdigen Autors. In den Umkreis seiner früheren Wirkungsstätte zurückgekehrt, stellt er 1962 vor leitenden Mitarbeitern von Daimler-Benz pointiert fest:

»Die Christen haben sich leider den Haushaltbegriff von den Ökonomen stehlen lassen, und die Theologen haben sich die Abwanderung des Ökonomischen aus der Verkündigung gefallen lassen. Das Wort ›Haushalt‹ muß aber wieder Glaubensglanz bekommen. Wir müssen die Ökonomie des Glaubens ernst nehmen.«[65]

---

65 | E. Rosenstock-Huessy: Fortschritt, S. 105 f.

Kapitalismus und Kulturkrise: Walter Eucken und die Philosophie Rudolf Euckens

Michael Schäfer

RUDOLF EUCKEN UND DIE KRISE DER MODERNE

Der Nationalökonom Walter Eucken hat in den letzten 20 Jahren eine bemerkenswerte Popularität erlangt. Den einen gilt er als einer der »Väter« der sozialen Marktwirtschaft in der Bundesrepublik, andere sehen in ihm einen Vordenker des Neoliberalismus. Euckens Name ist verbunden mit dem Begriff des »Ordo-Liberalismus«: Das ordoliberale Modell postuliert, dass eine leistungsfähige Volkswirtschaft nur über eine funktionierende Markt- und Wettbewerbsordnung möglich ist. Der Staat soll sich zwar aus dem wirtschaftlichen Produktions- und Verteilungsprozess möglichst heraushalten. Doch sieht Eucken die Gefahr, dass die Marktakteure selbst durch Absprachen, Kartelle und Monopolstreben den freien Wettbewerb unterlaufen, verzerren und aufheben. Dem Staat kommt daher die Aufgabe zu, die Funktionsfähigkeit der marktwirtschaftlichen Ordnung durch ein gesetzliches Rahmenwerk zu sichern und diesen Regeln auch Geltung zu verschaffen.[1]

Nun kommt das ordoliberale Modell an sich gut ohne transzendente Bezüge und Begründungen aus. Es geht um die Funktionstüchtigkeit des Wirtschaftssystems, um die Effizienz bei der Produktion und der Verteilung von Gütern. Allerdings taucht der Name Walter Euckens im Zusammenhang mit einer Bewegung auf, die sich die geistig-moralische Erneuerung der Gesellschaft zum Ziel setzte. Es gab sogar einen Euckenbund, der von 1919 bis in die 1940er Jahre existierte. Der Euckenbund hat seinen Namen allerdings nicht von Walter, sondern

---

1 | Vgl. Grossekettler, Heinz: Die Wirtschaftsordnung als Gestaltungsaufgabe. Entstehungsgeschichte und Entwicklungsperspektiven des Ordoliberalismus nach 50 Jahren Sozialer Marktwirtschaft, Münster/Hamburg 1997, S. 9 f., 48-52.

von seinem Vater, dem neoidealistischen Philosophen und Literaturnobelpreisträger Rudolf Eucken.² Und Rudolf Euckens philosophisches Werk wiederum hat einen ganz ausgeprägten transzendenten Bezug. Sein Kernthema war die Krise der modernen Welt, die er am Verlust der hergebrachten christlich fundierten »Lebensordnung« festmachte. In der Neuzeit hätten neue Lebensordnungen die kulturelle Prägekraft des Christentums zunehmend untergraben und seien teilweise an seine Stelle getreten. Dazu gehörten etwa:

- der »Naturalismus«, »der von der mechanischen Naturbegreifung der Neuzeit ausgeht, die dort ermittelten Größen aber über alle Wirklichkeit ausdehnt und ihnen auch das Seelenleben unterwirft«;
- der »Sozialismus«, der Ziele des Lebens allein in der menschlichen Gesellschaft finde und von hier aus seine Werte entwickle;
- schließlich der »Subjektivismus«, der sich ein »herrliches Aufblühen einer unerschöpflichen Individualkultur« verspreche, »wenn nur die Satzungen fallen, womit die Gesellschaft das Individuum einengt.«³

Diese modernen Lebensordnungen hätten, so fährt Rudolf Eucken fort, zwar »das menschliche Dasein tausendfach bereichert, aber sie haben das auf Kosten seines geistigen Gehalts getan; sie haben das Innenleben verkümmern lassen und die inneren Probleme des Menschen in bequemer Weise zurückgestellt«.⁴ Das Dilemma der Gegenwart bestehe darin, dass keine der einzelnen Ordnungen – weder die neuen noch die alten – »das Ganze des Lebens in sich zu fassen vermochte, aber zugleich, auch, daß jede von ihnen einen Wahrheitsgehalt besitzt, der sich unmöglich aufgeben läßt«.⁵

Rudolf Euckens philosophisches Werk kreiste darum, wie es in der modernen Zeit möglich sein könnte, eine neue einheitliche, wert- und sinnhafte Lebensordnung zu schaffen, oder vielleicht besser gesagt: Zugang zu ihr zu gewinnen. Solche Lebensordnungen erschließen sich nämlich aus einer transzendenten Wirklichkeit, die Eucken als »Geistesleben« bezeichnete. Das »Geistesleben« ist für Rudolf Eucken eine höhere Stufe der Wirklichkeit, an der der Mensch beteiligt ist, die dem Einzelnen aber nicht gänzlich erfassbar und verstehbar ist. Der Zugang zum Geistesleben allein befähige den Menschen, die charakteristischen Momente des Daseins zu sehen und zu einem Ganzen zu verbinden. Man

---

2 | Im vorliegenden Aufsatz werden erste Ergebnisse des aus Mitteln der Deutschen Forschungsgemeinschaft finanzierten Projekts »Der ›Eucken-Kreis‹: Bildungsbürgerliche Kulturkritik und neoidealistische Gesellschaftsreform, 1900–1950« an der Technischen Universität Dresden präsentiert.
3 | Eucken, Rudolf: Grundlinien einer neuen Lebensanschauung, Leipzig ²1913, S. 15, 26, 43.
4 | Ebd., S. 48.
5 | Ebd., S. 47.

gelange so zu einer Weltanschauung, die aller Betätigung – dem wissenschaftlichen Denken wie dem sittlichen Handeln – die Richtung weise und auch der Kultur ein Ideal vorhalte. Der Einzelne gewinne den Zugang zum Geistesleben nicht durch passive Kontemplation, sondern durch aktive Tätigkeit an einem Lebenswerk, durch ein innengeleitetes Leben gegen alle naturgegebenen und gesellschaftlichen Widerstände. Das bloße Dasein werde so zur »Tatwelt«. Dabei spielte für Rudolf Eucken die Religion eine wichtige Rolle. Religionen sind für ihn Erscheinungen der Wahrheit und Wege zu ihr – wenn auch nicht die Wahrheit selbst. Eucken strebte ein erneuertes, überkonfessionelles Christentum an, das sich ablösen sollte von überkommenen mittelalterlichen Vorstellungen wie der Erbsünde, von einem persönlichen Gott und auch vom »magischen Dämmer der Sakramente«.[6] Die Religion müsse auf die volle Höhe des Geisteslebens ihrer Zeit treten. Ihre geistige Substanz müsse immer wieder von menschlicher Fassung befreit werden.[7]

Rudolf Eucken war fast ein halbes Jahrhundert, von 1874 bis 1920, Professor für Philosophie an der Universität Jena. Aber erst in den letzten beiden Jahrzehnten seiner beruflichen Tätigkeit entwickelte er den Drang, seine Lehre und seine Vorstellungen geistiger Reform über die Grenzen der akademischen Fachwelt hinaus zu verbreiten. Seit der Jahrhundertwende propagierte Rudolf Eucken seine Gedanken in zahlreichen Schriften, die sich an eine breitere gebildete Öffentlichkeit richteten. Er sammelte einen Kreis von Anhängern und Schülern und stand in regem Austausch mit anderen Philosophen, vor allem aber mit Theologen und Pädagogen – nicht allein im deutschsprachigen Raum, sondern vor allem auch in Skandinavien, Großbritannien, Frankreich und den USA, ja selbst in China

---

6 | Zitiert nach Kappstein, Theodor: Rudolf Eucken. Der Erneuerer des deutschen Idealismus, Berlin 1909, S. 91.

7 | Zur Philosophie Rudolf Euckens vgl. Dathe, Uwe: Rudolf Eucken. Philosophie als strenge Wissenschaft und weltanschauliche Erbauungsliteratur, in: Krzysztof Ruchniewicz/Marek Zybura (Hg.), Die höchste Ehrung, die einem Schriftsteller zuteil werden kann. Deutschsprachige Nobelpreisträger für Literatur, Dresden 2007, S. 45-52; Fellmann, Ferdinand: Gelebte Philosophie in Deutschland. Denkformen der Lebensweltphänomenologie und der kritischen Theorie, Freiburg/München 1983, S. 67-77; Ders.: Das Werk Rudolf Euckens als weltanschaulicher Rahmen für die Freiburger Phänomenologie Husserls, in: Hans-Helmuth Gander/Nils Goldschmidt/Uwe Dathe (Hg.), Phänomenologie und die Ordnung der Wirtschaft, Würzburg 2009, S. 31-40; Lübbe, Hermann: Politische Philosophie in Deutschland, München 1974, S. 176-185; Ders.: Rudolf Eucken und der Idealismus. Deutsche Weltanschauung nobelpreisgekrönt, in: Tabula Rasa. Jenser Zeitschrift für kritisches Denken 36 (2009), Internetausgabe: http://www.tabularasa-jena.de/ausgaben/Februar-2009 (letzter Zugriff am 16. 07. 2013); Graf, Friedrich Wilhelm: Die Positivität des Geistigen. Rudolf Euckens Programm neoidealistischer Universalintegration, in: Gangolf Hübinger/Rüdiger vom Bruch/Ders. (Hg.), Kultur und Kulturwissenschaften um 1900, Band 2, Stuttgart 1997, S. 53-70.

und Japan. Im frühen 20. Jahrhundert war Rudolf Eucken ein Intellektueller von beträchtlicher Prominenz und internationalem Rang. Er erhielt 1908 für seine Werke den Nobelpreis für Literatur. Nach dem Ersten Weltkrieg formte sich mit der Gründung des Euckenbundes sogar eine organisierte Bewegung, die auch nach dem Tod Rudolf Euckens 1926 weiter bestand.[8]

An dieser Stelle kommt nun wieder Walter Eucken ins Blickfeld. Der Nationalökonom hatte 1914 in Bonn promoviert und war in den 1920er Jahren zunächst Professor in Tübingen, dann in Freiburg geworden. Er war aber in dieser Zeit auch aktiv in der von seinem Vater initiierten Bewegung engagiert. Walter Eucken hielt regelmäßig Vorträge auf den Jahrestagungen des Euckenbundes. Zwischen 1926 und 1934 war er zusammen mit seiner Frau Edith Erdsiek für die Herausgabe der vierteljährlich erscheinenden Zeitschrift des Bundes, »Die Tatwelt«, verantwortlich. Das Ehepaar Eucken-Erdsiek verfolgte in dieser Zeit das ehrgeizige Projekt, aus dem Mitgliederblatt eine intellektuell hochstehende Zeitschrift zu machen, in der sich namhafte Autoren mit philosophisch-ethischen, pädagogischen und kulturwissenschaftlichen Themen auseinandersetzten. »Die Tatwelt« sollte über den engen Kreis des Euckenbundes hinaus Ausstrahlungskraft auf eine gebildete Öffentlichkeit ausüben. Walter Eucken und Edith Erdsiek setzten diese Linie gegen einigen Widerstand aus den Reihen des Bundes durch, dessen Basis zu einem beträchtlichen Teil aus Ober- und Volksschullehrern bestand.[9] Beide schrieben auch selbst regelmäßig in der Zeitschrift.

Man kann daher vermuten, dass die Philosophie und die gesellschaftsreformerischen Bestrebungen Rudolf Euckens auf das Denken und Handeln seines Sohnes eingewirkt haben. Lässt sich demnach eine Verbindung zwischen dem Engagement Walter Euckens in der vom Vater inspirierten idealistischen Reformbewegung und seinen wirtschaftspolitischen Grundpositionen herstellen? Wurzelt der Ordoliberalismus Euckenscher Prägung gar in einem transzendent-metaphysischen Begründungszusammenhang, der sich in der Auseinandersetzung mit Rudolf Euckens philosophischem Werk erschließen lässt? Oder haben wir es hier vielleicht doch eher mit einer idealistischen »Jugendsünde« zu tun, die Walter Eucken längst hinter sich gelassen hatte, als er das Gedankengebäude entwarf, für das sein Name heute steht?

---

8 | Vgl. Dathe, Uwe: Der Nachlass Rudolf Euckens. Eine Bestandsübersicht, in: Zeitschrift für Neuere Theologiegeschichte 9/2 (2002), S. 268–301, hier S. 294–299; Ders.: Eucken, S. 57 ff.; Eucken, Rudolf: Lebenserinnerungen. Ein Stück deutschen Lebens, Leipzig 1922, S. 80–92, 111–114; Sieg, Ulrich: Geist und Gewalt. Deutsche Philosophen zwischen Kaiserreich und Nationalsozialismus, München 2013, S. 71–102, 163 f.

9 | Vgl. etwa den Briefwechsel zwischen Walter Eucken und dem (nominellen) Vorsitzenden des Euckenbundes, dem Gymnasialprofessor Curt Hacker, im Jahr 1926, in: Thüringische Landes- und Universitätsbibliothek, Nachlass Rudolf Eucken (im Folgenden ThuLB, NL RE), Kasten VI./26.

KAPITALISMUS UND KULTURKRISE

In seinen Aufsätzen in der Zeitschrift des Euckenbundes und den dort veröffentlichten Tagungsreden setzte sich Walter Eucken meist mit den Themenfeldern Kapitalismus, Sozialismus und Christentum auseinander.[10] Er nahm in diesen Beiträgen immer wieder auf das Werk des Vaters Bezug. Dabei wird man aber in den zahlreichen Schriften Rudolf Euckens nur wenige Stellen finden, in denen der Philosoph direkt zu Fragen des Wirtschaftssystems Stellung nimmt. So heißt es in dem 1925 in fünfter Auflage erschienenen Werk »Der Kampf um einen geistigen Lebensinhalt«:

»Wir müssen voll anerkennen, daß das Fabrikwesen für die Kultur unentbehrlich ist, aber zugleich, daß es mit seiner Anhäufung der Menschen und mit der völligen Bindung der Individuen der Natur widerspricht; zu seiner Beschränkung müßte alles geschehen, was möglich ist. Im besonderen müßte die Leistung der Industrie auf ihre Vernunftmäßigkeit geprüft und einer ethischen Kontrolle unterworfen werden«.[11]

Es folgen einige eher kursorische Bemerkungen und Vorschläge – etwa, dass die Produktion »nichtiger« oder »überflüssiger« Dinge und von »sinnlosem Luxus« möglichst eingeschränkt werden sollte. Letztlich war Rudolf Eucken aber an wirtschaftlichen Fragen nicht sonderlich interessiert. Für seine Bestrebungen hielt er eine Reform oder gar eine Abschaffung der kapitalistischen Ordnung für irrelevant oder sekundär. Ihm ging es um den geistigen Wandel beim Einzelnen. Für seinen Sohn, den Wirtschaftswissenschaftler Walter Eucken, besaß die Frage der Wirtschaftspolitik und der Wirtschaftsordnung naturgemäß einen ganz anderen Stellenwert. Wenn man die Beiträge liest, die Walter Eucken in der zweiten Hälfte der 1920er Jahre im Umkreis des Euckenbundes publizierte, bekommt man oft den Eindruck eines merkwürdigen argumentativen Spagats. Auf der einen Seine stellte er die moderne Wirtschaftsentwicklung und den von ihr forcierten Wertewandel in den Ursachenzusammenhang der vom Euckenbund beklagten Krise. Die wirtschaftlichen Umwälzungen der Neuzeit, so schrieb Walter Eucken 1926 in der »Tatwelt«, hätten die geistige Krise erheblich verschärft. Der Einzelne, ob Unternehmer oder Arbeiter, handele heute allein nach seinem rational errechneten Selbstinteresse. Diese Wirtschaftsgesinnung musste erheblich dazu beitra-

---

10 | Vgl. Dathe, Uwe: »Zu sehr hatte ich mich auf die Begegnung mit dem großen Denker gefreut.« – Walter Euckens Weg zu Edmund Husserl, in: Hans-Helmuth Gander/Nils Goldschmidt/Uwe Dathe (Hg.), Phänomenologie und die Ordnung der Wirtschaft, Würzburg 2009, S. 19–27, hier S. 24 ff.; Ders.: Nachlass, S. 295–299; Ders./Goldschmidt, Nils: Wie der Vater, so der Sohn? Neuere Erkenntnisse zu Walter Euckens Leben und Werk anhand des Nachlasses von Rudolf Eucken in Jena, in: Ordo 54 (2003), S. 49–74, hier S. 58–62.
11 | Eucken, Rudolf: Der Kampf um einen geistigen Lebensinhalt. Neue Grundlegung einer Weltanschauung, Berlin/Leipzig ⁵1925, S. 386.

gen, die Religion aus ihrer alten Stellung zu verdrängen: »Denn wahrhafte Religion ist mit der Herrschaft des wirtschaftlichen Selbstinteresses auf die Dauer nicht vereinbar.« Auf der anderen Seite lehnte Walter Eucken aber die Forderung nach einer Beseitigung des Kapitalismus entschieden ab. Der Kapitalismus sei für die Jetztzeit unentbehrlich. Er sei die Wirtschaftsform, in der am produktivsten gearbeitet werden könne. Nur so sei es möglich, »die ungeheuer angeschwollene Menschenmasse der Welt« zu ernähren.[12]

Damit hatte Walter Eucken ein Dilemma formuliert, das sich schwer auflösen ließ. Entsprechend pessimistisch fielen Euckens Einschätzungen über die Chancen aus, die fundamentale geistige Krise zu überwinden. Der Schaffung einer neuen Lebensordnung stehe der Kapitalismus mit seiner rationalen Wirtschaftsführung entgegen und trotzdem könne man den Kapitalismus nicht beseitigen. Das Problem bestehe darin, die Menschen wieder Glieder einer umfassenden geistigen Lebensordnung werden zu lassen, gleichzeitig aber eine funktionierende Wirtschaftsform zu entwickeln, die einer solchen Lebensordnung entspreche. Euckens Fazit klingt allerdings einigermaßen ratlos:

»Ein solch gewaltiges Problem kann nur in Jahrhunderten gelöst werden. Vielleicht kommt der Menschheit der historische Zufall zur Hilfe, ähnlich wie es im ausgehenden Altertum der Fall war. Damals ist der Sieg des Christentums in seinem Jahrhunderte dauernden Kampfe dadurch wesentlich erleichtert worden, daß der Kapitalismus des römischen Reiches aus politischen und wirtschaftlichen Gründen zerfiel und die Naturalwirtschaft wieder völlig die Oberhand gewann. So wurde es leichter, eine umfassende religiöse Lebensordnung zu schaffen. Aber der Kapitalismus des Altertums war wesentlich anderer Natur als der heutige und hat nie in einem solchen Umfang geherrscht, wie in unserem Zeitalter.«[13]

Als Walter Eucken fünf Jahre später, auf der Jahresversammlung des Euckenbundes im Herbst 1931, über »Religion – Wirtschaft – Staat« sprach, hatten sich die Akzente seiner Argumentation merklich verschoben. Zwar machte er auch hier die Krise der Moderne am Zerfall einer einheitlichen Lebensordnung fest. Noch im 18. Jahrhundert seien »Glaube und Leben« aufs engste verbunden gewesen. Das Leben habe seinen Sinn »vom Glauben her« empfangen. »Die Arbeit des Bauern auf dem Felde und im Haus, sein Wirken in der Familie und in der Gemeinde erhielten auf diese Weise einen einheitlichen Sinn; ebenso die Arbeit des Handwerkers in Haus, Werkstatt, Zunft und sein Feierabend.« Dies aber habe sich in der Gegenwart gründlich geändert:

---

12 | Die Tatwelt 2 (1926), S. 14 f. Der Artikel ist unter dem Namen »Dr. Kurt Heinrich« erschienen. Vgl. zu diesem Pseudonym Pies, Ingo: Eucken und von Hayek im Vergleich. Zur Aktualisierung der ordnungspolitischen Konzeption, Tübingen 2001, S. 7.
13 | Die Tatwelt 2 (1926), S. 16.

»Ob Generaldirektor oder ungelernter Arbeiter, ob Minister oder unterer Beamter – der frühere Gesamtzusammenhang des Lebens ist zerstört. Während [...] in gesunden Zeiten die verschiedenen Lebensgebiete in der Persönlichkeit des Menschen zur Einheit werden, sieht sich der Mensch unserer Tage einer großen Zahl von autonomen Gebieten des Lebens gegenüber, ohne die verbindende Einheit zu finden. Damit ist ihm aber die innere Sicherheit, das Gleichgewicht genommen; das Leben wird als leer empfunden.«[14]

Die alles durchdringende kapitalistische »Wirtschaftsgesinnung« wurde nun nicht mehr als Hindernis auf dem Weg zu einer neuen einheitlichen Lebensordnung problematisiert. Walter Eucken konstatierte vielmehr eine weitverbreitete Sehnsucht nach Sinn und Einheit, nach einer »Überwindung der jetzigen Zerspaltenheit«, einer »Wiederherstellung eines Sinnzusammenhanges des Lebens«. Diesem Ziel würden – »klar oder unklar, bewußt oder unbewußt« – die meisten geistigen und politisch-sozialen Bewegungen der Zeit zustreben. So wolle der Sozialismus marxistischer Prägung durch die Umgestaltung der Wirtschaft dem Leben des Einzelnen eine neue sinngebende Einheit verschaffen. Sein Erfolg beruhe zum großen Teil darauf, »daß das Aufgehen in seine Utopien den Menschen zum Religionsersatz wird, mit dessen Hilfe sie ihre innere Leere zu überwinden hoffen.« Auch die Anziehungskraft des Nationalsozialismus führte Walter Eucken – ohne ihn direkt beim Namen zu nennen – auf solche Bedürfnisse zurück. Der leidenschaftliche Glaube an »den ›totalen‹, alles durchdringenden Staat, und die leidenschaftliche Ablehnung des Liberalismus« seien heute ein Hauptstück der Lebensanschauung vieler Menschen geworden. »Die fortreißende Kraft dieser Bewegungen beruht auch hier zum großen Teil darauf, daß ihre Anhänger hoffen, ein Zentrum gefunden zu haben, von dem aus das Leben wieder einen Sinnzusammenhang erhalten kann.«[15] Beide Weltanschauungen, die Walter Eucken in der Terminologie seines Vaters als »Ökonomismus« und »Politismus« kennzeichnete, würden aber letztlich untaugliche Wege zur Lösung der Sinnkrise aufzeigen. Er verkündete nun die erstaunlich zuversichtliche Prognose:

»Die geschichtliche Entwicklung wird nach Scheitern aller anderen Versuche mit Notwendigkeit zu dem Ergebnis führen müssen, daß der umfassende Sinnzusammenhang den Tätigkeiten des einzelnen Menschen nur von der Religion, vom Glauben an Gott wieder verliehen werden kann.«[16]

Auf Teile dieser Argumentation griff Walter Eucken auch in einem zur gleichen Zeit erscheinenden fachwissenschaftlichen Aufsatz zur »Krisis des Kapitalismus« zurück. Die tiefere Ursache der Weltwirtschaftskrise machte er hier an

---

14 | Zitiert nach ebd. 8 (1932), S. 82 f.
15 | Ebd., S. 84 ff.
16 | Ebd., S. 87.

der Entwicklung zum »Wirtschaftsstaat« fest. Der Staat sei seit dem Ende des 19. Jahrhunderts immer mehr zum Spielball der verschiedenen Wirtschaftsinteressen geworden. Unternehmer wie Arbeiter versuchten permanent, den Staat zu veranlassen, zu ihren Gunsten zu intervenieren. Dadurch habe sich die marktwirtschaftliche Ordnung mehr und mehr aufgelöst.[17] In diesem Zusammenhang verwies Eucken auf die Folgen der Kulturkrise. Die Wendung der Massen gegen den Kapitalismus sei nämlich ein Phänomen, das sich nur »aus der seelischen Lage des modernen Menschen« erklären lasse. Der Glaube an den alles beherrschenden Staat sei weitgehend zum Religionsersatz geworden. Im totalen Staat der Zukunft sähen viele Deutsche »ein übermenschliches, alles vermögendes Wesen«, demgegenüber der Einzelne keine Rechte besitze. Vom Staat werde verlangt, dass er die Ordnung der Wirtschaft in die Hand nehme, eine totale Planung der Volkswirtschaft entwerfe und durchführe.[18] Walter Eucken subsumierte auf diese Weise sowohl den »Ökonomismus« der »marxistischen« Parteien wie den »Politismus« der Nationalsozialisten unter einem gemeinsamen Nenner. Er sah beide als Symptome einer Kulturkrise und verortete sie gleichzeitig im Ursachenzusammenhang einer Strukturkrise der kapitalistischen Wirtschaft.

An den drei eben zitierten Aufsätzen hat sich in der Forschung zur Geschichte des Ordoliberalismus eine lebhafte Kontroverse entzündet. Einige Autoren wollen aus ihnen eine signifikante Zäsur im wirtschaftswissenschaftlichen Denken Euckens herleiten. Zwischen der Mitte der 1920er und den frühen 1930er Jahren habe sich Walter Eucken von der philosophischen Gedankenwelt seines Vaters gelöst. Er habe Rudolf Euckens Kulturkritik gewissermaßen durch einen Perspektivenwechsel vom Kopf auf die Füße gestellt: Walter Eucken frage nicht nach der durch den Kapitalismus verschärften Krise des Lebenssinns, sondern nehme umgekehrt die durch individuelle Sinndefizite verschärfte Krise des Kapitalismus in den Blick. Aus einer ursprünglich lebensphilosophischen Ausgangsfrage sei so eine einzelwissenschaftliche Problemstellung geworden.[19]

Nun erscheint es zunächst einmal fraglich, ob man Walter Euckens Beiträge zur Publizistik des Euckenbundes so ohne weiteres in einen direkten Bezug zu seinen wissenschaftlichen Publikationen stellen kann. Er bewegte sich hier in durchaus verschiedenen Diskursfeldern und sprach einen unterschiedlichen Kreis von Akteuren und Rezipienten an. In einer kulturkritischen Zeitschrift waren gemeinhin andere Problemstellungen vorgegeben als in einem wirtschaftswissenschaftlichen Periodikum. Im Euckenbund hatte es Walter Eucken zudem mit einer Bewegung zu tun, deren Anhänger geneigt waren, die Bedeutung wirtschaftlicher Zusammenhänge gering zu schätzen. Seine Auseinandersetzung mit dem Kapitalismus in diesem Forum mag deshalb eher darauf gezielt haben,

---

17 | Vgl. Eucken, Walter: Staatliche Strukturwandlungen und die Krisis des Kapitalismus, in: Weltwirtschaftliches Archiv 36 (1932), S. 297-321, hier S. 302-309.
18 | Ebd., S. 305 f.
19 | Vgl. vor allem I. Pies: Eucken, S. 20-24.

den Lesern der »Tatwelt« und den Mitgliedern des Bundes die kulturelle Wirkmächtigkeit wirtschaftlicher Strukturen vor Augen zu führen.

Wie dem auch sei, die These einer Zäsur in Walter Euckens Werk, einer Abwendung vom kulturkritischen Idealismus seines Vaters und seine Entwicklung zum wertneutral argumentierenden Fachwissenschaftler ist von einer Reihe von Autoren bezweifelt worden. Für sie bleibt der Einfluss Rudolf Euckens auch in den späteren, klassischen Schriften des Sohnes auf die eine oder andere Weise bemerkbar und bedeutsam.[20] Selbst zur Erklärung der regimekritischen Haltung Walter Euckens während der Zeit des Nationalsozialismus ist der geistige Einfluss des 1926 verstorbenen Vaters herangezogen worden. So meint Nils Goldschmidt, Walter Eucken sei nicht zuletzt deshalb während des Dritten Reiches zu einem Identifikationspol an der Freiburger Universität geworden, weil die väterliche Forderung nach einem »kraftvollen Aktivismus, ja eine[r] heroischen Lebenshaltung« zur intellektuellen Triebfeder seiner oppositionellen Haltung werden konnte.[21]

WALTER EUCKEN, DER EUCKENBUND UND DER NATIONALSOZIALISMUS

Es lassen sich zweifellos Belege dafür finden, dass Walter Eucken die Ablehnung des Nationalsozialismus und das Engagement in der Bekennenden Kirche auch als logische Konsequenz aus den Lehren des Vaters verstand.[22] Nur war er damit in der Führung des Euckenbundes und selbst im engsten Familienkreis weitgehend isoliert. Sogar zu Lebzeiten Rudolf Euckens wurde im Bund schon heftig die »Judenfrage« debattiert. Auch der »Meister« selbst wollte sich nicht eindeutig positionieren und erließ schließlich den »Schiedsspruch«, man solle diejenigen, die

---

20 | Vgl. etwa Renker, Jan: Die Krisis der Moderne bei Rudolf Eucken, Edmund Husserl und Walter Eucken, in: Hans-Helmuth Gander/Nils Goldschmidt/Uwe Dathe (Hg.), Phänomenologie und die Ordnung der Wirtschaft, Würzburg 2009, S. 41–66, hier S. 59–63; Goldschmidt, Nils: Das Reich der Wahrheit und die Lebensordnung. Welche Spuren haben Rudolf Eucken und Edmund Husserl in den Arbeiten Walter Euckens hinterlassen?, in: ebd., S. 67–82, hier S. 80 f.; U. Dathe/N. Goldschmidt: Vater, S. 49–74; Oswalt, Walter: Liberale Opposition gegen den NS-Staat. Zur Entwicklung von Walter Euckens Sozialtheorie, in: Nils Goldschmidt (Hg.), Wirtschaft, Politik und Freiheit. Freiburger Wissenschaftler und der Widerstand, Tübingen 2005, S. 313–353, hier S. 333 f. Oswalt betont allerdings die originär liberalen Wurzeln des Denkens Walter Euckens und schätzt den Einfluss Rudolf Euckens eher peripher ein. Vgl. ebd., S. 325 f.
21 | Goldschmidt, Nils: Die Rolle Walter Euckens im Widerstand: Freiheit, Ordnung und Wahrhaftigkeit als Handlungsmaximen, in: ebd., S. 289–314, hier S. 300.
22 | Vgl. etwa ThuLB, NL RE, Kasten V./12, Bl. 46: Walter Eucken an Irene Eucken, Freiburg, 16. 11. 1934; ebd., Bl. 141: Walter Eucken an Irene Eucken, Freiburg, 20. 03. 1936.

»sich als deutsche Juden fühlen und bekennen«, den Beitritt zum Euckenbund nicht prinzipiell verwehren. Doch solle die Entscheidung darüber, ob man solche Juden aufnehme, bei den einzelnen Ortsgruppen liegen.[23] Ein Teil der Ortsgruppen schloss tatsächlich statutenmäßig Juden von der Mitgliedschaft aus. Nach dem Tod Rudolf Euckens scheinen sich antisemitische Einstellungen auch in der Jenaer Führungsspitze des Bundes verfestigt zu haben. Als die Euckenbund-Leitung 1931 versuchte, die Ortsgruppe Breslau neu zu beleben, drängte der Vorsitzende, Benno von Hagen, darauf, »dass wir vor allen Dingen gerade die Breslauer Gruppe ganz judenrein gestalten«.[24] Walter Eucken war solchen Tendenzen immer wieder nachdrücklich entgegengetreten.[25] Doch seine Mutter Irene und seine Schwester Ida, die nach 1926 prägenden Einfluss auf das Tagesgeschäft des Bundes nahmen, machten in ihren Briefen aus ihren antisemitischen Ressentiments keinen Hehl.[26]

Mochte auch die väterliche Gedankenwelt Walter Eucken dazu inspiriert haben, sich der »totalitären« nationalsozialistischen Bewegung zu verweigern – zahlreiche andere Anhänger Rudolf Euckens zogen aus seinen Lehren die gegenteilige Konsequenz. Zu den frühen Aktivisten des Euckenbundes zählte beispielsweise der Münchener Landgerichtsrat Theodor von der Pfordten, der beim »Marsch auf die Feldherrenhalle« im November 1923 sein Leben verlor.[27] Mindestens zwei weitere Ortsgruppenvorsitzende des Bundes gehörten schon vor 1933 der NSDAP an. Einer von ihnen war der Chemnitzer Lehrer Otto Günther, der 1919 den Anstoß zur Gründung eines Euckenbundes gegeben hatte. Als Günther 1932 in Jena anfragte, wie sich der Bund grundsätzlich zur nationalsozialistischen Bewegung stelle, erhielt er vom Vorsitzenden die Antwort, die NSDAP sei zwar eine »sehr wertvolle und vom nationalen Standpunkte zu begrüßende Bewegung«. Solange aber diese Bewegung Partei sei, könne der Euckenbund nicht öffentlich für sie Stellung nehmen. Das gleiche gelte im Prinzip für »alle national eingestellten Parteien«.[28]

---

23 | So Rudolf Eucken am 18. April 1922 an Karl Heinrich, Breslau. Vgl. ebd., Kasten VI./26, o. Bl. [Hervorhebung im Original].
24 | Ebd., o. Bl., Benno von Hagen an L. v. Lippa, Breslau, 31.01.1931.
25 | Vgl. die Auseinandersetzungen in der Berliner Ortsgruppe 1925, der Walter Eucken während seiner Zeit als Privatdozent angehörte, in: ebd., Kasten VI/1, o. Bl., Walter Eucken an Irene Eucken, 20.01.1925; ebd., 23.01.1925; ebd., 27.01.1925.
26 | Vgl. etwa ebd., Kasten VI./26, o. Bl., Irene Eucken an Graf Pückler, Oberweistritz/Schlesien, 10.06.1928; ebd., Kasten V./14, Bl. 392, Ida Eucken an Irene Eucken, 11.07.1932.
27 | Vgl. Beßlich, Barbara: Wege in den »Kulturkrieg«. Zivilisationskritik in Deutschland 1890–1914, Darmstadt 2000, S. 114.
28 | ThuLB, NL RE, Kasten VI./27, o. Bl., Otto Günther, Chemnitz, an Irene Eucken, 01.02.1932; ebd., Benno von Hagen an Otto Günther, Chemnitz, 05.02.1932. Vgl. zur Gründungsgeschichte des Bundes: ebd., Kasten VI./12, Mappe 10.3.

Nach der »Machtergreifung« 1933 drängte der Chemnitzer Ortsgruppenvorsitzende umso nachdrücklicher darauf, Rudolf Eucken in die geistige Ahnenreihe des Nationalsozialismus zu platzieren: »Der ethische Aktivismus, die heroische Lebensführung, die wesensbildende Tat usw. usw., alles das sind Gedanken Rudolf Euckens, die heute lebendig sind und Tat werden.« Es war offenbar Walter Eucken, der ein explizites Bekenntnis des Euckenbundes zum neuen Regime verhinderte. Otto Günther verließ schließlich im Herbst 1933 die von ihm ins Leben gerufene Bewegung: »Mit Rudolf Eucken im Herzen folge ich der Führung Adolf Hitlers«, schloss er seine nach Jena gesandte Austrittserklärung.[29] Diese Entscheidung hielt die Jenaer allerdings keineswegs davon ab, zum zehnten Jahrestag des Hitlerputsches im November 1933 eine stimmungsvolle Gedenkfeier für Theodor von der Pfordten zu veranstalten, eben jenen Münchener Euckenbundaktivisten, der nun zu den »Blutopfern« der nationalsozialistischen Bewegung zählte.[30]

Walter Eucken scheint sich seit 1933/34 aus dem aktiven Engagement für den Euckenbund zurückgezogen zu haben. Dies lag wohl auch daran, dass Edith Erdsiek-Eucken wegen ihres »halbjüdischen« Familienhintergrundes 1934 aufgefordert wurde, die Redaktion der »Tatwelt« abzugeben. Von nun an lag die Herausgabe der Zeitschrift beim Vorstand des Euckenbundes in Jena, sprich: bei Irene und Ida Eucken und dem Vorsitzenden Benno von Hagen, einem ehemaligen Schüler des verstorbenen »Meisters«. Das Ehepaar Eucken-Erdsiek äußerte in seinen Briefen nach Jena hin und wieder Kritik an der redaktionellen Linie der »Tatwelt«. Man mache zu große Konzessionen an das Regime und setze sich damit in den Widerspruch zur Lehre des Vaters.[31] Der Euckenbund selbst war während der Zeit des Nationalsozialismus offenbar vor allem im ausländischen Kulturaustausch aktiv. Inwieweit der Bund und seine Zeitschrift, die bis 1943 erschien, regimekritischen Stimmungen und Meinungen einen Resonanzboden boten, wird im Rahmen des Forschungsprojekts zum »Eucken-Kreis« noch zu erschließen sein. Gleiches gilt für die Frage, ob nennenswerte Verbindungen zu Walter Euckens Freiburger Widerstandskreis bestanden.

---

29 | Ebd., Kasten VI./12, Mappe 16, Otto Günther, Chemnitz, an Benno von Hagen, 16. 10. 1933. Vgl. auch U. Dathe/N. Goldschmidt: Vater, S. 63.
30 | Vgl. ThuLB, NL RE, Kasten VI./12, Mappe 16, Irene Eucken an Oberlehrer Hoffmann, Chemnitz, 21./22. 11. 1933.
31 | Vgl. etwa ebd., Bl. 141, Walter Eucken an Irene Eucken, Freiburg, 20. 03. 1936; sowie U. Dathe: Nachlass, S. 295 f.; W. Oswalt: Opposition, S. 326.

Der Vater, der Sohn und der Geist des Ordoliberalismus

Walter Eucken setzte sich, so kann man annehmen, intensiv mit dem philosophischen Werk seines Vaters auseinander. Bereits zu Lebzeiten Rudolf Euckens verteidigte er es vor Verfälschung und Verflachung durch die zahlreichen Bewunderer, die sich von dessen Schriften angesprochen fühlten. Ob und in welcher Form jedoch das vom Vater entworfene Gedankengebäude in das eigene nationalökonomische Werk einfloss, ob Rudolf Eucken gewissermaßen zu den geistigen Großvätern des »Ordoliberalismus« zu zählen ist, erscheint nicht ohne weiteres evident. Walter Eucken selbst hat sich zu dieser Frage, soweit dies zu übersehen ist, nicht explizit geäußert. Die Vertreter dieser These unter den Walter-Eucken-Forschern rekurrieren sowohl auf methodische Anleihen als auch auf eine philosophisch-ethische Grundlegung des ordoliberalen Modells aus dem Denken Rudolf Euckens.[32]

Methodische Affinitäten in den Arbeiten von Vater und Sohn Eucken lassen sich in ihren Verfahrensweisen erkennen, Ordnungen aus einer empirisch erfassbaren Vielfalt zu destillieren. Rudolf Eucken wendet in seinen Analysen der Kulturentwicklung die von ihm selbst sogenannte »noologische« Methode an, um aus empirischen Gegebenheiten idealtypische Strukturen – »Syntagmen«, »Lebensordnungen« – abzuleiten.[33] Auch Walter Eucken bediente sich eines solchen Verfahrens der Reduktion der Fülle gesellschaftlicher Phänomene auf einige wenige »reine Formen« und Strukturelemente, um sein Grundraster der »Wirtschaftsordnungen« zu entwickeln. Nur so könne man den Sinnzusammenhang, in dem alle wirtschaftliche Wirklichkeit stehe, freilegen. Eucken grenzte sich damit ganz dezidiert von der herrschenden historischen Schule der deutschen Nationalökonomie ab, deren Vertretern er eine analytisch sterile Kumulation empirischer Wissensbestände vorwarf.[34] Das Denken in Ordnungen und das Verfahren der Reduktion zur Freilegung grundlegender Sinnzusammenhänge verweist sicherlich auf Ähnlichkeiten im wissenschaftlich-methodischen Zugriff von Rudolf und Walter Eucken. Es bleibt allerdings unklar, in welchem Maße hier Walter Eucken tatsächlich aus dem Werk des Vaters schöpfte. In seinen 1940 erschienenen »Grundlagen der Nationalökonomie« zitierte er jedenfalls nicht die

---

32 | Vgl. Goldschmidt, Nils: Entstehung und Vermächtnis ordoliberalen Denkens. Walter Eucken und die Notwendigkeit einer kulturellen Ökonomik, Münster 2002, S. 80–85; U. Dathe/N. Goldschmidt: Vater; J. Renker: Krisis.
33 | Vgl. F. Fellmann: Werk, S. 34 f.
34 | Vgl. Eucken, Walter: Grundlagen der Nationalökonomie, Jena 1940, S. 42–65. Vgl. Peukert, Helge: Walter Eucken (1891–1950) and the Historical School, in: Peter Koslowski (Hg.), The Theory of Capitalism in the German Economic Tradition. Historicism, Ordo-Liberalism, Critical Theory, Solidarism, Berlin 2000, S. 93–145, hier S. 110–119.

Arbeiten Rudolf Euckens, wenn er sein methodisches Vorgehen erläuterte. Vielmehr bezog er sich vor allem auf Max Webers »Idealtypen«.[35]

Ebenso schwer ist es, in den nationalökonomischen Werken Walter Euckens während der Zeit des Nationalsozialismus explizite Bezüge zur Philosophie seines Vaters zu finden. Die Veröffentlichungen enthalten sich meist jedweder ethisch-moralischer Bezüge und Argumentationen. Auch die Publizistik des Euckenbundes gibt in dieser Hinsicht keine weiteren Aufschlüsse. Der letzte in der »Tatwelt« veröffentliche Text Walter Euckens datiert vom Herbst 1933. Allerdings existiert ein vertrauliches Papier, das Eucken zusammen mit Constantin von Dietze und Adolf Lampe Anfang 1943 für den Theologen Dietrich Bonhoeffer verfasst hat. In dieser Denkschrift formulierten die Freiburger Nationalökonomen die Grundlinien einer christlich fundierten Wirtschaftsordnung für die Zeit nach dem Ende des Nationalsozialismus.[36] Dieser Text liefert die vielleicht expliziteste Einbettung ordoliberalen Denkens in transzendente Begründungszusammenhänge. Zunächst formulieren Eucken, Dietze und Lampe die allgemeinen Kriterien, die eine Wirtschaftsordnung erfüllen muss, um christlichen Geboten zu entsprechen: Sie dürfe »nicht der Vergötzung irdischer Güter und Mächte dienen, der Gleichgültigkeit gegenüber dem Namen und dem Worte Gottes Vorschub leisten oder die Heiligung des Feiertags und den Gottesdienst behindern«. Eine solche Wirtschaftsordnung dürfe auch nicht »systematisch die einzelnen Menschen als sittliche Personen vernichten oder in ihrer Gesundheit ausbeuten« und »nicht den einzelnen Menschen und ihren natürlichen Gemeinschaften, namentlich den Familien, jede selbstverantwortliche Verfügungsbefugnis über wirtschaftliche Güter vorenthalten«. Positiv gewendet habe die Wirtschaft »den lebenden und künftigen Menschen zu dienen, ihnen zur Erfüllung ihrer höchsten Bestimmungen zu helfen«.[37]

Walter Eucken und seine beiden Kollegen entwarfen nun ein marktwirtschaftliches Modell, das der staatlichen Wirtschaftspolitik zentrale Ordnungsaufgaben zuordnete. Sie solle das Funktionieren der Wettbewerbsordnung zwischen den

---

35 | Vgl. W. Eucken: Grundlagen, S. 145, 194, 297. Vgl. Haselbach, Dieter: Autoritärer Liberalismus und Soziale Marktwirtschaft. Gesellschaft und Politik im Ordoliberalismus, Baden-Baden 1991, S. 103.

36 | Dietze, Constantin von/Eucken, Walter/Lampe, Adolf: Wirtschafts- und Sozialordnung [1943], in: Nils Goldschmidt/Michael Wohlgemuth (Hg.), Grundtexte zur Freiburger Tradition der Ordnungsökonomik, Tübingen 2008, S. 99–115. Zum Kontext vgl. die Einführung von Nils Goldschmidt, in: ebd., S. 91–97; Klinckowstroem, Wendula Gräfin von: Walter Eucken: Eine biographische Spitze, in: Lüder Gerken (Hg.), Walter Eucken und seine Werk, Tübingen 2000, S. 53–116, hier S. 93 f. Dagegen hält Daniela Rüther die religiöse Ausrichtung des Freiburger Ordoliberalismus für vernachlässigbar. Vgl. Rüther, Daniela: Der Widerstand des 20. Juli auf dem Weg in die Soziale Marktwirtschaft. Die wirtschaftspolitischen Vorstellungen der bürgerlichen Opposition gegen Hitler, Paderborn 2002, S. 453.

37 | C. v. Dietze/W. Eucken/A. Lampe: Wirtschafts- und Sozialordnung, S. 100 f.

Unternehmen gewährleisten. Zudem müsse der Staat über Betriebsverfassung und Sozialpolitik dafür sorgen, dass sich die Wirtschaftsordnung in die Gesamtordnung der Gesellschaft einfüge. Es sei nämlich im 19. Jahrhundert ein verbreiteter Irrtum gewesen, »daß eine zweckmäßige wirtschaftliche Regelung von selbst eine sinnvolle soziale Ordnung schaffe«. Vielmehr habe die ungehemmte Industrialisierung

»durch die Verbreitung von Großfabriken und Großstädten einen erheblichen Teil der Bevölkerung ›proletarisiert‹. Zur äußeren Entwurzelung trat die innere Haltlosigkeit. Die Erwartung, daß eine liberale Ordnung von selbst die erforderlichen sittlichen Grundlagen schaffen werde, hatte sich als irrig erwiesen. Das christliche Erbe war immer mehr aufgezehrt worden, es verlor an Wirksamkeit. Ausbeutungsgelüste von der einen, Neid und Begehrlichkeit von der anderen Seite vergifteten das Zusammenleben.«[38]

Zwar könne keine Wirtschaftsordnung »die Versuchung zum lieblosen Geiz, zum Mammondienst« vermeiden. Doch eine funktionierende Wettbewerbsordnung schaffe zumindest keinen Zwang, der in dieser Richtung wirken müsste. Sie hindere niemanden, ein christliches Leben zu führen.[39]

Öffentlich beschäftigte sich Walter Eucken mit den ethisch-philosophischen Zusammenhängen der Wirtschaftsordnung erst wieder nach dem Ende der nationalsozialistischen Diktatur. In der ersten Nummer der Zeitschrift »ORDO« erschien 1948 sein programmatischer Aufsatz mit dem Titel »Das Ordnungspolitische Problem«. Hier formulierte Eucken das theoretische Konzept, das wirtschaftspolitische Programm und die normativ-ethische Fundierung des Ordoliberalismus als integriertes Ganzes. Er entwickelt hier die Grundzüge eines ökonomischen Ordnungsmodells, das auf unternehmerischer Freiheit, der Regulierung durch Markt und Wettbewerb, einem rahmensetzenden Staat, der über das Funktionieren des Marktes zu wachen hat, und Gewerkschaften, die ein Machtgleichgewicht zwischen Arbeitgebern und Arbeitnehmern herstellen sollen, basierte.

Dieses Modell war verankert in einem philosophisch-ethischen Bezugssystem. Walter Euckens Argumentation kreiste um den Begriff der Freiheit: »Nur freie Entscheidung ermöglicht Erkennen und Verwirklichung der verbindlichen moralischen Wertordnung. Und nur der freie Mensch kann beobachtend und selbsttätig denkend Wahrheiten näherkommen.«[40] Man kann in den Schriften Rudolf Euckens durchaus die eine oder andere Passage finden, in denen der Vater ähnlich wie der Sohn argumentiert. So schrieb er in einem seiner grundlegenden Werke: »Wird bei völliger Aufhebung der Freiheit noch irgendwelche ethische Gestaltung des Lebens möglich sein?« Die Freiheit preiszugeben heiße den geis-

---

38 | Ebd., S. 103, 106.
39 | Ebd., S. 113.
40 | Ebd., S. 73.

tigen Charakter des Lebens zu zerstören, sie zu verteidigen aber den Glauben an eine andere Ordnung der Dinge zu bekennen. Und an anderer Stelle im gleichen Buch heißt es: »Die Ausschließlichkeit des Staates aber enthält die Gefahr, alle Selbständigkeit des Einzelnen zu unterdrücken und damit das Leben zu mechanisieren.«[41] Allerdings muss man im Gesamtwerk des Philosophen schon etwas suchen, um solche Zitate zu entdecken. Im Mittelpunkt seines Œvres steht das Problem der Freiheit keineswegs. Dies mag auch daran liegen, dass der Erfahrungs- und Erwartungshorizont Rudolf Euckens, dessen Hauptwerke in den Jahrzehnten vor dem Ersten Weltkrieg entstanden, ein wesentlich anderer war als der seines Sohnes. Als Walter Eucken 1948 sein ordoliberales »Manifest« formulierte, war ihm die Erfahrung, was es bedeutete, wenn ein allmächtiger Staat grundlegende Freiheitsrechte suspendierte, nur allzu präsent. Eine andere, für ihn nicht weniger erschreckende Version des »totalitären« Staates – die stalinistische Sowjetunion – war in bedrohliche Nähe gerückt.

Zudem blieb Rudolf Eucken noch sehr dem alten Freiheitsbegriff des deutschen Idealismus verhaftet. Freiheit formte sich für ihn primär als innere Einstellung aus.[42] Solche Geringschätzung des Äußerlichen war bei Walter Eucken dagegen einem Sinn für die Bedeutung der strukturellen und materiellen Bedingungen von Freiheit gewichen. Zunächst einmal habe das Recht die Freiheitssphäre zu sichern, schrieb er 1948. Vor allem aber machte Walter Eucken das Problem der Freiheit an der Wirtschaftsordnung fest – er fragte: »Ist eine Wirtschaftsordnung möglich, in der die Menschen nicht nur Mittel zum Zweck, nicht also nur Teilchen des Apparates sind? [...] Ist es überhaupt möglich, in der industrialisierten Wirtschaft die Freiheit der Person zu retten?«[43]

In gewissem Sinne schließt sich nun der Kreis zu der Problemstellung, die Walter Eucken in seinem »Tatwelt«-Artikel von 1926 aufgeworfen hatte: Welche Folgen hat die industriell-kapitalistische Wirtschaft für das menschliche Leben? Welche Hindernisse stellt sie der Lösung der Sinnkrise der Moderne, dem Weg zu einer neuen sinnerfüllten Lebensordnung entgegen? Insofern dürfte der Perspektivenwechsel, den Eucken 1932 in seinem fachwissenschaftlichen Aufsatz zur Strukturkrise des Kapitalismus vornimmt, für sich allein genommen tatsächlich kein Zeichen eines grundstürzenden Umbruchs in seinem Denken gewesen sein. Denn 1948 kam er in einem Schlüsseldokument des Ordoliberalismus genau auf diese Perspektive zurück. Nur ist hier die moderne kapitalistische Wirtschaft für Walter Eucken nicht mehr per se das Hindernis der Lösung der großen geistigen Krise. Es komme vielmehr darauf an, eine Wirtschaftsordnung durchzusetzen, die eine Lösung dieser Krise ermögliche. Zwar könnten nicht alle Fragen der menschlichen Ordnungen und des Menschen überhaupt durch die Wirt-

---

41 | R. Eucken: Grundlinien, S. 86 f., 161.
42 | Vgl. etwa: Eucken, Rudolf: Deutsche Freiheit. Ein Weckruf, Leipzig 1919, S. 16-22.
43 | Eucken, Walter: Das ordnungspolitische Problem, in: Ordo 1 (1948), S. 56-90, hier S. 76 f.

schaftsordnungspolitik allein bewältigt werden. Wohl aber gelte der Satz: »keine geistig-religiöse oder politische Bewegung wird diese Fragen lösen, wenn es nicht gelingt, in adäquaten Wirtschaftsordnungen die Lenkung des alltäglichen Wirtschaftsprozesses durchzuführen.« An sich sei die Frage der Wirtschaftsordnung ein Sachproblem. Dessen Lösung aber habe eminente Auswirkungen auf das gesamte menschliche Leben. »Wir müssen uns daran gewöhnen, daß feierliche Fragen nach der geistig-seelischen Existenz des Menschen mit sehr nüchternen Fragen der wirtschaftlichen Lenkungsmechanik untrennbar verbunden sind.«[44]

Schluss

Diese Ausführungen lassen wohl keinen Zweifel daran, dass Walter Euckens Entwurf einer »ordoliberalen« Wirtschaftsordnung in einem »transzendenten« Begründungszusammenhang verortet war. Die »richtige« Ordnung des Wirtschaftslebens erscheint als Vorbedingung und Grundlage einer im christlichen Glauben wurzelnden Lebensordnung. Insofern beschäftigte sich Walter Eucken noch in seinen letzten Lebensjahren mit den Grundfragen, um die auch das philosophische und publizistische Werk seines Vaters Rudolf Euckens kreiste: Wie konnte die Krise der Moderne überwunden, wie eine neue wert- und sinnhafte, für den Einzelnen verbindliche Lebensordnung geschaffen werden? Wert und Sinn des Lebens erschlossen sich für Walter Eucken – vielleicht eindeutiger noch als für seinen Vater – nur über den christlichen Glauben. Doch erscheinen in den Texten Walter Euckens Wirtschaft und Religion zunächst als schwer zu vermittelnde Sphären. Erst in seinem letzten Lebensjahrzehnt – Eucken starb 1950 – fügen sich offenbar nationalökonomische Theorien und philosophisch-religiöse Überzeugungen zu einem stimmigen Ganzen.

Man kann wohl davon ausgehen, dass die kulturkritische Weltsicht Walter Euckens wesentlich durch das philosophische Werk seines Vaters und die Bestrebungen, dessen Ideen Geltung zu verschaffen, geprägt wurde. Allerdings vertrat Walter Eucken eine durchaus eigensinnige Lesart der väterlichen Lehre und er entwickelte wichtige Einsichten, die über das Werk des Vaters hinausweisen. Dies ist auch nicht weiter erstaunlich. Denn letztlich gründete die Breitenwirksamkeit von Rudolf Euckens philosophischen Schriften in ihrer inhaltlichen Diffusität und vielseitigen Auslegbarkeit. Vielen seiner Anhänger und Leser dienten sie wohl eher zur spirituellen Erbauung und zur individuellen Lebensgestaltung, als dass sie ihnen konkrete gesellschaftspolitische Handlungsanleitungen vermittelt hätten.

---

44 | Ebd., S. 77 f.

»Soziale Marktwirtschaft« als christliche Verpflichtung?
Konfessionelle Wirtschaftskonzepte und religiöse Akteure in der frühen Bundesrepublik

Thomas Großbölting

Wenn sich prominente Kirchenvertreter und Theologen heute zu Fragen der Ökonomie und der Wirtschaftsordnung äußern, können sie gegenwärtig mit großer Aufmerksamkeit und Resonanz rechnen. Die seit 2008 andauernde Banken- und Währungskrise sowie die damit einhergehenden ökonomischen Turbulenzen haben vormalig als unerschütterlich geltende ökonomische Grundüberzeugungen auf den Kopf gestellt oder erschüttert: Hätte es jemand für möglich gehalten, dass der oftmals absolut gesetzte sogenannte freie Markt und seine Regeln zu Gunsten der Banken in der Gestalt außer Kraft gesetzt werden, dass Verluste in großem Stil sozialisiert werden? Und – um nur ein weiteres Beispiel anzuführen – wäre es vor wenigen Jahren denkbar gewesen, dass das jahrzehntelang wie das Goldene Kalb gepriesene Schweizer Bankgeheimnis irgendwann einmal geschlachtet würde?

Wo Überzeugungen zusammenbrechen, die unter Ökonomen, Finanzpolitikern und weit darüber hinaus dogmengleich für ewig und unwandelbar gegolten haben, entsteht ein Vakuum, das es zu füllen gilt. Von religiöser Seite her hat immer der Anspruch bestanden, dass man aus dem eigenen Glauben heraus auch und gerade zu wirtschaftlichen und im engeren Sinne wirtschaftspolitischen Fragen beitragen könne. Da die meisten Religionen tendenziell einen totalen Erklärungs- und Weltdeutungsanspruch haben, kann aus ihrer Perspektive der Bereich der Ökonomie nicht ausgespart bleiben. So formulieren alle Weltreligionen schon in ihren Urtexten entweder Empfehlungen oder auch Gebote für das wirtschaftliche Verhalten ihrer Mitglieder. Besonders bekannt ist das Zinsverbot, welches sowohl im Alten Testament, in der kasuistischen Auslegung des Talmuds wie auch im Koran benannt wird.

Die Rezeption dieser religiösen Vorstellungen von der gesellschaftlich-politischen Seite aber folgt ganz eigenen Konjunkturen: Blickt man auf den wirtschaftskulturellen Rahmen der alten Bundesrepublik und später dann des wiedervereinigten Deutschlands, dann sieht man, dass die Aufmerksamkeit für religiös motivierte Positionen in den 1980er und 1990er Jahren gering war. In dieser Zeit blieben beispielsweise verschiedene lehramtliche Äußerungen des ehemaligen Papstes Johannes Paul II. wie die Enzyklika »Centesimus Annus« (1991) mit ihren dezidiert kapitalismuskritischen Anregungen in Deutschland nahezu komplett ungehört.[1]

In den vergangenen Jahren hingegen scheinen die Kirchen ihre selbst- und fremdzugeschriebene Funktion als Wertelieferant für die Gesellschaft wiederzugewinnen. Religiöse Antworten auf die ökonomisch basierten Sinnfragen sind in der Krise anscheinend hoch willkommen. Kirchenrepräsentanten beider Seiten versuchen sich aktuell daran, den Bedarf an Krisen- und Ökonomiedeutung zu stillen. Als Beispiele seien hier nur zwei besonders prominente Kirchenvertreter herausgegriffen. Auf evangelischer Seite pries 2011 der frühere EKD-Vorsitzende Wolfgang Huber bei einer Veranstaltung der neoliberal-marktradikalen »Initiative Neue Soziale Marktwirtschaft« den Zusammenhang von »evangelischer Sozialethik mit ihrem Prinzip verantworteter Freiheit« und dem Konzept der »sozialen Marktwirtschaft«.[2] Auf katholischer Seite hat sich der Erzbischof von München, Kardinal Reinhard Marx, auf diesem Gebiet hervorgetan. In seinem Buch »Das Kapital« aus dem Jahr 2008 harmonisiert er katholische Soziallehre und Ordoliberalismus in einer Weise, die viele Widersprüche eher »zukleistert« als überzeugend überwindet. Die Konrad-Adenauer-Stiftung verlieh dem Kirchenmann 2011 den Preis »Soziale Marktwirtschaft«.[3]

Was die verschiedenen kirchlichen Krisenratgeber bei allen Unterschieden eint, ist der Verweis auf das »Früher«. In die allgemeine Ratlosigkeit strahlt insbesondere das Konzept der »sozialen Marktwirtschaft« hinein als ein Modell vergangener Zeiten, als vermeintlich alles noch gut war. Der Begriff beschwört mit den 1950er bis 1980er Jahren eine nahe zurückliegende und in mehrfacher Hinsicht überhöhte Vergangenheit: Das Wirtschafts- und Sozialsystem der alten Bun-

---

1 | Vgl. zum Beispiel Kallscheuer, Otto: Antikommunismus – Antikapitalismus – Apostolische Führung. Zum widersprüchlichen Erbe eines konservativen Revolutionärs, http://www.kath-akademie-bayern.de/tl_files/Kath_Akademie_Bayern/Veroeffentlichungen/zur_debatte/pdf/2005/2005_03_kallscheuer.pdf [eingesehen am 23.07.2012].
2 | Huber, Wolfgang: Das ethische Fundament der Sozialen Marktwirtschaft. Botschaftertreffen der INSM am 1. Juli 2011 in Berlin, http://www.insm.de/insm/Publikationen/Print/Themenuebergreifende-Publikationen/Botschaftertreffen--Impulsvortrag-Huber.html [eingesehen am 09.05.2011]. Vgl. auch Ders.: Wenn ihr umkehrt, wird euch geholfen oder: Anmerkungen zur globalen Finanzmarkt- und Wirtschaftskrise, Frankfurt a.M. 2010.
3 | Marx, Reinhard: Das Kapital. Ein Plädoyer für den Menschen, München 2008; Preis Soziale Marktwirtschaft 2011 an Kardinal Marx verliehen, http://www.kas.de/wf/de/33.29670/ [eingesehen am 13.06.2013].

desrepublik erscheint hier nicht nur als Schlaraffenland, in dem die stetig steigenden Konjunkturdaten Milch und Honig fließen ließen. Die historische Skizze, in die sich diese Vorstellung einordnet, ist auch darüber hinaus nahezu idyllisch: Entnazifizierung, Demokratisierung und ein Wirtschaftswunder, welches nicht nur Deutschland zu einem wieder geachteten Teil der Völkergemeinschaft macht, sondern auch die deutsche Gesellschaft zu einer nivellierten Mittelstandsgesellschaft. Dank eines Fahrstuhleffekts für alle brachte es nicht nur die Bewohner in den oberen Etagen, sondern auch die Mieter im Souterrain zu einem bis dahin ungekannten Wohlstand. Zuletzt hatte der Wahlkämpfer und Bundeskanzler Helmut Kohl diese Erinnerung beschworen, als er 1990 den Bewohnern der sogenannten neuen Länder mit den »blühenden Landschaften« ein zwar zeitlich versetztes, aber doch ganz ähnliches Gründungs»wunder« versprach.

In den meisten dieser Aktualisierungen des Topos von der »sozialen Marktwirtschaft« schwingt mit, dass die wirtschaftlichen Ordnungsmodelle wie auch der Wiederaufbau deswegen möglich wurden, da sie in eine stark christlich geprägte Werteordnung eingebunden waren. In der Rechristianisierungseuphorie, die das Ende der 1940er und den Beginn der 1950er Jahre prägte, waren beide Elemente verbunden. Zugleich werden diese Jahrzehnte auch zu einer Zeitphase (v)erklärt, in der die Gesellschafts- und Wirtschaftsordnung von einem breiten Konsens getragen wurde. Maßgeblichen Anteil an der Formulierung dieses Basiskonsenses hatten dabei – auch das ist Bestandteil dieses bundesrepublikanischen Gründungsmythos – die beiden christlichen Kirchen.

Dieses Bild von der unmittelbaren Nachkriegszeit und den 1950er Jahren ist in vielerlei Hinsicht zu korrigieren: Nicht ein (Wirtschafts-)Wunder, sondern ein zwischen NS-Infrastrukturpolitik, friedensähnlicher Kriegswirtschaft und Koreaboom gut zu erklärender ökonomischer Aufschwung schuf die materielle Grundlage für die junge Bundesrepublik. Sozial und mit Blick auf die Ressourcenverteilung entwickelte sich keine »nivellierte Mittelstandsgesellschaft«, wie sie der Soziologe Helmut Schelsky beobachtete, sondern eine weiterhin klassenförmige Gesellschaft mit enormen und wachsenden Ungleichheiten.[4] Die politische Kultur war keinesfalls durchgängig demokratisch gefestigt.[5] Und – das soll im Zentrum der folgenden Überlegungen stehen – auch das Bild von einer christlichen Fundierung der »sozialen Marktwirtschaft« ist mindestens in Teilen korrekturbedürftig. Auch wenn man momentan zuhauf die protestantischen Wurzeln der »sozialen Marktwirtschaft« prüft oder in der katholischen Soziallehre ihre Quellen entdeckt, soll im Folgenden nicht die innerchristliche und interkon-

---

4 | Vgl. Braun, Hans: Helmut Schelskys Konzept der ›nivellierten Mittelstandsgesellschaft‹ und die Bundesrepublik der 50er Jahre, in: Archiv für Sozialgeschichte 29 (1989), S. 199-223.

5 | Foschepoth, Josef: Überwachtes Deutschland. Post- und Telefonüberwachung in der alten Bundesrepublik, Göttingen 2012.

fessionelle Konkurrenz darum fortgeführt werden, wer eigentlich den größeren Anteil an der Etablierung der »sozialen Marktwirtschaft« hatte.[6] Stattdessen soll der Zusammenhang von Rechristianisierung(svorstellungen) und Wirtschaftsordnung generell ausgelotet werden.

Die aktuell inflationäre Bezugnahme auf die »soziale Marktwirtschaft« lässt sich nur dann aufrechterhalten, wenn man einen sehr unspezifischen Begriff zu Grunde legt. Die Begriffsverwendung heute bleibt häufig völlig unterdeterminiert und reduziert sich letztlich auf eine Zustimmungsformel zu der spezifischen Wirtschafts- und Sozialform der Bundesrepublik. Extrem unscharf und interpretationsoffen fungiert dieses Bekenntnis vor allem als »Codewort für die Zustimmung zur Freiheitlich-demokratischen Grundordnung«, so dass sich bis heute dahinter hoch unterschiedliche Strömungen vereinigen.[7] Mit Blick auf die wirtschafts- und ordnungspolitische Diskussion der frühen Bundesrepublik ist die Idee von der christlichen Fundierung der Marktwirtschaft eher Suggestion als Realität. Sowohl auf einer theoretisch-konzeptionellen Ebene, auf der rechtliche, ökonomische und ethische Grundfragen diskutiert wurden, wie auch mit Blick auf die tatsächlich praktizierte Wirtschafts- und Sozialpolitik stellt sich das historische Bild anders dar: Die ausgehenden 1940er wie auch die beginnenden 1950er Jahre sind auf Seiten der Kirchen von einem Suchprozess geprägt, der keinesfalls von einer vorbehaltlosen Zustimmung zur ordnungs- und wirtschaftspolitischen Ordnung der Bundesrepublik geprägt war. Insbesondere von katholischer Seite stritt man in Teilen explizit gegen die ordoliberale Konzeption der Marktwirtschaft. Aber auch in den protestantischen Landeskirchen und Verbänden war die Spannbreite wesentlich größer, als es das heutige Bild suggeriert. Erst in den 1960er Jahren und damit in der Zeit, in der sich die Konturen der kirchlichen Soziallehren stärker differenzierten und in Teilen sogar auflösten, akzeptierte man die Formel von der »sozialen Marktwirtschaft«. Diese fungierte dann aber weniger als exakte Beschreibung des Wirtschafts- und Politiksystems, sondern vor allem als wenig spezifische Konsensformel zur freiheitlich-demokratischen Grundordnung und ihren ökonomischen Rahmenbedingungen.

Auf drei Ebenen soll im Folgenden nach dem Zusammenspiel von religiösen Überzeugungen und (wirtschafts-)politischen Überlegungen und Politikstilen gefragt werden: Gemeinhin wird der konfessionelle Einfluss zuerst und vor allem im Bereich der ökonomischen Dogmengeschichte verortet, wenn beispielsweise nach den protestantischen Wurzeln oder dem katholischen Einfluss auf die

---

6 | Vgl. exemplarisch neben vielen anderen Brakelmann, Günter/Jähnichen, Traugott (Hg.): Die protestantischen Wurzeln der sozialen Marktwirtschaft. Ein Quellenband, Gütersloh 1994; Spangenberger, Michael: Rheinischer Kapitalismus und seine Quellen in der Katholischen Soziallehre, Münster 2011.

7 | Emunds, Bernhard: Ungewollte Vaterschaft. Katholische Soziallehre und Soziale Marktwirtschaft, in: Ethik und Gesellschaft 4 (2010), S. 1–26, hier S. 2.

programmatische Entwicklung gefragt wird.[8] Methodisch sollen dabei die entsprechenden Texte mit Quentin Skinner und anderen Vertretern als intendierte Kommunikationsakte verstanden werden, die nicht allein das diskursive Feld markieren, sondern ihrerseits Handlungsabsichten oder Intentionen zu erkennen geben. Im Sinne der Kritiker am ideengeschichtlichen Ansatz von Skinner soll dabei die Konzentration aber nicht allein auf der semantischen Ebene liegen. Vielmehr werden diese Interventionen als politische und soziale Faktoren in eben diesen Kontexten untersucht. Auf diese Weise können dann Wechselwirkungen zwischen Ideen und politischen Entscheidungen analysiert werden.

Damit ist zugleich eine zweite Ebene angesprochen, wenn die Diskurse auch auf die Frage der ökonomischen Umsetzung der formulierten religiösen wie auch ordnungspolitischen Maximen hin untersucht werden: Was unter dem Schlagwort »soziale Marktwirtschaft« diskutiert wurde, ist zunächst einmal ein Ausloten der Grenzen des Sagbaren. Muss man diesen Entwürfen nicht die geistige Noblesse lassen und davon ausgehen, dass diese Konzepte nicht auf eine direkte Umsetzung zielten? Gegen diese Vorannahme spricht, dass nicht nur die Kirchen, sondern auch einschlägige Politiker sowohl zeitgenössisch wie auch heute den Erfolg der »sozialen Marktwirtschaft« nicht nur als Modell reklamieren, sondern als konkrete Wirtschaftsordnung beschwören.

Abschließend wird ein dritter Bereich thematisiert, der die eigenen ökonomischen Aktivitäten der Kirchen umfasst: Insbesondere im 19. und zu Beginn des 20. Jahrhunderts realisierten sich die Sozialehren der evangelischen und der katholischen Kirche nicht vorrangig in akademischen und politischen Debatten, sondern vor allem in den Krankenhäusern, Pflegeheimen und Genossenschaften, wie sie von christlichen Initiatoren und Trägern angeregt wurden. Mit zunehmender Pluralisierung und Individualisierung schwanden aber die Möglichkeiten sowohl zur Formulierung einer Sozialehre wie auch zur Praxis einer christlich oder gar konfessionell geprägten Ökonomie und verengten sich auf kleine Restsegmente.

---

8 | Vgl. G. Brakelmann/T. Jähnichen: Wurzeln; Nutzinger, Hans G./Müller, Eckart: Die protestantischen Wurzeln der Sozialen Marktwirtschaft, in: Sylke Behrends/Hans-Rudolf Peters (Hg.), Ordnungskonforme Wirtschaftspolitik in der Marktwirtschaft. Festschrift für Prof. Dr. Hans-Rudolf Peters zum 65. Geburtstag, Berlin 1997, S. 27–64; Berghahn, Volker: Rheinischer Kapitalismus, Ludwig Erhard und der Umbau des westdeutschen Industriesystems, 1947–1957, in: David Gilgen/Christopher Kopper/Andreas Leutzsch (Hg.), Deutschland als Modell? Rheinischer Kapitalismus und Globalisierung seit dem 19. Jahrhundert, Bonn 2010, S. 89–116.

»Soziale Marktwirtschaft« – die Formulierung eines Konzepts und die Beteiligung der Kirchen

Schauen wir also erstens auf das Ideengeflecht und die Ansätze, wie sie sich bereits im meist konservativen Widerstand, aber auch in weiteren Kreisen von Ökonomen und Kirchenleuten gebildet haben. Was ist »soziale Marktwirtschaft«? Zunächst einmal bleibt der Begriff ein politisches Schlagwort, das in seinen verschiedenen Renaissancen durchaus unterschiedlich gefüllt wurde: Schaut man auf seine theoretische Formulierung, dann liegt der Einfluss einiger protestantischer Ökonomen und Bürokraten nahe. Aus Sicht der evangelischen Laien, die an der Formulierung dieser Konzepte beteiligt waren, gaben weder die lutherischen Theologen noch die Anhänger Karl Barths Antworten auf die drängenden Fragen. Stattdessen waren mit Walter Eucken, Alexander Rüstow und Alfred Müller-Armack Ökonomen und Verwaltungsfachleute aktiv, die zum Teil stark im protestantischen Denken verwurzelt waren. Ihr Ziel war es nicht, ein explizit christliches Ordnungsmodell zu formulieren, im Gegenteil: In ihren Bemühungen zielten die Theoretiker auf ein Wirtschaftskonzept, welches auch für Christen anschlussfähig sein sollte. Zwei »großen sittlichen Zielen« fühle man sich verpflichtet, »der Freiheit und der sozialen Gerechtigkeit«, so führte mit Alfred Müller-Armack derjenige Ökonom aus, der bis heute vielen als geistiger Vater der »sozialen Marktwirtschaft« gilt.[9] Nach seiner Berufstätigkeit als Professor für Nationalökonomie in Münster und Köln arbeitete Müller-Armack nach Kriegsende als Ministerialdirektor und Staatssekretär unter Ludwig Erhardt. Insbesondere in protestantischen Kreisen wurde er weithin bekannt mit seiner weniger im engen Sinne ökonomischen, sondern kultur- und religionssoziologischen Schrift »Das Jahrhundert ohne Gott«. Der »völlige Neubeginn«, vor dem die deutsche Wirtschaft jetzt stehe, galt dem Spitzenbeamten als Anlass dazu, den »Übergang zu einer persönlicher gestalteten Wirtschaftsweise« zu bedenken.

»An die Stelle von einer von rastloser Dynamik getriebenen Wirtschaft sollte eine seelisch beruhigtere Form treten, die durch Konjunkturpolitik in ausgeglichenerem Rhythmus gehalten wird, in der eine behutsame Wirtschaftspolitik die Erhaltung des kleinen und mittleren Betriebes, wo dessen Überschreitung nicht durch Technik wirklich zwingend vorgeschrieben ist, betreut, in der eine sinnvolle Raumgliederung eine [...] vielseitige Struktur der einzelnen Wirtschaftsgebiete ermöglicht, in der Erhaltung einer gesunden Bodenständigkeit auch bei der Industriearbeiterschaft bedacht bleibt.«[10]

---

[9] | Thielicke, Helmut: In der Stunde Null. Die Denkschrift des Freiburger »Bonhoeffer-Kreises«: Politische Gemeinschaftsordnung, ein Versuch zur Selbstbesinnung des christlichen Gewissens in den politischen Nöten unserer Zeit, Tübingen 1979.
[10] | Müller-Armack, Alfred: Das Jahrhundert ohne Gott. Zur Kultursoziologie unserer Zeit, Münster 1948, S. 198.

In ähnlicher Weise zielte Müller-Armacks Grundfrage auf den ganz großen Zusammenhang. »Wie kann der modernen industriellen Wirtschaft eine funktionsfähige und menschenwürdige Ordnung gegeben werden?«[11] Etwas weiter ausformuliert bedeutete das für den Verwaltungsfachmann:

»In ihr soll die Knappheit an Gütern, die sich Tag für Tag in den meisten Haushalten drückend geltend macht, so weitgehend wie möglich und andauernd überwunden werden. Und zugleich soll in dieser Ordnung ein selbstverantwortliches Leben möglich sein.«[12]

Als Beleg für die protestantische Verankerung dieses ordnungspolitischen Entwurfs werden meist allgemeine Überschneidungen herangezogen. Die »Freiheit« des Einzelnen im Wirtschaftsgeschehen und in Kombination mit der Menschenwürde wird zeitgenössisch wie auch rückblickend als das protestantische Prinzip in der »sozialen Marktwirtschaft« gedacht.[13] Zudem wurde dem Staat eine wichtige Rolle zugewiesen. Als Gegenbild fungierte im Denken der Protagonisten die zentrale Verwaltungs- oder die Planwirtschaft, aber auch eine von rastloser Dynamik getriebene Wirtschaft, die es hier zu zähmen gelte.[14] »Im Tiefpunkt deutscher Geschichte«, so resümieren Brakelmann und Jähnichen, »entwirft man ein wirtschaftliches Ordnungsmodell, das beste deutsche protestantische Traditionen in sich aufgenommen hat.«[15]

Bei kritischer Prüfung erscheint diese Darstellung als doch sehr harmonisierend. Die Wege zwischen verfasster Kirche einerseits und dem Kreis der Wirtschaftstheoretiker andererseits gingen weiter auseinander als damit angedeutet und auf einer sehr generellen Ebene beobachtet. Ein Beleg dafür sind die Überlegungen zu den sozialen Sicherungssystemen in der Gesellschaftspolitik: Den Theoretikern der »sozialen Marktwirtschaft« zufolge galt schon allein das erwartete und tatsächlich eingetretene Wachstum als ein so großer sozialer Effekt, dass sich eine unterstützende Sozialpolitik daraufhin erübrigte. Die Haltung vieler kirchlicher Kreise unterschied sich stark, sowohl theoretisch wie auch praktisch: Die Mitglieder des Freiburger Kreises um den Agrarwissenschaftler Constantin von Dietze beispielsweise setzten zwar in ihren Entwürfen ebenfalls vorrangig auf eine funktionierende Wettbewerbsordnung, akzentuierten aber stärker die Bedeutung einer begleitenden Sozialpolitik und betonten zudem die Notwendigkeit einer partizipativen Betriebsverfassung.[16] Der Ökumenische Rat der Kirchen

---

11 | Zitiert nach H. G. Nutzinger/E. Müller: Wurzeln, S. 38.
12 | Ebd.
13 | G. Brakelmann/T. Jähnichen: Wurzeln, S. 32.
14 | Vgl. Grebing, Helga/Euchner, Walter: Geschichte der sozialen Ideen in Deutschland. Sozialismus – Katholische Soziallehre – Protestantische Sozialethik: ein Handbuch, Wiesbaden 2005, S. 1041.
15 | G. Brakelmann/T. Jähnichen: Wurzeln, S. 37.
16 | Vgl. H. Grebing/W. Euchner: Geschichte, S. 1037 f.

als wichtiger transnationaler Ideengeber formulierte mit seinem Leitbild der »verantwortlichen Gesellschaft« sogar ein Modell, das sich in eine Linie mit verschiedenen Dritte-Weg-Konzeptionen bringen lässt, die auf eine Gesellschaftsordnung zwischen Kapitalismus und Kommunismus zielten.[17]

Insbesondere aber in der Praxis der unmittelbaren Nachkriegsjahre entwickelten sich zahlreiche kirchliche Initiativen völlig anders: Die »Innere Mission« und das »Evangelische Hilfswerk« linderten die allgegenwärtige unmittelbare Not ebenso wie ihre katholischen Pendants, während die theoretisch gegenläufigen Überlegungen zunächst wenig Gehör fanden. Der Ausbau des Sozialstaates, kirchlich befürwortet und mitgetragen, sprach ebenfalls eine ganz andere Sprache als die Überlegungen der Theoretiker.

Als »Bruchstelle« zwischen stärker religiös motivierten Entwürfen und den Überlegungen der Theoretiker der »sozialen Marktwirtschaft« lässt sich auch die Frage nach der religiösen Prägung des zukünftigen Wirtschaftsmodells beschreiben. Auf der theoretischen Ebene lobten die Befürworter das Konzept der »sozialen Marktwirtschaft« eben deswegen, weil es keine »speziellen weltanschaulichen Bekenntnisse und keine ethischen Hochleistungen« verlange. Genau deshalb erweise es sich als »unter den Bedingungen einer säkularisierten, pluralistisch verfassten Gesellschaft als ein taugliches Instrument«.[18] Von theologischer Seite wurde dieses Proprium teilweise kritisch gesehen. Zum einen fügt es sich nicht in die weitgehenden Rechristianisierungshoffnungen der Zeit – wenn beispielsweise Albrecht Langner mit Blick auf die Konzepte Müller-Armacks diese als »sozialethische Säkularisate« charakterisierte. Zwar sei diesen ökonomischen Ordnungsvorstellungen ein christlicher Ursprung eigen. Da sie sich aber allgemein durchsetzten, hätten sie sich von ihrem Ursprung getrennt und gälten dann als unspezifische humane Haltungen.[19] Für einen engen theologisch-religiösen Bezug seien sie dann nicht mehr heranzuziehen.

In ähnlicher Weise beklagte beispielsweise auch Helmut Thielicke ein sozialethisches »Prinzipienpotpourri«, in dem »platterdings alles vertreten sei«.[20] Insbesondere die Ethik der Strukturen und Institutionen ließe eine spezifisch christliche oder gar konfessionelle Prägung immer weniger erkennen. Man mischte mit im Chor der zunehmend stärker werdenden Zivilgesellschaft, konnte auch einige Aspekte voranbringen, ohne aber eine genuin christliche oder gar konfessionelle Prägung der wirtschaftlichen Ordnung zu erreichen. Ein Beispiel dafür ist die EKD-Denkschrift »Eigentumsbildung in sozialer Verantwortung« von 1962. Diese mündete zwar 1964 in einen Appell beider Kirchen, die Eigentumsbildung

---

17 | Ebd., S. 1042 f.
18 | G. Brakelmann/T. Jähnichen: Wurzeln, S. 35.
19 | Langner, Albrecht: Katholische und evangelische Sozialethik im 19. und 20. Jahrhundert. Beiträge zu ideengeschichtlichen Entwicklungen im Spannungsfeld von Konfession, Politik und Ökumene, Paderborn 1998, S. 405.
20 | Zitiert nach ebd., S. 387.

der Arbeitnehmer zu befördern, und fand ihre Realisierung letztlich im zweiten Vermögensbildungsgesetz. Auf diese Weise wurde dann zwar die Eigentumsbildung insbesondere im Wohnungsbau gefördert, die eigentlich neuralgische und auch theologisch stark untermauerte Idee, dass der Besitz an den Produktivmitteln breit gestreut sein sollte, wurde aber komplett ausgespart.[21]

Aus einer ähnlichen Richtung entwickelten sich dann auch zahlreiche Anfragen aus dem Bereich des Linksprotestantismus gegen die zu beobachtende Anlehnung großer Teile des Protestantismus an das bundesrepublikanische Wirtschafts- und Gesellschaftsmodell. Wie in vielen anderen Bereichen auch blieb aber das Darmstädter Wort und die darin artikulierten wirtschaftspolitischen Positionen nur für einen kleinen Teil der Kirche wegweisend. Auch Theologen wie Ernst Wolf oder der DDR-Autor Emil Fuchs, die aus der Tradition des religiösen Sozialismus argumentierten, fanden nur wenig Resonanz, die zudem mit der Zuspitzung des Kalten Krieges mehr und mehr schwand.

Eine ähnlich vielschichtige und keinesfalls einhellige Haltung gegenüber der sich etablierenden Wirtschaftsordnung lässt sich auch für die katholische Soziallehre herausarbeiten. Die ins 19. Jahrhundert reichenden Traditionen des katholischen Lehrgebäudes sind ebenso bekannt wie ihre lehramtlichen Fundierungen. Unmittelbar nach 1945 meldeten sich in einer Phase der umfassenden Rechristianisierungseuphorie unter anderem die Kreise zu Wort, die unmittelbar an die während des Nationalsozialismus unterdrückten Stimmen der christlichen Gewerkschafter anknüpfen wollten. So machten beispielsweise der Zentrumspolitiker Jakob Kaiser und der Dominikanerpater Eberhard Welthy einen sozialpolitischen Aufschlag, der weit links von der Mitte landete. Ihre Ideen von der Gemeinwirtschaft wie auch von der Lenkung und Planung durch wirtschaftliche Selbstverwaltungskörperschaften liefen auf eine »Sozialisierung ohne Sozialismus« hinaus.[22] Das dazu Nötige sei »gesetzlich zu erzwingen«, schrieb der Dominikanerpater in seiner Schrift »Die Entscheidung in die Zukunft«. Von der »sozialen Marktwirtschaft«, wie sie Müller-Armack entwickelt hatte, war er damit weit entfernt. Seine sozialethischen Kommentare führten von den Kölner Leitsätzen zum Ahlener Programm der CDU, welchem in den sich festigenden ökonomischen und (macht-)politischen Konstellationen das Schicksal einer politischen Eintagsfliege zu Teil wurde.[23]

Noch 1947 hatte mit Johannes Albers der ehemalige Sekretär der christlichen Gewerkschaften auf der Konferenz der CDU-Sozialausschüsse einen hohen Anspruch formuliert, wenn er davon ausging, dass die »Zeiten bloßer sozialpolitischer Reparaturen am kapitalistischen Wirtschaftssystem« nun vorüber seien und stattdessen eine »Neuordnung unserer Wirtschaft von Grund auf« das Ge-

---

21 | Vgl. H. Grebing/W. Euchner: Geschichte, S. 1062 f.
22 | Vgl. A. Langner: Sozialethik, S. 487.
23 | Vgl. Mitchell, Maria D.: The Origins of Christian Democracy. Politics and Confession in Modern Germany, Ann Arbor 2012.

bot der Stunde sei.[24] Von diesem Anspruch blieb nahezu nichts. Die Idee von der »Gemeinwirtschaft« setzte sich nicht durch. Auch von weniger linksgerichteten Kreisen innerhalb der katholischen Kirche wurde Kritik laut. Diese richtete sich unter anderem gegen das individualistische Menschenbild, welches den Einzelnen vor allem als ein den Eigennutz maximierendes Individuum begriff, nicht aber als Teil einer wertgebundenen Gemeinschaft. Von dieser Vorstellung nahm die katholische Sozialordnung ihren Ausgangspunkt. Als eigenen Entwurf, der tief in den Überlegungen zur Katholischen Aktion verankert war und auf der Sozialenzyklika »Quadragesimo Anno« von Pius XI. aus dem Jahr 1931 basierte, stellten die katholischen Sozialethiker den ordoliberalen Vorstellungen die berufsständische Ordnung entgegen: Die wettbewerblich organisierten Gütermärkte sollten eingebunden sein in eine Ordnung, die diese auf das Gemeinwohl hin lenkte. Als wichtigste Akteure galten ihnen die »ordines«, also die Berufsstände oder Leistungsgemeinschaften. Sie sollten die Interessenkonflikte innerhalb der jeweiligen Branche ausgleichen, das berufsständische Ethos fördern wie auch Qualitätssicherung betreiben. Vorbilder dafür sah man im Bereich der Kammern des Handwerks und der Industrie. »Aus heutiger Sicht«, so urteilt Bernhard Emunds, »wird man zu der Einschätzung kommen, dass es für diesen katholischen Entwurf einer Wirtschaftsverfassung auch nach dem Zweiten Weltkrieg keine nennenswerten Verwirklichungschancen gab. Zu sehr widersprach er den Vorstellungen der Westalliierten von einer stark wettbewerblichen Marktwirtschaft.«[25] Die Wirtschaftsordnung der Bizone wie auch der frühen Bundesrepublik entwickelte sich letztlich entlang ganz anderer ordnungspolitischer wie auch ideeller Leitplanken. Auf Grund der immer stärkeren weltwirtschaftlichen Einbindung, aber auch wegen politischer Entscheidungen in Deutschland wie auch unter den alliierten Siegermächten setzten sich seit 1948 »stärker neoliberale, marktwirtschaftlich ausgerichtete Kräfte durch«.[26]

Die katholische Hierarchie und die theologischen Sozialethiker hielten zwar an den von ihnen formulierten Ansprüchen prinzipiell fest, bewegten sich aber schon bald in ganz anderen Konkurrenzen und Begründungszusammenhängen. Letztlich war es vor allem der wirtschaftliche Erfolg und die damit verbundene Hebung des allgemeinen Lebensstandards wie auch die besondere politische Konstellation, die zu einem Wandel führten.[27] Die wortführenden Akteure der sozialethischen Debatte, aber auch die Kirchenhierarchie sah sich angesichts der wachsenden Ost-West-Konfrontation nun vor allem in der Pflicht darauf hinzu-

---

24 | Zimmermann, Karl: Erbe und Aufgabe. Bericht über die Tagung der Sozialausschüsse der CDU der britischen Zone in Herne in Westfalen am 21. und 22. Februar 1947, Köln 1947, S. 7.
25 | B. Emunds: Vaterschaft, S. 9.
26 | H. Grebing/W. Euchner: Geschichte, S. 785.
27 | Vgl. ebd., S. 788.

weisen, dass die eigenen wirtschaftspolitischen Konzepte nicht mit der Plan- oder Kommandowirtschaft im sowjetischen Machtbereich zu verwechseln seien.

Dennoch blieben Vorbehalte vor allem in den Vorfeldorganisationen, im katholischen Verbandswesen, aber auch im wissenschaftlichen Bereich. Noch 1963 trafen sich führende Vertreter des Ordoliberalismus wie Alexander Rüstow, Götz Briefs und Wilhelm Röpke mit führenden katholischen Sozialethikern wie den Jesuitenpatres Oswald von Nell-Breuning und Gustav Gundlach nicht öffentlich, galt doch insbesondere der katholischen Seite das Gespräch als »recht heikel«.[28] Erst nach diesem Geheimtreffen in einem Augsburger Hotel berichteten dann der Ordoliberale Briefs und der Jesuit Gundlach postalisch an den Wirtschaftsminister Ludwig Erhard, dass »unter den gegebenen Umständen in Deutschland die Soziale Marktwirtschaft am besten den Grundsätzen der katholischen Soziallehre entspricht«.[29]

DIE CHRISTLICH IMPRÄGNIERTE »SOZIALE MARKTWIRTSCHAFT« ALS RICHTSCHNUR DER WIRTSCHAFTSPOLITIK?

Beschränkten wir uns darauf, den Einfluss und die Wechselwirkungen von christlich-konfessionellen Überlegungen und anderen Wirtschaftstheoretikern zu beobachten, dann verfehlte man einen wichtigen Faktor: Die entscheidenden Weichenstellungen lassen sich nicht im Bereich der Kirchen beobachten, sondern in der Wirtschaftspolitik. Zwar wurde »der Streit um die Wirtschaftsordnung der Bundesrepublik [...] bis weit in die 1950er Jahre hinein mit großer Vehemenz ausgetragen«, so Werner Abelshauser.[30] Einschränkend gilt aber auch, dass »schon zwei Jahre nach dem Zusammenbruch des Reiches die wichtigsten Grundsatzentscheidungen über die Zukunft der Westzonenwirtschaft gefallen und spätestens mit der Währungsreform und der ihr folgenden Liberalisierung in Kernbereichen auch durchgesetzt« waren.[31] Der Gegensatz – Planwirtschaft hier, Marktwirtschaft da – war in der zeitgenössischen Diskussion nahezu allpräsent, in der wirtschaftlichen und ordnungspolitischen Praxis aber verlor sich die damit angedeutete Schärfe schnell: In den Westzonen griff man zunächst auf die Instrumente der NS-Lenkungswirtschaft zurück, auch in der Ostzone gelang der Ausbau eines dominant staatlichen Sektors erst nach und nach.

---

28 | Kuehnelt-Leddihn, Erik von: Die Augsburger Begegnung zwischen Ordo-Liberalen und katholischen Sozialethikern«, in: Lothar Bossle (Hg.), Perspektive 2000. Der ökonomische Humanismus im Geiste Alexander Rüstows, Würzburg 1987, S. 91–99.
29 | Brenninkmeijer, Ferdinand: Das Verhältnis von Alexander Rüstow zu Goetz Briefs, in: ebd., S. 143 ff., hier S. 144.
30 | Abelshauser, Werner: Deutsche Wirtschaftsgeschichte von 1945 bis zur Gegenwart, München 2011, S. 185.
31 | Ebd.

Die in den Kirchen und von ihnen nahestehenden Personen formulierten Überlegungen waren dabei in der Regierung und untergeordneten Behörden nicht handlungsleitend. Exemplarisch lässt sich diese Einschätzung an der Haltung der für diesen Bereich wichtigsten Regierungsmitglieder zeigen: Für Adenauer war das Ahlener Programm immer nur ein »transitorischer Kompromiß unter den Bedingungen einer bestimmten Situation«. Ihm musste es zunächst darum gehen, wie von der Forschung gezeigt wurde, in der zweiten Hälfte der 1940er Jahre die katholischen Bischöfe ebenso wie die Laienverbände an sich zu binden – den konzeptionellen Ausflug in die Ideenwelt der Gemeinwirtschaft nahm er dafür in Kauf. Den durchaus konfessionellen Approach galt es dann in den 1950er Jahren zugunsten einer Hinwendung zu den Protestanten aufzulösen. In protestantischen Kreisen las man das Kürzel »CDU« auch einige Jahre nach der Gründung immer noch rückwärts und machte daraus: »Und doch Zentrum«. Eine gezielte Personalpolitik im Bildungs- wie auch im Wirtschaftsbereich ließ in den Folgejahren so manche katholische Spitze brechen.

Die Wirtschaft selbst brauchte sich nicht bedrängt zu fühlen und tat dieses auch nicht. »Zum Glück haben wir unter der Regierung Adenauer-Erhard Raum erhalten für die Entfaltung der freien Unternehmerinitiative«, so äußerte sich mit Fritz Berg der erste Präsident des Bundes Deutscher Industrieller nach dem Zweiten Weltkrieg.[32] Natürlich war die Subsidiarität ein häufig zitiertes Prinzip, auch die Formel vom »christlichen Abendland« lässt sich aus katholischem Mund ebenso vernehmen wie aus staatlichen Quellen. Letztlich aber, so lässt sich mit Blick auf die Parteispitze resümieren, machten sich Regierung und damit auch die CDU das sozialpolitische Renommee der Kirchen zunutze, ohne sich der in diesem Bereich formulierten Soziallehre verpflichtet zu fühlen. Letztlich exekutierte man eine Wirtschaftspolitik, die sich eng an kapitalistisch-marktwirtschaftlichen Prämissen orientierte und insbesondere mit der strikten Beibehaltung des Privateigentums ganz andere ideelle Grundlagen legte.[33]

Ein ähnliches Bild ergibt sich, wenn man auf Ludwig Erhard schaut, der gemeinhin als Verkörperung, gelegentlich gar als »Vater« des Prinzips der »sozialen Marktwirtschaft« gilt. Die Forschung beurteilt das Wirken des Wirtschaftsministers hoch unterschiedlich: Volker Hentschel beispielsweise attestiert ihm lediglich einen glücklichen Coup, mit dem er die Währungsreform der

---

32 | Berg, Fritz: Ablehnung der Planwirtschaft, in: Vortragsreihe des Deutschen Industrieinstituts 15 (1965), Nr. 27, S. 1–4, hier S. 2.

33 | Eine luzide Analyse zu dem schwierigen Diskussionsprozess um das Konzept der »sozialen Marktwirtschaft« innerhalb der CDU bietet Granieri, Ronald J.: Wohlstand oder Solidarität? Katholiken und Christdemokaten auf der Suche nach einer sozialen Marktwirtschaft, in: Michael Hochgeschwender/Bernhard Löffler (Hg.), Religion, Moral und liberaler Markt. Politische Ökonomie und Ethikdebatten vom 18. Jahrhundert bis zur Gegenwart, Bielefeld 2011, S. 221–235.

Alliierten wirtschaftspolitisch begleitet habe, hält ihn ansonsten aber für einen Mann mit »höchst wechselhaften ökonomischen Kenntnissen« und eher »unterdurchschnittlichen politischen Fähigkeiten«.[34] Bei Bernhard Löffler erscheint er dagegen

»wie der ›Zauberlehrling‹, der den enormen wirtschaftlichen Aufschwung mitentfacht, damit den Wohlstand und Konsum mit grundgelegt, zur Verankerung der demokratisch-westlichen Staatsform in Deutschland beigetragen und den Modernisierungsschub erst mit heraufbeschworen hatte, der aber den weitergehenden Erscheinungsformen der Moderne mit erheblicher Skepsis und mit innerem Unbehagen begegnete.«[35]

Wirtschaftskonzeptionell hatten bei Erhard zwei zentrale Prinzipien eine wichtige Rolle in seinem Denken gewonnen. Zum einen hatte für ihn eine auf Rüstung orientierte Industrie entscheidend zum Krieg und zur Niederlage Deutschlands beigetragen. In Zukunft musste also ein gegenteiliger Weg eingeschlagen werden: Ein durch Kartelle beherrschter Produktionskapitalismus sollte abgelöst werden durch eine wettbewerbsorientierte Wirtschaftsform, die vor allem vom Konsum getragen sein sollte. Hier sah sich Erhard ganz einig mit den liberalen Ökonomen der Freiburger Schule.[36]

Anders als diese aber setzte Erhard seine Überlegungen zur Marktorganisation und Wettbewerbssicherung keinesfalls so radikal an, dass nicht nur Kartelle, sondern auch oligopolistische Zustände behoben werden sollten. Während die liberalen Ökonomen darauf setzten, kleine und mittlere Unternehmen durch verschiedene Hebel der Steuer- aber auch der Förderpolitik zu bevorzugen, verzichtete Erhard darauf und konnte sich der Unterstützung durch die US-amerikanische Besatzungspolitik sicher sein. Die Entflechtung der Großunternehmen war seine Sache nicht.

Was das Soziale in der Marktwirtschaft betrifft, war Erhard weit von den Vorstellungen der Kirchen entfernt. Erhardts Marktwirtschaft war nur insofern sozial, als dass sie dem Staat als Wettbewerbshüter eine starke Rolle zuwies.[37] Seine Politik zielte darauf, Faktor-Allokation und Verteilungsprobleme ordnungspolitisch zu lösen. Damit war sein Handeln von der Überzeugung geleitet, dass Markt und Wettbewerb nicht nur genug abwerfen, sondern dieses auch an den richtigen Stellen täten. Lediglich die gegenüber dem Wirtschaftsliberalismus stärkere Stellung, die Erhard dem Staat zwecks Garantie des Wettbewerbs zugestand, deutete entfernt in die Richtung der Sozialpolitik, wie sie auch von den Kirchen vertreten

---

34 | Hentschel, Volker: Ludwig Erhard. Ein Politikerleben, München 1996, S. 12.
35 | Löffler, Bernhard: Soziale Marktwirtschaft und administrative Praxis. Das Bundeswirtschaftsministerium unter Ludwig Erhard, Wiesbaden 2002, S. 587.
36 | Vgl. V. Berghahn: Kapitalismus.
37 | Vgl. W. Abelshauser: Wirtschaftsgeschichte, S. 191.

wurde. Wie stark Erhard aber in seiner praktischen Politik gegen sozialstaatliche Mechanismen agierte, zeigt nicht nur seine Zurückhaltung 1947/48 trotz massiven amerikanischen Drucks gegenüber keynesianischen Mitteln, sondern auch sein letztlich dann doch erfolgloser Widerstand gegen eine Dynamisierung von Rentenzahlungen.[38] Die dann doch einsetzenden Maßnahmen wie zum Beispiel der soziale Wohnungsbau waren aus der Perspektive Erhards eine »Sozialpolitik wider Willen« (Gaston Rimlinger), mit der der Staat auf aktuelle Notlagen sowie die wachsende Spreizung der Verteilung von Einkommen, Vermögen und vor allem der Produktivvermögen reagierte.

Wie wenig die Konzeptionen der Theoretiker der »sozialen Marktwirtschaft« tatsächlich realisiert wurden, sondern stattdessen die weltwirtschaftlichen Verflechtungen wie auch die Besatzungsmächte die Rahmenbedingungen diktierten, lässt sich an verschiedenen Momenten zeigen: In Folge des Koreakrieges drängten die USA auch in Deutschland darauf, mittels staatlicher Lenkungsmaßnahmen die Verwendung von Rohstoffen von der zivilen Produktion weg und auf die kriegswichtigen Güter hinzuleiten. Für die Protagonisten der »freien« Wirtschaft war das ein Schock, hatte doch der Staat seine Eingriffsmöglichkeiten weitgehend aufgegeben. Man löste das Problem durch eine Kampagne des Bundes Deutscher Industrie, der seine Mitglieder zur »Mobilisierung der Selbstverantwortung der Wirtschaft« aufrief. Damit entstanden im Bereich der Rohstofflenkung kartellartige Absprachen, die zwar später wieder aufgelöst wurden, aber doch als ein Element der Entstehung einer korporativen Marktwirtschaft zu berücksichtigen sind.[39] Auf diese Weise kam es zu einer deutlichen Rückverlagerung der wirtschaftspolitischen Willensbildung und Exekutive auf berufsmäßige Organisationen. Auch legislativ waren die Prinzipien wenig verankert. »Das ordnungspolitische Programm der sozialen Marktwirtschaft war zum Zeitpunkt der Entstehung des Grundgesetzes zudem noch weit von verbindlichen Formulierungen entfernt, die Eingang in die Verfassung hätten finden können.«[40]

Mit der staatlichen Wirtschaftspolitik und dem sozialpolitischen Engagement veränderten sich auch die Rahmenbedingungen für die Kirchen. Insbesondere die immer stärkere Ausprägung des »Leistungsstaates«, der über die klassischen ordnungspolitischen Maßnahmen hinaus weitgehend in das Leben seiner Bürger intervenierte, veränderte seit Anfang der 1970er Jahre die »soziale Frage«. Hatte lange Zeit die aktive Nächstenliebe als tätige Hilfe im Mittelpunkt des christlich-kirchlichen Nachdenkens gestanden, so waren damit nun individuelle Ansprüche und Rechte formuliert, so dass die traditionellen Konzepte der Soziallehre nicht mehr greifen konnten.

---

38 | Ders.: Strukturprobleme der Sozialen Marktwirtschaft, in: Regina Krane (Hg.), Ludwig Erhard und seine Politik, Berlin 1997, S. 78-86, hier S. 81.
39 | W. Abelshauser: Wirtschaftsgeschichte, S. 170.
40 | Ebd., S. 186.

Erschwerend kam hinzu, dass sich parallel dazu auch die Sozialgestalt der Kirchen wie die von ihr ausgeprägte innerkirchliche Öffentlichkeit massiv veränderte. Bis in die 1950er Jahre hinein war es sowohl dem Katholizismus als auch dem Protestantismus möglich, mit einer gewissen Verbindlichkeit für ihre Religionsgemeinschaften und darüber hinaus politische und ökonomische Positionen zu präsentieren. Beide christlichen Großkonfessionen agierten als Organisationen, die auf Einheitlichkeit unter ihren Mitgliedern drängten, deswegen klare Standpunkte formulierten und entsprechende Bekenntnisse abverlangten. Die Erosion der katholischen Lebenswelt bedingte, dass auch die Soziallehre alten Stils mit ihrer top-down-Kommunikation am Ende war. Im Protestantismus war das Unvermögen, einheitliche Standards zu formulieren, schon länger zu beobachten.[41]

DIE CHRISTLICHEN GROSSKONFESSIONEN ALS WIRTSCHAFTLICHE AKTEURE

Neben der Formulierung der jeweils religiösen Standpunkte zu wirtschaftspolitischen Fragen und deren Wechselwirkungen in die Gesellschaft hinein gilt es auch, die Kirchen selbst als ökonomische Akteure zu beleuchten. Mit Blick auf das 19. Jahrhundert beschränkte sich das kirchliche Engagement keinesfalls auf die Formulierung sozialpolitischer Positionen, im Gegenteil: Von besonderer Bedeutung war das eigene wirtschaftliche Handeln, aus dem heraus sich Positionen und Einstellungen entwickelten. Caritas und Diakonie galten in beiden Konfessionen als wichtige Grundvollzüge des eigenen Christentums.

Die Bundesrepublik ist keine religionsproduktive Gesellschaft, sondern erlebt mit Blick auf die beiden Großkonfessionen eine tiefgreifende Entkirchlichung und Säkularisierung im Sinne eines umfassenden Bedeutungsverlustes der Religionsgemeinschaften. Sucht man dennoch in diesem Kontext nach einer Parallele, die den vielen Beispielen kirchlich-wirtschaftlichen Eigenhandelns im 19. Jahrhundert entspricht und den Anspruch aufwirft, wirtschafts- und letztlich auch gesellschaftsprägend zu sein, dann wird man kaum fündig. Die dezidiert sozial- und sozialpolitisch tätigen Vereine und Verbände fielen weitestgehend aus, sowohl im Protestantismus wie auch im Katholizismus. Auch die vormals in einigen Regionen starken christlichen Gewerkschaften fassten weder im Deutschen Gewerkschaftsbund einflussreich Fuß noch gelang es ihnen, sich selbständig als sozial- und wirtschaftspolitisch wichtige Kraft zu etablieren. Caritas und Diakonie als die eigentlichen Sozialwerke der Kirchen waren über das Prinzip der freien Wohlfahrtspflege tief eingebunden in die staatlichen Strukturen von Kranken-

---

41 | Vgl. Großbölting, Thomas: Der verlorene Himmel. Glaube in Deutschland seit 1945, Göttingen 2013, S. 135.

versorgung, Pflege und weiteren sozialhelfenden und medizinischen Bereichen. Mit gutem Recht konnten Kirchenhierarchen, Funktionäre wie auch Theologen davon ausgehen, dass in der Bundesrepublik keine kirchlichen Gegenmodelle mehr vonnöten seien, sondern man sich in die freiheitlich-demokratische Grundordnung wie auch in das wirtschaftliche Geflecht integrieren könne.

Diese Nähe zu den staatlich organisierten Strukturen hatte aber auch zur Folge, dass sich die kirchlich karitativen Unternehmungen in der längeren Sicht veränderten. Caritas und Diakonie wandelten sich in einem Bereich der klassischen Sozialpolitik zu deutschlandweit und international agierenden Sozialunternehmen, in denen die praktizierte Nächstenliebe der einzelnen Christen immer mehr zurücktrat hinter die professionellen Strukturen. Sie wurden nicht nur marktdominierend, sondern avancierten auch zu den größten nicht-öffentlichen Arbeitgebern Europas. Diese Institutionen sind heute umfassend ver-sozialstaatlicht und betriebswirtschaftlich ausgerichtet. Die Unterschiede zu entsprechenden kommunal oder anderweitig getragenen Einrichtungen sind minimal.

Mit dieser Entwicklung blieb allerdings eines außen vor: Religionen sind dann erfolgreich, wenn sie einerseits produktiv an die Differenzierungen ihrer Umgebungsgesellschaft anschließen, andererseits sich aber transzendental begründet von diesen unterscheiden. Sie bleiben dann attraktiv, wenn sie den Himmel auf der Erde ins Gespräch bringen und für sich reklamieren, an dessen Verwirklichung mitzuarbeiten. Im Bereich von Caritas und Diakonie ging dieses Spannungsverhältnis weitgehend verloren.

Wenn es einen Bereich gibt, in dem aus den Kirchen heraus wieder angeschlossen wurde an gesellschaftliche und ökonomisch orientierte Alternativbewegungen, dann war es eine bestimmte Form der marxistisch-inspirierten Befreiungstheologie in ihrer europäischen Adaption. Soziallehre und wirtschaftliche Praxis zerfielen, wo die Verbände erodierten und die Soziallehre an Integrationskraft abnahm – da entwickelte sich zum Ende der 1960er Jahre Neues. In Anlehnung an die Studentenbewegung, die Bürgerinitiativen und die Nichtregierungsorganisationen wurden Teile der Kirchen (erneut) zu einer wirtschaftssensiblen Bewegung, in der Themen wie Dritte Welt, Abrüstung, Ökologie und Feminismus aufkamen. Im Protestantismus konnte man dazu an verschiedene Positionen der Bekennenden Kirche und insbesondere an das Darmstädter Wort anschließen. Im Katholischen gab es keine Brücke zu den linkskatholischen Anfängen in der Bundesrepublik, sondern man orientierte sich sehr deutlich an den meist katholischen Befreiungstheologen Lateinamerikas. Das Einfordern von sozialer Gerechtigkeit, die steigende Aufmerksamkeit für gesamtglobale ökonomische Zusammenhänge, die Etablierung einer eigenen ökonomischen Praxis – das war der Aufbruch, den diese Bewegung in die erodierenden Volkskirchen in Deutschland eingebracht hat. Ihre praktische Gestalt ist der Dritte-Welt-Laden der späten 1970er Jahre, der heute unter anderen Bezeichnungen in jeder der schrumpfenden Gemeinden als Mischung aus grün-ökologischer und traditionell-nächstenliebender Haltung angekommen ist.

Verglichen mit den großen sozialpolitischen Errungenschaften und Modellprojekten des 19. Jahrhunderts sind diese Initiativen allenfalls ein müder Abklatsch der großen und beispielgebenden Aufbrüche von einst. Neben den Bethelschen Anstalten nimmt sich der Tapeziertisch mit dem fair gehandelten Kaffee sehr bescheiden aus, auch wenn »Fair Trade« und andere Marken mittlerweile größere Marktanteile für sich gewinnen können. Aber auch wenn sie wohl wenig gegen das »Diktat der Märkte« erreichen, bleibt ihnen dennoch mindestens die Funktion eines Stachels. Wie in den Anfängen der Sozialbewegungen in den Kirchen weisen sie darauf hin, dass der Markt zwar ein guter Diener sein kann, dass er aber immer ein schlechter Herr ist.

Ein Ausblick als Resümee

Auf verschiedenen Ebenen ließ sich zeigen, dass die populäre und politisch immer wieder bemühte Vorstellung von einer Verwirklichung genuin christlicher Ideen in der »sozialen Marktwirtschaft« stark hinterfragbar ist. Sowohl in der ökonomischen Dogmengeschichte, vor allem aber in der tatsächlich durchgesetzten Wirtschafts- und Ordnungspolitik beschränken sich die Einflüsse doch auf sehr allgemeine Grundprinzipien wie Subsidiarität. Schaut man allerdings hinter die Fassade des Allgemeinen, dann erkennt man schnell die ökonomischen und politischen Eigengesetzlichkeiten, die von den religiösen Überlegungen abgekoppelt waren und sind. Aus der Perspektive der Kirchen selbst muss aber vor allem der dritte Aspekt als Problem erkannt werden: Wenn die eigenen ökonomischen Aktivitäten zwar betriebswirtschaftlich erfolgreich sind, aber ihre darüber hinausgehende religiöse Funktion verloren haben, drohen sie zunehmend zur Belastung zu werden. Die in den letzten Jahren steigende Zahl der Auseinandersetzungen um das Arbeitsrecht für kirchliche Angestellte zeigt das deutlich.

Zugleich zeigen die innerkirchlichen und innerparteilichen Diskussionen, wie stark sich auch die Konfliktparteien selbst geändert haben: Mit Blick auf die CDU beispielsweise wird in periodischen Abständen darüber diskutiert, ob die Christdemokraten ihre »Seele« an den Markt verloren hätten. Dieser Befund stimmt allenfalls vordergründig.[42] Dagegen steht die Erkenntnis, dass die Christdemokraten in Sachen Marktwirtschaft von Beginn an stark gespalten waren und nie eine klare Position zur Bestimmung des Verhältnisses der Wirtschaft zwischen Sozialbindung und Markthegemonie hatten.

Mit Blick auf die religiösen Gemeinschaften im engeren Sinne lässt sich zeigen, wie stark die Fähigkeit abgenommen hat, eine verbindliche und unter den eigenen Mitgliedern akzeptierte Soziallehre zu formulieren. Nicht nur von links innerhalb der Kirche, sondern auch von rechts gibt es steigenden Widerspruch. Insbesondere konservative Kreise scheinen sich in Fragen des Lebenswandels

---

42 | Vgl. ebd., S. 234.

gerne auf die Autorität der Kirche zu berufen. Aber: »Wenn es ums Geld geht, sind mahnende Worte der Hirten weniger willkommen.«[43] Selbst unter denjenigen, die sich gern als kirchentreu stilisieren, ist die Uniformität von einst einer großen Meinungsvielfalt gewichen.

---

43 | R. J. Granieri: Wohlstand, S. 233.

Autorinnen und Autoren

Dr. Stefan Dornheim, 2009 bis 2014 wissenschaftlicher Mitarbeiter des Teilprojekts G »Gemeinsinnsdiskurse und religiöse Prägung zwischen Spätaufklärung und Vormärz (ca. 1770–ca. 1848)« im Sonderforschungsbereich 804 »Transzendenz und Gemeinsinn« an der Technischen Universität Dresden

Prof. Dr. Thomas Großbölting, Inhaber des Lehrstuhls für Neuere und Neueste Geschichte an der Westfälischen Wilhelms-Universität Münster

PD Dr. Dietlind Hüchtker, wissenschaftliche Mitarbeiterin am Geisteswissenschaftlichen Zentrum Geschichte und Kultur Ostmitteleuropas (GWZO) an der Universität Leipzig

Prof. em. Dr. Jochen-Christoph Kaiser, bis 2012 Inhaber der Professur für Kirchengeschichte der neuesten Zeit (kirchliche Zeitgeschichte) und historische Frauenforschung an der Philipps-Universität Marburg

Dr. Sebastian Kranich, akademischer Mitarbeiter am Wissenschaftlich-Theologischen Seminar, Abteilung Systematische Theologie (Ethik), der Ruprecht-Karls-Universität Heidelberg

Dr. Norbert Köster, akademischer Oberrat am Seminar für Mittlere und Neuere Kirchengeschichte der Westfälischen Wilhelms-Universität Münster

Prof. Dr. Winfried Müller, Inhaber des Lehrstuhls für Sächsische Landesgeschichte, 2009 bis 2014 Leiter des Teilprojekts G »Gemeinsinnsdiskurse und religiöse Prägung zwischen Spätaufklärung und Vormärz (ca. 1770–ca. 1848)« im Sonderforschungsbereich 804 »Transzendenz und Gemeinsinn« an der Technischen Universität Dresden, Direktor des Instituts für Sächsische Geschichte und Volkskunde e.V.

Dr. Katharina Neef, wissenschaftliche Mitarbeiterin am Religionswissenschaftlichen Institut der Universität Leipzig

Anne Sophie Overkamp, wissenschaftliche Mitarbeiterin am Lehrstuhl für Geschichte der Frühen Neuzeit an der Universität Bayreuth

Dr. Peggy Renger-Berka, 2009 bis 2014 wissenschaftliche Mitarbeiterin des Teilprojekts N »Konstruktion von Transzendenz und Gemeinsinn in Technik und Theologie« im Sonderforschungsbereich 804 »Transzendenz und Gemeinsinn« an der Technischen Universität Dresden

PD Dr. Michael Schäfer, wissenschaftlicher Mitarbeiter im DFG-Projekt »Der ›Eucken-Kreis‹ 1900–1950« am Lehrstuhl für Neuere und Neueste Geschichte und Didaktik der Geschichte an der Technischen Universität Dresden

Prof. Dr. Bernhard Schneider, Inhaber des Lehrstuhls für Kirchengeschichte des Mittelalters und der Neuzeit, 2006 bis 2012 Leiter des Teilprojektes B7 »Armenfürsorge und katholische Identität: Armut und Arme im katholischen Deutschland des frühen 19. Jahrhunderts« des Sonderforschungsbereiches 600 »Fremdheit und Armut« an der Universität Trier

Prof. Dr. Susanne Schötz, Inhaberin des Lehrstuhls für Wirtschafts- und Sozialgeschichte an der Technischen Universität Dresden, Vorsitzende der Louise-Otto-Peters-Gesellschaft e. V. Leipzig

Dr. Swen Steinberg, wissenschaftlicher Mitarbeiter am Lehrstuhl für Sächsische Landesgeschichte, 2010 bis 2014 Mitarbeit im Teilprojekt G »Gemeinsinnsdiskurse und religiöse Prägung zwischen Spätaufklärung und Vormärz (ca. 1770–ca. 1848)« im Sonderforschungsbereich 804 »Transzendenz und Gemeinsinn« an der Technischen Universität Dresden

Dr. Knut Martin Stünkel, wissenschaftlicher Mitarbeiter am Käte Hamburger Kolleg »Dynamiken der Religionsgeschichte zwischen Asien und Europa« an der Ruhr-Universität Bochum

Dr. Arne Thomsen, freier Historiker, zuletzt Mitarbeiter im Projektverbund »Geschichte caritativer Einrichtungen« am Lehrstuhl für Kirchengeschichte des Mittelalters und der Neuzeit an der Ruhr-Universität Bochum

Dr. Justus H. Ulbricht, freiberuflicher Historiker und Publizist

Histoire

Torben Fischer, Matthias N. Lorenz (Hg.)
Lexikon der »Vergangenheitsbewältigung« in Deutschland
Debatten- und Diskursgeschichte des Nationalsozialismus nach 1945
(3., überarbeitete und erweiterte Auflage)

September 2014, 398 Seiten, kart., 29,80 €,
ISBN 978-3-8376-2366-6

Alexa Geisthövel, Bodo Mrozek (Hg.)
Popgeschichte
Band 1: Konzepte und Methoden

August 2014, ca. 250 Seiten, kart., ca. 29,80 €,
ISBN 978-3-8376-2528-8

Sophie Gerber
Küche, Kühlschrank, Kilowatt
Zur Geschichte des privaten Energiekonsums in Deutschland, 1945-1990

Januar 2015, ca. 340 Seiten, kart., zahlr. Abb., ca. 34,99 €,
ISBN 978-3-8376-2867-8

Leseproben, weitere Informationen und Bestellmöglichkeiten
finden Sie unter www.transcript-verlag.de

Histoire

Katharina Gerund, Heike Paul (Hg.)
Die amerikanische Reeducation-Politik nach 1945
Interdisziplinäre Perspektiven auf »America's Germany«

Oktober 2014, ca. 350 Seiten, kart., zahlr. Abb., ca. 32,99 €,
ISBN 978-3-8376-2632-2

Sebastian Klinge
1989 und wir
Geschichtspolitik und Erinnerungskultur nach 20 Jahren Mauerfall

November 2014, ca. 430 Seiten,
kart., z.T. farb. Abb., ca. 38,99 €,
ISBN 978-3-8376-2741-1

Detlev Mares, Dieter Schott (Hg.)
Das Jahr 1913
Aufbrüche und Krisenwahrnehmungen am Vorabend des Ersten Weltkriegs

August 2014, ca. 240 Seiten, kart., ca. 25,99 €,
ISBN 978-3-8376-2787-9

Leseproben, weitere Informationen und Bestellmöglichkeiten
finden Sie unter www.transcript-verlag.de

Histoire

Stefan Brakensiek,
Claudia Claridge (Hg.)
Fiasko – Scheitern
in der Frühen Neuzeit
Beiträge zur Kulturgeschichte
des Misserfolgs

September 2014, ca. 230 Seiten,
kart., zahlr. Abb., ca. 29,99 €,
ISBN 978-3-8376-2782-4

Ulrike Kammer
Entdeckung des Urbanen
Die Sozialforschungsstelle Dortmund
und die soziologische Stadtforschung
in Deutschland, 1930 bis 1960

September 2014, ca. 420 Seiten,
kart., ca. 39,99 €,
ISBN 978-3-8376-2676-6

Sibylle Klemm
Eine Amerikanerin in Ostberlin
Edith Anderson und
der andere deutsch-
amerikanische Kulturaustausch

Dezember 2014, ca. 440 Seiten,
kart., zahlr. Abb., ca. 39,99 €,
ISBN 978-3-8376-2677-3

Felix Krämer
Moral Leaders
Medien, Gender und Glaube in den
USA der 1970er und 1980er Jahre

September 2014, ca. 430 Seiten,
kart., ca. 35,99 €,
ISBN 978-3-8376-2645-2

Nora Kreuzenbeck
Hoffnung auf Freiheit
Über die Migration von African
Americans nach Haiti, 1850-1865

Februar 2014, 322 Seiten,
kart., 32,99 €,
ISBN 978-3-8376-2435-9

Wolfgang Kruse (Hg.)
Andere Modernen
Beiträge zu einer Historisierung
des Moderne-Begriffs

Januar 2015, ca. 350 Seiten, kart.,
zahlr. z.T. farb. Abb., ca. 38,99 €,
ISBN 978-3-8376-2626-1

Livia Loosen
Deutsche Frauen in den
Südsee-Kolonien des Kaiserreichs
Alltag und Beziehungen zur
indigenen Bevölkerung, 1884-1919

September 2014, ca. 650 Seiten,
kart., zahlr. Abb., ca. 48,99 €,
ISBN 978-3-8376-2836-4

Bodo Mrozek, Alexa Geisthövel,
Jürgen Danyel (Hg.)
Popgeschichte
Band 2: Zeithistorische Fallstudien
1958-1988

August 2014, ca. 350 Seiten,
kart., zahlr. Abb., ca. 32,99 €,
ISBN 978-3-8376-2529-5

Claudia Müller, Patrick Ostermann,
Karl-Siegbert Rehberg (Hg.)
Die Shoah in Geschichte
und Erinnerung
Perspektiven medialer Vermittlung
in Italien und Deutschland

Dezember 2014, ca. 280 Seiten,
kart., zahlr. Abb., ca. 32,99 €,
ISBN 978-3-8376-2794-7

Peter Stachel, Martina Thomsen (Hg.)
Zwischen Exotik und Vertrautem
Zum Tourismus in
der Habsburgermonarchie
und ihren Nachfolgestaaten

Dezember 2014, ca. 280 Seiten,
kart., ca. 38,99 €,
ISBN 978-3-8376-2097-9

Leseproben, weitere Informationen und Bestellmöglichkeiten
finden Sie unter www.transcript-verlag.de